普通高等教育系列教材

ERP 原理与实施教程

——基于金蝶 K/3 Cloud 创新管理平台

主　编　杜建国　李　雯

副主编　刘　涛　张海斌　傅仕伟

参　编　赵广凤　樊茗玥　刘秋生

　　　　胡耀武　郭小娟

机械工业出版社

本书基于制造型企业的运营情景案例，全面介绍了 ERP 云在企业信息化工程中的运作原理与实施过程。本书从人才培养的社会需求出发，基于金蝶 K/3 Cloud 创新管理平台，在介绍理论知识的基础上，对供应链管理、生产管理、财务管理功能和实践业务流程进行了详细讲解。本书分为 ERP 理论认识篇、ERP 实训篇和 ERP 云项目实施篇，重在培养读者在企业信息化工程中的 ERP 软件实施、系统运维等能力。

本书可以作为高等院校信息管理与信息系统、工业工程、物流管理、电子商务、工商管理等专业本科生、研究生的教学用书，也可以作为企业信息化管理人员、ERP 实施人员的学习和参考用书。

图书在版编目（CIP）数据

ERP 原理与实施教程：基于金蝶 K/3 Cloud 创新管理平台 / 杜建国，李雯主编. -- 北京：机械工业出版社，2024. 12. --（普通高等教育系列教材）. -- ISBN 978 -7-111-77253-8

Ⅰ. F272.7

中国国家版本馆 CIP 数据核字第 20247PS745 号

机械工业出版社（北京市百万庄大街 22 号　邮政编码 100037）
策划编辑：常爱艳　　　　　责任编辑：常爱艳　赵晓峰
责任校对：王荣庆　陈　越　　封面设计：鞠　杨
责任印制：李　昂
北京新华印刷有限公司印刷
2025 年 3 月第 1 版第 1 次印刷
184mm×260mm · 22 印张 · 544 千字
标准书号：ISBN 978-7-111-77253-8
定价：69.80 元

电话服务　　　　　　　　　　网络服务
客服电话：010-88361066　　机　工　官　网：www.cmpbook.com
　　　　　010-88379833　　机　工　官　博：weibo.com/cmp1952
　　　　　010-68326294　　金　书　网：www.golden-book.com
封底无防伪标均为盗版　　机工教育服务网：www.cmpedu.com

前言
Preface

伴随信息技术的高速发展，物联网、云计算、大数据处理技术、人工智能技术的日新月异，企业资源计划（ERP）的应用领域不断拓宽，ERP软件已经成为各行各业不可或缺的工具。"ERP原理与实施教程"介绍了ERP在企业信息化工程项目中的运作原理与实施过程，综合了企业管理信息化工程的基础理论与应用知识，是经管类专业学生亟须掌握的一门专业技能型课程。由于ERP系统本身很庞大，多学科交叉，若只讲授理论部分，缺乏实践操作，学生掌握理论知识存在一定的困难；而若仅仅结合软件实施项目案例来理解ERP，又会缺乏对ERP系统性和理论性的认知。因此，新编一本ERP教材，既能全面系统地介绍ERP的基本概念、基本原理、处理流程及模块功能，又能借助制造型企业运营情景案例，完成与ERP功能模块一一对应的云管理实践操作迫在眉睫。在产业通融、学科交叉的大背景下，本书由高校专业教师、校企合作基地和行业精英共同编写完成，突破了传统的ERP原理知识系统性认知框架，重点培养学生对ERP云的整体流程理念，突出一体化案例支撑下各个模块的应用技能。

本书吸取国内外ERP发展的最新研究成果，借鉴同类教材的优势，结合编者十多年的教学以及企业实践经验，全面、系统地介绍了ERP系统的基本原理与实施过程，体系性强。本书以金蝶K/3 Cloud创新管理平台和E云教学管理平台为实验环境，要求学生在掌握ERP基础理论的基础上，掌握系统各个模块的功能及业务流程。本书以任务导入的形式让学生逐步掌握各个模块的操作技能，并提供了更有实际效能的金蝶云产品解决方案的案例教学。

本书基于"理论是实践操作的基础，实训是技能型人才培养的切入口，案例是ERP云项目实施的着落点"的改革思路进行编写，从人才培养社会需求出发，完善了ERP云的案例研究与泛在学习的内容和学习环境。

本书共包括3篇：一是ERP理论认识篇，二是ERP实训篇，三是ERP云项目实施篇。

（1）ERP理论认识篇　本篇对ERP的发展历程展开介绍，引入云计算、物联网、大数据处理技术和人工智能技术来解决企业面临的困境。结合ERP原理与实施过程，从销售管理入手，结合计划管理、采购管理、生产管理、库存管理、财务管理与成本控制等流程思路，每个功能模块通过引入模块化案例，对ERP的基本运作原理和管理思想展开详细介绍。每章开头有导入案例、本章概要，每章结尾设置了思考题。

（2）ERP实训篇　本篇主要是实现课程内实验流程的操作，促进学生掌握ERP信息化工具，胜任企业内部供应链的基础操作业务，增强业务分析和管理综合能力。该部分主要依托教育部产学合作协同育人项目——"经管类专业金蝶云管理实验室建设"，上线了金蝶K/3 Cloud系统和E云教学管理平台，以蓝海机械有限公司为实训对象，实现了轴承生产企业在供应链背景下的运营管理全过程。本篇实验一共20个学时，分为8次实验。模块与理论课程教学一一对应。

（3）ERP 云项目实施篇　本书立足于机械制造行业生产运营管理全过程，在此基础上，和金蝶软件（中国）有限公司达成产学研合作意向，课程组教师参与 ERP 项目云端建设，与金蝶精一信息科技服务有限公司副总裁傅仕伟以及资深实施顾问胡耀武、郭小娟共同完成了金蝶 K/3 Cloud 中小企业 ERP 实施项目案例的撰写和分析，结合 ERP 云实施过程还原不同情境的案例，给有兴趣研究 ERP 的同仁们提供思维发散的空间，实现读者与编者以及专业人士案例的无缝探讨。

本书内容涵盖金蝶 K/3 Cloud 供应链管理、生产管理、财务管理三大核心模块，帮助学生掌握 ERP 原理知识，学会 ERP 系统的实施方法，培养学生在企业信息化工程中的 ERP 软件实施、系统运行管理、维护等技能，提高学生处理信息和利用信息的综合应用能力。通过对实验数据的分析、整理及关联，培养学生创新思维和编写课程实验报告能力。利用金蝶 K/3 Cloud 创新管理和 E 云教学管理平台实现仿真实验，进一步提高学生分析问题、解决问题的能力。

本书在国家一流本科专业建设点项目支持下完成。本书由江苏大学社科处杜建国处长、管理学院信管专业李雯副教授共同完成主要章节的撰写。刘涛副教授、张海斌副教授、刘秋生教授、赵广凤副教授、樊茗玥副教授也参与了相应章节的撰写，金蝶精一信息科技服务有限公司副总裁傅仕伟博士参与了云项目实施篇的撰写，金蝶精一信息科技服务有限公司胡耀武、郭小娟参与了云项目实训篇的导入案例的整理工作，硕士研究生倪锡涛、李玉城、左小林、周通、柳陈莹、尤钰岚、吕宁倩、戴建洲、徐亚参与了数据整理，倪锡涛、李玉城为本书中的系统运行与调试付出了辛勤的劳动。在金蝶教学管理仿真项目实验过程中，我们得到了管理学院实验中心申彦主任、张士翔老师和王岩老师的大力支持与帮助，在此深表感谢！

本书在编写过程中参考与借鉴了大量文献资料和网络资源，在此向这些文献与资料的提供者表示衷心的感谢。由于编者知识有限，错误在所难免，敬请读者批评与指正。

配套资源请登录机工教育服务网（www.cmpedu.com）索取。

编　者

2024 年 8 月于江苏大学

目录
Contents

前 言

第1篇　ERP 理论认识篇

第 2 篇　ERP 实训篇

第3篇　ERP 云项目实施篇

ERP 理论认识篇

本篇着重介绍 ERP 的产生背景、相关概念，并详细介绍了 ERP 的发展历程，突出订货点法、MRP、闭环 MRP、MRP Ⅱ、ERP、ERP Ⅱ各阶段的特点、假设条件、实施原理。基于供应链管理思想，进一步拓展 ERP 发展趋势的认识，引入云计算、物联网、大数据处理技术和人工智能技术，阐述了 ERP 引发的企业经营思想、营销战略、管理目标、流程重组、管理方法等方面的变革。

在理解 ERP 原理与实施过程基础上，从销售管理入手，深入讲解了计划管理、采购管理、生产管理、库存管理、成本管理和财务管理等业务流程，每个业务模块通过引入模块化案例，加深了读者对 ERP 基本运作原理和管理思想的认知与理解。

第1章 ERP的初步认识

2023年4月20日，华为技术有限公司（简称华为）宣布自主可控的Meta ERP研发获得成功，举办了"英雄强渡大渡河"Meta ERP表彰会，金蝶国际软件集团有限公司（简称金蝶）作为核心合作伙伴出席并获表彰。作为华为的核心合作伙伴，金蝶不仅积极参与华为的数字化转型，还与华为共建全球人力资源管理系统，华为也采用了金蝶云·苍穹PaaS平台。其实早在2018年1月11日，华为就与金蝶在深圳正式签署了战略合作协议，双方围绕企业级市场，在云计算、大数据和人工智能等前沿领域展开了全方位、深层次的战略合作。借助双方合作优势，金蝶不断巩固在企业级SaaS云服务市场的领先地位，助力企业数字化转型升级，使金蝶云的扩张步伐全面加速。

金蝶与华为的牵手契机，源于金蝶云与华为消费者业务基于云端新零售项目的成功合作。金蝶云在30天内就完成了华为消费者业务门店销售移动端UE的设计与开发，速度最快时一周内完成了200多家门店部署并上线运行，每月收集10 000多条消费者信息反馈，帮助华为消费者业务重构了以客户为中心的新零售体验。华为业务遍及全球170多个国家和地区，华为云BU是全球领先的企业级云服务提供商，聚焦云计算基础设施，为企业级客户提供稳定可靠、安全可信、可持续演进的云服务，致力于为企业提供全方位的设备、解决方案与服务。在云计算方面，华为的战略则是依托自身强大的基础设施建设能力，"聚焦IaaS层，使能PaaS层，聚合SaaS层"。也就是说，在云服务方面，华为自身聚焦基础设施层的建设（数据中心、机房等），具有强的硬件和制造，而在应用层（SaaS层），则主要依靠合作伙伴共同打造属于自己与合作伙伴共同发展的"云生态"。至于金蝶，强在软件和行业客户，其面向的客户主要是中小客户，而中小客户在IT方面的投入不可能太高，金蝶通过华为云，能够实现轻量化部署，甚至开发出云服务的产品，吸引小客户使用，扩大客户群，这对中小企业来说，也能大大降低部署成本和运维成本。而金蝶应用层（SaaS层）的强大集成能力（典型例子就是金蝶办公软件）正是华为所看重的。因此，两家公司一拍即合，通过在云计算领域的强强联合，进一步拓展到全领域的其他相关行业，这将有助于两家公司的良性发展和新一轮战略部署，也有利于二者在云市场与阿里、腾讯等展开竞争，有利于企业的自身安全发展，克服不利的国际竞争环境。

金蝶与华为有着相同的'以奋斗者为本'的企业文化，在各自领域追求"中国创造，自主可控'。根据双方签订的战略协议，华为将与金蝶在云计算、大数据、人工智能等多个前沿技术领域进行战略合作，并涵盖市场推广、国际化业务、人才培养等具体合作项目。尤其是 2019 年后，华为就对旧有 ERP 系统进行替换，并开发自主可控的 Meta ERP 系统。经过三年的努力，华为联合金蝶攻坚克难，研发出了面向未来的超大规模云原生的 Meta ERP 系统。Meta ERP 作为一种面向未来的超大规模云原生的 ERP 系统，可以覆盖企业所有的业务场景和业务量。华为的 Meta ERP 系统是基于华为欧拉操作系统、Gauss DB 等根技术进行研发的，自主可控、高效稳定、安全可靠、易于扩展，可以为企业提供更好的管理和服务，帮助企业更好地应对未来的挑战和机遇。

案例思考

结合金蝶与华为战略合作的案例，考虑双方的战略合作和不利的国际竞争环境，陈述华为联合金蝶研发 Meta ERP 的出发点。Meta ERP 的架构和功能是什么？将给双方企业带来什么发展优势？在新技术驱使下，考虑华为和金蝶的企业文化，进一步解释企业中国梦的内涵。

本章概要

ERP 是建立在信息技术基础上，利用现代企业的先进管理思想，全面地集成企业的所有资源信息，并为企业提供决策、计划、控制与经营业绩评估的全方位和系统化的管理平台。本章从 ERP 产生的背景入手，着重介绍 ERP 的发展历程，从订货点法开始，ERP 经历了 MRP、闭环 MRP、MRP Ⅱ、ERP、ERP Ⅱ五个阶段，着重阐述每个阶段的特点和功能。企业应用 ERP 可以摆脱传统管理模式的模式而迅速跃进现代化管理的轨道，通过业务流程再造（BPR），实现 ERP 对企业管理与运营的全方位变革。同时，引入云计算、物联网、大数据处理技术和人工智能技术，阐述了 ERP 引发的企业经营思想、营销战略、管理目标、流程重组、管理方法等方面的变革。

1.1　ERP 的产生背景

供应链和信息集成是 ERP 产生的基本前提。因此，对于 ERP 的认识，首先从理解供应链和信息集成开始。

1.1.1　供应链

供应链（Supply Chain）一词是按原文直译的，也称供应链或供销链，但实质它含有"供"与"需"两方面的含义，可以理解为供需链。任何制造型企业都是根据客户或市场的需求，开发产品、购进原料、加工制造出产品，以商品的形式销售给客户，并提供售后服务的。

物料（在 ERP 系统中，"物料"一词是所有制造计划对象的统称）从供方开始，沿着各个环节（原材料—在制品—半成品—成品—商品）向需方移动。每个环节都存在"需方"

与"供方"的对应关系，形成一条首尾相连的长链，以此成为供给链。

在供给链上，除了物料的流动外还有信息的流动。信息有两种类型，其中需求信息（如预测、销售合同、主生产计划、物料需求计划、加工单、采购订单等）与物料流动方向相反，从需方向供方流动；由需求信息引发的供给信息（如收货入库单、完工报告、可供销售量、提货发运单等），与物料一起沿着供给链从供方向需方流动。

对一个企业而言，原料是它供方的产品，供给链以类似的形式从企业向供方延伸；这个企业的成品又会是它需方的原料，供给链又向需方延伸。整个社会生产就是一条首尾相连、纵横交错的供需长链；它说明企业内部的物流是与供需双方的物流息息相关的。企业的经营生产活动必须与它的需方和供方密切相连，并把它们纳入自己的计划与控制系统。可以说，供给链是一种说明商品生产供需关系的系统工具。而 ERP 就是从供给链的概念出发改变企业的经营战略思想，着眼于供给链上物料的增值过程，保持信息、物料和资金的快速流动，处理好各个环节的供需矛盾，以企业有限的资源去迎接无限的市场机遇。

1.1.2　信息集成

信息集成体现了 ERP 的一个集成特点，就是管理信息的高度集成，这是 ERP 与手工管理的主要区别。管理信息集成的标志，可以从以下几方面说明：

1）信息实现规范化。各项物料有统一的名称、明确的定义、标准的格式和字段要求，信息之间的关系也必须明确定义。

2）信息的处理程序必须规范化。处理信息要遵守一定的规程，不因人而异。

3）信息的采集、处理和报告有专人负责。责任明确，没有冗余的信息采集和处理工作。保证信息的及时性、准确性和完整性。

4）在范围上，集成了供给链所有环节的各类信息。

5）在时间上，集成了历史的、当前的和未来预期的信息。

6）实现统一数据库平台。各种管理信息来自统一的数据库，既能为企业各有关部门的管理人员所共享，又有使用权限和安全保密措施。

7）企业各部门按照统一数据库所提供的信息和管理事务处理的准则进行管理决策，实现企业的总体经营目标。

信息集成的效果，绝不是简单的数量叠加，而是管理水平和人员素质在质量上的飞跃。信息集成和规范化管理是相辅相成的，规范化管理是 ERP 运行的结果，也是运行的条件。应当按照统一的程序和准则进行管理，既不因人而异，随心所欲，又要机动灵活，适应变化的环境。

1.2　ERP 概念的界定

ERP 第一个字母 E 是企业（Enterprise）的意思，ERP 第二个字母 R 代表资源（Resource），第三个字母 P 代表计划（Planning）。ERP 是对物流、资金流和信息流三种资源进行全面集成管理的信息系统，是建立在信息技术基础上，利用现代企业的先进管理思想，全面地集成了企业的所有资源信息，并为企业提供决策、计划、控制与经营业绩评估的全方位和系统化的管理平台。

企业资源计划（Enterprise Resources Planning，ERP），可以从管理思想、软件产品、管理系统三个层次给出它的定义：①是由美国著名的计算机技术咨询和评估集团 Garter Group 提出的一整套企业管理系统体系标准，其实质是在制造资源计划（Manufacturing Resources Planning，MRP Ⅱ）的基础上进一步发展而成的面向供应链的管理思想；②是综合应用了客户机/服务器体系、关系数据库结构、面向对象技术、图形用户界面、第四代语言（4GL）、网络通信等信息产业成果，以 ERP 管理思想为灵魂的软件产品；③是整合了企业管理理念、业务流程、基础数据、人力物力、计算机硬件和软件于一体的企业资源管理系统。

对于企业来说，想要正确地理解企业资源计划（ERP），首先要明确什么是企业资源。简单地说，企业资源是指支持企业业务运作和战略运作的事物，也就是我们常说的人、财、物。可以认为，ERP 就是一个有效地组织、计划和实施企业的人、财、物管理的系统，它依靠 IT 的技术和手段以保证其信息的集成性、实时性和统一性。ERP 最初是一种基于企业内部供应链的管理思想，是在 MRP Ⅱ 的基础上扩展了管理范围，给出了新的结构。它的基本思想是将企业的业务流程看作一个紧密连接的供应链，将企业内部划分成几个相互协同作业的支持子系统，如财务、市场营销、生产制造、质量控制、服务维护、工程技术等。ERP 供应链管理内涵如图 1-1 所示。

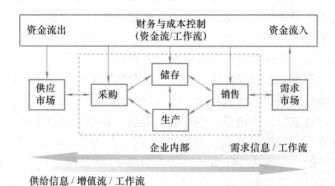

图 1-1　ERP 供应链管理内涵

最早采用这种管理方式的是制造业，当时主要考虑的是企业的库存物料管理，于是产生了 MRP（物料需求计划）系统，同时企业的其他业务部门也都各自建立了信息管理系统，诸如会计部门的计算机账务处理系统、人事部门的人事档案管理系统等，而这些系统相互独立，彼此之间缺少关联，形成信息孤岛，不但没有发挥信息技术手段的作用，反而造成了企业管理的重复和不协调。在这种情况下，MRP Ⅱ 应运而生。它围绕着"在正确的时间制造和销售正确的产品"的中心目标，将企业人、财、物进行集中管理。ERP 可以说是 MRP Ⅱ 的一个扩展。其一，它将系统的管理核心从"在正确的时间制造和销售正确的产品"转移到了"在最佳的时间和地点，获得企业的最大增值"；其二，基于管理核心的转移，其管理范围和领域也从制造业扩展到了其他行业和企业；其三，在功能和业务集成性方面，它都有了很大加强，特别是商务智能的引入使得以往简单的事务处理系统变成了真正智能化的管理控制系统。

1.3 ERP 的发展历程

ERP 的发展经历了以下几个阶段：

20 世纪 60 年代中期：从订货点法到基本 MRP，解决了控制库存问题。

20 世纪 70 年代中期：闭环 MRP，解决了计划与控制问题。

20 世纪 80 年代初期：MRP Ⅱ，解决了物料与资金信息集成问题。

20 世纪 90 年代初期：ERP，解决了在经济全球化的环境下，如何提高企业竞争力的问题。

21 世纪初期：ERP Ⅱ，解决供应链环境下企业间的协作运营问题。

1.3.1 订货点法

20 世纪 40 年代，计算机系统还没有出现，为了解决库存控制问题，人们提出了订货点法，又称为订购点法。它指的是对于某种物料或产品，由于生产或销售的原因而逐渐减少，当库存量降低到某一预先设定的点时，即开始发出订货单（采购单或加工单）来补充库存。直至库存量降低到安全库存时，发出的订单所定购的物料（产品）刚好到达仓库，补充前一时期的消耗，此订货的数值点，即称为订货点。订货点法也就是库存补充原则订货点法，是按过去的经验预测未来的物料需求。订货点法是建立在一系列假设条件基础上的：对各种物料的需求是相互独立的；物料需求是连续发生的；提前期是已知的和固定的；库存消耗之后，应被重新填满。精确地计算安全库存量对订货点法而言非常重要。

订货点法本身也具有一定的局限性。例如，某种物料库存量虽然降低到了订货点，但是可能在近一段时间企业没有收到新的订单，所以近期内没有新需求产生，就暂时可以不用考虑补货。若仅凭订货点进行订货决策，也可能会造成库存积压和资金占用。

订货点也称警戒点，是指订货点库存量 Q_p。它是个用来指示某种物资已到订货时间的参数。订货点库存量的大小取决于物资的订货提前期 T_p 和日耗量 C_m。订货提前期的长短取决于派员前往和办理订货手续的时间、供方备货时间和办理运输计划与托运时间、承运单位装车、运输时间和卸货、转运、验收入库所需时间的总和。订货提前期乘日耗量，就是订货点库存量 Q_p。在生产不均衡的条件下，物资消费速度时快时慢，库存量下降到订货点的时间也就有早有迟。因此，按照物资实际库存量下降到订货点的时间派员订购物资，可以防止在等批量订购条件下由于消费速度变化所造成的物资缺货和超储问题。库存订货点法理论如图 1-2 所示。

设物资的订货提前期为 T_p，平均日耗量为 C_m，则订货点（即订货点库存量）Q_p 的计算公式为

$$Q_p = T_p C_m$$

式中的 T_p 在一般情况下是个常量，可用以下两种方法确定：

1）查定法。查定法即精确地查定订货提前期各个构成环节所需的时间，并加总求和，即

$T_p =$ 派员外出办理订货手续时间+供方备货办理托运时间+运方装运时间+转运检验入库时间

2）统计法。统计法即使用 T_p 的历史资料，并消除订货提前期中由于偶然因素造成的波

动（即剔除历史数据中少数偏离平均值较大的数据），进行算术平均，得出 T_p。

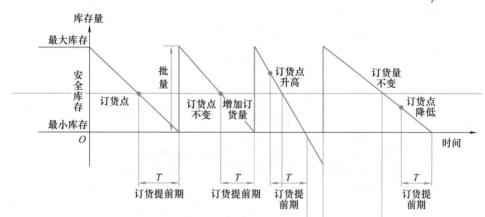

图 1-2　库存订货点法理论

1.3.2　基本 MRP

计算机系统的发展使得短时间内对大量数据的复杂运算成为可能，人们为解决订货点法的缺陷，提出了 MRP 理论，这个阶段即物料需求计划阶段，或称基本 MRP 阶段。制造业为了打破"发出订单，然后催办"的计划管理方式，设置了安全库存量，为需求与提前期提供缓冲。于是，企业的管理者们已经清楚地认识到，真正的需要是有效的订单交货日期，产生了对物料清单的管理与利用，形成了 MRP。

区别于订货点法，20 世纪 60 年代 IBM 公司的 Joseph A. Orlicky 博士引入了基本 MRP，提出了把对物料的需求分为独立需求与相关需求的概念；产品结构（BOM）中物料的需求量是相关的；并且以时间轴的形式引入时间概念。

ERP 系统中的需求，是指何时需要多少特定的产品或物料。需求又分为独立需求和相关需求。独立需求是指外界或消费者对产成品的市场需求，即企业承接市场订单需求；因为它的需求量是由市场决定的，而企业对它无法加以控制或决定。相关需求是指一项物料与其他产成品或产品的物料清单结构有关的需求；这些需求是通过物料需求计划计算出来的，而不是预测出来的。

独立需求是主生产计划下达的，通过市场预测或客户订单得到；而相关需求则是通过物料需求计划运算后得到的。独立需求的物料包括成品、半成品、备品备件等；而相关需求的物料则包括半成品、零部件和原材料。换句话说，当一个物料的需求不能直接从另一个物料的需求计划得到时，这种物料的需求称为独立需求；否则为相关需求。

独立需求与相关需求的概念是相对的。例如，汽车生产厂的汽车是独立需求，它的需求数量是由预测和订单得到的。而对于构成汽车的底盘、车身、发动机、变速箱、车轮等部件则是相关需求，它们的数量是通过 MRP 得到的。但是，若发动机、变速箱等作为维修配件单独销售出厂，则发动机、变速箱等又成为独立需求。因此，在编制 ERP 时，必须认真地收集物料的相关信息，以便分析和区分独立需求与相关需求。

基本 MRP 最主要的目标：确定每项物料在每个时期的需求量，以便为正确地进行生产库存管理提供必要的信息。当然基本 MRP 也有其缺陷：虽然能根据有关数据计算出相关物料需求的准确时间与数量，但它还不完善，主要是没有考虑到生产企业现有的生产能力和采购有关条件的约束。基本 MRP 逻辑结构如图 1-3 所示。

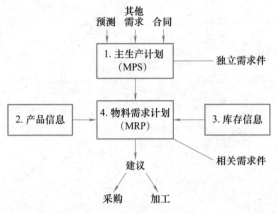

图 1-3　基本 MRP 逻辑结构

1.3.3　闭环 MRP

20 世纪 70 年代，随着人们认识的加深以及计算机系统的进一步普及，MRP 的理论范畴也得到了发展，为解决采购、库存、生产、销售的管理，发展了生产能力需求计划、车间作业计划月以及采购作业计划理论，作为一种生产计划与控制系统，即闭环 MRP（Closed-loop MRP）阶段。随之而来的是出现了丰田生产方式（看板管理）、TQC（全面质量管理）、JIT（准时生产）以及数控机床等支撑技术。

闭环 MRP 理论认为主生产计划与物料需求计划（MRP）应该是可行的，即考虑能力的约束，或者对能力提出需求计划，在满足能力需求的前提下，才能保证物料需求计划的执行和实现。在这种思想要求下，企业必须对投入与产出进行控制，也就是对企业的能力进行校检、执行和控制。闭环 MRP 流程如图 1-4 所示。

MRP 与能力需求计划（CRP）一起形成计划管理的闭环系统，称为闭环 MRP 系统。开环 MRP 系统是为产品零部件配套服务的库存控制系统，主要功能是解决产品订货所需要的物料项目、物料数量和物料供货时间等问题。

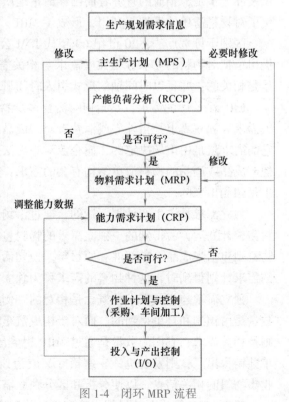

图 1-4　闭环 MRP 流程

闭环 MRP 系统与 MRP 系统的区别是，在生成物料需求计划（MRP）后，依据生产工艺，推算出生产这些物料所需的生产能力。然后与现有的生产能力进行对比，检查该计划的可行性。若不可行，则返回修改物料需求计划或主生产计划，直至达到满意平衡。随后进入车间作业控制子系统，监控计划的实施情况。CRP 逻辑结构图如图 1-5 所示。

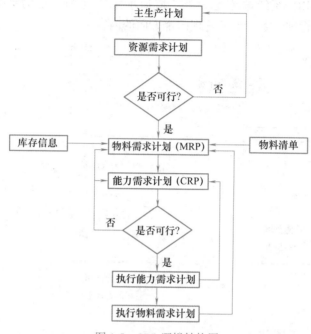

图 1-5　CRP 逻辑结构图

1.3.4　MRP II

20 世纪 80 年代，随着计算机网络技术的进一步发展，企业内部信息得到充分共享，MRP 系统的各子系统也得到了统一，形成了一个集采购、库存、生产、销售、财务、工程技术等为一体的综合系统，发展了 MRP II 理论，形成了企业经营生产管理信息系统，这个阶段即 MRP II 阶段。

企业的管理者们认识到制造业要有一个集成的计划，以解决阻碍生产的各种问题，而不是以库存来弥补，或用缓冲时间去补偿的方法来解决问题，要以生产与库存控制的集成方法来解决问题，于是 MRP II（即制造资源计划）产生了。由美国著名生产管理专家奥列弗·怀特（Oliver W·Wight）提出了 MRP II，它是对制造业企业资源进行有效计划的一整套方法。MRP II 是一个围绕企业的基本经营目标，以生产计划为主线，对企业制造的各种资源进行统一的计划和控制，使企业的物流、信息流、资金流流动畅通的动态反馈系统。MRP II 流程图如图 1-6 所示。

MRP II 最主要的进步在于，它实现了业务数据同财务数据的集成，同时将准时生产（Just In Time，JIT）的运营模式和 MRP 的计划模式进行了整合，改变了财务信息严重滞后于生产信息的现象，并成为指导和修正生产活动的标准，从而达到企业整体盈利的总体目标。在 MRP II 中，强调了对企业内部的人、财、物等资源的全面管理，把制造企业归类为不同的生产方式，如重复制造、批量生产、按订单生产等来管理，每一种生产方式类型都对应一套管理标准。MRP Ⅱ涉及企业的主要业务有：市场、销售、计划、生产、物料、成本、财务和技术等，它已经不是一群单项业务"信息孤岛"的组合，而是企业相关业务信息的集成。

MRP Ⅱ克服了 MRP 系统的不足之处：增加了生产（细）能力计划、车间作业管理（SFC）、采购与物料管理计划、财务管理四个方面的内容。

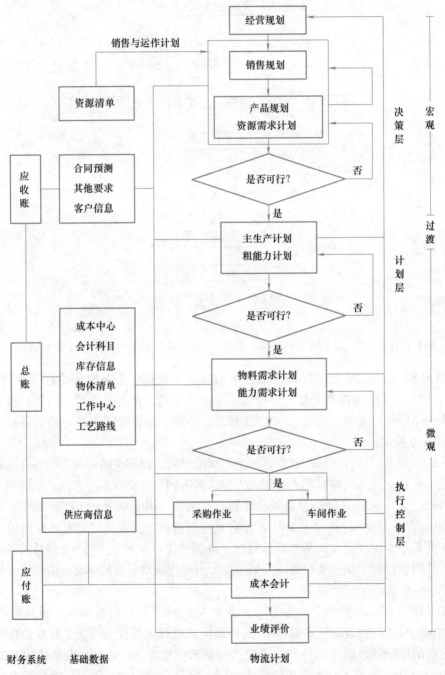

图 1-6　MRP Ⅱ流程图

　　MRP Ⅱ 实现了计划的一贯性与可行性、管理的系统性、数据共享性、动态应变性、模拟预见性、以及物流、资金流的统一。但是，伴随企业竞争范围的扩大，市场要求企业在各个方面加强管理，并要求企业有更高的信息化集成，对企业的整体资源进行集成管理，而不仅仅只是对制造资源进行集成管理。另外，企业规模的不断扩大，多集团、多工厂要求协同作战，统一部署，这已超出了 MRP Ⅱ 的管理范围。最后，信息全球化趋势的发展要求企业之间加强信息交流和信息共享。企业之间既是竞争对手，又是合作伙伴。因此，信息管理要求扩大到整个供应链的管理。

1.3.5　ERP

　　信息全球化趋势的发展要求企业之间加强信息交流与信息共享，企业之间既是竞争对手，又是合作伙伴，信息管理要求扩大到整个供应链的管理，这些是 MRP Ⅱ 所不能解决的。

　　20 世纪 90 年代以来，企业信息处理量不断加大，企业资源管理的复杂化也不断加大，这就要求信息的处理有更高的效率，传统的人工管理方式难以适应以上系统，而只能依靠计算机系统来实现，信息的集成度要求扩大到企业的整个资源的利用、管理，从而产生了新一代的管理理论与计算机系统——企业资源计划（ERP）。企业的所有资源可以简要地概括为三大流：物流、资金流、信息流。ERP 也就是对这三种资源进行全面集成管理的管理信息系统。

　　ERP 是由美国调查咨询公司 Gartner Group 在 20 世纪 90 年代初期首先提出的，当时的解释是根据计算机技术的发展和供需链管理，推论各类制造业在信息时代管理信息系统的发展趋势和变革。企业为了适应市场需求的变化，过去单一的生产模式变成了混合型的生产模式，MRP Ⅱ 在应对这些复杂和多变的混合生产时，已经无法准确地适应企业的管理需要了。并且，MRP Ⅱ 是通过对计划的及时滚动来控制整个生产过程，相比起更加快捷的互联网来说及时性较差，只能实现事后控制。同时，企业越来越强调利润控制的作用，因此简单的财务数据和生产数据的集成，已经无法满足管理控制的要求。

　　1990 年前后，ERP 逐渐取代了 MRP Ⅱ，成为主流的企业管理软件系统。企业资源计划（Enterprise Resource Planning，ERP）系统，是指建立在信息技术基础上，以系统化的管理思想，为企业决策层及员工提供决策运行手段的管理平台。ERP 系统集信息技术与先进的管理思想于一身，成为现代企业的首选运行模式，反映了时代对企业合理调配资源、最大化地创造社会财富的要求，是企业在信息时代生存、发展的基石。

　　从管理系统角度出发给出 ERP 的定义：ERP 是整合了企业管理理念、业务流程、基础数据、人力物力、计算机硬件和软件于一体的企业资源管理系统。厂房、生产线、加工设备、检测设备、运输工具等都是企业的硬件资源，人力、管理、信誉、融资能力、组织结构、员工的劳动热情等就是企业的软件资源。ERP 系统的管理对象便是上述各种资源及生产要素，通过 ERP 企业能及时、高质地完成客户的订单，最大限度地发挥资源的作用，并根据客户订单及生产状况做出调整资源的决策。企业 ERP 实施流程图如图 1-7 所示。

　　随着人们对 ERP 认知的不断深入，ERP 已经被赋予了更深的内涵。它强调供应链的管理。除了传统 MRP Ⅱ 系统的制造、财务、销售等功能外，还增加了分销管理、人力资源管理、运输管理、仓库管理、质量管理、设备管理、决策支持等功能；支持集团化、跨地区、跨国界运行，其主要宗旨就是对企业各方面的资源进行充分调配和平衡，使企业在激烈的市场竞争中全方位地发挥能力，从而取得更好的经济效益。现阶段，ERP 旨在融合其他现代管理思想和技术，面向全球市场，建设"国际优秀制造业"（World Class Manufacturing Excellence）。这一阶段倡导的观念的是精益生产、约束理论（TOC）、先进制造技术、敏捷制造以及现在热门的 Internet/Intranet 技术。

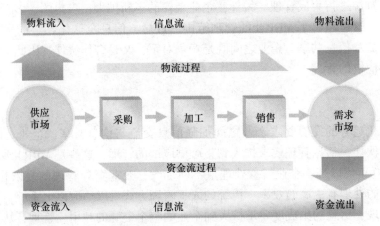

图 1-7　企业 ERP 实施流程图

从管理信息集成的角度来看，从 MRP 到 MRP Ⅱ 再到 ERP，是制造业管理信息集成的不断扩展和深化，每一次进展都是一次重大的质的飞跃，然而，又是一脉相承的。对于基本 MRP、闭环 MRP、MRP Ⅱ、ERP，以及现在提到的 ERP Ⅱ 而言，虽然后者是从前者发展来的，但并没有绝对的某项技术落后过时或后者将取代前者的含义，是功能的逐步集成和企业资源的整合。ERP 的发展历程如图 1-8 所示。

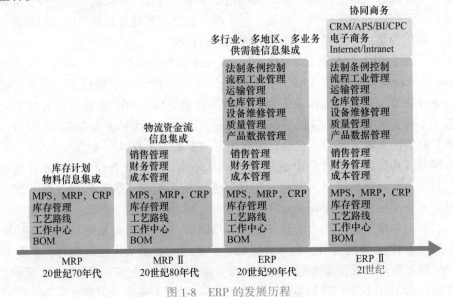

图 1-8　ERP 的发展历程

1.3.6　ERP Ⅱ

ERP Ⅱ（Enterprise Resource Planning Ⅱ）是 2000 年由美国调查咨询公司 Gartner Group 在原有 ERP 的基础上扩展后提出的新概念，其定义是：ERP Ⅱ 是通过支持和优化企业内部和企业之间的协同运作和财务过程，以创造客户和股东价值的一种商务战略和一套面向具体行业领域的应用系统。ERP Ⅱ 强调的是客户与供应链上、中、下游之间企业的整合。

ERP Ⅱ 系统包含六个基本特征，分别从业务、应用和技术方面定义了其战略取向：

1）ERP Ⅱ 的作用：从传统 ERP 的资源优化和业务处理扩展到利用企业间协作运营的资源信息，并且不仅仅是电子商务模式的销售和采购。

2）领域：ERP Ⅱ 的领域已经扩展到非制造业。

3）功能性：超越传统通用的制造、分销和财务部分，而扩展到那些针对特定行业或行业的业务。

4）业务处理：从注重企业内部流程管理发展到外部联结。

5）系统结构：与单调的 ERP 系统结构不同，ERP Ⅱ 系统结构是面向 Web 和面向集成设计的，同时是开放的、组件化的。

6）数据处理方式：与 ERP 系统将所有数据存储在企业内部不同，ERP Ⅱ 面向分布在整个商业社区的业务数据进行处理。

可以看出，除了系统结构的不同之外，ERP Ⅱ 的这些特征代表了传统 ERP 的扩展。对比表 1-1 清晰地展示了从 ERP 到 ERP Ⅱ 的发展趋势，另外也从技术层面说明了 ERP 和 ERP Ⅱ 的差别。

表 1-1　ERP 与 ERP Ⅱ 的差别

项目	ERP	ERP Ⅱ
角色	企业内部管理优化	供应链、价值链的参与及协同商务
范围	制造和配销行业	所有行业
功能	制造、销售、配销和财务	跨行业、行业段和特定产业
处理	内部业务	外部联结
结构	封闭、单一整体	以网络为基础，开放
数据	内部产生与使用	内部、外部使用及分享

伴随新技术的出现，ERP 逐步实现与物联网、云计算、商务智能等技术的集成与应用，ERP Ⅱ 主要展现以下的功能：

1. ERP 与物联网集成

现代化的 ERP 系统将所有业务应用无缝连接到一个统一的平台中，从而提高了数据的可见性、控制和决策能力。然而，如今的 ERP 业务流程与几十年前的设计方式相比基本没有什么变化。但是，将 ERP 与物联网（IoT）集成会非常有益，对于后台以及面向客户的流程都是如此。

物联网解决方案允许将各种外部机器和设备的数据实时与 ERP 系统共享，使公司无须费力地将其内部业务应用和流程与外部数据连接起来。从这些物联网设备收集的数据是实时的，而且非常准确，从而增加了获得可操作见解的机会。将 ERP 与物联网集成的好处主要有以下几点：

（1）由于提高了数据质量和可用性，因此可以更好地进行决策　成功的数字转型需要可操作的见解，这取决于物联网设备收集到数据的质量和数量。通过将 ERP 与物联网集成，可以提高数据的质量和可用性，并确保资产运行状况和利用率的任何变化都能实时直接地反映在 ERP 系统中。这些事件将通知所有相关人员，使他们能够根据需要采取行动。

（2）实时业务洞察　将 ERP 与物联网数据集成可帮助组织立即获得重要的业务见解。来自物联网传感器和设备的持续数据流允许公司执行实时分析，帮助他们获得可操作的见解，以改进决策。这些来自物联网数据的可操作见解有可能将公司的运营从被动方式转变为主动方式。决策者还可以考虑将 ERP 系统与人工智能、机器学习以及物联网集成在一起，以便公司员工在正确的时间获得正确的建议，帮助他们做出正确的决定。

（3）改善资产管理　物联网可以通过跟踪和监控供应链中的高价值资产、材料或设备来提供实时信息。将 ERP 与物联网集成后，会自动将这些信息输入 ERP 系统，这样供应链中的所有参与者都可以随时了解情况并采取相应行动。物联网解决方案还可以在资产需要关注（维修/故障）或容易被盗或损坏时发送通知来提醒相关员工。

（4）提高运营效率　通过将 ERP 与物联网技术集成，可以提高运营效率，因为许多手动任务都实现了自动化。有了物联网，所有的活动，如重新订购、补货、库存更新和未交货等，都可以在 ERP 系统中实时跟踪和自动更新。

（5）改进预测　预测消费者的产品购买和使用情况是一个复杂的过程，一旦公司误判就会产生巨大问题。通过分析大量的物联网数据，很容易做出更好的供应链决策。将 ERP 系统与物联网相结合，使公司能够直接从消费者那里获取实时数据并将其发送到 ERP 系统，从而在生产和消费之间建立直接联系。决策者可以捕获有关何时使用产品、消费者人口统计数据和使用频率的信息，而所有这些信息都能使预测和规划变得更加容易和更加有效。

2. ERP 与云计算集成

云计算的概念是在原有技术概念的基础上经过修饰发展而来的，是当前技术模式更为形象的代名词，它作为一种新的计算形态，直接对应的是传统的桌面计算。传统的桌面计算通过互联网能让人们方便地获取信息，但计算和处理主要还是基于本地的个人计算机进行。与其相反，云计算的计算过程在云端进行处理，但我们不能简单地认为云计算是通过互联网利用远端的计算能力进行处理，其面向的是海量的数据和复杂的计算。云计算是这样一种变革：由专业的网络公司来搭建计算机存储、运算中心，客户把"云"作为资料存储以及应用服务的中心，通过网络借助浏览器就可以进行方便的访问。

虽然从技术角度上来说云计算并不是完全新兴的产物，但仍有创新之处，尤其是对于个人或者中小型企业，云计算模式的逐步成熟弥补了中小型企业发展中的很多劣势。一方面，企业可以将现有的单机难以运行的应用移植到云计算中心，以服务的方式为客户进行数据处理或计算；另一方面，可以利用云计算服务中心开放的应用程序接口（API）自行开发应用，为客户或者企业提供服务。

企业在实施和推广 ERP 的进程中，不可避免遇到以下问题：

（1）ERP 系统融入企业日常业务的困阻较大　具体对每个企业来说，实施 ERP 所需要的时间是不一样的，短则需要两三个月，长则需要一年甚至更久。在这期间，当 ERP 系统的应用与企业的实际利益产生冲突时，企业管理者难免更倾向于眼前的利益，更在意这段时间当中企业的损失，即使企业能顺利度过与 ERP 系统的磨合期，客户仍需要进行 ERP 系统的修改、安装及运维工作。这对中小企业来说，不仅增加了 IT 成本的投入，也会使得 ERP 系统的推广受阻。

（2）ERP 系统中的数据安全隐患　由于技术缺失等问题，客户实施 ERP 系统的硬件载体一旦发生事故，造成数据丢失，对一个企业来说将是沉重的打击。目前大多数企业由于自身规模的限制，在硬件、技术以及人才方面的投入有限，在技术上无法做到实时、大规模、异地备份，在一定程度上阻碍了 ERP 的发展。

（3）ERP 系统的开发者与使用者沟通不足　在系统售出后，模块设计是否符合客户要求，软件选型是否适合企业实际，这类基本信息双方很难得到快速、便捷的确认。沟通缺失、信息不畅导致了系统升级速度减慢，减缓了 ERP 系统自身发展的脚步。

云计算与 ERP 的集成一方面能够减少企业在硬件方面的投资，企业只需要从平台服务商那里租用部署 ERP 所需要的硬件和网络资源即可，这大大减少了投资费用；另一方面，云平台是由一些世界上顶级的互联网公司搭建的，他们拥有着世界上顶尖的硬件环境、技术手段以及技术人才，为环境的安全稳定提供了可靠的保障，为客户的数据安全进行保障和备份，对隐私数据进行保护。因此，无论从减少投资还是技术稳定方面来看，云计算都是 ERP 的发展方向。

3. ERP 与商务智能

虽然 ERP 系统提供了一个把分离的商业功能进行集成的功能，即将物料管理、产品规划、销售、财务和其他的一些功能整合在一个统一的应用系统中，但 ERP 应用于企业后仍然存在以下局限性：①ERP 系统只能提供当前状态，而企业管理者在使用过程中，通常需要查询过去的信息，判断过去的经营状况，以便做出更好的决策；②ERP 系统的基本特征是"联机事务处理"，即把每个事务和每一分钟的细节都详细记录在数据库中，而对企业管理者来说，从如此庞大的数据库中直接获取企业决策需要的信息具有较大难度；③传统的 ERP 系统中跨地域的数据一般存放在分散的环境中，而进行决策支持所需的信息通常需要对从 ERP 系统中提取出的数据与其他系统中的数据进行整合、汇总、分析，单靠 ERP 系统无法实现这一点。

商务智能的概念最初是于 1993 年由加特纳集团（Gartner Group）提出的，加特纳集团将商业智能定义为：商务智能描述了一系列的概念和方法，通过应用基于事实的支持系统来辅助商业决策的制定。商务智能一般由数据仓库、联机分析处理、数据挖掘等部分组，成基本体系结构包括数据仓库、联机分析处理和数据挖掘三个部分。它将企业由面向事务处理的转向面向主题，使数据转换为信息，发现数据背后的商业价值是建立在理解数据的业务内涵之上，聚集海量数据，进行处理、分析，使企业不再是线性决策和执行，而是形成一个闭环，有反馈、有改进的决策和执行模式。

商务智能能够为企业提供迅速分析数据的技术和方法，包括收集、管理和分析数据，将这些数据转化为有用的信息，然后分发到企业各处。对商业信息的搜集、管理和分析过程，目的是使企业的各级决策者获得知识，促使他们做出对企业更有利的决策。

商务智能系统能够为其使用者带来以下三个基本益处：一是对来自不同数据源的多种数据类型进行统一集成；二是能帮助管理者从数据中挖掘信息；三是能极大地提高战术和战略决策的能力。

ERP 系统存在以上的局限性，而商务智能系统能够为企业经营决策提供诸多益处，并能够克服 ERP 系统的局限性。因此，ERP 与商务智能集成可以更好地发挥 ERP 的作用，更好地服务于企业。

1.4 ERP 实现企业管理创新

ERP 是以管理思想为基础，建立在信息技术之上，基于业务流程优化和管理模式创新的一整套管理系统，其目的是以市场和客户需求为导向，进行企业内外资源（包括人力、资金、信息、物料、设备、时间、方法等）的优化配置，实现企业整体的信息流、物流、资金流、价值流和业务流的有机集成，为企业加强管理、提高运营效率提供保障，为企业领导科学决策提供依据，并有效提高企业的盈利能力，建立竞争优势，增强市场竞争力。ERP 是网络技术与管理理念在企业中完美结合的典范，代表了各类制造业在信息时代管理革命的发展趋势，它对传统的管理系统来讲是一场革命。应用 ERP 就是直接使企业同国际市场接轨，可以摆脱传统管理模式的羁绊而迅速跃进到现代化管理的轨道上，而 ERP 对企业管理的变革也是全方位的。

1.4.1 经营思想的变革

网络技术的广泛应用导致市场竞争加剧，市场已进入微利时代，企业间的竞争更多地表现为管理水平的竞争以及建立在管理基础上的品牌、质量、附加值、成本、核心技术能力、市场能力等方面的全方位竞争。ERP 的管理思想是建立在系统工程、决策论、行为科学、劳动心理学等现代学科的基础之上的，它形成的管理思想是在全社会范围内最大限度地利用已有资源来取得最高的利润。在 ERP 管理思想的引导下，企业的竞争观念将进行新的调整：

（1）把竞争对手当作合作伙伴　在信息技术高速发展的条件下，任何一家企业的资源都只能保持某种核心优势，如果能与竞争对手把各自的核心优势结合起来，做到优势互补，将会形成共同的竞争力，达到"双赢"的目的。

（2）生产企业与供应商、批发商和零售商结成供应链　形成供应链后，生产商与供应商、批发商和零售商紧密合作，协调运作，对市场的适应能力将会大大提升，改变过去"各自为政"式作战的经营方式。供应链可将各方的核心优势力量集中起来，通过协同竞争，达到"群赢"的效果。

（3）形成新的生产观念　在生产方面，应从过去以"产品为核心"，转变成以"满足顾客的需求"为核心，因为产品只是满足需求的一种形式，企业只有充分地把握客户的需求，最终创造客户的需求，才能最大限度地实现企业的经营目标。

1.4.2 营销战略的变革

ERP 的核心管理思想是供应链管理。供应链管理是指通过加强供应链中各活动和实体间的信息交流和协调，增大物流和资金流的流量和流速，并使其保持畅通，实现供需平衡。ERP 正是基于"供应链"的管理思想，把客户需求、供应商的资源和企业的生产活动集成在一起，形成了一个完整的企业供应链，并对供应链上的所有环境进行有效的管理。供应链管理是以市场需求为导向，以客户需求为中心，以核心企业为龙头，以提高市场占有率、提高客户满意度和获取最大利润为目标，以协同商务、协同竞争和"双赢"原则为运作模式，通过企业现代化管理方法和手段，实现对信息流、物流、资金流、价值流和业务流的有效规划与控制，从而把客户、分销商、供应商和制造商连接成一个完整的网络结构，形成一个极有竞争力的战略联盟。

1.4.3　管理目标的变革

ERP 的管理目标是面向企业供应链的增值效益，在企业的供应链上，除物料流、资金流、信息流外，最根本的是要有增值流。各种资源在供应链上流动，应是一个不断增值的过程。在此过程中，ERP 要求消除一切无效劳动，在每一环节做到价值增值，因此，供应链的本质应是增值链。供应链上每一环节增值与否、增值的大小都会成为影响企业竞争力的关键因素。实施 ERP 的企业通过加强供应链中各活动和实体间的信息交流和协调，增大物流和资金流的流量和流速，并使其保持畅通，实现增值效益，提高企业竞争力。而传统管理是要求各部门做好"本部门的本职工作"，再经各级领导统筹协调，但由于任务的多样性、复杂性，经常造成各部门各自为政，影响企业的整体效益。

1.4.4　业务流程与组织机构的变革

为了提高企业供应链管理的竞争优势，必须系统地考虑整个供应链的业务流程和组织机构，进行业务流程重组，重构面向流程管理的"扁平化"的组织模式。

每个企业的生产经营过程都是由一系列工作过程组成的，这就是企业的业务流程，也称为工作流。企业的业务流程是一个把输入要素转换为输出要素的过程。企业的输入要素包括企业的人员素质状况，企业的生产资料、能源与设备状况，企业的固定与变动资金情况，以及企业的技术资料、产品数据、市场信息、生产决策等状况。企业输出要素有产品的品牌、数量、质量和技术资料、企业的盈利、员工的薪酬、纳税、生产资料与生产设备的积累状况等。企业的输入输出过程实质上是企业的物流、资金流和信息流合理流动的过程。按照系统的观点分析和处理生产经营活动的物流、资金流和信息流是企业管理创新的关键。企业业务流程的重组一方面保证了供应链上各环节、各合作伙伴之间的信息畅通和高效工作；另一方面适应了从传统的职能管理向流程管理的转变。打破职能分割，按企业流程改造企业的管理模式，减少管理的层次，建立"扁平化"的组织结构，将决策点定位在业务流程执行的地方，这不仅降低了企业管理成本，更重要的是提高了组织的运转效率和对市场的反应速度。

ERP 最大的优势是系统集成、流程优化、工作协同。ERP 的实施会引发组织形式的巨大变革，企业就是要运用网络技术来彻底改造业务流程创造新的工作方式，带动组织价值体系的重新塑造、组织结构的重新构造和组织激励机制与评价系统的重新建立，从而使整个组织脱胎换骨。

1.4.5　管理方法与管理手段的变革

ERP 应用于工业工程、计划与控制、质量保证体系、物流与布置、工作研究、工程经济等原理于管理上，这些先进的管理方法在 ERP 的应用软件中都有所体现，如滚动计划和库存物料 ABC 管理法等。ERP 的管理手段是计算机网络，网络让地球变成了真正意义上的"地球村"，全球范围内的商务活动都通过互联网整合在一个共同的虚拟市场，使得商务信息发布与获得的速度、企业与客户联系的速度、商业交易的速度、产品研发的速度、售后服务的速度等，都有了革命性的变化。

思 考 题

1. ERP 产生的背景是什么？企业对 ERP 有什么样的管理需求？

2. ERP 是什么？是软件还是一种管理理论？

3. 解释 ERP 的供应链管理内涵。

4. 解释订货点法的假设要求。

5. 简述基本 MRP 的逻辑结构，以及其与订货点法的区别。

6. 简述独立需求和相关需求的区别。

7. 简述闭环 MRP 的流程，以及其与基本 MRP 的区别。

8. 简述 MRP Ⅱ 的流程和功能，以及其与闭环 MRP 的区别。

9. 简述 ERP 产生的原因及其功能。

10. 引入物联网、云计算、商务智能等技术与应用，ERP Ⅱ 能为企业解决哪些管理问题？

第2章 ERP系统的相关术语和 基本概念

🏺 导入案例

上海三菱电梯有限公司(简称三菱) 是由上海机电股份有限公司、日本三菱电机株式会社①、中国机械进出口 (集团) 有限公司、三菱电机楼宇解决方案株式会社合资的电梯制造、经营企业。

从1996年至今，以ERP为核心的信息化管理系统已经由点到面逐渐扩展到三菱的主要业务流程中。多年的ERP应用，与那些项目半途夭折的企业，管理和系统"两张皮"的企业，以及刚刚完成系统切换就"广发英雄帖"的企业相比，三菱对管理信息系统的依赖，以及对信息化的认知程度，都体现了时间积累起来的成熟。他们认为，从企业的角度看，ERP是最大的信息化系统。作为企业管理的一个主要手段，企业不仅要构筑ERP系统，还要在此基础上形成企业管理的信息化模型，并不断优化业务流程。

三菱把1996年至2010年之间的ERP实施历程分为三个阶段：第一阶段是软件通用模块的实施阶段；第二阶段是企业特有模块实施阶段；第三阶段就是利用已经实施的系统进行管理流程再造以追求效率和效益最大化的阶段。三菱认为，真正的流程再造必须发生在系统模块上线以后。这种观点显然有悖于企业通常听到的在软件选型前就必须进行流程再造的说法。

基于这种思路，三菱的流程再造是这样进行的：对于那些阻碍软件推进的流程，坚决去掉或改掉；而那些能"蒙混过关"的，先"混"过去，到系统上线后，再集中精力按照轻重缓急逐步更改。目前，三菱已经步入流程不断再造的阶段。随着计算机系统的应用，不合理的流程逐渐显现或被发现。即使是基层业务人员也会提出朴素的流程再造要求："用了计算机，为什么还要这样麻烦？不能改一下吗？"显然，这种关于企业业务流程的持续优化再造，很难依靠外在的力量。三菱自己的实施队伍在这个时候开始发挥作用。

为了保证ERP项目的成功，在项目实施前，三菱先"忍痛割爱"，圈出那些不能做的环节，这也是他们在开发使用了ERP六年之后，也仅仅用了20%的R/3功能的原因之一。不能做的理由，主要是企业的基础数据不标准、基础管理不规范等。三菱的能力计划就是一开始被放弃的模块之一。事实证明，绕过这个模块是明智之举，否则很可能会阻碍下一个流程，最后导致系统的失败。现在，随着基础的不断完善，这一模块就可以重新配置进系统。

---

① 株式会社：相当于汉语中的股份有限责任公司。

应用 ERP 的出发点，决定了 ERP 实施的意识。那些把 ERP 用作装点门面的企业，或对 ERP 认识不清的企业，或由于某些压力被迫选择 ERP 的企业，只会把它作为一个短期项目来做，系统一上线，就宣告大功告成。真正把 ERP 当成企业信息化管理的基础架构而自主提出实施需求的企业，就会把它看作支持企业运营的终身项目。因此，他们很自然地树立了项目实施的主人翁意识。在项目一开始，三菱就向 SAP 明确表态：项目实施失败责任不用 SAP 承担，SAP 的职责就是跟他们配合，通过前期项目实施，帮他们培养团队。在项目实施中，三菱一直强调自身的主体地位。负责项目实施的信息管理部在系统上线后将作为企业的管理职能部门长期存在。

案例思考

结合上海三菱电梯有限公司 ERP 实施案例，分析该企业类型和生产方式对 ERP 软件的选型和实施过程的影响，进一步考虑该企业选择 SAP 软件后，如何优化企业业务流程，如何提升企业运营效率和收益。

● 本章概要

想要合理地解释企业运营问题，就必须先了解 ERP 相关术语和基本概念，正确理解 ERP 理论。本章介绍了 ERP 重要术语以及与"基础数据"相关的基本观念，包括企业生产计划方式与企业生产周期、订单及其生命周期、物料主文件、物料清单、工作中心、工序与工艺路线、提前期、工作日历、库存管理基础数据等。

2.1 企业基本信息

2.1.1 企业生产计划方式

ERP 中计划的制订，归根到底是来自市场的需求。而市场的需求主要有两个方面：一方面是客户订单（当前市场）；另一方面是企业对市场的预测结果（未来市场）。

根据市场需求，企业的生产类型主要有四种，即按库存生产、按订单生产、按订单装配、按订单设计。其中，按库存生产、按订单生产是最基本的和最常见的两种生产类型，而按订单装配是前两种基本生产特征的组合体，按订单设计则是按订单生产的特殊形式。

在实际应用中，多数企业的市场环境既有按订单生产特征，也有库存生产特征（如通用件、标准件、生产零配件等），而且在产品进行组装过程中，还有可能会接到有特殊要求的客户设计订单。因此，大部分企业是具有多种生产形式的。

下面对企业的四种生产类型进行简要介绍。

1. 按库存生产

按库存生产（Make To Stock，MTS）又称备货生产，是指产品在接到客户订单之前已经生产出来，客户订单上的商品可以随时从仓库中提取，交货期只是受运输条件的限制。

按库存生产型企业主要有以下特征：

1）产品需求一般比较稳定，且可以预测。

2）产品品种及规格较少，产品可保留较长时间。

3）产品存储在仓库中，根据需要随时提取。

4）其生产计划主要根据预测信息，并且可依据仓储部门的实时消耗量信息进行实时补充。

这种生产方式适用于备货生产的产品，比如文具、洗衣机、电视机、自行车、摩托车等。

2. 按订单生产

按订单生产（Make To Order，MTO）又称订货生产，是指产品的计划主要根据客户的订单制订，一般是接到客户的订单后才开始生产产品，所生产的产品主要是标准的定型产品，不需要重新设计和编制工艺，计划的对象是最终产品。

按订单生产型企业主要有以下特征：

1）企业具有一些可供选择的产品品种和规格。

2）生产和存储这些产品的费用较高，产品是为专门的客户生产的。

3）市场需求允许在一定时期后交货。

4）原则上产品无库存或极少量库存，只对原材料和通用件保留一定数量的安全库存。

这种生产方式适用于按订单生产的产品，比如通用机械、标准型号的电机、精密机床、飞机等。

3. 按订单装配

按订单装配（Assemble To Order，ATO）又称订货组装，是指在接到订单后再开始组装产品，这类产品具有一系列标准基本组件和通用件，是模块化的产品结构，可以根据客户的要求进行选择装配。

大量的基本组件和通用件都是在接到订单之前就已经根据预测生产出来了，保持一定的库存。接到正式订单后，只需要有一个总装计划（Final Assembly Schedule，FAS），按照客户选择的型号装配出来就可以交货。

按订单装配型企业主要有以下特征：

1）产品是由一些标准零件与客户的一些特殊需求零部件组成的。

2）产品具有离散装配特性。

3）产品的市场需求量比较大，且通常是为了满足客户的一些特殊需求。

这种生产方式适用于订单装配的产品，比如汽车、计算机、石英钟、医疗仪器、电子设备等。

4. 按订单设计

按订单设计（Engineer To Order，ETO）又称定制生产，是指在接到客户订单后，按客户订单的要求做产品技术设计或者在原标准产品上做较大改动的客户化定制。

按订单设计型企业主要有以下两个特征：

1）按订单设计和生产的产品，往往只生产一次，不重复生产。

2）订单驱动贯穿从设计到发货的全过程。

按订单设计的产品完全是按客户特殊要求设计的定制产品，企业要为每一个订单使用唯一的物料清单和工艺路线，不仅产品需要重新设计，工艺路线和原材料采购也需要重新开始。这时，压缩产品开发周期和制造周期是直接影响竞争力的关键因素。因此，要用敏捷制造的原理来解决这类问题。

按订单设计的生产方式适用于复杂结构的产品生产，如卫星、锅炉、造船、专用设备、发电机组等。

从以上内容可以看出，四种生产类型与产品品种以及客户的数量的关系如图 2-1 所示。

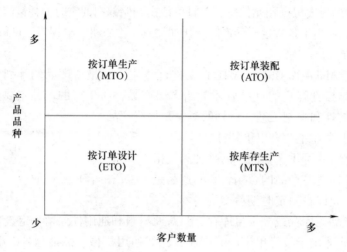

图 2-1　生产类型与产品品种以及客户数量的关系

2.1.2　企业生产周期

在介绍生产周期前，先引入客户的需求周期概念。所谓需求周期，是从与客户签订销售合同开始，到客户收到销售合同所订购的产品为止的时期。

生产周期是指企业制造客户所需产品的周期。其过程包括产品设计、生产准备、采购、生产加工、装配、运输等阶段。企业的生产周期大于客户的需求周期。

除上节所述，产品品种、客户数量影响不同的生产类型分类外，对于不同的生产类型，它们的生产周期和需求周期也是完全不同的，如图 2-2 所示。此外，企业生产周期对应的企业生产类型和企业部门工作，见表 2-1。

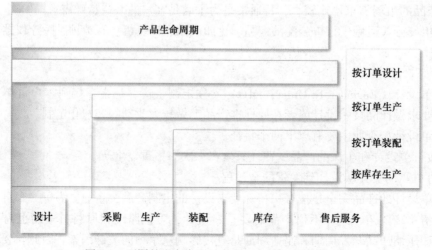

图 2-2　不同的生产类型对应的生产周期和需求周期

表 2-1　企业生产周期对应的企业生产类型和企业部门工作

	产品投入期	增长期	成熟期	衰退期
生产计划方式	ETO、MTO	ATO	MTS	MTO
生产部门	生产产品的最佳方法	扩充生产能力、对客户订单及时做出反应	降低生产成本、缩短生产时间	给少量产品合理分配生产资源
市场部门	让产品打入市场	加强竞争、扩大市场	保持市场占有率	淘汰产品的时间和方式
工程设计部门	产品规格	改进产品性能	降低产品消耗、寻找更有效的生产方式	为旧产品提供服务、开发新产品

2.2　生产管理基础数据

2.2.1　订单及其生命周期

1. 订单

订单是企业经营活动的重要文档，记录物料在企业中物理状态或化学状态的变化全过程，依此开展企业的采购、生产和销售活动。

在订单中详细记录了物流下一个节点对上一个节点所需物料的品名、规格、型号、数量、交货时间，物料的价格、质量和付款方式等信息往往是在企业之间产生物流时才详细描述，这类记录往往采用合同、契约等方式描述与约束。

在制造业企业中，订单可分成客户订单、生产订单和采购订单三类，分别描述销售部与客户之间的物料需求、生产过程各工序之间的物料需求和供应部与供应商之间的物料需求。

2. 订单的生命周期

订单是 ERP 系统运行的重要数据来源和输出信息。订单从产生到退出系统全生命周期要经过初始、已经确认、准备下达、已经下达、完成共五个阶段。也有的软件为确保数据完整增加一个退出阶段。

（1）"初始"阶段　在本阶段，MRP 按主生产计划（MPS）、物料清单（BOM）和库存记录，定期展开运算产生相关需求物料在将来时区的物料需求情况，等待相关部门核准。

订单在这个阶段离订单执行还有一段时间，因此，订单上的数据除了物料代码，其他约定都可以调整，不影响正常产生经营活动。

（2）"已经确认"阶段　在本阶段，MRP 产生的初始订单已经由计划部门核实确认，从这阶段开始，物料相关部门可以去准备物料的生产或采购，当在准备过程中发现生产能力或采购供应能力无法满足时，可以提前将问题提供相关领导进行协调解决。

因此，在这阶段的数据还可以修改，修改结果不会对生产经营造成很大的影响。

（3）"准备下达"阶段　在本阶段，订单生产或采购日期将近，订单所需要的资源已经能满足，等待下达执行订单任务。

在这一阶段的订单数据仍然可以修改，但会对企业的正常经营活动造成影响，尤其是中间件物料的生产订单在准备下达之前，物料的底层物料已经完成，会造成库存积压或缺货补料，影响正常的生产安排。

（4）"已经下达"阶段　在本阶段，企业已经按计划下达产生或采购任务，对于生产订单，相应工作中心已经输出派工单和领料单，开始组织生产，采购单已经与供应商达成供货协议或合同，一旦再发生变化需要承担经济责任。

因此，订单在这一阶段一般是不允许修改的，当发生特殊情况产生变化时，会追究经济责任。

（5）"完成"阶段　在本阶段，企业的生产部门或采购部门已经按订单将所需要的物料全部入库，订单已经完成。

在实际系统中，为了使系统能自动更新数据，减少系统中历史数据的积压，确保系统运行快速有效，还会增加订单的"退出"阶段。在这个阶段，订单数据已经按约定进行备份，可以从系统的运行数据库中撤销。

2.2.2　物料主文件

在 ERP 系统中，"物料"一词有着广泛的含义，它是所有产成品、半成品、在制品、原材料的总称。

物料主文件（Main File of Materials，MFM）是标识和描述用于生产过程中的每一物料的属性和信息，它是 ERP 系统的最基本的文件之一。物料主文件数据所包含的各项数据字段都是物料的属性与参数（见表 2-2）。这些数据字段在 ERP 中被设计、工程、销售、计划、采购、仓库、制造、财务等各个业务部门用来进行不同业务的需求计算、处理和使用。

表 2-2　物料主文件

编码	名称	物料编码	物料名称	计量单位	物料属性	是否质检	提前期（天）			计划方式	供需政策	供应周期	供应量		
							固定	变动							
								周数	基数				固定供应量	最低供应量	供应倍数
01	产成品	0101	电动车 M100	台	自制/销售/MPS	是	5	1	120	R	LP				
		0102	电动车 M120	台	自制/销售/MPS	是	5	1	120	R	LP				
02	半成品	0201	电动机	个	自制/销售/生产耗用/MPS	是	3	1	200	R	LP	5		300	300
		0202	车胎	个	自制/销售/生产耗用/MPS	是	2	1	120	R	LP	3		300	300
		0203	辐圈	个	委外/销售/生产耗用/MPS	是	1	1	120	R	PE				
		0204	钢管	kg	外购/销售/生产耗用/MPS	是	3	1	120	R	PE				
		0205	油漆	kg	外购/销售/生产耗用/MPS	是	1	1	120	R	PE				
		0206	钢丝	m	外购/销售/生产耗用/MPS	是	2	1	120	R	PE				

注：1. 计划方式的 R 是指物料要列入 MPS/MRP 计算对象，以便于编制计划。
　　2. 供需政策中的 LP（Lot Pegging）：表示批量供应法，按各时间的净需求分别各自供应。
　　3. PE（Period）：表示期间供应法，按设定期间汇总净需求一次性供应。

一般说来，物料主文件的内容包括物料属性和物料编码。

1. 物料属性

物料主文件主要包括如下物料属性：

（1）设计管理有关的数据　图号、物料名称、重量、体积、生效日期、失效日期、配方（原科、成分）号等。

（2）物料管理有关的数据　物料分类、采购员代码、计量单位、批量、订货规则、安全库存量、最低或最高存量等。

（3）计划管理有关的数据　计划员代码、自制或外购、提前期、计划期、产出率（日产率）、安全提前期、需求时界和计划时界等。

（4）销售管理有关的数据　销售员代码、关键客户、计划价格、折扣计算、佣金等。

（5）产品成本有关的数据　账号、材料费、人工费、外协费、间接费、累计成本、标准成本、实际成本、采购费等。

（6）质量管理有关的数据　批号、待验期等。

2. 物料编码

物料编码（又称物料代码）的设计与编制是 ERP 运行数据的基础，是计算机系统对物料的唯一识别代码。不同软件对物料编码的叫法很不统一，也有叫项目号、物品号、识别码、物件号、零件号等，但都是用一组代码来代表一种物料。物料编码的编制需要注意以下几点：

（1）唯一性　物料编码最基本的要求是物料号的唯一性（或称不二义性）。所谓唯一性，就是同一种物料，不论出现在什么产品上，只能用同一个代码表示；而不同的物料，哪怕只有极微小的区别也不能用同一个代码表示。通俗地讲，就是"一个人不能起两个名字，两个人不能用同样的名字"。如果一个零件经过修改，就必须更改编码（或者可以加一个说明版次的后缀），并说明它的有效期，以免造成管理上的混乱。

（2）字段类型　物料号多为字符型，字段长度有一定限制，各个软件规定不一，但一般为 6~20 位（空格也算位数）。物料号的位数过长会增加系统的存储空间，增加录入时间，而且容易出现差错。确定物料号时还要考虑所选协同软件的其他查询功能，若软件可以通过其他代码（如分类码、分组码）查询，那么在物料号中不必考虑过多的标识段，以免重复并增加字段长度。对那些在各类商场销售的产品，编码要遵守中国物品编码中心有关条码设置的规定（如厂商识别、商品项目、校验码等）。

（3）应用自动识别技术　在物料编码问题上一定要结合条码技术应用。随着条码技术的发展，二维码可以包含物料的更多信息（如批号、工艺记录、作业的指导性信息等），现阶段已经在国内一些企业（如汽车制造）得到应用。此外，无线射频识别（RFID）技术在 ERP 系统数据采集方面也有很大的用处，将随着装备设施成本费用的下降，在一些行业逐步普及。

（4）集团统一编码　对一个集团性质的企业，不仅要保证一个分公司、一个工厂物料编码的唯一性，而且要从集团全局的角度，考虑整个集团所有产品和物料编码的唯一性，建立物料编码标准。举例来说，一个以家电为主导产品的集团企业，有几家分公司生产不同类型的制冷产品，如电冰箱、空调机、冷柜等，它们之间有共用的物料是很自然的事。这时编码的唯一性就不能仅仅限于一种产品类型，而是要全集团统一考虑。因为不同分公司产品的备件往往是在一个地区仓库里集中管理，而不是按分公司分别设立的，如果没有从集团总体考虑物料编码，很可能在备件仓库出现重号的问题，造成管理上的混乱。

另外，如果集团对大宗物资采用集中采购，集团所属各企业必须对这类物资使用相同的物料号，以便汇总。

（5）不同图样的同一性　如果一家企业从不同的国家引进技术图样（比如分别从日本和德国引进机床制造技术），来源不同的产品图样中，极可能有号不同，但零件（材质、形状、精度等）完全相同的物料，对这种情况需要注意，如果几种产品是经常同时生产，最好重新编号，以便汇总安排加工计划和采购计划，减少无效作业。

（6）区别零件与毛坯　传统的做法，往往在零部件的毛坯（铸坯或锻坯）上铸上零件的图号，如汽车发动机箱体铸件等，因为铸件是要单独订货和存储的，并单独计算成本和结算，不能同加工后的零件混为一谈。这时，必须把毛坯的编码同加工后的零件编码区别开来，可在铸件后缀字母或数字。

2.2.3 物料清单

1. 物料清单的概念

物料清单（Bill of Materials，BOM）是指产品所需零部件明细表及其结构，它是描述企业产品组成的技术文件。在制造业中，它表明了产品的总装件、分装件、组件、部件、零件，直到原材料之间的结构关系，以及这些零部件的时间、数量上的相互关系。在化工、制药和食品行业，产品组成则对主要原料、中间体、辅助材料及其配方和所需数量的说明。

由于物料清单是一种树状结构，因此又称之为"产品结构树"。把树状图形表示的产品结构，用数据表格文件形式表示的就是物料清单。它是 ERP 系统中计算 MRP 过程中的重要控制文件。

物料清单表明了"产品—总装件—分装件—组件—部件—零件—原材料"之间的结构关系，以及每个部件所包含的下属部件（或零件）的数量和提前期。

一个 BOM 文件，至少应包括四个数据项：物料标识（或物料编码）、需求量、层次码（该物料在结构表中相对于最终产品的位置）及提前期。其中，物料标识是指物料编码；需求量是指每一个父项所需该子项的数量；层次码是系统分配给物料清单上的每种物料的数字码，其范围为 $0 \sim n$，即最顶层的层次码为 0，下层的层次码为 n，依此类推。

举个例子，某企业眼镜产品的结构树如图 2-3 所示。每个眼镜由一个镜架、两片镜片、两颗螺钉组成；而每个镜架又由一个镜框、两个镜腿、四颗螺钉、两个鼻托组成。关于一个产品的所有"父项/从属子项"关系的集合，称为产品结构。可见，BOM 就是一份反映产品结构的技术文件。

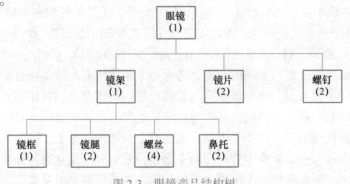

图 2-3　眼镜产品结构树

狭义上的物料清单通常是指产品结构，仅仅是对物料物理结构按照一定的划分规则进行简单分解，描述了物料的物理组成。一般按照功能进行层次的划分和描述。

广义上的物料清单是产品结构和工艺流程的结合体，二者不可分割。离开工艺流程谈产品结构，没有现实意义。要客观和科学地通过 BOM 来描述某一制造业产品，必须从制造工艺入手，才能准确描述和体现产品的结构。

2. 物料清单的作用

BOM 是 ERP 系统中最重要的基础数据，是实施 ERP 系统的基础和关键环节。其组织格式设计合理与否直接影响系统的处理性能。BOM 的作用可以归结如下：

1）ERP 系统是识别各个物料的工具。

2）BOM 是 MRP 运行的最重要的基础数据之一，是 MPS 转变成 MRP 的关键环节。

3）各个物料的工艺路线通过 BOM 可以生成最终产品项目的工艺路线。

4）BOM 是物料采购和零部件外协加工的依据。

5）BOM 是仓库进行原材料、零部件配套的依据。

6）BOM 是加工领料的依据。

7）BOM 可以包含各个项目的成本信息，是成本计算的重要依据。

8）BOM 是销售部门制定产品销售价格的依据。

9）BOM 是质量管理中从最终产品追溯零件、组建和原材料的工具。

3. 物料清单的主要构成要素

物料清单主要由以下要素构成：

（1）BOM 层次（Level）　物料清单是按反工艺路线进行编制的。物料的层次，反映出产品加工次序，底层是原材料，次低一层是毛坯件，再向上是半成品，最顶层是产成品，也即第零层。参与最后装配的外购零部件处在第一层。

（2）物料编码（Item No）　物料编码是按照一定的编码规则编排的物料顺序号。编码规则有多种方法，比如阿拉伯数字法、英文字母法、暗示法、混合法等。物料编码具有唯一性。

（3）物料描述（Item Description）　物料描述也称物料名称，是对物料特征的描述，比如手机、钢板、导线等。

（4）规格或型号（Type）　一种产品可能有多种规格，不同规格的物料，即使只有微小的差别，也被视为另一种物料，要分别计算产品成本，产品规格为物料中最小单位，有的 ERP 系统将"名称"和"规格"放在一起作为"物料"描述，在一个字段里处理。

（5）计量单位（Unit of Measure）　计量单位有克、千克、个、套、升、包等，一种物料可能同时拥有多个计量单位，一般以最小单位作为基本单位，即库存单位。在采购或者销售时，在 ERP 软件中可以进行计量单位的转换。

（6）标准用量（Standard Quantity）　BOM 上的标准用量可分投入量和产出量。产出量是构成产成品的净用量。同一种产品在不同的生产阶段，标准用量设置可以不同，投入量与产出量的关系为：投入量 = 产出量 ×（1 + 废品率）。材料用量设定最好用投入量，如果生产过程损坏了一些零件，就可以开具散料单补领零件。

（7）版本（Verision）　BOM 中存在版本，常见的比如电子行业的 PCB 版，时常根据产品的升级，它的版本也随时在不断升级，所以需要版本来给予控制。

（8）有效时间（Effective Date） 有的 ERP 系统设置了有效截止时间，如果过了这个日期就失效了。

主物料清单是企业中唯一有效的物料清单，各个部门根据需求，由主物料清单生成设计 BOM、制造 BOM、计划 BOM、成本 BOM、维修 BOM 等类型，当主生产计划员需要一份计划清单或车间需要一份领料单时，均可由主物料清单产生出来。

4. 物料清单的类型

BOM 是企业基础信息的核心数据，是连接企业设计、制造和经营管理的桥梁。BOM 描述产品的物料组成，并在企业的不同部门之间传递产品信息。不同部门的 BOM，由于用途不同而存在多种 BOM。下面就物料清单按部门用途划分类型如下：

（1）工程 BOM 工程 BOM（Engineering Bill Of Materials，EBOM）是产品设计部门用来组织产品零部件物料的清单，反映产品装配结构和零部件的详细信息，是产品设计的最终结果。

（2）工艺 BOM 工艺 BOM（Planning Bill Of Materials，PBOM）是工艺部门组织和管理产品及相关零部件工艺的文件，在 EBOM 的基础上加入零部件的工艺流程和生产设备等工艺信息而成。

（3）制造 BOM 制造 BOM（Manufacturing Bill Of Materials，MBOM）是制造部门按照 EBOM 和 PBOM 结合生产实际，加入详细的制造工艺工序信息而成。

（4）采购 BOM 采购 BOM（Buying Bill Of Materials，BBOM）是根据 PBOM 和 MBOM 中对零部件的分类，确定出所要采购的物料信息组成。

（5）成本 BOM 成本 BOM（Cost Bill Of Materials，CBOM）描述产品的全部成本信息，是财会部门根据设计、生产和采购等部门提供的 BOM，加入企业经营成本形成的产品最终成本信息。石英挂钟成本物料清单见表 2-3。

表 2-3 石英挂钟成本物料清单

层次	物料编码	物料名称	计量单位	数量	材料费（元）	人工费（元）	间接费用（元）	低层累计（元）	本层累计（元）
0	10000	挂钟	件	1.0		0.50	2.80	41.10	44.40
1	11000	机芯	件	1.0	12.30				12.30
1	12000	钟盘	件	1.0		0.40	2.50	11.95	14.85
2	12100	长针	个	1.0	1.45				1.45
2	12200	短针	个	1.0	1.64				1.64
2	12300	秒针	个	1.0	1.61				1.61
2	12400	盘面	件	1.0	7.25				7.25
1	13000	钟框	件	1.0		0.80	4.5	7.15	12.45
2	13100	塑料	kg	1.0	7.15				7.15
1	14000	电池	节	1.0	1.50				1.50

（6）销售 BOM 销售 BOM（Sale Bill Of Materials，SBOM）是销售服务部门销售最终产品时提供给客户的产品物料需求，详细记录了产品的零部件结构及相关备件和附件等信息。

由于制造物料清单是按照工程物料清单和工艺物料清单结合生产实际，加入详细的制造工艺工序信息而成的，是遵循制造过程的标准。因此，ERP 系统中所采取的物料清单是制造物料清单。

5. 物料清单中的虚拟件

虚拟件是指在设计 BOM 时出现，在工艺过程中有定义，但是实际生产中并不制造也不存储（或偶然存储）的部件。它通常不在设计 BOM 中的底层出现，因此虚拟件有子项。虚拟件也有物料编号，尽管实际可能没有该物料。因为虚拟件不需要制造，所以提前期一般置为零，订货策略为按需订货，当虚拟件库存为零时，系统自动越过虚拟件直接计算其子项物料的需求量，如果库存有虚拟件，则从毛需求量中减少库存量，再计算子项物料的净需求量。

虚拟件在物料清单中有许多作用：

（1）简化物料清单　组成结构复杂产品的零部件往往很多，如果将其组成全部分解，其中会含有大量的连续类的小零件，如螺钉、螺母、脚垫等，这些不重要的零件会使物料清单变得非常复杂，同时重点部件与关键部件不能很好地突出出来，这时使用虚拟件将这些不重要的小零件合并，给它们一个总的物料编号，每一个小零件是这个虚拟件的子项，它们的总编号并不是一个真实的物料，不需要生产制造，只要计算它的需求量，进而计算其子项的需求量。这样物料清单的结构就能被大大简化。这种方法在第一层物料清单上的应用较多，比如购买电视机，随机带的产品说明书、保修单、固定螺钉、屏幕清洁剂等，与主产品处于同一层次上，这时在物料清单中将它们放在一个虚设的袋子中，将它们作为一个整体，给这个袋子一个物料编号，作为虚拟件处理，就可以大大简化产品的物料清单的结构，特别是第一层物料清单的结构。

此外，对于可选特征多的产品，由于最终产品种类过多，主生产计划不可能也没有必要直接针对每一种最终产品制订主生产计划，而应当选择一个合适的产品层次制订主生产计划，这样对产品进行预测与计划的工作量就会大大减少，这时对应的物料清单也必须配合主生产计划，如将具有某种共性的零部件组合成一个虚拟件，给该虚拟件分配一个物料编号，从而达到简化物料清单的结构以及简化管理的目的。

（2）实现物料用光的自动替换　由于虚拟件有一个性质，就是虚拟件可以有库存量也可以没有库存量。若虚拟件库存量为零，不对虚拟件计算物料需求，而直接计算它的子项的需求量。根据这个性质，可以用实现物料用光的自动替换。如在某物料生产过程中，一种原料需要被另一种原料替换，条件是该原料不再采购，用光后由新原料代替，这时如果用人来监督物料的使用情况是非常耗费精力的，也容易出错。但借用虚拟件的特点，可以将旧原料设置为虚拟件，新原料设置为它的子项，当旧原料还有时，系统直接计算旧原料的需求，它一旦为零，则直接计算新原料的需求量，这样可以在很大程度上方便管理。

2.2.4　工作中心

1. 工作中心的定义

工作中心（Working Center）是直接改变物料形态或性质的各种生产能力单元的统称。在 ERP 系统中，工作中心的数据是工艺路线的核心组成部分，是运算物料需求计划、能力需求计划的基础数据之一。它是工序调度和 CRP 产能计算的基本单元，也是发生加工成本的实体。

由于工作中心是一种用于生产产品的生产资源，包括机器设备和人。因此，一般可根据设备的功能和劳动力状况进行划定。可以将执行相同或相似工序的设备、劳动力所组成生产单元视为一个工作中心。例如，工作中心可以是一台功能独特的设备、一组功能相同的设备、一个成组加工单元、一条生产线、一个装配场地、一个或多个操作人员、一个班组、一个工段或某种生产单一产品的封闭车间等。换言之，一个车间可以是一个工作中心，也可以是由一个或多个工作中心组成的。一个人也可以是一个工作中心。

一般应在编制工艺路线前划定工作中心，建立工作中心主文件。在工艺路线文件中，一般一道工序对应一个工作中心，也可以多道工序对应一个工作中心。经过工作中心加工的物料要产生加工费用，即加工成本。因此，在财务管理中可以将一个或多个工作中心定义为一个成本中心。

2. 工作中心的特点和确定原则

工作中心的表现形式是一台或多台功能基本相同的机器设备，一个或多个类型基本相同的生产作业人员，或者一个或多个作用基本相同的作业场地，也可能是这些设备、人员和场地的组合。在 ERP 系统中，工作中心既是一种基本的生产作业手段，也是一种基本的生产作业组织，还是一种生产作业的管理方式。

工作中心是一种基本的生产作业手段，也就是说，它是一种生产作业单元，这是工作中本质特点。在整个生产作业过程中，工作中心是改变或计量物料的物理形状、化学性质和空间位置的主要手段。从这个意义上来看，工作中心可以由一台或多台机器设备、仪器仪表或运输工具组成。但是，基于工艺路线、作业计划以及成本核算的要求，一个工作中心只能是一种功能基本相同的生产作业单元，不应该是多种不同功能的作业手段的混合。

工作中心是一种基本的生产作业组织，也就是说，它是一种生产作业组织单元。一般情况下，生产作业由人控制和操纵生产作业手段来完成，工作中心也包括了生产作业人员。即使是高度自动化的流水加工或装配线、机器人和数控加工中心设备，也离不开编程人员、控制人员和操作人员。从组织的角度来看，工作中心既可以是一个作业人员，也可以是多个作业人员；既可以是生产作业班组，也可以是生产作业的工段、车间；甚至还可以是分厂。但是，生产作业组织单元过大或过小都不合适。如果生产作业组织单元过大，势必包含多种功能不同的作业手段，这样很难充分发挥生产作业组织的能力，生产作业计划也很难达到准确和精细的程度；如果生产作业组织单元过小，则可能使生产作业计划经常处于不稳定状态。生产作业组织单元的大小应该与企业的工艺布局相关，对于按照工艺布局的企业，由于功能相同的机器设备布置在相同的位置，这时生产作业组织单元应该设置得适当大一些。对于那些按照产品布置工艺设备的企业，生产作业组织单元应该小一些。

工作中心是一种生产作业的管理方式。也可以说，工作中心是一种基于 ERP 系统的管理单元。工作中心在完成一项作业任务的同时也产生了作业成本。从管理的角度来看，工作中心是生产作业计划任务中的执行单元，是生产作业成本的核算单元，是生产作业数据的采集点。如果工作中心划分得越精细，成本核算单元就可以越精细。

工作中心的合理性是实现 ERP 系统管理的重要内容。为了合理地确定工作中心，应该遵循以下原则：

1）按照企业机器设备的合理布局确定工作中心。

2）工作中心应该尽可能地细。

3）按照机器设备的功能相同或相似性，可以把这些机器设备合并成一个大的工作中心。

4）生产作业班组应该按照工作中心来设置，可以考虑把工作中心作为一级组织来管理。

一般情况下，工作中心的数据包括基本数据和能力数据。基本数据包括工作中心编码、工作中心名称、工作中心的物理位置、工作中心所属的组织（班组、工段、车间和分厂等）和工作中心所属的成本中心等。工作中心能力数据包括同种功能的设备的数量、工作中心作业人数、每个人每日的标准作业工时，以及作业人员的平均技术等级等。

3. 工作中心的相关数据

工作中心数据包括三部分内容：工作中心基础数据、工作中心能力相关数据，以及工作中心成本相关数据。

（1）工作中心基础数据　工作中心基础数据包括工作中心编码、工作中心名称、工作中心说明、工作中心所属部门、是否为关键工作中心等。

（2）工作中心能力相关数据　工作中心能力相关数据包括每日可开班次、每班人数、每班可排产工时数、设备数、平均排队时间、每日可提供的工时、机台时（或每小时可加工的产品数量）、工作中心的效率等数据。

工作中心额定能力的计算公式为

工作中心额定能力=每日班次×每班工时数×工作中心效率×工作中心利用率(工时/日)

其中，

$$工作中心效率=完成定额工时数/实际工作工时数$$
$$工作中心利用率=实际工作工时数/计划工作工时数$$

工作中心效率、工作中心利用率这两个参数的设置，旨在使工作中心可用能力更符合实际，从而使计划和能力更加符合。工作中心效率说明实际消耗工时与标准工时的差别，与工人的技术水平或设备的使用年限有关，可以大于、等于或小于100%；工作中心利用率则与设备的完好率、工人出勤率、停工率、任务的饱满程度，以及自然的休息时间有关。

工作中心的定额能力应是能持续保持的能力。为使工作中心的定额能力可靠有效，需要经常与实际能力比较，用实际能力来修正。工作中心的实际能力也称历史能力，是通过记录某工作中心在几个时区内的产出求平均值的方法计算得出的。

（3）工作中心成本相关数据　工作中心成本相关数据包括：单位时间的费率（工时或机时费率、间接费率等）、工人人数、技术等级等。

使用工作中心每小时发生的费用，称为工作中心成本费用（或费率）。其单位为元/工时。工作中心费用包括工作中心直接费用和工作中心间接费用。

工作中心直接费用包括操作人员工资、直接能源（如水、电、气、汽）、辅助材料（如乳化液、润滑油等）、设备折旧费、维修费等。其计算公式为

工作中心直接费用=工作中心日所有发生费用之和/工作中心日工时数

工作中心的间接费用则包括管理人员工资、保险费、电力费、搬运费、照明费等。其计算公式为

工作中心间接费用=分摊系数×车间发生的间接费用/工作中心日工时数

式中，分摊系数是以人工成本为基准分摊的间接成本比例。

在核定产品的标准成本、进行产品的成本模拟及成本差异分析时都会用到工作中心成本数据。

2.2.5 工序与工艺路线

1. 工序的概念

工序（Working Procedure）是指生产作业人员或机器设备为了完成指定的任务而做的一个动作或一连串动作，它是加工物料、装配产品的最基本的加工作业方式，是与工作中心信息直接关联的数据，也是生产过程中最基本的组成单位。

在生产管理上，工序也是制定定额、计算劳动量、配备工人、核算生产能力、安排生产作业计划、进行质量检验和班组经济核算的基本单位。可见，正确划分工序是合理组织生产过程的重要条件。

工序与工作中心的关系十分密切。一般情况下，一道工序一定对应一个工作中心，当然也可以多道工序对应一个工作中心，说明该工作中心可以完成多种相似任务并且不同的工序反复利用该工作中心进行加工。

2. 工艺路线的概念

工艺路线（Routing）是指产品在企业的一个加工路线（是多个工序的序列）和在各个工序中的标准工时定额情况，主要用来进行工序排产和车间成本统计。它是一种计划管理文件，而不是企业的工艺文件。

在 ERP 系统中，工艺路线文件一般包括物料编码、工序号（零部件加工和装配的工序顺序）、工序说明、工作中心编码（该工序在哪个工作中心进行加工）、排队时间、准备时间、加工时间、等待时间、传送时间、最小传送量、外协标识、标准外协费和工序检验标志等。

3. 工艺路线的作用

工艺路线主要有以下作用：

1）用于计算加工期间的提前期。利用工艺文件的准备时间、加工时间和传送时间来计算提前期，为 MRP 计算提供数据。

2）用于计算占用工作中心的负荷小时数，为运行能力需求计划提供数据。工艺路线中包括了相关物料在各个工作中心的工时定额数据，该数据可用于计算、平衡工作中心的能力。

3）用于下达车间作业计划。根据加工顺序和各种提前期进行车间作业安排。例如，确定派工单中每道工序的开始时间和完工时间等。

4）用于加工成本的计算。根据工艺文件的工时定额及工作中心的成本费用数据计算出标准成本。

5）按工序跟踪在产品。根据工艺文件、物料清单及生产车间、生产线完工情况，得到各工序的加工进度表，并以此为依据对在产品的生产过程进行跟踪和监控。

2.2.6 提前期

提前期（Lead Time）是指从作业开始到作业结束花费的时间，是设计工艺路线、制订生产计划的重要基础数据之一。例如，某个产品的交付提前期是指从作为开始时间的签订订单日期至作为结束时间的向客户交付产品的交付日期之间的时间。提前期的概念体现了对最终结束时间的重视。有时也把提前期称为作业时间或作业工时。如果把提前期称为工时，则体现了对作业开始至作业结束这段时间长度的重视。从本质上来说，提前期管理是对生产作业和管理作业的量化管理形式。

基于不同的使用目的和根据不同的划分标准，可以把提前期分为多种不同的类型。这些划分标准包括生产过程、生产计划等。

从生产过程的角度来看，提前期可以分为产品设计提前期、生产准备提前期、采购提前期、生产加工提前期、装配提前期、试验和测试提前期以及发货运输提前期等类型。产品设计提前期是指从接受订单开始至产品设计、工艺设计完成所需要的时间。生产准备提前期是指从生产计划开始到生产准备工作完成（可以投入生产）所需要的时间。生产准备的内容包括硬件准备和软件准备。硬件准备包括工装夹具、原辅材料等准备；软件准备包括加工图样、技术文档等内容的准备。采购提前期是指从下达采购订单到所采购的物料入库所需要的时间。生产加工提前期是指从生产加工投入开始至生产完工入库的全部时间。装配提前期是指从装配投入开始至装配完工的全部时间。试验和测试提前期是指产品装配完成之后进行试验、测试所需要花费的时间。发货运输提前期是指产品测试之后开始包装、出库、装箱和运输，直到客户接收到产品所需要的时间。

有时也把采购、加工和装配提前期的总和称为累计提前期，因为采购、加工和装配是 ERP 系统中主要考虑的生产环节。把产品的整个生产周期称为总提前期。

从生产计划的角度来看，可以把提前期划分为标准提前期、计划提前期和实际提前期。标准提前期是指在正常情况下，针对单个零部件或产品，某项作业从开始至结束所需要的时间。计划提前期是指在正常情况下出计划下达至计划完成所需要的时间，它是在考虑了作业数量、并行操作方式等因素的基础上通过标准公式计算得到作业时间。由于不同工序之间可以交叉作业，计划提前期往往小于所有单个工序的标准提前期之和。工序之间交叉作业对提前期的影响示意如图 2-4 所示。图 2-4a 中的 LT1 是没有考虑交叉作业时的提前期。图 2-4b 中的 LT2 是考虑了交叉作业时的提前期。显然，LT2<LT1。实际提前期是作业在实际环境影响下所需要的时间，实际提前期是标准提前期和计划提前期修正的依据。

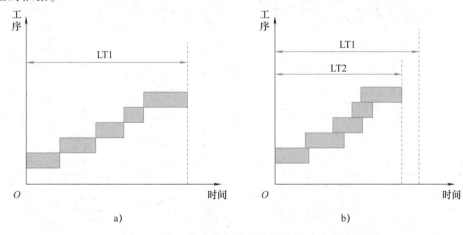

图 2-4 交叉作业和提前期之间的关系示意图

对于生产加工提前期，按照与产品数量之间的关系，可以把提前期分为变动提前期和固定提前期。与加工产品数量有关的提前期称为变动提前期，与加工产品数量无关的提前期称为固定提前期。

生产加工通常由多项工序组成。工序提前期是指工序从进入工作中心到离开工作中心期间所花费的时间。工序提前期又被称为工时。一般情况下，每一个作业的工时由多种不同的时间组成。这些时间包括排队时间、准备时间、加工时间、等待时间和移动时间等。这些时间的单位通常是秒、分或小时等。

1）排队时间：在工作中心安排作业前耗费的排队时间。

2）准备时间：在加工前需要做的准备工作所花费的时间。例如，开机、检查和调整机器、安装拆卸工装夹具以及加油等，每一批零部件的作业都需要消耗时间。

3）加工时间：每一个零部件加工、装配的实际作业时间。

4）等待时间：工作中心作业完成之后不能立即转移到下一个工作中心，需要等待一段时间才能转移到下一道工序。

5）移动时间：移动时间又称搬运时间或运输时间，即从当前工序转移到下一道工序花费的时间。

在 ERP 系统中，提前期是重要的基础数据，在物料数据中维护。产品设计提前期与生产加工提前期、采购提前期的性质不同。对于某一个产品来说，产品设计往往是一次性的工作，生产加工、物料采购则通常是重复性的工作。因此，提前期通常考虑的是生产加工提前期和采购提前期，而不是产品设计提前期。

2.2.7 工作日历

工作日历（Working Calendar）也称生产日历，用于说明企业各部门、车间或工作中心可以工作或生产的所有日期，也就是将社会日历进行转换，并除去周末、节日、停工和其他不生产的日子。表 2-4 和表 2-5 分别为社会日历和×车间的工作日历，通常 MPS 和 MRP 计划是按工作日历编制的。

表 2-4 社会日历

2022 年 1 月						
日	一	二	三	四	五	六
						1 元旦
2 三十	3 腊月	4 初二	5 小寒	6 初四	7 初五	8 初六
9 初七	10 腊八	11 初九	12 初十	13 十一	14 十二	15 十三
16 十四	17 十五	18 十六	19 十七	20 大寒	21 十九	22 二十
23 廿一	24 廿二	25 廿三	26 廿四	27 廿五	28 廿六	29 廿七
30 廿八	31 除夕					

表 2-5　×车间工作日历

2022 年 1 月						
日	一	二	三	四	五	六
						1 元旦
2 01	3 02	4 周休	5 周休	6 03	7 04	8 05
9 06	10 07	11 周休	12 周休	13 08	14 09	15 10
16 11	17 12	18 周休	19 周休	20 13	21 14	22 15
23 16	24 17	25 周休	26 周休	27 18	28 19	29 20
30 21	31 除夕					

工作日历文件一般应包括含车间代码、社会日期（年、月、星期、日）、工厂/车间可工作日期数、日期状态（工作、休息、停工）、年有效工作天数、累计有效工作天数等数据。在工厂日历中不存在节假日，计时方式从 000 至 999，即 1 000 个工作日为一个循环。工厂日历编码系统默认为 System，名称为系统工厂日历。

MPS 和 MRP 展开计划时，要根据工作日历安排任务，非工作日不安排任务。系统在生成计划时，遇到非工作日会自动越过。

工作日历的基本单位是日，有必要时需细化到工作日的小时数，能够说明一天之内增加班次或改变每班的小时数后能力的变化。

2.3　库存管理基础数据

库存管理的基础数据包括库存、库位定义、库存信息和维护方法。

（1）库存　库存即为存货，即暂时处于闲置状态的、用于将来的商业资源，包括成品、材料、半成品、在途品。库存是资金，库存或存货是流动资产，但也要占用资金，资金又具备时间价值，因此库存是资产同时也是负债。

（2）库位定义　库位定义是描述企业仓库、货架等基础设置情况的信息，通常由库位编码、名称和类型等组成。库位定义是 ERP 系统基础数据中的基础，在建立物料主文件前首先应建立库位定义数据，否则物料主文件中的优先库位数据无法输入。

（3）库存信息　库存信息是保存企业所有产品、零部件、在产品、原材料等存在状态的数据库。库存信息主要有：物料编码、现有库存量、计划收到量（在途量）、已分配量、订购（生产）批量和安全库存量等数据。

（4）维护方法　ERP 系统在维护库存管理基础数据时，要首先建立库位定义表，主要包括代码、名称、用途（现用、封存、报废）、管理员；其次是建立库存信息记录表。在维护基础数据时要注意以下两方面内容：物料代码必须在物料主文件中出现；库位代码必须在库位定义表中存在。

思 考 题

1. 企业有哪些生产类型? 可以设置哪些生产计划方式?
2. 什么是物料编码? 其首要性质是什么?
3. 什么是物料清单? 其作用是什么?
4. 工作中心的内容和作用是什么?
5. 什么是工艺路线? 其主要作用是什么?
6. 什么是提前期? ERP 中有哪些提前期?
7. 工作日历与社会日历有何区别?

第3章 销售管理

导入案例

1988 年，美国乐配集团在中国设立了第一家全资子公司——乐配中国有限责任公司（简称乐配公司），并在中国快速消费品市场上迅速成长，成为乐配集团的全球第二大市场，其销售业绩以年均 8%~10% 的速度增长。迈得乐是一家西班牙的合资企业，总投资额 2400 万美元，设在广州南部。迈得乐公司 2003 年度的销售额约为 4 亿元人民币，且销售业绩逐年上升，但其母公司糖果类业务的整体销售额却呈下滑趋势，因此决定放弃整个糖果类业务。

2004 年 3 月至 9 月，乐配公司完成了与迈得乐公司的吸收合并以及初期整合。由于并购融资成本很高，乐配公司不想再付出高昂的整合成本，并且管理层也希望稳定人心。因此初期整合只是将迈得乐公司作为乐配公司的子公司，简单地进行了股权合并，要求迈得乐公司应用统一的经营业绩评价指标和财务报表，其业务流程、组织架构、人力资源、信息系统等均未进行整合。

2005 年 4 月 13 日，在总经理办公会上，公司财务总监发言："在并购完成后将近一年的运营中，迈得乐公司在运营上出现了各种问题，乐配公司并未实现股东和管理层的期望。并购前，迈得乐公司的销售额连年攀升，2000 年至 2003 年销售业绩平均增幅为 12%，2003 年度的销售额达到近 4 亿元人民币，净利润率超过了 25%。但合并之后，2004 年年报显示，迈得乐公司的销售额仅为 3 亿元左右，较前一年度下跌了 40%，净利润率也只有 13%，比前一年度降低了几乎一半。2005 年开始，迈得乐公司的销售情况更加恶化，一季度的销售量又萎缩了 14%。公司的融资成本和现金流压力增大，发展形势非常令人忧虑。"

采购部经理说："迈得乐公司没有实时的销售预测的数据，需要每个月由销售部向采购部提供电子表格，采购部根据销售预测的数据输入 ERP 系统测算更新的采购计划，并且只能提供近 3 个月的近期计划，无法满足中长期的预测需求。由于相关采购计划需求计划的更新频率较低，当实际销售与销售预测出现较大差异时，会导致生产计划不能及时调整，造成缺货或者库存积压。"

销售部经理说："双方的产品定价模式、客户选择和销售渠道的区别很大。乐配公司的价格策略比较规范，各渠道间的利润率设计合理，并且促销的力度大；但迈得乐公司由于定价模式灵活，各品类渠道中的毛利水平较低，导致迈得乐公司产品的经销商转投乐配公司或者其他公司，这也是迈得乐公司销售业绩不佳的原因之一。"

客服经理说："乐配公司与迈得乐公司在分销渠道和目标人群上均有不同，当销售预测与实际销售存在差异时，迈得乐公司信息系统无法直接接收这些变化并及时传递给生产部门，因此经常造成某些产品缺货或者某些产品滞销，客户订单满足率也由并购前的88%降低至75%，同时也带来了成本的增加。"

信息中心主管说："目前由于双方使用的 ERP 系统不同，每个系统相对独立又相互封闭，因此信息交换和反馈的效率较低，使得乐配公司与迈得乐公司难以共享战略信息和运营信息，形成了信息孤岛。另外，双方实际的运营流程也有较大区别。迈得乐公司的业务流程以职能部门为主划分，而乐配公司的业务流程是基于简单需求供给模型来缔造的。因此在日常的运作中，如果一个业务流程出现问题，迈得乐公司往往需要多个部门的协同，效率较低。"

面对各种各样并购后出现的问题，乐配公司管理层召开了多次类似会议进行研讨，力求尽快扭转这种局面，并发挥强强联合的协同效应。

案例思考

结合乐配公司案例，综合考虑销售管理在企业中的实施中要注意哪些问题？造成迈得乐公司在合并初期销售情况不佳的原因有哪些？根据上述案例，结合信息中心主管的陈述，谈一谈 ERP 在企业销售管理中发挥的作用有哪些？进一步思考 ERP 中的销售管理在未来企业运作中将如何发展？

本章概要

销售管理是 ERP 系统运行的起点和终点。要想正确理解销售管理系统，就必须先了解传统的销售管理及企业销售过程中出现的问题，进而充分了解销售管理系统的基本职能。因此，本章重点介绍了销售管理概述和销售管理系统的主要业务及功能等。在了解和认识销售管理重要性的基础上，掌握销售管理过程，熟悉 ERP 销售系统相关概念，了解销售管理的基本流程，理解销售管理的主要功能和原理，并根据企业的实际运行状况编制销售计划；了解 ERP 中的销售管理系统如何解决传统管理中存在的各种问题和挑战。

3.1 销售管理概述

3.1.1 销售管理业务流程

销售管理的根本目的是提高销售额，增加企业利润。但是，人们对销售管理的界定却大有不同。营销学专家强调销售管理就是对销售人员的管理。菲利普·科特勒认为，销售管理就是对销售队伍的目标、战略、结构、规模和报酬等进行设计和控制。而面向具体销售活动的专家们则强调对销售活动与过程的管理。拉尔夫 W·杰克逊和罗伯特 D·西里奇在《销售管理》中认为，销售管理是对推销活动的计划、指挥和监督。

　　不过，这两种关于销售管理的界定都离不开和销售紧密关联的数据的录入、生成、流转与分析。现今，各类 ERP 软件系统的销售管理子系统已经被现代企业广泛使用，以支持其进行销售管理活动，实现企业利润快速增长。对企业来说，销售部门是企业供应链中连接客户市场与企业供应的管道，其主要职能是挖掘客户、为客户提供产品以及售后服务，从而实现企业资金转化并为企业获取利润，为企业创造生存和成为企业发展的动力源泉，实现企业的社会价值。因此，企业销售业务活动基本上包括两方面：一方面将企业生产出来的产品发送给客户；另一方面按销售价格从客户那里收回货币资金。ERP 销售管理系统从信息系统的角度确保这一基本活动及两端延伸活动的实施。

　　作为整个企业管理系统的一部分，销售管理系统是企业内部与外部市场的窗口。销售系统收集必要的市场信息资料，例如了解客户对产品的需求、接受客户销售订货并进行处理、进行销售统计分析，最终产生相关信息，传递给其他子系统，使企业能够正常运转，向客户提供产品和服务。产品销售和售后服务的结果，以信息形式又反馈到企业管理系统中，企业根据反馈信息来判断企业经营成果是否令人满意，并根据反馈信息重新调整企业未来的经营计划。

　　企业销售系统的销售过程是从客户开始。所谓客户，是指所有要购买本企业产品的单位和个人，他们向企业提出订货要求，以及对产品质量、性能等方面的要求，通过与企业销售人员讨价还价最终达成购买意向，与销售部门签订销售合同。销售部门在确定了销售订单后，将信息传递给生产部门。生产部门根据订货信息安排生产计划，下达生产任务。销售部门对销售订单进行跟踪，随时与生产及库存部门沟通保证按期交货。满足交货条件后，销售部门开具提货单并组织发货，同时销售部门应开具销售发票，并将信息传递给财务部门催收货款。随后销售部门应派专人负责售后服务工作，并在需要时与技术管理部门和质量管理部门沟通，销售管理同时应定期对销售情况进行统计分析，为企业决策提供支持。销售管理的主要业务流程如图 3-1 所示。

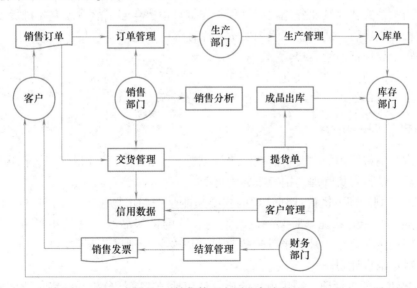

图 3-1　销售管理主要业务流程

　　第一步，销售管理要完成开拓市场，进行市场销售预测，制订销售计划、产品报价等业务。销售部门要对企业的客户进行分类管理，维护客户的相关档案信息，制定对客户的合理的价格政策，以期建立稳定、长效的销售渠道。同时，销售管理还要根据市场需求信息对相应产品的销售情况进行预测，即通过对历史的、现在的销售数据进行分析，并结合市场调查的统计结果，对相应产品未来的市场情况及发展趋势做推测，以指导今后的销售活动和生产安排。企业结合客户订单、市场预测和生产加工等情况来制订销售计划，对将来不久的一段时期内企业的销售品种、每个品种的销售量以及产品的销售价格做出安排。对中小企业而言，其销售计划一般按月制订。某些企业，也可能针对不同产品、不同区域或者不同的销售人员制订相应的销售计划。有了这些准备工作后，销售人员就可以和客户进行实质性的沟通与接触，即报价，提供售前服务，提交售中、售后服务的承诺，以争取获得最优的订单。

第二步，企业根据客户需求的资料、交货信息、产品相关信息和其他的注意事项来制定销售订单，并根据企业自身的生产可供货情况、产品报价情况和客户信用程度高低情况来确认销售订单。接下来，这些销售订单信息就被传递给生产计划人员，以便安排生产；进一步，销售订单的分解信息（由 MRP 计算完成）会传递给采购、生产、委外和库存等部门，以便安排供应。之后还要进行订单跟踪，这些反馈信息也属于订单管理的内容。销售部门还要按照销售订单的交货期及时组织货源、下达提货单、组织发货并将发货情况转给财务部门。货物发出后，销售部门要将发票发送到财务部门记账。如果客户要求退货，财务部门要做相应处理，如开具红字发票以冲抵销售收入。虽然销售货款结算是财务部门的任务，但是对于拖欠贷款的客户，销售人员要做好收款计划，并配合财务人员向客户催款。

第三步，销售人员要向客户提供售前、售中和售后服务。销售完成后，销售人员要记录相关信息，以备其他人员对各种销售信息进行汇总统计分析。这种分析主要针对各产品的订单订货情况、销售情况、销售发货情况、订单收款情况、销售计划完成情况以及销售盈利情况等资料，从地区、客户、销售人员和销售方式方法等多个角度和层面进行统计分析。

应该注意的是，现阶段随着新的市场经济秩序的逐步规范，大部分企业中已经不沿用先到货后付款的赊销方式。其业务流程的过程是先签订销售合同，然后需方先付货款，销售部门确定收到相应款项后，通知仓库组织发货，库存部门发货后，将货物信息送财务部门开具发票，并将多余款项退回给客户。

由此，销售部门的职责主要包括市场开发、销售预测与销售计划、客户管理、销售报价、销售定价、订单处理、售后服务、销售市场分析等。

3.1.2 销售管理的功能

一般来讲，销售管理的主要功能有销售计划管理、销售市场分析管理、销售价格管理、销售订单管理、销售发货管理、销售服务管理等。

（1）销售计划管理 销售计划管理的主要功能是按照市场需求（如客户订单、市场预测等）和企业生产能力状况，对某一段时期内企业的销售品种及其销售量进行计划安排。销售计划管理提供企业年、月、半月销售计划，以及某个地区、某类客户（群）或某个销售员个人的特定销售计划。

（2）销售市场分析管理 销售市场分析管理包括销售统计分析和销售预测分析。

1）销售统计分析。销售统计分析是对各种市场"已有"的销售信息进行汇总统计分析。

2）销售预测分析。销售预测分析则是利用有关预测方法和销售统计分析信息，对销售"潜在"的市场（如销售需求趋势等）进行预测分析，以指导企业今后的销售活动和企业的生产计划。

（3）销售价格管理　销售价格管理包括定价管理和价格折扣管理。

1）定价管理。定价管理是针对企业的市场目标、利润目标、产品成本、市场需求、竞争对手的价格，以及企业的营销组合（如分销商、经销商、供应商）等情况，制定出相对科学合理的价格。

2）价格折扣管理。价格折扣管理则是在定价的基础上，企业还要根据市场条件的变化来调整价格，包括数量折扣、季节折扣、地区性折扣、顾客市场细分析、销售渠道折扣等。

（4）销售订单管理　该模块是对销售订单（或销售合同）从制定、审批、发运到开票的全过程实施管理，具体包括：合同制定、合同审批、合同跟踪、合同发货、合同退货、合同结案、合同汇总、合同查询等功能。其中，合同制定、合同审批、合同跟踪是销售管理模块的核心功能。合同制定的依据是客户需求的信息、交货信息、产品的相关信息，合同确认的依据是客户信誉情况、企业可供货情况及产品定价情况，而合同跟踪则是为了确保不失信于客户，必须对合同的执行状况进行监控。

（5）销售发货管理　销售发货管理包括发货管理和发票管理。

1）发货管理。发货管理是指按销售订单的交货期组织货源，下达发货单和组织、实施发货，并将发货情况转给财务部门。

发货管理的主要功能有：提货单制定、物品出库登记、包装费处理、运杂费处理、发货物品统计（如明细表、汇总表）等。

2）发票管理。发票管理是指通过开出销售发票，向客户催收销售款，并将发票转给部门记账，其主要功能包括发票维护、统计和查询功能等。

（6）销售服务管理　销售服务管理的功能主要是为客户提供服务，包括提供售前、售中和售后服务并对服务质量进行跟踪。销售部门（或联络工程技术部）在售前咨询客户对产品的相关疑问，在售中跟踪合同（订单）交货情况及客户对产品质量、交货期的满意程度，在售后提供相关服务支持（如产品安装、产品调试、产品维护和产品维修等），并将售后服务质量记录提供给质量部门和技术部门。

3.2　销售管理系统

ERP的销售管理提供的销售预测、销售计划和销售订单是主生产计划的需求来源。销售管理系统帮助企业的销售人员完成客户信息管理、销售订单管理、销售收发货管理、销售统计与分析等一系列销售业务。为企业的销售人员提供客户的信息、产品的订货情况以及产品的销售情况和获利情况，指导企业生产经营活动的顺利进行，提高企业的客户服务水平，使企业的市场适应能力加强，让其始终能在竞争中保持优势地位。

销售管理的基本职能包括：销售预测、客户信息管理、销售订单管理、销售收发货管理以及销售统计与分析等。

1. 销售预测

依据有关客户、竞争者、竞争产品、销售力量、以往销售业绩、区域、消费群体对象等方面的数据，对企业未来一个时期内各种产品总需求量和销售总额进行预测，预测的目的是帮助企业制订生产计划，协调生产能力，制订未来生产进度计划、采购计划、财务计划、人力资源计划等，并依据预测制订销售计划，作为对整个销售部门进行销售业绩评估的主要依据。销售预测主要是根据过去和现在的销售状况来推测未来的销售趋势，因此，企业必须有完善的历史统计资料，同时也必须掌握市场情况。

（1）预测模块与其他模块的集成　对于能生成销售订单的预测，是计划和进度的输入，它为所有 BOM 的层次计算物料需求，它与资源需求计划、主生产计划、物料需求计划、分销需求计划有关，如图 3-2 所示。

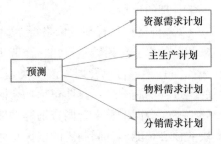

图 3-2　预测与其他模块的关系

资源需求计划使用预测作为估计产品制造所需要的时间和资源；预测的数据作为主生产计划的输入，帮助主生产计划决定产品的需求；物料需求计划把预测数据作为其下层部件的输入，而这些下层部件均为独立需求的部件；预测数据输入到分销需求计划后，就能对分销所需提供的需求作业进行准确计划。

（2）预测过程　预测正变得更加以客户和竞争者为导向，也比以前更加有弹性。作为对快速市场变化的响应，预测也成为一个滚动的过程。预测有以下五个主要步骤：

1）确定预测目标。销售预测是以产品的销售为中心的，产品的销售本身就是一个复杂的系统，有关的系统变量很多，如市场需求潜量、市场占有率、产品的售价等。而对于这些变量进行长期预测还是短期预测，这些变量对预测资料的要求、预测方法的选择都有所不同。所以，预测目标的确定是销售预测的主要问题。

2）准备数据。在预测目标确定以后，为满足预测工作的要求，必须收集与预测目标有关的数据，所收集到数据的充足与可靠程度对预测结果的准确度具有重要的影响。所以，对收集的资料必须进行分析，并保证数据具有针对性、真实性、完整性、可比性。

3）选择方法，展开预测。根据问题的不同，选择合适的预测方法进行预测。常见的定性预测方法有高级经理意见法、销售人员意见法、购买者期望法和德尔菲法；定量预测方法有时间序列分析法、回归和相关分析法。根据选定的方法，正式进行预测，并取得预测值。

4）预测查询及报告。预测值经分析和调整之后，可以供使用者查询，并且打印出相关的报表，同时进行物料和仓库的维护。

5）预测数据的传送。在查询和打印报表后，可以将预测数据传送至相关模块，送至资源需求计划、主生产计划、物料需求计划、分销需求计划之中。

（3）预测方法　常见的预测方法有如下几种：

1）移动平均法。移动平均法是一种十分简单的预测方法，完全根据历史数据来预测未来。这种方法首先要确定对未来影响的历史长度（N 个时区），N 取值越大，说明预测对象的变化程度越趋于平稳；N 取值越小，预测值受影响的时间越短。

例如：某一产品 M10 的历史记录，N 取 2 个时区，预测结果见表 3-1。

表 3-1　移动平均法（$N=2$）的预测结果

时区	1	2	3	4	5	6	7	8	9	10	11	12
预测量			160	200	222	197	180	171	167	169	168	169
订单量	150	170	230	213	181	178	163					

表中第 3 时区预测值是第 1、2 时区实际订单量的平均值，第 4 时区的预测值是第 2、3 时区的实际订单量的平均值，依此类推。当计算第 9 时区的预测量时，第 8 时区还没有实际订单量，用第 8 个时区预测量计算，依此类推求出其他时区的预测量。

2）指数平滑法。当产品处于增长期或衰退期时，各时区对未来市场的需求影响程度是不相同的，与预测时区越近影响程度越高，指数平滑法是反映这种现象的预测方法，指数平滑模型为

$$F_{t+1} = aV_t + (1-a)F_t$$

式中，a 是平滑因子，取值域是 $[0,1]$，一般取 $(0,1)$；V_t 是第 t 时区的实际值；F_t 是第 t 时区的预测值。

当取 0 时，下一个时区的预测值则等于上一个时区的预测值；当取 1 时，下一个时区的预测值则等于上一个时区的实际订单量，即与前一个时区相同。

由于平滑因子 a 取 $(0,1)$，因此 $(1-a)$ 的乘方越高 a 的值越小，对预测值的结果影响越小。当时区取 t，$t-1$ 项，忽略后续项的影响时，称为一阶指数平滑法；当时区取 t，$t-1$，$t-2$ 项，忽略后续项的影响时，称为二阶指数平滑法，依此类推确定各阶指数平滑法的计算方法。

若对表 3-1 的产品 M10 采用二阶指数平滑法进行预测，a 取值 0.43，预测结果见表 3-2。

表 3-2　二阶指数平滑法的预测结果

时区	1	2	3	4	5	6	7	8	9	10	11	12
预测量				161	168	149	139	130	108	88	71	57
订单量	150	170	230	213	181	178	163					

表中第 4 时区预测值是根据第 1、2 和 3 时区实际订单量计算得到的，第 5 时区的预测值是根据第 2、3 和 4 时区的实际订单量计算得到的，依此类推。当计算第 9 时区的预测量时，第 8 时区还没有实际订单量，用第 8 个时区预测量计算，依此类推求出其他时区的预测量。

3）回归分析法。回归分析法也是常用的预测方法，根据因素的多少，可分为一元回归分析和多元回归分析；根据因果关系的特征可分为线性回归分析和非线性回归分析。因此，典型的回归分析法有一元线性回归分析法、多元线性回归分析法，一元非线性回归分析法和多元非线性回归分析法。非线性的数学模型众多且复杂，这给预测模型的选择带来极好的灵活性和极强的复杂性。在预测时，选用一元还是多元可以观察因果关系中的影响因素很方便地确定，但采用线性还是非线性，以及非线性中的数学模型是一件十分困难的工作。为此，要对历史数据进行预处理，可以通过图上作业法，根据收集到的数据画趋向图，初步估计该趋向宜采用的数学模型，建立一般数学方程，通过数学工具求出该方程的系数。对于线性回归分析是否成立，还需要通过相关性分析，求出相关系数 r，r 的取值范围为 $[0,1]$，当 r 为 0 时，表示因果关系完全不相关；当 r 为 1 时，表示因果关系完全相关，线性回归无误差。因此，r 的值越高，因果关系的相关性越好。在实际回归分析时，对于非线性关系，通过数学变换成线性关系来求因果关系的方程式，因此，一元线性回归分析是最基本的方法。

通过调查收集整理，我们可以获得因变量（y）和自变量（x）的若干组数据（y_i, x_i）。依此为据求出 $y = bx + a$ 方程的系数 b，a 和相关系数 r，如下式所示。

$$
\begin{cases}
b = \dfrac{\sum\limits_{i}^{n} x_i y_i - n\,\bar{x}\,\bar{y}}{\sum\limits_{i=1}^{n} x_i^2 - n\,\bar{x}^2} \\[4ex]
a = \bar{y} - b\,\bar{x} \\[2ex]
\bar{x} = \sum\limits_{i=1}^{n} x_i, \quad \bar{y} = \sum\limits_{i=1}^{n} y_i \\[3ex]
r = \dfrac{\sum\limits_{i=1}^{n} (x_i - \bar{x})(y_i - \bar{y})}{\sqrt{\sum\limits_{i=1}^{n} (x_i - \bar{x})^2}\,\sqrt{\sum\limits_{i=1}^{n} (y_i - \bar{y})^2}}
\end{cases}
$$

通过上式可以求出后续时区的预测值。

假设：产品 M10 在前 7 个时区的客户订单量见表 3-2，通过上式可以求得

$a = 182.71$，$b = 0.21$，$r = 0.02$，$y = 0.21x + 182.71$，因此，当 x 分别取 8，9，10，11 时，则相应的预测结果分别为 185，185，185，186。由于相关系数 r 求得值为 0.02，偏低，可知客户订单量与时区没有直接因果关系，在这种情况下，不适合使用线性回归的方法进行预测。

4）常用经验预测方法。在实际需求管理过程中，管理人员可以依靠这些数学模型进行预测，求出将来市场需求的可能性。但是，从上述不同方法和不同假设可知，计算的预测结果相差很大。因此，管理人员事实上往往可以运用更简单的，相当于凭经验的预测方法快速地求出预测结果。例如：与前一时区的需求量相同；与去年同期相同；与前季度相同；比前时区增加百分之几；比前时区减少百分之几等。这些方法在预测过程中结合实际生产经营情况还是很有作用的。

5）调焦预测法。预测未来是一件十分困难的事，采用预测方法不当，会造成很大的误差。人们往往寻求能解决所有问题的预测模型。考虑的因素越来越多，分析因素的特征越来越细致，结果建立的数学模型越来越复杂。每年在学术杂志上发表的高论日积月累，模型纷繁复杂，似乎技术越来越完善，预测水平越来越高，但事实上，不管哪一种预测方法都有其环境要求，偏离了预测环境，就无法获得预期结果。所有的预测方法都是有风险的，预测只能是一种建议，不能机械地执行，还需要依靠人工去筛选。ERP 系统具有丰富的历史数据，可以方便地设置各种预测方法，快速地求出预测结果。

调焦预测法（Focus Forecasting）不是预测方法，而是对预测结果的评价方法。通过 ERP 系统可采用一系列的预测技术，在评价预测技术时，先回退一个时区预测，然后将预测结果与实际值进行比较，选取误差最小的预测技术。如果现在是第 7 时区，首先运用预测技术和历史数据模拟预测第 7 时区，获得相应的预测结果与实际客户订单量比较，取误差最小的预测技术去预测第 8 时区。

从上述的预测方法可知，采用移动平均法（$N = 2$），第 7 时区的预测结果是 180，采用二阶指数平滑法的结果是 139，回归分析法的结果是 185，如果采用简单经验，运用"与前一个时区相同"的方法预测，则结果是 178，而实际的客户订单量是 163。可见各种方法预

测结果的误差绝对值分别是 17，24，22 和 15，在这种情况下，14 的误差最小。因此，合理推测采用"二阶指数平滑法"的方法去预测第 8 时区的结果和实际情况更为相符，此时，第 8 时区的预测值为 130。

2. 客户信息管理

ERP 销售管理的思想是从客户的需求出发来规划企业的生产经营活动，在大量的客户信息分析基础上来回答生产何种产品、产品如何定价、产品如何销售、如何为客户服务、如何确定本企业最优的产品组合等问题。因此，完整的客户信息不仅是企业销售活动的需要，也是企业全部生产经营活动的需要。企业的销售对象都是企业的客户，有现有的也有潜在的，客户是企业利润的来源。客户是企业销售体系的重要组成部分，也是企业的重要资产之一。客户管理的实质是如何有效地运营客户这项资产，对它进行开发、维护，并使其增值。客户管理的目的就是培养能够给企业带来价值的好客户。企业客户包括经销商、代理商、最终用户，甚至企业内部的销售分公司、办事处等。客户的管理既有客户基本信息的管理，也有诸如顾客的消费行为习惯、个人偏好等的管理，销售部门应掌握客户的信息并对潜在的消费行为因素进行关注。

（1）客户基本信息管理　客户基本信息管理是指对客户喜好、客户细分、客户需求、客户联系方式等一些关于客户的基本资料进行管理。客户基本信息主要分为描述类信息、行为类信息及其他关联的信息。

1）描述类信息。客户描述类信息主要是指用来理解客户基本属性的信息，如个人客户的联系信息、地理信息和人口统计信息，企业客户的社会经济统计信息等。这些信息主要来自客户的登记信息，以及通过企业的运营管理系统收集到的客户基本信息。这类信息的内容大多是描述客户基本属性的静态数据，其中一些信息往往涉及客户隐私，如客户的住所、联络方式、收入等信息。在实际情况中，经常有一些企业知道为多少客户提供了服务，以及客户购买了什么，但是到了需要主动联系客户的时候，才发现缺乏能够描述客户特征的信息和与客户建立联系的方式，或是这些联络方式已经失效，这都是因为企业没有很好地规划和有意识地采集与维护这些客户的描述类信息。

2）行为类信息。客户的行为类信息一般包括客户购买服务或产品的记录、客户的服务或产品的消费记录、客户与企业的联络记录，以及客户的消费行为、客户偏好和生活方式等相关的信息。这类信息可以帮助企业的市场营销人员和客户服务人员在客户分析中掌握和理解客户的行为。客户的行为信息反映了客户的消费意向或是决策过程。行为类数据一般都来源于企业内部事务处理系统的交易记录、企业呼叫中心的客户服务和客户接触记录，营销活动中采集到的客户响应数据，以及与客户接触的其他销售人员与服务人员收集到的数据信息。有时企业从外部采集或购买的客户数据，也会包括大量的客户行为类数据。客户偏好信息主要是指描述客户的兴趣和爱好的信息，如有些客户喜欢户外运动，有些客户喜欢旅游，有些客户喜欢打网球，有些客户喜欢读书。这些数据有助于企业了解客户的潜在消费需求。

与客户描述类信息不同，客户的行为类信息主要是指客户在消费和服务过程中的动态交易数据和交易过程中的辅助信息，需要实时地记录和采集。如电子商务网站记录了网上客户购物的交易数据，如客户购买的商品、交易的时间、购物的频率等。对于电子商务网站来说，点击数据流记录了客户在不同页面之间的浏览和点击数据，这些数据能够很好地反映客户的浏览行为。在拥有完备客户信息采集与管理系统的企业里，客户的交易记录和服务记录是非常容易获得的，而且从交易记录的角度来观察往往是比较完备的。但是需要认识到的是，客户的行为信息并不完全等同于客户的交易和消费记录。要获得客户的行为特征往往需要对客户的交易记录和其他行为数据进行必要的处理和分析，然后对信息进行汇总和提炼。

（2）客户档案管理　客户信息管理系统需要针对不同的客户细分种类，提供多样的客户管理功能，可以基于行为信息对客户进行全面的分析。

企业可以根据细分客户的销售领域、偏好的销售渠道、销售历史、文化观念、人口信息、产品喜好等进行不同的类别细分，企业可以根据不同的客户制定相应的营销与服务策略。

客户名称、付款方式、付款期限等客户主数据是销售部门和财务会计部门业务运作的重要基础。客户的主数据管理，不但节省了数据输入量，节省了时间，提高了服务质量，而且客户订单的历史数据，通过销售信息系统的分析，可以作为生产计划的依据。

考虑到会计部门与不同的业务部门都会对客户主数据进行存取，为了避免数据冗余，同时保证数据的一致性和集成性，客户主数据应分别在以下三个区域中保存。

1）通用数据。通用数据包括客户地址和通信数据，这类数据通过客户编号来标识，在全公司范围内统一。

2）公司级数据。公司级数据包括银行账户、结算方式、付款条件等数据，主要是针对财务会计功能设计，这些数据在统一的客户编号下可以由会计部门维护和使用。

3）销售数据。销售数据包括价格、交货和运输等信息，这些数据可以由销售组织确定，不同销售范围可以维护相应的数据。

将客户主数据分为这三部分，从数据管理角度分析可以减少数据冗余。从应用角度看有多方面的好处。首先可以在数据输入阶段减少不必要的人力资源的浪费；其次在管理层面可以建立统一的客户信息管理机制，避免同一客户多头管理，造成在制定针对客户的价格策略、信用风险控制时的混乱。

ERP 系统可区分不同的客户功能类型，如代理商、经销商、付款方、购货方、发票方等。对于既是客户又是供货商的公司，ERP 系统可以保存公司与这些商业伙伴的交易记录；他们既是物料管理模块中的供应商，也是财务会计模块中的供应商、客户，还是销售模块的客户。ERP 系统可在各模块间建立一体化连接。ERP 系统还要提供适应不同要求的客户信息查询功能，并可提供相应标准报表，如对客户主数据依据相关共性进行统计分析。

（3）客户信用管理　信用额度是企业信用政策的一个组成部分。信用额度包括企业发放给客户群总体的信用额度和发放给某一具体客户的信用额度两个方面。就企业总体来说，信用额度是指企业基于自身的资金实力、销售政策、最佳生产规模、库存量等因素，以及受到的来自外部的竞争压力而确定的可对客户发放的信用额度的规律。企业应该通过认真地计算和参与以往的经验，确定一个科学的总体信用额度，并以此指导和控制企业的信用销售与应收账款持有水平。

ERP 软件可以利用其财务会计模块的集成信息，来帮助企业执行信用管理政策，以最大限度地减少风险，加快销售合同处理。通过信用管理功能，可以根据不同的标准，进行客户信用检查；指定在销售周期中进行信用检查的时间点；通过指定方式将关键的信用状况及时通知信用管理人员。

在订单输入过程中，对客户的信用检查将会由系统自动执行，其中检查类型包括静态信用额度检查、动态信用额度检查等，也可以根据具体的情况自行定义检查方式。在财务管理中定义信用额度，在销售管理中，执行信用检查；在结算和批准点，经过特殊的审批，也可以对超过信用额度的某些客户继续执行订单。

3. 销售订单管理

销售订单就是企业的销售合同，是客户管理中最具约束力的文件，是处理贸易纠纷的法律依据，企业一定要健全销售合同管理制度，明确规定合同的签署、执行流程，确保合同的严肃性、科学性，堵塞漏洞。合同必须有专人保管，由专人分门别类地建立档案、妥善保存，严防商业机密的泄露。标准的销售合同应至少包括以下内容：①合同供需方的标准全称、地址、法人姓名、代理人姓名、开户行名称、账号、税号；②合同签约地点；③合同签约时间；④合同有效期限；⑤产品名称、规格、生产厂家、数量、单价、金额；⑥质量验收标准；⑦提出异议的时间、期限；⑧违约责任及纠纷处理；⑨其他未约定事项。合同应在加盖双方合同印章后生效。

根据客户的需求信息、双方商定的产品价格、数量信息、产品验收标准、运输、交货约定等相关信息以及生产能力信息等制定客户订单，并根据企业的成品库存可供货情况以及客户信用数据等来审核和确认客户订单。销售部门将订单信息传递给生产负责人，安排生产，并同时进行订单跟踪与管理。销售订单是企业安排生产、销售发货和销售货款结算的依据，对销售订单的管理是销售日常工作的核心。

销售订单处理流程如图 3-3 所示。

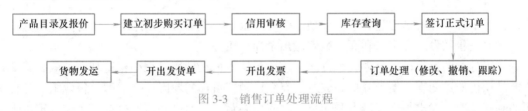

图 3-3 销售订单处理流程

根据产品目录及报价，企业与客户初步建立了购买订单。然后，企业要根据已建立的客户档案资料，对客户的信用状况进行审核，核定其信用额度。当该客户的应收账款加上本次交易金额之和大于其信用额度时，一般不予进行交易。如果客户的信用审核被通过，接下来需要进行产品的库存查询，以便决定库存的分配发货的选择，以及发货给客户的策略。当报价、信用、库存各方面信息均已得到之后，就可以与客户进行交易，签订正式订单。有了订单之后，也可以根据需要对订单进行修改、撤销以及跟踪等处理。产品完工之后，就可以开出发票和发货单，并进行货物发运。

4. 销售收发货管理

企业销售人员应随时对销售订单的执行情况进行跟踪，随时与生产和库存部门进行沟通，随时检查客户订单及其产品生产和库存情况，以决定交货是否可行，对满足交货条件的销售订单应该核对出货的产品名称规格和数量，与相关方面沟通确定产品的体积重量，并计算出货的工作量，查询运输线路相关信息，决定产品的批次，进行最后的出厂检验，最后开具提货单、组织货源、包装、组织发货。或者客户直接持提货单到仓库提货。与此同时，应将发货信息及时交付财务部，并及时对销售订单完成情况进行记录，对货运信息进行记录并发货后，通知客户提货信息。

ERP 系统在销售收发货管理中，可审查订单期限，进行可用量检查，随即可创建与处理采购以及交货单据，仓库管理系统根据单据进行采购活动以及拣货、配货，创建发运凭证，既可补充物料，也可发出货物。可以使用总览进行事务的控制，以发掘潜在的"瓶颈"。收发货管理流程如图 3-4 所示。

图 3-4　收发货管理流程

发货过账后，自动更新系统库存，按照相应的金额更新库存客满，完成发运请求，更新有关销售和交付的文档，为发票创建项目清单。

5. 销售统计与分析

销售统计与分析是通过对销售计划、销售产品、销售地区、销售客户的各种信息统计，进一步对销售数量、金额、利润、绩效做出全面分析。

销售分析的目的可以分为三个方面：①监督销售员在销售过程中获得利润的效果；②提高产品销售的透明度，便于分析完成或没有完成销售目标的原因；③了解销售业绩，各种资源的利用状况，找出与现实最大利润目标之间的差距，从而进一步通过提高企业管理水平来提高经济效益。

销售分析模块具有查询、分析，以及报告三个部分。

（1）查询　按照销售分析的流程，对从订单传送过来的有关数据进行收集和整理，以便能随时查看销售历史情况、销售当前情况、客户情况、销售员的销售业绩、库存销售数据等。

（2）分析　销售分析模块提供了比较法及比率法两种分析方法来进行销售数量、销售金额、销售利润及销售绩效的分析，如使用显示某一期间的销售数量及本年至今累计销售数量的百分比的比率法，以及使用销售员定额与实际销售比较的比较法。

（3）报告　可以提供销售分析的报告有销售员的排名报告、客户销售排名报告、产品销售排名报告等。

3.3　销售管理系统与 ERP 其他业务系统的关系

销售管理系统与 ERP 其他业务系统存在着大量的数据和业务关系，如图 3-5 所示。

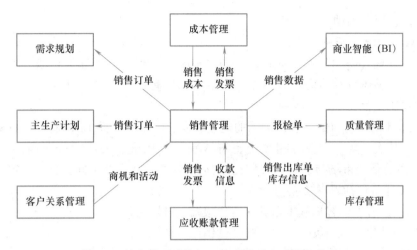

图 3-5　销售管理系统与 ERP 其他业务系统的关系

图 3-5 中主要的数据和业务关系有如下几种：

1）主生产计划。销售管理向主生产计划提供销售订单数据以及预测信息作为计划的输入。

2）库存管理。在库存管理中，可以根据销售管理生成的销售发货单生成销售出库单，经确认后完成产品出库。库存管理还为销售管理提供库存可用量数据。

3）应收账款管理。销售管理中的销售发票可以在应收账款管理中审核登记，生成相应凭证，进行应收账款管理。同时，财务收款信息反馈给销售管理，核销其订单收款信息及更新客户信用信息。

4）成本管理。各种销售发票经成本管理模块核算其销售成本，成本管理为销售管理提供销售成本数据。

5）质量管理。销售管理可以针对需要在发货前进行质检的产品，自动在质量管理中生成报检单，进行质量检验。退货质检的流程类似于发货质检。

6）客户关系管理。客户关系管理可以挖掘商机并提供促销方案，商机实现即生成了销售订单，生成的销售订单在销售管理中进行后续处理。同时，客户关系管理中的销售费用单与销售管理中的销售费用单最终都归集至销售订单，实现销售费用的全过程管理。

7）商业智能（BI）。销售管理向管理驾驶舱、报表体系、商业智能软件等模块提供销售数据，以便进行更进一步的统计与分析。

根据软件具体设计的不同，销售管理还和其他业务模块有相应的联系。例如，对于代理产品或集成的产品，可能存在直接采购的情况。在这种情况下，销售订单还可以直接生成采购订单，在采购管理中进行后续的需求规划。

3.4　销售管理系统与客户关系管理

客户关系管理（Customer Relationship Management，CRM）是一种管理企业与当前和潜在客户的互动方法，可以帮助企业在整个客户生命周期内管理和分析客户交互和数据，提高其盈利能力。同时，CRM 系统既是一套管理制度，也是一套软件和技术，其目标是通过提高客户的价值、满意度、利润额和忠实度来缩减销售周期和销售成本、改善客户服务关系并协助客户保留，以及推动销售增长。

1. CRM、ERP 的区别和联系

客户关系管理（CRM）和企业资源计划（ERP）在很多方面都很相似，因为它们都被用来提高企业的整体盈利能力。虽然他们在某些领域有重叠，并且可以完全集成在其他领域，但两者间还是存在一定的区别。

首先，CRM 的主要目的是客户关系的建立、发展和维护，而 ERP 强调提高整个盈利业务的生产力；其次，两者在关注对象上也有区别，ERP 重点关注"企业内部资源计划"，CRM 更多关注的是"市场与客户"。还有，它们的核心功能完全不同，具有一定的差别。

CRM 系统通常包括以下功能：

1）客户关系管理：客户基本信息、客户跟踪、合同管理等。

2）营销自动化：营销策略、电子邮件营销和活动管理。

3）销售自动化：联系人管理、渠道分析、销售预测等。

4）客户服务：服务项目的快速录入和安排、调度和重新分配，实时聊天。

5）现场服务管理：调度、开票等。

6）知识库管理：站点上显示个性化信息、文档管理等。

7）呼叫中心自动化：呼入呼出电话处理、互联网回呼、路由选择等。

8）渠道管理：联络和牵头管理、合作伙伴关系管理和市场开发基金管理。

ERP 系统的常用核心功能有如下几项：

1）会计：管理财务相关交易。

2）项目管理：项目的开始到项目结束的全过程。

3）客户关系管理：客户基本信息、客户跟踪、合同管理等。

4）人力资源：人员管理、人事档案、员工培训、薪酬管理等。

5）库存：提供有关产品供应的最新信息。

6）制造：ERP 的核心。

7）供应链：跟踪从制造到分销的过程。

8）销售自动化：联系人管理、渠道分析、销售预测等。

9）营销自动化：营销策略、电子邮件营销和活动管理。

CRM 与 ERP 的关系如图 3-6 所示。

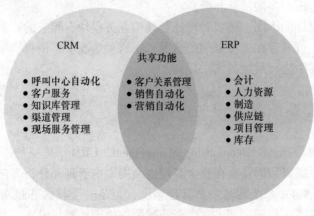

图 3-6　CRM 与 ERP 的关系

ERP 与 CRM 存在以下主要区别:

1) CRM 主要面向与企业的客户关系管理,而 ERP 主要关注企业的资源规划。

2) CRM 是企业跟踪客户每一笔交易的工具,而 ERP 是帮助企业管理业务流程的工具。

3) 相比于 CRM,ERP 的存在时间更长。

4) CRM 是增加销售额的工具,而 ERP 旨在降低成本。

5) CRM 是以项目为线索,着重于签订订单前的业务管理,ERP 是以订单为线索,从产生销售订单开始进行管理。

6) CRM 主要用于执行后台活动,而 ERP 用于完成后台活动。

尽管 CRM 和 ERP 有上述不同,但两种系统是相互支持的关系,它们可以以快速和熟练的方式在整个组织内共享常规情报。例如 ERP 系统为 CRM 系统中的数据仓库提供丰富的数据,而 CRM 的数据分析结果和对市场发展的预测能给 ERP 系统提供决策数据。因此,参与企业活动的所有员工都可通过在线数据共享形成企业范围的环境。

2. CRM 与 ERP 的融合

通常情况下,ERP 和 CRM 系统往往保持独立,因为大多数公司没有投入足够的时间和人力将两者集成,更多的是采用手动数据输入方式。但带来的结果却是花费大量时间进行数据输入,并且容易造成输入错误。而将 CRM 与 ERP 系统整合在一起,企业将能够更好地将销售线索转向销售,提高整体投资回报率,以及简化销售流程和改进客户服务等。这种整合有助于提高整个公司的收入并提高效率。以下为 CRM 与 ERP 系统集成的五个具体原因:

1) 改进客户管理。通过集成 CRM 和 ERP 系统,员工无须切换系统就能够同时访问 CRM 和 ERP 系统中的客户相关信息。使员工能够更轻松地挖掘潜在客户,发现更多商机。

2) 将销售线索转化为销售行为。如果企业将 CRM 与 ERP 系统集成,就可以更好地将销售线索转化为销售行为,企业销售流程的自动化程度也将进一步提高。

3) 提高整体投资回报率。将 CRM 和 ERP 系统集成,可以减少开支,也能提高整体的投资回报率。

4) 简化销售流程。将两个系统的数据集成,这样可以避免两者输入数据错误的风险。而销售人员也不再需要咨询仓库才能查看订单历史记录或库存,避免沟通不畅。

5) 关联数据提高工作效率。通过整合,所有员工都可以访问他们所需要的一切信息,从而减少重复数据和条目,并且可以提高企业的销售工作效率和客户满意度。

3.5 销售管理系统与商业智能

商业智能(Business Intelligence,BI)是对企业现有的数据进行分析,通过识别关键趋势、优势和劣势,评估和解读数据的意义,以生成有关运营和战略的决策支撑信息的一种工具。

1. ERP 与 BI 服务的对象

企业绝大多数 ERP 系统是给一线业务人员使用的,而 BI 则是服务于企业管理决策层的。借助 BI,无须在财务系统、ERP、MES 各系统间来回切换,企业管理层通过动态仪表板就可以获得 ERP 和各系统数据的高级视图,从而轻松及时地了解跨系统跨业务的全局信息。

2. BI 的跨系统取数能力

ERP 中各个业务系统是彼此独立的，业务模块是独立的，数据也分散独立，而商业智能（BI）是建立在所有业务系统之上的，当企业需要跨系统、跨业务查找数据的时候，就需要使用到商业智能（BI）。商业智能（BI）通过访问和抽取各个业务系统的数据，把这些数据汇聚起来，按照一定的业务分析主题来进行业务分析模型的建设和可视化分析报表的开发。而业务系统之间由于缺少相应的数据接口或者 API，是没有办法直接打通的，或者很少进行横向的打通。BI 的主要功能及其与其他模块之间的联系如图 3-7 所示。

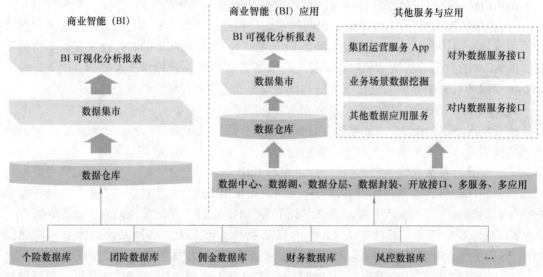

图 3-7　BI 的主要功能及其与其他模块之间联系

3. ERP 和 BI 的融合

ERP 业务系统自身的业务性质具有局限性，业务独立导致数据独立，使其具有分散性，使用对象也具有差异性。这些特性使企业在进行 IT 信息化建设时，必须考虑管理层对数据信息化的诉求。将 ERP 和 BI 进行融合可以解决这些问题。

（1）技术上的融合　ERP 工具从企业的所有数据源中收集数据，使用互联网上提供的个人生产力工具生成的信息来完成调试。而 BI 结合数据仓库、在线分析处理（OLAP）和数据挖掘等技术，拥有数据管理功能、数据分析功能、知识发现功能、企业优化功能，能够辅助经营决策，既可以是操作层的决策，也可以是战术层和战略层的决策。从技术上来说，BI 似乎能够支持更强大的、更烦琐的需求。从信息的收集、整合到分析决策方面，BI 可以确保提供的信息是准确的、最新的和丰富的，根据实际情况提出的解决方案是合理的，而 ERP 系统整个停留在功能全面的 MIS 系统层面，没能够达到真正的 ERP 所期望的辅助决策分析的功能。

（2）满足需求上的融合　企业使用智能软件的初衷是实现减少人力资源的费用支出和提高产品质量的"双赢"。一般情况下，ERP 提出的解决方案，能够帮助企业有效管理库存和支出。但是，ERP 管理系统仅仅给管理者提供一个视图，不能帮助企业分析业务的运营情况。相反，BI 能够弥补 ERP 这方面的缺陷，它能够基于客户的需求，着重于某个主题，利用自身集成结构的优势，配合企业的需求，拓展业务。

（3）投资回报上的融合　对 BI 软件和 ERP 系统的投入与企业得到的收益是成正比的。BI 的投入远远要高于 ERP 系统，回报也是如此，BI 的收益也远比 ERP 高，这是成正比的差异，很多企业都是比较倾向于建设 BI，因为它是企业信息化重要的组成部分，它能分析企业数据，帮助管理者进行决策，让数据产生价值。同时企业也少不了 ERP 的帮助，BI 和 ERP 两者兼合，企业的收益才能最大化。

思 考 题

1. 销售管理包括哪几个方面的功能？简单介绍其主要功能。
2. 销售预测的含义是什么？它有什么作用？
3. 简述销售管理系统与其他业务系统的关系。
4. 什么是调焦预测法？这种方法是如何工作的？
5. 实施 ERP 系统后，企业的销售管理有什么变化？
6. 某产品 2022 年 1 月至 6 月的销售数据见表 3-3，试分别采用 3 月和 4 月简单移动平均法分别预测其 7 月的销售量，并比较其结果。

表 3-3　某产品 2022 年 1 月至 6 月的销售数据

月份	1	2	3	4	5	6
销售量	1372	1400	1680	1880	1934	1998

第4章 计划管理

导入案例

星期三上午11点50分，C电器设备公司的主生产计划员朱女士正准备去吃午饭，电话铃响了，是公司主管销售的副总裁。

"朱女士，你好。我刚刚接到浙江销售代表的电话，他说，如果我们能够比D公司交货更快，就可以和一家大公司做成A3系统的一笔大生意。"

"这是一个好消息。"朱女士回答，"一套A3系统可以卖100万元呢！"

"是的。"副总裁说，"这将是一个重要的新客户，之前一直由D公司控制着。如果我们这第一步走出去了，以后的生意会接踵而至。"

朱女士知道，副总裁打电话给她绝不仅仅是告诉她这个好消息，"如果我们能够比D公司交货更快"才是打电话的原因。作为主生产计划员，她意识到副总裁下面还有话说。

"你知道，朱女士，交货是销售中的大问题。D公司已经把他们的交货期从原来的5周缩短到4周。"副总裁停顿了一下，也许是让朱女士做好思想准备。然后接着说："如果我们要做成这笔生意，就必须做得比D公司更好。我们可以在3周之内向这家公司提供一套A3系统吗？"

朱女士在今天上午刚刚检查过A3系统的主生产计划。她知道，最近几周生产线都已经排满了，而且A3系统的累计提前期是6周，看来必须修改计划。"是3周以后发货吗？"朱女士问道。

"恐怕不行，3周就要到达客户的码头。"副总裁回答。朱女士和副总裁都清楚，A3系统太大，不能空运。

"那我来处理这件事吧。"朱女士说，"两小时之后我给您回电话。我需要检查主生产计划，还需要和有关人员讨论。"

副总裁去吃午饭了。朱女士继续工作、解决问题。她要重新检查A3系统的主生产计划，有几套A3系统正处于不同的生产阶段，它们是为其他客户做的。她需要考虑当前可用的能力和物料，尽最大的努力，使销售代表能够赢得这个重要的新客户，还必须让其他老客户保持满意。

下午1点50分，朱女士给销售副总裁打了电话："您可以通知您的销售代表，从现在开始3周，一套A3系统可以到达客户的码头……"

"太好了！朱女士。您是怎么解决的呀？"副总裁高兴地问道。

"事情是这样，我们有一套 A2 系统正在生产过程中。我请您的助手给这套 A2 系统的客户代表打了电话，请他和客户联系，能否推迟 2 周交货。我们答应这家客户，如果他们同意推迟两周交货，我们将为他们延长产品保修期。他们同意了，我们的财务部门也批准了。我可以修改计划，利用现有的物料和能力把 A2 系统升级为 A3 系统，就可以按时交货了。但是还有一个问题，如果能解决，那就可以为浙江的销售代表'开绿灯'了。"

"什么问题？"副总裁有点担心。

"您的广东销售代表有一份 A3 系统的单子正在生产过程中。如果我们按刚说的那样改变计划，这份订单就得推迟 3~4 天，您看可以吗？"

球又回到了副总裁手里。他清楚，对原有计划的任何即使是精心的修改也往往要付出一些代价。"好吧，我来处理。"副总裁说。

案例思考

结合 C 电器设备公司案例，想想计划管理在企业中的实施中要注意哪些问题？案例中的朱女士是如何解决公司面临的问题？根据上述案例，谈谈计划管理在企业运作中发挥的作用。结合案例谈一谈未来计划管理在企业运作中的发展。

本章概要

企业目标是企业的一切生产经营活动的阶段目的或最终目的，为了实现企业目标，就要合理的安排企业采购、生产等计划。企业计划管理是对工业企业在计划期内应达到的产品品种、质量、产量和产值等生产活动指标，生产进度及相应安排的管理，它是指导工业企业计划期生产活动的纲领性方案，是企业生产管理的主要依据。计划是企业运营的核心，没有计划就没有控制。本章要熟悉 ERP 系统的计划层次、销售与运作规划，理解和掌握主生产计划、物料需求计划和能力需求计划的概念、作用以及编制过程。尤其是在市场竞争越来越激烈的情况下，企业要生存、要发展，就必须面对市场很好地计划自己的资源和各项生产经营活动。

4.1 ERP 系统计划层次

ERP 的计划层次体系有五层，即企业经营规划（BP）、销售与运作规划（SOP）、主生产计划（MPS）、物料需求计划（MRP）、能力需求计划（CRP）。在这五个层次中，企业经营规划和销售与运作规划带有宏观规划的性质；主生产计划是个由宏观向微观过渡的层次；物料需求计划是微观计划的开始，是具体的详细计划；而能力需求计划是进入执行或控制计划的阶段。通常把前三个层次称为主控计划（Master Planning），说明它们是反映企业经营战略目标的层次。

（1）企业经营规划　企业的计划是从长远规划开始的，这个战略规划层次在 ERP 系统中称为经营规划（Business Planning, BP）。企业的经营规划是计划的最高层次，经营规划是企业总目标的具体体现。

企业的高层决策者，根据市场调查和需求分析、国家有关政策、企业资源能力和历史状况、同行竞争对手的情况等有关信息，制订经营规划，即对策计划。

它包括，在未来 2~7 年的时间内：本企业生产产品的品种及市场定位；预期的市场占有率；产品的年销售额；年利润额；生产率；生产能力规划；职工队伍建设等。

企业经营规划的目标，通常以货币或金额表达。这是企业的总体目标，是 ERP 系统其他各层计划的依据。所有层次的计划，只是对经营规划的进一步具体细化，而不允许偏离经营规划。经营规划的制订要考虑企业现有的资源情况，及未来可以获得的资源情况，具有较大的预测成分。

（2）销售与运作规划　销售与运作规划（Sales and Operation Planning，SOP）的任务是根据企业经营规划的目标，把经营规划中用货币表达的目标转换为用产品销售量和生产量来表达的指标。企业需要制订一个均衡的年度运作计划大纲，以便均衡地利用资源，该大纲也是编制主生产计划（MPS）的依据。

早期的 ERP 流程可分为销售规划与生产规划两个层次，由于它们之间有着不可分割的联系，特别是在市场经济以销定产的环境下，生产规划与销售规划经常要保持一致，所以后来合并为一个层次：销售与运作规划，通常也叫作生产规划或产品规划（Production Planning，PP）。但销售规划不一定和生产规划完全一致。例如，销售规划要反映季节性需求，而生产规划要考虑均衡生产。

（3）主生产计划　主生产计划（Master Production Schedule，MPS）以年度运作计划大纲为依据，按时间段规划出企业应生产的最终产品的数量以及交货时间，并在生产需求与可用资源之间做出平衡。

主生产计划是计划系统中的关键环节，它承上启下，连接了市场与生产。一个有效的主生产计划保证了生产对客户需求的承诺。它充分利用了企业资源，协调生产与市场，实现年度运作计划大纲中所含的企业经营计划目标。

（4）物料需求计划　物料需求计划（Material Requirement Planning，MRP）是根据主生产计划对最终产品的需求数量和交货期，推导出构成产品的零部件及材料的需求数量和需求日期，直至导出自制零部件的制造订单下达日期和采购件的采购订单发放日期，并在需求资源和可用能力之间进行平衡的计划。

（5）能力需求计划　能力需求计划（Capacity Requirement Planning，CRP）是对物料需求计划的具体化，确定每种自制件所需求的相关加工中心的工时数计划。

车间作业控制和采购作业管理一般被认为是具体作业，不计入计划管理层次，实际上是属于微观面的执行层。

由此，形成具体的车间作业管理与采购作业管理，根据 MRP 生成的零部件生产计划编制工序排产计划和日常调度控制。

ERP 中计划与控制的五个层次如图 4-1 所示。

企业经营规划表达企业的愿景，是企业的战略规划。但是，企业经营规划本身并不能完成什么，要实现企业经营规划，就必须逐步将其分解，得到战术级的操作计划，指明为满足客户需求必须做什么及其优先级。于是，上述五个层次的计划实现了由宏观到微观、由战略级到战术级、由粗到细的深化过程。越接近顶层的计划对需求的预测成分越大，计划内容也

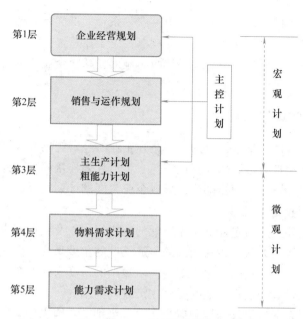

图 4-1　ERP 系统计划层次

越概括，计划展望期也越长。越接近底层的计划，需求由预测变为实际的客户订单，计划的内容也越具体、详细，计划展望期也越短。

在五个计划层次中，企业经营规划和销售与运作规划具有宏观的性质，主生产计划是从宏观转向微观的过渡性计划，物料需求计划是主生产计划的具体化，能力需求计划把物料需求转化为能力需求。

企业的计划必须是可实现和可行的。ERP 任何一个计划层次都包括需求和供给两个方面，也就是需求计划和能力计划。要进行不同深度的供需平衡，并根据反馈的信息，运用模拟方法对其加以调整或修订。

上一层的计划是下一层计划的依据，下层计划要符合上层计划的要求。如果下层计划偏离了企业的经营规划，即使计划执行得再好也是没有意义的。全流程遵循一个统一的规划，是 ERP 计划管理最基本的要求。供需矛盾是企业最基本的矛盾。ERP 系统正是紧紧抓住这个最基本的矛盾，用模拟的手段，逐层进行计划和调整，充分利用信息反馈，实现供需平衡。

计划和控制是 ERP 的目标手段。计划是为达到一定的目标而制定的行动方案；控制是为保证计划完成而采取的措施。ERP 每一个计划层次都要回答以下几个问题：

1）生产什么？生产多少？何时需要？

2）需要多少能力资源？

3）有无矛盾？如何协调？

换句话说，每一个层次都要处理好需求与供给的矛盾，要做到计划既切实可行，又不偏离经营规划的目标。ERP 就是在此分层结构的基础上取得计划与控制的极大成功的。

4.2　销售与运作规划

销售与运作规划是实现供需平衡的手段。它是企业高层的一个决策过程，以产品族为处理对象，帮助企业从大格局、高层次上平衡供需关系、提供优秀的客户服务。每一个运用销售与运作规划比较好的企业，都会有这样的特点：由于在总量上做了比较好的工作，从而使构成级别上的问题减少且更容易被解决，从而明显地提高了企业的运营能力，达到事半功倍的效果。

4.2.1 销售与运作规划的作用

销售与运作规划有两个基本的目的：一是在企业的经营规划与详细计划和执行过程之间起到关键的连接作用，把战略级的经营规划与主生产计划连接起来，并协调市场、销售、工程技术、生产、物料和财务等职能部门，形成企业共同的计划目标；二是管理所有的下层计划，包括主生产计划和更详细的计划。

销售与运作规划要生成与企业资源相适配的销售规划以及支持销售规划的生产规划。销售规划和生产规划是密切关联、相互制约的。从长期的角度来说，企业的生产应当满足市场的需求，因此销售与运作规划驱动生产规划。从短期的角度来说，企业的生产效率是由企业的生产能力确定的，销售与运作规划要受到生产规划的制约。

企业高层领导对企业的管理和控制应当在总量级别上。销售与运作规划为企业的高层领导提供了一个面向未来的"窗口"和管理控制企业的"手柄"。换言之，管理好销售与运作规划，就抓住了对整个企业进行管理和控制的关键。

许多企业投巨资购买了 ERP 软件系统，但是应用效果不理想，为什么呢？经验告诉我们，没有实现或根本没有想到要实现销售与运作规划，则极可能是应用效果不理想的原因之一。

一位规模相当大的制造业公司的总裁对销售与运作规划的应用深有感触。他说："过去我所做出的决定在下达的过程中，或者被曲解，或者被断章取义，总之看不到我的决定对发生在车间、收货码头、客户服务部门和发货码头的各种活动有什么影响。现在，有了销售与运营规划，可以把公司的战略计划和财务计划连接到每月、每天、甚至每班次的活动上，不管是获取物料、生产产品，还是接受和承诺客户订单以及向客户发货，都是如此。"

制订和管理销售与运作规划是企业高层领导的职责，受益的也首先是企业高层领导。企业的高层领导必须认识到这一点，并积极推动和参与实现销售与运作规划的过程。否则，销售与运作规划的作用也将大打折扣。

制订销售与运作规划涉及企业的生产计划方式。企业最基本的生产计划方式有两种，即面向库存生产（Make To Stock，MTS）和面向订单生产（Make To Order，MTO）。前者是一种在接到客户订单之前产成品已经完成的生产环境，客户订单由库存直接满足，而生产订单是为了补充库存。后者是一种在接到客户订单之后才完成产品生产的生产环境，其最终产品通常要按照客户的特定需求来确定。

运用销售与运作规划比较好的企业，会在以下各个方面体会到销售与运营规划为企业带来的好处：

1）对于面向库存生产的企业，在提高客户服务水平的同时降低了产成品库存。

2）对于面向订单生产的企业，在提高客户服务水平的同时减少了未交付的客户订单量，缩短了交货提前期。

3）更好地预见和解决未来的资源问题，从而得到更稳定的生产率，提高生产效率，并将更好的供需平衡延伸到企业整个供应链。

4）通过销售与运作规划流程，将市场销售、生产、物料、财务和产品开发等不同职能部门的管理人员联系在一起，加强了团队合作。

5）通过销售与运作规划流程，加强了企业高层管理人员的团队合作，明确地彰显了企业高层领导人员对完成计划的实际绩效的责任。

6）通过销售与运作规划流程，对经营规划实现以月为间隔的定期审查和修订，从而对年度财务计划有了更好的洞察力和执行能力，以及迅速改变计划的能力。

7）通过销售与运作规划流程，形成企业运过程中一个制度化的对话沟通机制，而最终形成的销售与运作规划是整个企业的对策计划，通过一组共同支持的数据指导企业的运营，从而更好地实现企业运营过程中的协同。

8）通过销售与运作规划流程，为企业的高层领导者提供一个面向未来的"窗口"和管理与控制企业的"手柄"，提高了企业高层领导对企业的掌控能力。

9）由于在总量级别上做了有效的工作，使发现和解决构成级别上的问题变得容易，企业的运营更加井井有条，减少了紧急事件的发生，提高了企业的生产效率。如此一来，自然能够实现提高产品质量、降低产品成本、增加企业利润的目标。

4.2.2　销售与运作规划报告

销售与运作规划报告提供关于销售规划、生产规划以及基本的绩效度量信息，从而使得销售与运作规划可以得到有效管理。

报告中要显示销售规划和实际的销售量，生产规划和实际的生产量，当前和计划的库存量，或者当前和计划的未交付客户订单，既有未来的计划信息，又包括历史信息。

绩效度量是销售与运作规划的重要组成部分。通过比较销售规划和实际客户订单可以评估销售规划的实现情况。通过比较生产规划和实际的生产完成情况，可以度量生产规划的实现情况。通过比较计划的和实际的库存量或计划的和实际的未交付客户订单，可以反映企业的绩效。

大多数企业在报告中至少显示 3 个月的历史信息。某些企业显示 6~12 个月的历史信息。对于运行一个有效的销售与运作规划来说，3 个月的历史信息是最少的必要历史信息量。在产品销售呈季节性变化的企业中，可能需要更多的信息。

为了运行销售与运作规划，至少应有一年的计划展望期。计划展望期是滚动的，即随着时间的推移，要把新的时区加在计划展望期末。

销售与运作规划报告一般由三部分构成，即销售规划、生产规划以及库存或未交付订单计划。

（1）销售规划　销售规划一般包括两类信息：计划需求和实际订货信息与按承诺的发货日期列出的客户订单信息。这两类信息对于销售规划过程是很重要的，通过对它们的监控来实现对销售规划的有效控制。

计划需求和实际订货信息提供早期的报警机制，尽早地发现某种趋势，以便有时间采取有效措施。如果订货比预期少，可以建立促销程序，调整价格，加快新产品开发的步伐，培训销售人员以增强销售力度等。如果订货比预期多，可以降低库存量，或增加未交付的客户订单，调整价格等。在这两种情况下，如果确认销售规划不符合实际情况，则应予以修改。

按承诺的发货日期列出的客户订单信息可以对未来的发货目标和预期收入目标提供用的

信息。例如，如果大部分的客户订单发货安排在比较远的未来，那么对实现近期的发货目标和预期收入目标可能存在问题。由于预先看到了问题，所以可以修订计划按所希望的水平维护发货计划。

（2）生产规划　生产规划包括计划生产率和实际生产率，以及实际生产率和计划生产率的偏差。生产规划是生产能力分配的基础，是计算库存水平和未交付客户订单量的依据。

（3）库存或未交付订单计划　这部分信息可以用来评估和管理关于产品族的库存和未交付的客户订单库存，用于表明过去的库存情况以及未来预期的库存增加或减少。对过去的每个时区，可以对计划库存量与实际库存量进行比较。对于未来的时区，可以根据生产规划和预期发货量来计算计划库存量：

$$计划库存量=现有库存量-销售规划量+生产规划量$$

未交付订单计划表明过去的未交付客户订单情况以及未来的计划。对于过去的每个时区，可以对计划的未交付订单和实际的未交付订单进行比较。对于未来的时区，可以根据订货计划和预期发货量来计算未来的未交付订单：

$$未来时区未交付订单=当前未交付订单+销售规划量-生产规划量$$

图 4-2 和图 4-3 分别给出了关于面向库存生产的产品族和面向订单生产的产品族的销售与运作规划报告。

销售规划（单位：台）

日期	9.11	10.10	11.4	12.5	1.2	1.30	2.24	3.26	4.23
计划需求量	420	450	480	500	550	550	550	550	550
实际需求	455	495	500	550					
偏差	35	45	20	50					
累计偏差	35	80	100	150					
到期的客户订单	455	495	500	550					
实际发货量	455	495	500	550					

生产规划（单位：台）

日期	9.11	10.10	11.4	12.5	1.2	1.30	2.24	3.26	4.23
计划产量	500	500	500	500	550	550	550	550	550
实际产量	450	450	460	470					
偏差	-50	-50	-40	-30					
累计偏差	-50	-100	-140	-170					

库存计划（单位：台）

日期	9.11	10.10	11.4	12.5	1.2	1.30	2.24	3.26	4.23
计划库存量	685	435	455	455	435	435	435	435	435
实际库存量	600	555	515	435					
偏差	-85	-120	-60	20					

图 4-2　销售与运作规划报告——面向库存生产的产品族：手推式剪草机

销售规划（单位：辆）

日期	9.11	10.10	11.4	12.5	1.2	1.30	2.24	3.26	4.23
计划订货量	300	300	300	300	300	300	300	300	300
实际订货量	300	290	305	303					
偏差	0	−10	5	3					
累计偏差	0	−10	−5	−2					
到期的客户订单	300	300	300	300	300	148			
实际发货量	300	300	300	300					

生产规划（单位：辆）

日期	9.11	10.10	11.4	12.5	1.2	1.30	2.24	3.26	4.23
计划产量	300	300	300	300	150	150	150	150	150
实际产量	300	300	300	300					
偏差	0	0	0	0					
累计偏差	0	0	0	0					

未交付订单计划（单位：辆）

日期	9.11	10.10	11.4	12.5	1.2	1.30	2.24	3.26	4.23
计划未交付订单	450	450	450	450	598	448	898	1048	1198
实际未交付订单	450	440	445	448					
偏差	0	−10	−5	−2					

图 4-3　销售与运作规划报告——面向订单生产的产品族：载重卡车

这里的销售与运作报告包括了全部的三组数据，显示了一个产品族的完整状态，包括销售预测和实际销售业绩的比较、生产计划和实际生产业绩的比较，而库存状态数据或未交付订单数据则是前两组数据的结果，也是对供需状态的评价。预测和计划反映了各职能领域的目标，而实际的业绩数据则表明了他们的实际情况。这样，既增强了责任感，也减少了实际业绩和目标之间的差距。

企业运营中每一个职能领域的管理人员不仅要关注本领域的数据，还要关注来自其他领域的数据以及本领域数据对其他领域的影响。完整的销售与运作规划可以使各个职能领域的管理人员都能容易得做到这一点。他们不仅可以看到局部，还可以看到全局，他们可以从企业整体的角度来考虑自己的职责，甚至以总经理的目光来看待问题。而且，每个职能领域一旦发现问题，还可以很容易地追溯原因，于是企业可以更早地发现问题、更早地解决问题，不必面对因问题积累而形成的严重局面。

4.2.3　制订销售与运作规划的流程

企业必须有一个常规的流程来制订销售与运作规划，才能充分发挥它的作用。人们通常认为销售与运作规划不过是管理人员每个月就产品族的问题开一次会，其实，这是一个很大的误解。制订销售与运作规划的确是每个月都要做的事情，但这还是一个持续不断的多个步骤的流程，而最终由企业高层领导主持的销售与运作规划会议，是该流程中的最后一个步骤。经过这个步骤会产生一个体现管理层共同意志的企业总体对策计划，用于指导企业未来几个月的运营活动。

下面详细介绍制订销售与运作规划的流程。该流程提供了一个及时反映现实和充分沟通的常规机制。

（1）第一步，收集数据　在一个月结束之后，立即开始这项工作。这项工作一般由信息处理部门来承担，并在一至两天内完成。

根据刚刚结束的这个月的实际销售、生产和库存或未交付订单数据，更新销售与运作规划。

为销售和市场人员提供建立新的预测所需的信息，包括统计预测报告、销售分析数据以及地区销售人员使用的工作表，该工作表用于记录地区的销售预测和已发生的销售情况。

（2）第二步，需求计划阶段，生成销售与运作规划报告第 1 版　市场销售部门审查从第一步得到的数据，并进行分析讨论，然后得出对现有产品和将要推出的新产品在未来 15 个月或更长时间内的销售预测。

下面我们以两个不同的企业为例，来说明在需求计划阶段进行需求预测的过程。

A 公司的产品为工业设备，面向订单生产，为数不多的客户买了绝大多数的产品。在这个公司中，关键是要抓住客户关于未来的想法，至于对过去销售情况的统计和分析，只有参考价值。所以，A 公司客户需求预测的任务，很大部分要通过和客户的直接沟通来实现，即从这些关键客户那里直接得到他们使用本公司产品的未来计划。于是，来自地区销售人员的信息是非常重要的。地区销售人员一般会对于大客户和产量大的产品有更多关注，并根据自身对客户的直接了解填写工作表。

B 公司的产品是消费品，几乎全部是面向库存生产的。直接客户是零售商，他们再把产品卖给最终消费者。零售商很多，但是除了少数几个批发商之外，每一个零售商的购买量都不算大。所以，B 公司的客户需求预测主要基于统计预测，即基于历史数据预测未来需求。

但是，在任何时候，历史都不可能准确地预示未来。所以，B 公司的具体做法是，根据信息处理部门提供的统计预测报告和地区销售人员提供的工作表，由市场销售经理审查统计预测报告，并进行适当修正，做出新的销售预测。在这个过程中，应当考虑以下因素：

1）地区销售人员的预测。

2）潜在的新客户。

3）促销计划。

4）价格调整。

5）企业间的竞争活动。

6）行业动态。

7）宏观经济条件的变化。

8）公司内部的需求。

无论是什么类型的公司，做出新的销售预测都是市场销售部门管理人员的职责。他们运用个人的经验和智慧以及上述所列各种因素和其他因素的知识来修订统计预测报告，得到新的预测，并把预测的依据表述清楚，使参与销售与运营规划流程的人员很容易理解，也便于他们提出自己的问题和意见。这也为以后的工作提供了方便。因为一个月过去之后，为了得出新的预测，还要审查这些预测及其依据，从中了解为什么预测做得比较准确或不准确。许多强大的统计预测软件考虑了许多因素，然而人的判断永远是最本质的。

市场销售部门管理人员做出的需求预测还要经过公司主管市场销售工作的高层领导

（如副总经理）的批准，形成一份代表公司市场销售领域对未来需求的预测结果，所有参与人员都应签字，并更新销售与运营规划报告，形成销售与运作规划报告第 1 版。

一般来说，以下人员应当参加需求计划团队：市场销售经理、客户服务经理、销售人员、预测分析人员、计划部门经理、新产品开发经理、财务经理、分销经理、供应链经理、销售与运营规划流程负责人。

（3）第三步，供应计划阶段，生成销售与运作规划报告第 2 版 经过第二步的工作得出的销售与运作规划报告第 1 版是供应计划阶段的工作依据。完成这个阶段的工作是生产部门的责任。生产部门会根据销售预测的变化、库存水平或未交付的客户订单量的变化来修订生产规划。新的生产规划必须经过可行性检查，这要用到资源需求计划。在这个阶段，有时会发现需求（预测）超过可能的供应能力太多，所受到的约束条件短时间内难以改变。其中，有些约束是在公司的资源范围之内，有些约束则存在于供应链中，例如外部供应商约束。但无论是哪种情况，要获取满足需求所必需的资源都必须经过公司高层领导的批准。

所以，从供应计划阶段得到的结果除销售与运作规划报告第 2 版之外，还包括资源需求计划以及在供应计划阶段不能解决的问题列表。

以下人员应当参加供应计划阶段的工作：生产计划与控制经理、工厂经理、物料经理、财务经理、采购经理、新产品开发经理、计划部门经理、主生产计划员、分销经理、销售与运营规划流程负责人。

（4）第四步，召开销售与运营规划预备会议，生成销售与运作规划报告第 3 版 销售与运营规划预备会议的参加者通常包括需求计划阶段的代表、供应计划阶段的代表、财务经理以及销售与运营规划流程负责人。他们的工作如下：

1）检查并修订销售与运作规划报告第 2 版，形成销售与运作规划报告第 3 版。

2）以上个月的销售与运作规划为基准，对所有的产品族检查销售、生产、库存或未完成订单的实际业绩，并以货币单位表示，以便于考察经营规划的实现情况。

3）检查资源约束，并确定资源需求优先级。

4）对不能达成一致的领域提出备选方案，分别以产品单位和货币单位表示，并提出财务影响。

5）每个季度对供需策略进行一次检查，如果需要调整供需策略，则给出调整建议。

6）制订销售与运作规划高层会议议程表。该表应主要包括以下内容：经营状况审查、客户服务业绩审查、新产品开发、审查修订销售与运作规划报告第 2 版并生成第 3 版、修订生产率和采购率、评估对经营规划的综合影响、总结概述所做的决定。

销售与运营规划预备会议的团队成员如下：市销售经理、客户服务经理、销售人员、预测分析人员、新产品开发经理、分销经理、供应链经理、生产计划与控制经理、工厂经理、物料经理、财务经理、采购经理、计划部门经理、主生产计划员、分销经理、销售与运营规划流程负责人。

销售与运作规划预备会议一般由销售与运作规划流程负责人主持。

（5）第五步，召开销售与运作规划高层会议，生成销售与运作规划报告第 4 版 这是销售与运作规划流程的终点事件。它的目标如下：

1）检查客户服务业绩、新产品开发问题，以及其他必要的问题，并做出决定。

2）在涉及重大成本变化或其他重大影响的情况下，批准关于生产率或采购率的修改。

3) 将以货币单位表示的销售与运作规划信息和经营规划相比较，如果二者不吻合，则做出决定。或调整销售与运作规划，或调整经营规划。

4) 对于销售与运作规划预备会议团队不能达成一致意见的领域，做出解决问题的决定，达成一致意见。

5) 对每个产品族做出决定，或接受销售与运作规划预备会议的建议，或选择不同的方案，形成销售与运作规划报告第 4 版。

销售与运作规划报告第 4 版即是正式的销售与运作规划报告，它反映了公司管理层的一致意见，是整个公司关于未来几个月的对策计划。销售与运作规划报告经高层会议审议之后，应当尽快下发，让全公司所有相关人员知道未来的计划是什么。

销售与运作规划高层会议的团队成员应当包括企业的高层领导成员和销售与运作规划预备会议团队的所有成员。一般应由企业的总经理、总裁或董事长来主持会议。

以上介绍了制订销售与运作规划的流程，指明了所要做的事情。但是五个阶段的划分并不是绝对的。如果企业的规模比较小，可以将最后的两个阶段合并，即将销售与运作规划的预备会议和高层会议合并为一个会议。对于第二阶段和第三阶段，通常应当有一个正式的会议。如果企业的规模比较小，也可以不采取正式会议的形式，但是有关人员之间的充分沟通是必不可少的。

在上面的叙述中，有一个角色是非常重要的，那就是销售与运作规划流程负责人。他的职责是管理和控制制订销售与运作规划的整个流程，在制订销售与运作规划的整个流程中要和企业中各个职能部门以及不同层级的管理人员打交道。这个人必须有组织能力，有管理经验，了解企业的产品，了解企业的运作流程，了解企业的客户，了解企业的人员，有良好的人际关系，说话有人听，做事有人帮。由于这个角色的职责通常不足以对应一个全职的岗位，所以大多是兼职的。可能的人选有：市场售经理、生产经理、采购经理、物料经理、供应链经理、财务经理、计划经理。其中，计划经理如果具备所要求的素质，则是最好的人选。

还有一个必须有的角色在上文没有明确指出，那就是销售与运作规划报告维护人员。他的职责是在制订销售与运作规划的整个流程中，对各次会议做会议记录并记录销售与运作规划报告各个版本的变化。信息处理部门或计划部门中工作认真的人员都是可能的人选，该职位通常兼职。

4.3 主生产计划

MRP 的早期客户直接把需求（预测或客户订单）输入 MRP 系统中，运行 MRP，根据物料清单进行需求展开，得到物料需求计划。在这个过程中，并不考虑资源的可用性。换言之，总是假定有充足的资源可以保证随时按照产品的需求数量和时间来生产产品。但是，需求会不断地变化，而且有时变化很大。如果让 MRP 系统直接面对需求，则系统将经常产生对于自己的工厂和供应商来说都无法执行的计划。反映在生产线上，时而严重超负荷，时而大量能力闲置。于是，MRP 的早期客户意识到，如果不能预料和控制用于支持生产的资源的可用性，MRP 的价值是极其有限的；他们也认识到，让计算机去做太多决策性工作是不切实际的。这些想法导致了主生产计划（Master Production Schedule，MPS）的出现。同时，也产生了一个重要的工作岗位，即主生产计划员。

4.3.1　主生产计划的数据

在 MPS 计算过程中，经常用到九个基本数量的概念，分别是：预测量、订单量、毛需求量、计划接收量、预计可用库存量、净需求量、计划产出量、计划投入量和可供销售量。

预测量是企业生产计划部门根据企业的经营计划或销售计划，采用合适的预测方法预测的最终产品项目将要生产的数量。

订单量是企业已经明确得到的、将要为客户提供的最终产品的数量，是企业明确的生产目标。预测量和订单量是企业组织生产管理活动的核心目标。在不同类型的企业中，预测量和订单量所起的作用也不尽相同。

毛需求量（Gross Requirement）是根据预测量和订单量计算得到的初步需求量。毛需求量的计算与时区的确定、企业的生产政策有关。在 MPS 中，毛需求量是除了预测量和订单量之外的其他量的计算基础。

计划接收量（Scheduled Receipts）是指正在执行的订单量。在制订 MPS 计划时，往往把制订计划日期之前已经发出的、将要在本计划期内到达的订单数量作为计划接收量来处理。如果需要手工修改 MPS，也可以把手工添加的接收量作为计划接收量处理。

预计可用库存量（Projected Available Balance，PAB）是指现有库存中扣除了预留给其他用途的已分配量之后，可以用于需求计算的那部分库存量。PAB 的计算公式为

PAB＝前一时段末的 PAB＋本时段计划接收量－本时段毛需求量＋本时段计划产出量

在 PAB 的计算公式中，如果前三项的计算结果是负值，表示如果不补充库存，将会出现缺料。因此需要借助第四项，即本时段计划产出量，用于库存的补充。

净需求量（Net Requirement，NR）是根据毛需求量、安全库存量、本期计划产出量和期初结余计算得到的数量。净需求量的计算公式为

净需求量＝本时段毛需求量－前一时段末的 PAB－本时段的计划产出量＋安全库存量

计划产出量（Planned Order Receipts）是指在计算 PAB 时，如果出现负值，表示需求不能被满足，需要根据批量政策计算得到的供应数量。计划产出量只是一个计算过程中的数据，并不是真正的计划投入数据。

计划投入量（Planned Order Releases）是根据计划产出量、提前期等数据计算得到的计划投入数量。

可供销售量（Available To Promise，ATP）是指销售部门可以销售的产品数量。ATP 的计算公式为

ATP＝本时段计划产出量＋本时段计划接收量－下一次出现计划产出量之前各时段订单量之和

4.3.2　主生产计划的编制

主生产计划员编制主生产计划的工作是一种艺术。没有一种算法可以保证得到最好的主生产计划，为了编制好主生产计划，编制者需要对市场和生产过程有深刻理解与充足经验。在此过程中，必须注意以下几个问题。

1. 主生产计划的展望期和计划时区

主生产计划必须有足够长的展望期。主生产计划要驱动物需求计划，物料需求计划从主生产计划中得到关于产品或最终项目的毛需求量和需求日期，使用计划提前期，倒序确定各

种子项物料的需求数量和日期。如果计划展望期不是足够长，那就有可能出现要求某些子项物料的生产或采购必须始于过去、从而无法执行的情况。

让我们来看一个例子。手推车的时段式物料清单如图 4-4 所示，图中表明为了保证总装配的按时完成，各种零件和子装配件应当何时开始购买或装配。物料需求计划使用图中显示的提前期来确定物料的需求时间。物料清单中的活动构成了不同的序列，其中最长的活动序列称为关键路径。例如，车筐装配加上总装配构成一条关键路径。手推车的累计提前期（Cumulative Lead Time，CLT）是关键路径所占

图 4-4　手推车的时段式物料清单

用的时间，即 9 个时区。主生产计划物料的累计提前期指明了它的最小计划展望期。各项主生产计划物料的累计提前期可能互不相同，最长的累计提前期将作为企业主生产计划的最小计划展望期。在实践中，考虑到能力、设计周期和采购周期等诸多因素，计划展望期总是要比最长的累计提前期更长一些。

1）能力。主生产计划确定能力需求。如果需要增加能力或设备，那么累计提前期可能就要延长。

2）设计周期。某些子装配件和零件可能需要设计，设计之后可能还需要购买某些零件或原材料。

3）采购周期。如果能够让采购人员更早地知道采购计划，则有机会通过选择供应商、获取折扣等方式来降低采购成本，且保证物料的质量。

多数企业以 12 个月作为计划展望期，每过 1 个月，增加一个新的月计划。也有的企业据物料和能力的提前期，将计划展望期扩展到 2~3 年。

主生产计划的时区（即计划的最小时间单位）不应大于周，以便使低层物料可以有较好的相对优先级。有些企业甚至以天为时区编制主生产计划。

2. 充分的沟通

预测是主生产计划的一项重要输入。因此，要编制好主生产计划，预测必须是高质量的。企业必须明确谁负责预测、预测的对象和技术，谁负责审查预测的精度、审查的频度，以及各部门如何就预测的结果进行沟通等。预测的责任通常由市场部门承担。

生产部门和采购部门对主生产计划有提供反馈信息的责任，他们应向计划员和主生产计划员提供关于预期延迟的信息，以使计划员和主生产计划员能在问题发生之前做好计划调整。这也使主生产计划员有时间来估计一项预期延迟对主生产计划的影响。对于一份带有惩罚条款和 10 天内贷款即将到期的出口订单，主生产计划员一般会不惜代价进行安排，使其生产不落后于计划。

应有定期的计划会议，为市场、销售、生产、采购、计划部门的人员交流提供机会。对于部门之间的交流应当规定响应时间。例如，如果市场部门要求生产部门做出一种承诺或修改计划，生产部门应在 1~2 天内得到答复。如果生产部门向市场部门询问为什么预测未能实现，市场部门应在 1~2 周内得到答复，因为市场部门要花费较多的时间来获取这些信息。

3. 主生产计划的编制步骤

主生产计划的编制步骤如下：

1）根据生产规划和计划清单确定对每个主生产计划对象的生产预测。

2）根据生产预测、已收到的客户订单、配件预测以及该最终项目的非独立需求数量计算总需求。

3）根据总需求量及事先确定的订货策略和批量、安全库存量和期初库存量，使用如下公式从最初时区开始计算各时区的预计可用量和主生产计划量：

$$第 k+1 时区的预计可用量 = 第 k 时区预计可用量 + 第 k+1 时区主生产计划量 -$$
$$第 k+1 时区的总需求量(k = 0,1,\cdots,n)$$
$$第 0 时区的预计可用量 = 期初可用量$$

在计算过程中，如果预计可用量为正值，则表示可以满足需求量，不必再安排主生产计划量；如预计可用量为负值，则在本时区安排一个批量作为主生产计划量，从而给出一份主生产计划的备选方案。

4）用粗能力计划评价主生产计划备选方案的可行性，模拟选优，给出主生产计划报告。

主生产计划的编制过程如图 4-5 所示。

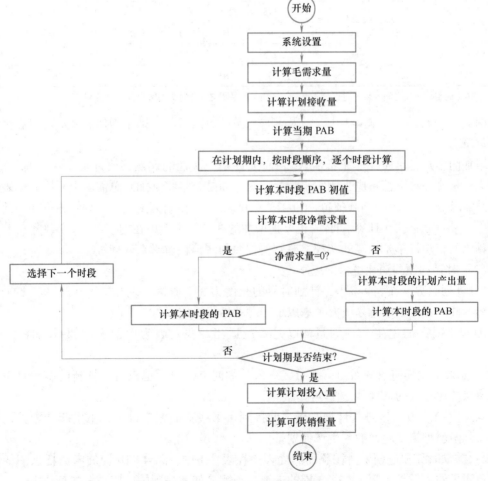

图 4-5　主生产计划编制过程

4. MPS 示例

某企业的主生产计划见表 4-1，在此基础上回答以下三个问题：

1）确定客户订单。

2）定义时界和预测消耗逻辑。

3）计算向前看的累计 ATP。

表 4-1 主生产计划

项 目	时区（周）									
	需求时界		计划时界							
	1	2	3	4	5	6	7	8	9	10
生产预测	200	200	200	200	200	200	200	200	200	200
增加的客户订单	0	0	0	0	130	28	0	0	0	0
预测的客户订单	198	145	234	145	167	145	150	100	34	0
未消耗的预测	0	0	23	55	33	55	50	100	166	200
总需求	198	145	257	200	330	228	200	200	200	200
主生产计划量	400	0	400	0	400	0	400	0	400	0
预计可用量	377	232	375	175	245	17	217	17	217	17
时区 ATP	183	0	0	0	0	0	150	0	366	0
超出的需求量	0	194	49	215	70	173	0	100	0	0
向前看的累计 ATP	183	183	183	183	183	183	333	333	699	699

注：第 2 周与第 3 周之间为需求时界分隔点，第 8 周与第 9 周之间为计划时界分隔点。

（1）客户订单 在表 4-1 中，涉及客户订单的有两行，分别是增加的客户订单和预测的客户订单。

增加的客户订单属"非正常需求"，它或许是一次性的偶然，或许是反映了新的商机。但是无论是哪一种，都不应当用它来消耗预测，而是直接将其加到总需求上。因此，表中相应的总需求分别是 330（200+130）和 228（200+28）。在制订主生产计划时，也要因此增加计划生产量。而且，在计算 ATP 时也要把增加的客户订单考虑在内。

预测的客户订单是预测的实现，对它要按照预测消耗逻辑来处理。

（2）时界和预测消耗逻辑的应用

1）计划时界。在表 4-1 中，计划时界的长度为 8 个时区。现在，第 9 时区将要进入计划时界。此时，主生产计划员要考虑以下问题并做出决定：

① 第 9 时区的主生产计划量 400 是否应适当减少？因为向前看的累计 ATP 已达到 699 了。

② 如果不做任何改变而使第 9 时区进入计划时界，以后也没有接到新的客户订单，那么就要保持比较高的 ATP 和预计可用量。

③ 如果在第 9 时区进入计划时界之前接到了某些新的客户订单，主生产计划员也有可能保持甚至增加第 9 时区的主生产计划量。

2）需求时界和过期未消耗预测的处理。在表 4-1 中，第 4~10 周的未消耗预测的计算是简单明了的。但是，第 1、2、3 周的未消耗预测是如何得到的？应当做些解释。

按照需求时界的定义，需求时界之前的时域是冻结的，不再接受新的客户订单。因此，早于需求时界的未消耗预测即被认为是过期的。这里采用的是时间宽松的预测消耗逻辑，所以，将早于需求时界的累计的未消耗预测，即 $(200-198)+(200-145)=57$，移到了需求时界之后的第一个时区，即第 3 时区。于是有第 3 时区的未消耗的预测 $=200+57-234=23$。同时，第 1 时区和第 2 时区的未消耗预测变为 0。

（3）计算向前看的累计 ATP

1）计算时区 ATP。从第 10 周开始，由远及近直到第 1 周，逐个时区进行如下计算：将主生产计划量减去未交付的客户订单量（包括增加的客户订单和预测的客户订单）。

第 10 周：时区 ATP $=0-(0+0)=0$。

第 9 周：时区 ATP $=400-(0+34)=366$。

第 8 周：时区 ATP $=0-(0+100)=-100$，此即超出的需求量，时区 ATP 记为 0。

第 7 周：时区 ATP $=400-(0+150)-100=150$。其中，等式左边被减掉 100，表示"第 8 周超出的需求量要从第 7 周的时区 ATP 中预留出来"。

第 6 周：时区 ATP $=0-(28+145)=-173$，即"超出的需求量"，时区 ATP 记为 0。

第 5 周：时区 ATP $=400-(130+167)-173=-70$，即"超出的需求量"，时区 ATP 记为 0。其中，等式左边被减掉 173，表示"第 6 周超出的需求量要从第 5 周的时区 ATP 中预留出来"。

第 4 周：时区 ATP $=0-(0+145)-70=-215$，即"超出的需求量"，时区 ATP 记为 0。其中，等式左边被减掉 70，表示"第 5 周超出的需求量要从第 4 周的时区 ATP 中预留出来"。

第 3 周：时区 ATP $=400-(0+234)-215=-49$，即"超出的需求量"，时区 ATP 记为 0。其中，等式左边被减掉 215，表示"第 4 周超出的需求量要从第 3 周的时区 ATP 中预留出来"。

第 2 周：时区 ATP $=0-(0+145)-49=-194$，即"超出的需求量"，时区 ATP 记为 0。其中，等式左边被减掉 49，表示"第 3 周超出的需求量要从第 2 周的时区 ATP 中预留出来"。

第 1 周：时区 ATP $=175+400-(0+198)-194=183$。其中，等式左边的 175 表示期初库存，被减掉 194 表示"第 2 周超出的需求量要从第 1 周的时区 ATP 中预留出来"。

2）向前看的累计 ATP。从第 1 周开始，把各周的时区 ATP 累加到所考虑的时区，即可得这个时区的向前看累计 ATP。例如，第 10 周的向前看累计 ATP $=183+0+0+0+0+0+150+0+366=699$。

4.3.3 主生产计划的实施

由于生产、市场和采购方面实际情况的影响，MPS 的计划生产量和实际生产量之间会有差异，这需要对 MPS 的实施过程进行监测和控制。

生产活动对 MPS 会产生直接影响。在生产中由于能力的变化，前一个周期任务的延期完成、废品的产生都可能影响 MPS 的完成。另外，如停机、停工、准备时间的变化、可用原材料的减少等也都是影响 MPS 能否完成的因素。

采购和市场行为对 MPS 具有间接影响。在采购实施中，影响 MPS 的常常有三个问题，即采购订单完成拖期、提前期不准确、已采购项目的拒收。因此，要对采购行为进行监控，包括对供应商的仔细选择，对供应商行为的了解和控制，以及在交货过程中的运输问题的解决等。市场实施包括检查预测需求与实际顾客订单之间的差异，以及在固定计划周期内，预测变化的频度和大小。当实际的需求与预测需求发生较大偏差时，其结果将影响库存水平，造成或高或低的结果，也影响能力计划，使其失去平衡，最终导致顾客服务质量的下降。因此，生产主计划的实施要遵循三条原则：发生重大的变化立即告知，考虑改变产品组合以满足顾客订单对样式变化的要求，考虑预测需求变化对 MPS 的影响。

主生产计划是生产计划大纲的延伸，也是物料需求计划的基础，在 MRP Ⅱ 的计划层次中，起到一个由粗到细、承上启下的作用。主生产计划的质量对整个企业的生产经营活动起着决定性的作用，必须特别注意。

主生产计划应当是相对稳定的。但是，随着时间的推移和市场的变化，主生产计划的改变仍是不可避免的。主生产计划员使用时界对主生产计划进行维护，并对修改主生产计划进行控制。

1. 计划时界和需求时界

为了说明修改主生产计划的限制条件、难易程度以及付出的代价，从而谋求一个比较稳定的主生产计划，提出了时界与时域的概念，向计划人员提供一个控制计划的手段。

常用的时界有两种，即计划时界（Planning Time Fence，PTF）和需求时界（Demand Time Fence，DTF）。计划时界和需求时界都是通过天数来反映的。一般来说，计划时界的天数等于或略大于最终产品的累计提前期；而需求时界的天数等于或略大于最终产品的总装配提前期。计划时界和需求时界将整个计划展望期分为三个时域。从当前时区到需求时界的计划期，称为第一时域；需求时界和计划时界之间的计划期，称为第二时域；计划时界以后的计划期称为第三时域。

需求时界指出，第一时域的主生产计划已接近完成，不宜再有变化，甚至不再接受新的客户订单，否则要付出很大的代价。所以，第一时域也称为冻结时域。在这个时域中，主生产计划的改变，包括接受新的客户订单，都需要经过企业高层领导的批准。

计划时界指出，第二时域的主生产计划已经确认，主生产计划的变化要付出一定代价，所以不允许系统自动改变，必须由主生产计划来控制。通常，这个时域称为半冻结时域。

第三时域中的主生产计划还没有经过确认，系统可以改动。通常，第三时域称为自由时域。

时界的作用有两方面。一方面，可以根据时界确定在不同时域内维护主生产计划的权限。另一方面，可以提醒主生产计划员在适当的时候做必要的决定。随着时间的推移，原来位于计划时界之外的计划数据将会进入计划时界之内。而一旦计划数据进入计划时界，再改变它就困难了。因此，主生产计划员必须决定是否要对即将进入计划时界的主生产计划数据进行适当的修改。

时界是客观存在的。使用时界不是要阻止计划的变化，只是明确地指出，在不同的时域对主生产计划的改变要付出不同的代价，从而为主生产计划员提供了维护和控制主生产计划的手段。

2. 控制对主生产计划的修改

主生产计划员必须随时维护主生产计划的可行性。在维护主生产计划可行性的过程中，主生产计划员经常遇到的问题就是由于客户需求的改变而使得原有的主生产计划失去意义。在这种情况下，车间管理人员将不得不自行采取措施处理问题，这将会使系统处于混乱状态。为了避免这种情况，就要重排主生产计划。

但是，主生产计划的重排也要进行控制，不能频繁地重排。为此，主生产计划员必须认真考虑和分析以下问题：

（1）需求真的发生变化了吗？主生产计划的一个重要目标是满足客户需求。需求的变化必然引起计划的变化。但是主生产计划应当是相对稳定的计划，不能亦步亦趋地随需求的变化而改变。需求的变化有时仅仅是客户把一份订单提前了，而总需求并没有变。有时可能是由于年终销售奖金的影响使我们的销售人员努力把客户明年的需求变成今年的订单，并不意味着需求发生了规律性的变化。所以，要对需求的变化分析原因，并决定是否采取相应的措施。

（2）对生产规划有什么影响？如果必须修改主生产计划，而且这种修改使主生产计划的汇总与生产规划不一致，那么在修改主生产计划之后还要修改生产规划。

（3）生产能力够用吗？修改主生产计划要受到生产能力的限制。在决定修改主生产计划之前，一定要确保有足够的生产能力来支持修改以后的主生产计划。

（4）物料可用吗？为了生产产品，物料和能力同样重要。在正确的时间以正确的数量得到正确的物料，才能保证生产按计划执行。如果要增加需求，则必须有足够的物料可用；如果要减少需求，则需要考虑增加库存空间来存储暂时不需要的零部件。

（5）成本和风险如何？在短于提前期的时间内改变主生产计划，可能需要更多的能力，需要以紧急手段获取更多物料。在很多情况下，这些都是可以做到的，但是都要支付成本，还可能有产生产品质量问题或者影响与客户之间的关系的风险。所以，要将改变计划的收益和改变计划的成本与风险进行比较，再做出决定。

应当确定一些控制主生产计划重排的原则，例如：

1）仅对需要对原承诺日期改变 1 周以上的订单进行重排。

2）如果工厂的能力已经很紧张，当把一份订单提前时，必须把另外的订单推后。否则，就会出现超负荷的主生产计划。

为了帮助主生产计划员重排和修改主生产计划，可以利用一些工具，例如粗能力计划以及系统的模拟功能等。此外，主生产计划员的经验也是非常重要的。

4.3.4 粗能力计划

1. 粗能力计划概述

对主生产计划进行有效的管理是 ERP 系统中最富挑战性的工作之一。主生产计划员的目标就是生成一份可执行的主生产计划。这就意味着要有足够的能力来保证主生产计划的执行。

在战略层面，当生成生产规划之后，要通资源计划来检查它的可行性。生产规划是面对产品族的，资源计划以综合的表述方式检查了是否有足够的能力来保证生产规划的执行。在战术层面，也要检查主生产计划的可行性，这就是粗能力计划（Rough Cut Capacity Planning，RCCP）的作用。粗能力计划的处理过程和资源计划的处理过程很相似，但是要更详细。因为主生产计划是面对具体产品和最终项目的。

粗能力计划的处理过程要将产品或最终项目的主生产计划转换成关键工作中心的能力需求。粗能力计划要忽略某些基本信息，以便简化并加快处理过程。粗能力计划使用某些有代表性的工艺路线，面向关键工作中心，是一个近似的能力计划。通常，企业要根据与粗能力计划相关的主要资源的情况来批准主生产计划。

粗能力计划所用的代表工艺路线把主生产计划物料和生产它们所需的关键工作中心联系起来，按日期产生对关键工作中心的粗能力需求。以周为时区把这些粗能力需求汇总，形成粗能力计划报告。粗能力计划报告可以以方格或直方图的形式输出。输出的内容要包括关键工作中心的代码及描述、时区、在一个时区内总的能力需求以及总的能力可用量。

粗能力计划为评估主生产计划提供了一个粗略的方法。如果一份主生产计划所产生的能力需求是不现实的，或一项变化对资源或关键设备的能力产生重大超量需求，则都能从粗能力计划中清楚地反映出来。

为了有效地解决粗能力计划反映出的问题，需要提供一种方法来识别能力需求的来源。最简单的方法是提供一个报告或屏幕显示，表明在每个时区引起粗能力计划需求的具体的主生产计划订单。

如果粗能力计划的计算表明存在能力或资源的短缺，那么在批准主生产计划之前，必须解决这一问题，或者增加能力或资源，或者调整主生产计划。如果必须调整主生产计划以协调资源短缺，那么这种调整一定要反映在最后的主生产计划中。

2. 能力清单

为了执行粗能力计划，必须首先构造能力清单（Bill of Labor，BOL）。能力清单和资源清单是同义词，它给出关于每个关键工作中心的负荷（Load）和偏置时间（Time Off-set）的信息。负荷是指为生产一个单位的主生产计划物料所需的对某个关键工作中心的准备和加工时间，这个时间包括了对该主生产计划物料的所有经过此工作中心的子项物料的准备和加工所需的时间。一个工作中心的偏置时间则用来指明该工作中心的工作要在主生产计划物料完成之前的几个时区进行。能力清单的数据来自于物料清单和工艺路线。产品 X 的物料清单如图 4-6 所示。假定现在要为产品 X 做粗能力计划。X 的物料清单表明，X 由零件 A、零件 B 和子装配件 C 各 1 件构成，而子装配件 C 由零件 D 和零件 E 各 1 件构成，零件 D 和零件 E 分别由毛坯 D1 和毛坯 E1 加工而成。工艺路线表明，零件 D 的加工要经过 4 个中作中心，零件 E 的加工要经过 5 个中作中心。表 4-2 和表 4-3 分别是零件 D 和零件 E 的工艺路线。

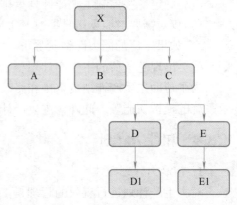

图 4-6　产品 X 的物料清单

表 4-2　零件 D 的工艺路线

工作中心编号	24	32	14	40
工序	车削	轧边	淬火	研磨
准备时间/h	1.6	0.4		0.6
加工时间/h	0.10	0.18		0.17

表 4-3 零件 E 的工艺路线

工作中心编号	24	10	20	14	40
工序	车削	钻孔	切割	淬火	研磨
准备时间/h	0.8	0.2	0.4		0.4
加工时间/h	0.06	0.03	0.15		0.12

为了构造产品 X 的能力清单，首先计算子装配件 C 的能力需求。假定零件 D 和零件 E 的提前期都是 1 个时区。计算子装配件 C 的能力需求就是一个累加零件 D 和零件 E 的工艺路线信息的过程。我们注意到，在工作中心 40（研磨工序）准备时间为 1h，其中，加工零件 D 的准备时间为 0.6h，加工零件 E 的准备时间为 0.4h。加工时间是 0.29h。因为对零件 D 和零件 E 的研磨加工出现在同一时区，所以把两项负荷加在了一起，否则应当分开。对其他工作中心也进行类似的计算。对于工作中心 14（淬火工序）的负荷不是以标准小时为单位，而是以零件的个数表示（零件 D 和零件 E 各 1 件）。这项负荷要求的是空间资源。子装配件 C 的能力需求见表 4-4。

表 4-4 子装配件 C 的能力需求

工作中心编号	10	14	20	24	32	40
准备时间/h	0.2		0.4	2.4	0.4	1.0
加工时间/h	0.03	2 件（空间资源）	0.15	0.16	0.18	0.29

在计算出子装配件 C 的能力需求之后，就可以从中提取出对关键工作中心的能力需求。假定工作中心 24 是关键工作中心，且已知产品 X 的最终装配提前期是 1 个时区，子装配件 C 的提前期是 2 个时区，零件 D 和零件 E 的提前期都是 1 个时区。于是，工作中心 24 的偏置时间是 4 个时区。能力清单指出，对于每件产品 X，在其完工之前的 4 个时区，关键工作中心 24 上将出现的负荷是准备时间 2.4h，加工时间 0.16h。

现在可以把构造能力清单的步骤概括如下：

1）将主生产计划物料的 BOM 展开到所有的制造层次（包括提前期）。

2）依据工艺路线确定所需的工作中心和个工作中心为加工所有子项物料所需的标准工时。

3）按工作中心和偏置时间把子项物料所需工时进行分组累加（即把工作中心和偏置时间相同的工时相加）。

4）对所选定的关键工作中心提取其工时负荷和偏置时间，形成主生产计划物料的能力清单。

3. 粗能力计划的计算

在构造了能力清单之后，就可以生成粗能力计划了。产品 A 和产品 B 的能力清单见表 4-5。工作中心 10 和 35 都是关键工作中心。注意产品 B 的零件两次经过工作中心 10，一次是产品 B 完工之前 1 个时区，另一次是产品完工之前 2 个时区。现在，我们要确定第 2 时区在工作中心 10 上的负荷。考虑到两个产品在工作中心 10 上的偏置时间，我们必须考虑产品 A 在第 4 时区的主生产计划和产品 B 在第 3 时区以及第 4 时区的主生产计划。

表 4-5　产品 A 和产品 B 的能力清单

产　　品	工作中心编号	准备时间/h	加工时间/h	偏置时间（时区）
A	10	2.0	0.1	2
	35	1.0	0.2	3
B	10	1.0	0.05	1
	10	1.5	0.1	2
	35	0.5	0.1	2

　　假定从产品 A 和产品 B 的主生产计划得知，产品 A 在第 4 时区的主生产计划量是 50 件，在第 5 时区的主生产计划量是 60 件；产品 B 在第 3 时区的主生产计划量是 20 件，在第 4 时区的主生产计划量是 25 件。于是，产品 A 在第 4 时区的 50 件将要求工作中心 10 在第 2 时区上的 7h 的能力。类似地，产品 B 在第 3 时区的 20 件将要求工作中心 10 在第 2 时区上的 2h 的能力，产品 B 在第 4 时区的 25 件将要求工作中心 10 在第 2 时区上的 4h 的能力。把这些负荷累加在一起，得到第 2 时区在工作中心 10 上的负荷是 13h。以上计算过程见表 4-6。

表 4-6　第 2 时区工作中心 10 上的粗能力计划

产　　品	主生产计划量	完 工 时 区	偏置时间（时区）	负 荷 计 算	负荷/h
A	50	4	2	2.0+0.1×50=7	7
B	20	3	1	1.0+0.05×20=2	6
	25	4	2	1.5+0.1×25=4	
合计					13

　　类似地，可以求得第 2 时区在工作中心 35 上的负荷是 16h。

　　现在把粗能力计划的计算过程总结如下：

　　1）对各主生产计划物料构造能力清单。

　　2）根据各主生产计划物料的能力清单计算各主生产计划物料在各时区对各关键工作中心的负荷。

　　3）按时区汇总各关键工作中心所有主生产计划物料产生的负荷，得到该工作中心的粗能力计划。

4.4　物料需求计划

　　物料需求计划（Material Requirement Planning，MRP）过程是一个模拟过程。它根据主生产计划、物料清单和库存记录，对每种物料进行计算，指出何时将会发生物料短缺，并给出建议，以满足最小库存量并避免物料短缺。

4.4.1　物料需求计划概述

　　MRP 是 20 世纪 60 年代在美国出现并在 70 年代发展起来的一种管理技术和方法，是根据 MPS 确定的物料采购和生产管理方式。因此，MRP 既是一种物料管理方式，又是一种生产管理模式。

MRP 是一种物料管理方式。物料管理包括物料的库存管理、物料需求的计划管理、企业各个部门中物料数量的协调和控制以及物料的采购和运输管理等。一般情况下，物料管理有两个目的，一是保证整个生产过程连续进行，不能因物料供应不足而出现生产中断的现象；二是尽可能减少库存量，减少因物料库存数量过多造成流动资金占用过多、仓库位置和物料浪费等现象。传统的物料管理方式是订货点法，这种方法是依据物料的需求量、采购提前期和安全库存量来维护需求、确定何时订货。但是，订货点法存在着诸多问题，例如，物料需求数量和物料需求时间脱节、安全库存量与库存服务水平不可兼得、产品的需求均匀性与零部件以及原材料需求的不均匀性之间的矛盾等。相比之下，MRP 的管理方式优于订货点法。使用 MRP 可以精确地计算和确定对零部件、原材料的需求数量和时间，从而消除了库存管理的盲目性，实现了低库存水平与高服务水平并存的目标。从理论上说，虽然 MRP 比订货点法先进，但是，在计算机应用到生产管理领域之前，各个企业均采用手工进行计算，由于计算过程中涉及的流程复杂、参数过多且数据量庞大，如果按照 MRP 计算出来的物料需求量进行订货，则计算周期过长且不能适应生产过程中的变化，因此，这种方法只有理论的优势，无法在实践中广泛采用。随着计算机运算速度的快速发展、计算能力的日益提高以及在管理领域应用的不断深入，MRP 的优势越发显著。

MRP 是一种分时段的优先计划管理方式。为了理解这个概念，需要先理解以下两点：需求量和需求时间之间的关系；传统生产计划管理方式中采用的缺料计划。

在物料管理中，物料需求量无疑是一个重要的管理数据。当确定了某个物料的需求量后，无论是采购作业还是生产作业，都有了工作的基本目标。但是，对于高水平的管理来说，仅仅得到某个物料的需求量是不够的，因为这时没有办法准确地安排采购和生产作业，困扰生产管理人员的许多问题依然存在，例如，什么时间需要这些需求量？这些需求量是一次性需要呢，还是分时间段需要呢？什么时间订货好呢？是一次性订购全部需求量好，还是分期订购物料需求量好？这些订购的物料什么时间到货最好？物料何时发放？这些问题的答案不仅与物料需求量有关，还与这些物料需求量的需求时间有关。在传统的手工管理方式下，这些问题的答案需要生产管理人员凭借自己的经验进行估计和预测。当最终产品数量和物料需求数量和种类都比较小时，有经验的生产管理人员可能会给出一个比较准确的估计和预测。但是，随着最终产品数量、物料种类和数量的增多、新产品的不断出现以及生产管理人员的频繁变化，这种依靠个人经验的管理方式已经不能满足生产管理的需要，手工管理方式已经无法应对日益增多的物料种类和数量。例如，为了生产 500 辆 ZXCA-F 自行车，考虑了库存量之后，需要生产 350 个前轮。这种描述是不够的，因为这种需求量是不分时段的需求量。在 2007 年，对 350 个前轮的分时段需求量是 1 月份 50 个、2 月份 80 个、3 月份 120 个、4 月份 60 个和 5 月份 40 个。对于采购作业和生产作业来说，这种分时段需求量的价值远远高于无分时段需求量的价值。例如，1 月份订购 350 个前轮原材料和 4 月份订购 60 个前轮所用的原材料相比，无论是流动资金的使用效率，还是库房位置的占用和原材料的自然损耗，后者都有显著的管理优势。进一步而言，如果分时段需求的颗粒度可以更加细致地分为周、日，则企业的采购作业和生产作业的管理水平就可以大幅度提高。

缺料表是传统手工管理方式下缺料计划的表现形式。在传统的手工管理方式下，由于计算效率低、计算误差大等原因，某些物料的缺乏往往在生产加工过程和装配过程中才能被发现和记录。缺料表是反映这种缺料现象的具体记录。根据缺料表来进行采购作业安排和生产作业安排的计划被称为缺料计划。甚至有人戏称，我国部分企业生产管理水平低下的一个重要表现形式是生产管理计划就是缺料计划。应该说，缺料计划并不是一件错误非常严重的计划，缺料计划本身是对生产管理活动客观现状的反映。缺料计划本身不是一件坏事，它之所以被人误解为是反映企业管理水平较低的指标，是因为缺料计划制订的时间太晚。如果当物料缺件发生了才开始制订缺件物料的采购作业计划或生产作业计划，那么，这种缺料计划是企业管理水平低下的表现。但是，如果在物料缺件并没有发生时，生产管理人员就已经预测到了将要发生的物料缺件现象，并及时地采取制订缺件物料的采购作业计划或生产作业计划，那么这种缺料计划就是一种正常的管理措施。较为极端地说，在制订物料的采购作业计划或生产作业计划时，就可以正确地预测物料缺件现象，并且使些缺件物料成为作业计划的主要内容，这时的缺料计划已经不是缺料计划，而是物料需求计划。从某种意义上来说，MRP 就是缺料计划。例如，根据 MPS 可以得到企业将要生产什么和生产多少，根据 BOM 可以计算出所需要物料的名称和数量，根据所需要物料的名称和数量以及这些物料的库存数量可以计算出当前缺乏的物料名称和数量，这就是缺料表。实际上，在基于计算机的辅助管理信息系统中，这种缺料表的表现形式就是 MRP。从上面的分析来看，MRP 通过物料需求计划来解决物料缺件现象，它包括了比缺料计划更加丰富的内容，是一种优先计划。

由此可以得出 MRP 的定义：MRP 是一种物料管理和生产方式，是 ERP 系统的重要组件，它建立在 MPS 的基础上，根据产品的 BOM、工艺路线、批量政策和提前期等技术和管理特征，生成原材料、毛坯和外购的采购作业计划和零部件生产、装配的生产作业计划，从而达到有效管理和控制企业物料流动的微观计划。

MRP 建立在 MPS 的基础上，但是与 MPS 有着本质的不同。MPS 回答了生产什么和何时生产的问题，其计划对象是最终交付客户的产品项目。但是，如何生产这些产品项目，如何合理、均衡地安排组成这些产品项目的零部件的生产、原材料和外购件的采购，如何考虑现有的库存状况并保持合理、优化的库存，如何在生产过程中考虑合理、有效的生产批量等，都是 MRP 需要回答的问题。

作为 ERP 系统的重要组件，MRP 需要回答下面的几个问题：

1）生产什么？生产多少？何时生产？
2）要用到什么？用到多少？何时用到？
3）已经有了什么？有多少？何时使用？
4）还缺少什么？缺少多少？何时需要？
5）何时安排？

实际上，问题 1）可以由 MPS 来回答。这里生产的目标对象是独立需求物料，这些内容正是 MPS 的核心内容。因为 MRP 建立在 MPS 的基础上，这些内容是 MRP 运算的起点。

问题 2）是问题 1）的自然延续，是对问题 1）的补充，也可以说是对 MPS 内容的进一步细化。这个问题的答案，就是被称为 BOM 的物料清单。这个问题涉及的目标对象是相关需求物料，是独立需求物料和数量根据 BOM 结构分解得到的物料和对应的物料数量。这种分解计算过程是通过 MRP 完成的。

问题 1）和问题 2）的研究内容是确定将要生产或采购的对象，问题 3）则是针对已经确定的对象回答已经有了什么和有了多少。问题 3）需要根据物料库存信息和已下达的采购订单来回答，这里的目标对象与问题 2）中的目标对象一致。

问题 4）是通过问题 2）和问题 3）计算得到的。除此之外，它还需要考虑批量规则、安全库存量、废品率等管理因素。在传统的手工管理方式下，问题 4）是当真正发生和缺料时通过缺料表和缺料计划解决的。在 ERP 系统中，问题 4）的解决时间已经提前到制定 MRP 时。

在问题 2）、3）和 4）中，有关"何时"问题的解决离不开工艺路线和各种提前期数据。虽然根据工艺路线和各种提前期数据可以解决诸如何时用到、何时使用以及何时需要等问题，但是并不能完全解决物料采购作业、生产作业的安排问题，这是因为合理解决这些作业安排问题还涉及设备能力、人员能力、资金能力和均衡生产等条件。问题 5）的答案实际上就是平衡设备能力、调度生产人员、合理筹措资金以及均衡安排作业等。能力需求计划是解决问题 5）的一种有效方法。

MRP 是 ERP 系统的核心内容，它把 ERP 系统中的许多重要组件组合在一起。MRP 把 MPS 作为其基础和输入，是 MRP 要达到的最终目标。BOM 是 MRP 把最终产品分解成各种物料的工具，是最终产品与物料编码和物料数量相关联的方法。毫无疑问，作为一种重要的基础数据，物料编码是整个 ERP 系统包括 MPS 和 MRP 组件识别和使用物料的依据。在 MRP 的计算过程中，如果需要某种指定编码的物料，但是这种物料偏偏无法及时满足作业的需要，能否采用性能相近或更高性能的同类物料代替这种指定编码的物料呢？这个问题的答案就是企业制定的物料代用政策。工序和工序组成的工艺路线是 MRP 安排生产作业顺序的基础。工序把将要加工的物料和实施工艺的工作中心连接了起来。实际上，工作中心把 MRP 和能力需求计划两个重要组件关联了起来。制造日历有助于 MRP 明确地安排采购作业和生产作业的时间。虽然根据 MPS 和 BOM 可以得到需要的物料，但是，企业当前已经有多少物料和真正需要多少物料，需要借助库存状况来回答。已经发放的生产订单（已经下达执行的生产作业计划）和采购订单（已经下达执行的采购作业计划）有助于更加准确地回答需要多少物料。在上面这些组件和数据的基础上，MRP 经过复杂的运算输出可以发放的加工订单和采购订单。MRP 结构示意如图 4-7 所示。

图 4-7　MRP 结构示意

在制造企业中，一般认为 MRP 产生的零件加工、产品装配作业计划不能很好地满足生产车间的作业执行需要，无法有效地从车间生产线上的设备直接读取数据，无法有效地对零件加工、产品装配作业计划的执行程进行跟踪、数据采集和分析，因此产生了制造执行系统（Manufacturing Execution System，MES）的应用需求。一般地认为，MES 的定位处于 ERP 计划层和现场自动化系统之间的执行层，主要负责车间生产管理和调度执行，诸如生产调度、产品跟踪、质量控制、设备故障分析、网络报表等管理功能，使用统一的数据库和通过网络连接可以同时为生产部门、质量部门、工艺部门、物流部门等提供车间管理信息服务。MES 通过强调制造过程的整体优化来帮助企业实施完整的闭环生产，协助企业建立一体化和实时化的信息体系。

4.4.2 物料需求计划的计算

1. MRP 计算方法

MRP 的计算过程与 MPS 的计算过程非常类似，但略有不同。例如，在 MRP 计算过程中，没有预测量、订单量和可供销售等数据，因为 MRP 的计算量都是相关需求，不是可以销售的最终产品项目；在计算 MRP 时需要考虑 BOM 的分解和低层代码等影响因素，MPS 只涉及最终产品项目。但是，MRP 涉及组成最终产品项目的所有层次的物料，MRP 的计算量和复杂程度远远大于 MPS 的计算量和复杂程度。MRP 的计算过程如图 4-8 所示。

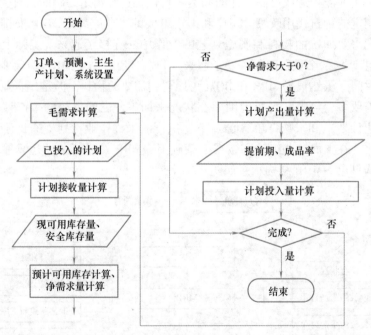

图 4-8　MRP 的计算过程

2. MRP 计算步骤

MRP 的计算步骤如下：

（1）计算物料的毛需求量　根据主生产计划、物料清单得到第一层级物料品目的毛需求量，再通过第一层级物料品目计算出下一层级物料品目的毛需求量，依次一直往下展开计算，直到最低层级原材料毛坯或采购件为止。

（2）净需求量计算　根据毛需求量、可用库存量、已分配量和在途量等计算出每种物料的净需求量，计算公式为：净需求量=毛需求量+已分配量−可用库存量−在途量。

（3）批量计算　由相关计划人员对物料生产做出批量策略决定，不管采用何种批量规则或不采用批量规则，净需求量计算后都应该表明有无批量要求。

（4）安全库存量、废品率和损耗率等的计算　由相关计划人员来规划是否要对每个物料的净需求量做这三项计算。

（5）下达计划订单　通过以上计算后，根据提前期生成计划订单。物料需求计划所生成的计划订单，要通过能力资源平衡确认后，才能开始正式下达计划订单。

（6）再一次计算　物料需求计划的再次生成大致有两种方式：第一种方式会对库存信息重新计算，同时覆盖原来计算的数据，生成的是全新的物料需求计划；第二种方式则只是在制订、生成物料需求计划的条件发生变化时，才相应地更新物料需求计划有关部分的记录。这两种生成方式都有实际应用的案例，至于选择哪一种要看企业实际的条件和状况。

3. MRP 计算规则

根据主生产计划（MPS）、库存计划、物料清单（BOM），制订物料需求计划（MRP）。主要公式如下：

$$毛需求量=独立需求量+相关需求量$$

$$计划库存量=上期库存量+本期订单产出量+本期预计入库量−毛需求量$$

$$净需求量=本期毛需求量−上期库存量−本期预计入库量+安全库存量$$

4. MRP 计算案例

自行车物料清单带的一个分支如图 4-9 所示。

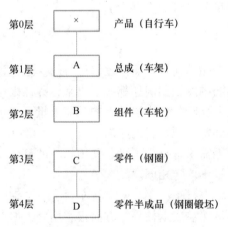

图 4-9　自行车物料清单带的一个分支

假定要生产 100 辆自行车×，库存情况（库存量和已订货量之和）见表 4-7。

表 4-7　自行车各个组件库存情况

物　料	库　存　量
车架	2 个
车轮	15 个
钢圈	7 个
钢圈锻坯	46 个

现在来计算上述各项物料的净需求量：

需要生产的自行车数量（辆）	100
车架毛需求量（个）	100
车架库存量和已订货量（个）	2
车架的净需求量（个）	98
生产 98 台车架对车轮的毛需求量（个）	98
车轮库存量和已订货量（个）	15
车轮净需求量（个）	83
生产 83 台车轮对齿轮的毛需求量（个）	83
钢圈库存量和已订货量（个）	7
钢圈净需求量（个）	76
生产 76 个齿轮对钢圈锻坯的毛需求量（个）	76
钢圈锻坯库存量和已订货量（个）	46
钢圈锻坯净需求量（个）	30

下面对钢圈锻坯的净需求量进行核实。自行车生产数量为 100 辆，钢圈锻坯的总需求量即以下 5 项物料的数量和亦应为 100 单位。

钢圈锻坯库存量和已订货量（个）	46
含有钢圈锻坯的齿轮的库存量和已订货量（个）	7
含有钢圈的车轮的库存量和已订货量（个）	15
含有车轮的车架的库存量和已订货量（个）	2
钢圈锻坯净需求量（个）	30
总计（单位）	100

净需求量的计算是根据产品结构自上而下逐层进行的。这个计算过程把隐蔽在较高层次的物料项目车架、车轮、钢圈中的钢圈锻坯都找了出来，并加以计算。净需求量是通过一层一层地把库存量和已订货量分配给各相应层次上的毛需求量逐步求得的。只有在确定了父项物料的净需求量以后，才能确定子项物料的净需求量。

有一点应当注意的是，毛需求量是为了满足父项物料的订货要求而产生的，而不是最终产品所消耗的数量。这两个量不一定相同。

在该例中，要生产 100 辆自行车，每一辆自行车含有一个钢圈锻坯，因此钢圈锻坯的总需要量是 100 个。这个数字虽然在成本核算等方面很有用处，但对于物料需求计划则没有意义。因为我们关心的不是与产品一起出厂的组件的数量，而是需求采购或制造的最小数量，即净需求量。在该例中，计算出的钢圈锻坯毛需求量是 76 个，净需求量是 30 个。只有在上层物料（钢圈、车轮、车架）中库存量为 0 时，钢圈锻坯的毛需求量才可能是 100 个。在物料需求计划里，子项物料的毛需求量取决于父项物料的净需求量，而不是取决于最终产品或主生产计划最终项目的需求量。

还应注意，对一个给定的物料项目可能有多个需求源，因此毛需求量也可来自多方面。一项物料可能包含在几个父项物料中，也可能用于来自外部的独立需求，如用作备件。我们应把该项物料的所有毛需求量按时区进行合并，如图 4-10 所示。

物料需求计划的全过程，即是在展望期内把最终项目的独立需求从主生产计划开始向下逐层分解为各个零部件需求的过程。在此过程中，一个关键的问题是父项记录和子项记录之间的衔接问题：对一项物料的计划订单下达同时会产生其子项物料的毛需求，它们在时间上完全一致，在数量上有确定的对应关系。此过程沿 BOM 的各个分支进行，直到达到外购件（零部件或原材料）为止。

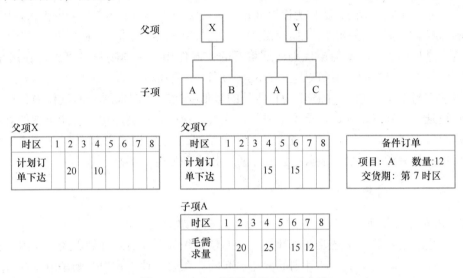

图 4-10　来自不同需求源的毛需求量

处于相邻层次的三项物料的需求分解过程见表 4-8。它们的提前期均为 2。

表 4-8　需求量的分解

时　区	0	1	2	3	4	5	6	7	8	9
第一层项目：A										
毛需求量		10		15	10	20	5		10	15
预计入库量				14						
库存量	12	2	2	1	−9	−29	−34	−34	−44	−59
计划订单下达			9	20	5		10	15		
第二层项目：B										
毛需求量			9	20	5		10	15		
预计入库量										
库存量	28	28	19	−1	−6	−6	−16	−31	−31	−31
计划订单下达		1	5		10	15				
第三层项目：C										
毛需求量		1	5		10	15				
预计入库量										
库存量	8	7	2	2	−8	−23	−23	−23	−23	−23
计划订单下达			8	15						

在此例中，假定物料项目 B 和 C 没有多个父项，即它们不是通用件。然而，实际情况却往往不是如此。它们很可能有着多个父项，尤其是处于 BOM 低层的物料项目更是这样。在这种情况下，如果沿 BOM 各分支分别分解，然后再把对通用件的多项需求相加，则造成计算的重复，降低了数据处理的效率。

获得数据处理高效率的方法称为逐层处理法。做法是先对所有 BOM 算出第一层上所有物料项目的毛需求，按通用件相加，用来确定第二层物料项目的毛需求。依此类推，直至外购件。

在这个过程中，物料的低层代码起到重要的控制作用。一项物料可以出现在多个 BOM 中，在不同的 BOM 中所处的层次也会有不同。所以每项物料都有一个低层代码，用来指明在包含该项物料的所有 BOM 中该项物料所处的最低层次。在需求展开的过程中，对该项物料的处理被延迟到其出现的最低层次上进行。此时，在所有较高层次上可能出现的对该项物料的毛需求量都已确定，于是可以把所有这些毛需求量按时区合并起来，再继续处理。因此，对每项物料只做一次需求展开，避免了重复检索和处理，提高了效率。

4.4.3 物料需求计划的运行

MRP 系统有两种基本的运行方式：全重排式和净改变式。

两种方式最主要的不同之处在于计划更新的频繁程度以及引起计划更新的原因。在第一种方式中，计划更新是由主生产计划的变化引起的；在第二种方式中，则是由库存事务处理引起的。

使用全重排方式，主生产计划中的所有最终目的需求都要重新加以分解；每一个 BOM 文件都要被访问到；每一个库存状态记录都要经过重新处理；系统输出大量报告。

全重排式运行方式是通过批处理作业完成的。因此只能按一定时间间隔（通常为一周）定期进行。在两次批处理之间发生的所有变化，以及计划因素的变化等，都要累计起来，等到下一次批处理一起处理，所以计划重排结果报告常有延迟。这就使系统反映的状态会在一定程度上滞后于现实状态。在具体情况下，这个缺点的严重程度取决于 MRP 系统的作业环境。

在一个动态的生产环境中，客户需求变化较大，主生产计划会经常更改，产品的设计也不断更新——所有这些都意味着每项物料的需求数量和需求时间也要随之迅速改变。于是要求系统有迅速适应变化的能力。

在比较稳定的生产环境中，仅就物料需求而论，全重排式 MRP 系统或许能满足需求。然而 MRP 并不只局限于库存管理，它还要确保已下达订单的到货期符合实际需求。因此，每周重排一次计划的 MRP 系统，显然不能使订单的完成日期时时与需求情况相符。

由此可以看出，MRP 系统重排计划的时间间隔是一个重要问题。为了能以更小的时间间隔重排计划，必须既考虑数据处理的经济性即重排计划的范围、时区和输出数据量，又避免批处理作业滞后的弊端。于是，净改变式 MRP 系统出现了。

需求分解是 MRP 最基本的作业。净改变方式采用局部分解的作业方式，对计划进行连续的更新，取代以较长时间间隔进行全面分解的作业方式。

局部分解是问题的关键，因为缩小了每次的运算范围，从而可以提高重排计划的频率，而且每次输出结果的数据也就少了。所谓部分解是从以下两种意义上来说的：一是每次运行系统时，都只需要分解主生产计划中的一部分内容；二是由库存事务处理引起的分解只局限在该事务处理所直接涉及的物料及其下属物料。

从净改变的角度看，主生产计划是一个连续存在的计划，而不是一个一个间断产生的计划。主生产计划在任何时候都可以通过增加或减去各种需求量的净改变量而不断得到，更新定期发布的新计划也是以同样的方式处理。在数据处理上，只是对系统中某些物料项目的原有状态数据加上或减去相应的净改变量，从而大大减少计划重排的工作量。

主生产计划的连续性如图 4-11 所示，图中主生产计划如同中国书画的长卷，卷轴是向未来无限延伸的，随着时间的推移而逐渐展开。展开的这段形成计划期，在计划期内，主生产计划的每一个时间单元上都含有具体数据，在计划期之外的时间单元上没有数据。随着时间的推移，新的时间单元进入计划期，于是，在这些时间单元上便填上了确定的数据，即产生了新计划。

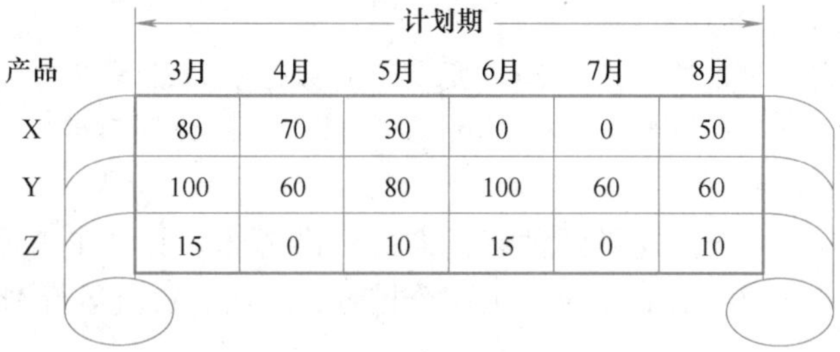

产品	3月	4月	5月	6月	7月	8月
X	80	70	30	0	0	50
Y	100	60	80	100	60	60
Z	15	0	10	15	0	10

图 4-11　主生产计划的连续性

图 4-12 进一步说明了这种方法。如果一个以 6 个月为计划期的主生产计划在 3 月份看来如 A 的样子，在 4 月份如 B 的样子，这两者的差别在 C 中以净改变的形式表现出来。

A（单位：万件）

产品	3 月	4 月	5 月	6 月	7 月	8 月	9 月
X	80	70	30	0	0	50	0
Y	100	60	80	100	60	60	0
Z	15	0	10	15	0	10	0

B（单位：万件）

产品	3 月	4 月	5 月	6 月	7 月	8 月	9 月
X		70	30	0	0	35	40
Y		60	80	100	60	60	0
Z		0	10	15	0	10	15

C（单位：万件）

产品	3 月	4 月	5 月	6 月	7 月	8 月	9 月
X						−15	+40
Y							
Z							+15

图 4-12　主生产计划中的改变

在上述例子中，在主生产计划的计划期内，总共有 18 个数据单元，其中 15 个单元没有发生变化。产品 Y 的计划一直保持不变。在这种情况下，全重排方式要把所有 18 个数据重新输入系统，所有库存记录都要被重新处理，产品 X、Y、Z 的 BOM 都要访问。而净改变方式的数据处理量就只相当于全重排方式数据处理量的一小部分。

还有很重要的一点应当指出，假如在 3 月份就已预知产品 X 在 8 月份的需求量要减少，则在 3 月份内即可通过净改变方式处理这个数据的改变，而不必等到 4 月份。这样，到了 4 月份，对产品 X 而言，处理净改变数据的工作量就只需要考虑 9 月份新增的 40 万件了。

与全重排方式相比较，净改变方式有以下优点：

1）减少每次发布主生产计划后进行需求计划运算的工作量。

2）在两次发布主生产计划的间隔期间也可以对计划中的变化进行处理。

3）连续地更新，及时地产生输出报告，从而可以尽早通知管理人员采取相应的措施。

净改变方式也有如下缺点：

1）系统的数据自清理能力较差。净改变方式对数据的自清理能力较差，而全重排方式则具有很好的数据清理能力。因为每次运行，原有的主生产计划就被抛弃，因而原计划中的所有错误也随之一起清除。

由于一般 ERP 软件系统都提供两种运行方式可供选择，所以在实际应用中，企业一般的做法是，每月第一次运行 MRP 系统时采用全排方式，然后每天运行 MRP 系统则采用净改变方式。

2）数据处理的效率相对来说比较低。由于在库存事务处理和进行分解运算时要多次访问库存记录，所以净改变方式的数据处理效率较低，成本较高。但是，净改变方式是着眼于库存管理和生产计划的效率而不是数据处理的效率。

3）系统对变化过于敏感。在净改变方式中，每次更新计划都会向管理人员提出建议信息，所以常表现得过于敏感。为此必须注意，系统给出建议信息和计划人员采纳系统给出的建议信息是两件不同的事情，因为有些建议是不必采纳的。在完全掌握最新信息的基础上有选择地忽略系统的某些建议总是比不了解情况而不采取措施要好。

4.5 能力需求计划

能力需求计划（Capacity Requirements Planning，CRP）的对象是生产能力。CRP 把物料需求转换为能力需求，把 MRP 的计划生产订单和已下达生产订单所需的能力，转换为每个工作中心在各个时区的负荷。

4.5.1 能力需求计划概述

CRP 是一种将 MRP 输出的对物料的分时段需求计划转变成对企业各个工作中心的分时段需求计划的管理工具，是一种协调能力需求与可用能力之间平衡管理的处理过程，是一种协调 MRP 的计划内容和确保 MRP 在现有生产环境中可行、有效的计划管理方法。

从工作内容上来看，MRP 的计划内容是物料，具体内容包括需要的物料编码、物料数量和需用时间等；而 CRP 的计划内容是能力，具体内容包括工作中心加工能力、员工工作时间、设备加工效率、员工出勤率和劳动生产率等。从工作内容角度来看，CRP 起到了计划转换器的作用，把 MRP 转换成 CRP，实际上，CRP 又起到了一个工作延伸扩散器的作用，把有关物料计划管理和控制工作向设备计划管理和控制工作、人力资源计划管理和控制工作方面延伸和扩散，使整个 ERP 系统有可能把物料管理、设备管理和人资管理等多种职能工作作为一个整体的系统对待。

从处理过程来看，CRP 不但把对物料的需求计划转变成对工作中心的能力需求计划，而且还要协调和处理有关这些能力的能力需求与可用能力之间的矛盾。能力需求来自于 MRP，可用能力来自于现有的生产作业环境。从宏观角度来看，如果能力需求小于可用能力，那么除了引起可用能力的闲置和浪费之外，一般不会对 MRP 的正常实施运行带来什么负面影响和障碍。但是，经常遇到的情况是，能力需求大于可用能力，该怎么办呢？有以下三种不同的且各有优劣势的解决方案：一是扩大企业现有的可用能力；二是通过减少 MRP 以降低能力需求；三是通过移峰填谷、加班加点和外部协作的临时性管理调度手段来解决能力需求和可用能力之间的矛盾。第一种方案是最彻底的解决方案，但这种方案是一种企业发展壮大的里程碑结果，这种方案很难适用于需要随时解决的临时性问题。有人把这种解决方案称为决策性解决方案。第二种方案比较保守。这种方案的目的是通过拒绝过多的、自身无法承担的订单来实现企业内部的生产平衡。这种方案的优点在于经营稳健，缺点在于可能错失发展壮大的良机。第三种方案体现了管理技术和管理艺术有效结合的效果。在这种方案中，需要采用最合适的管理手段、调度措施来尝试协调解决当前面临的问题。实际上，CRP 往往采用这种方案来协调生产管理中的计划和实际中的矛盾。

从管理手段来看，CRP 作为一种约束条件的测试工具，主要用于检验和确保 MRP 负荷生产环境现状。前面已经介绍过，计算 MRP 的最基础的三个数据是 MPS、BOM 和库存状况，但是，这种计算过程并没有完全回答诸如企业是否有能力完成这种计算结果之类的问题。虽说 MPS 已经得到了粗能计划（RCCP）的验证，在某种程度上可以确保 MRP 可行，但是，实际上，RCCP 并不能准确地回答 MRP 是否可行的问题。从管理的完整性角度来看，CRP 全面解决了 MRP 是否可行和有效的问题。即 MPS 没有经过 RCCP 的验证，CRP 也不会使不可行的 MRP 进入实施环节。当然，通过采用 RCCP 验证 MPS，其好处在于 MRP 的计算和 CRP 对 MRP 的验证都有了更高的工作效率。

CRP 的作用示意如图 4-13 所示。来自于 MRP 的生产作业表示计划负荷，工艺路线可以提供单位负荷耗用能力标准，这两个数据可以形成对工作中心的能力需求。工作中心提供了企业当前环境的可用能力。能力需求和可用能力经过 CRP 的处理变成了可行的生产作业计划和已平衡的能力需求计划报表。

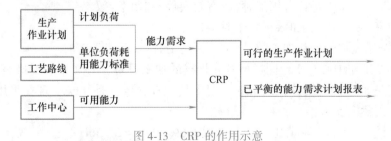

图 4-13　CRP 的作用示意

通过前面的分析可知，CRP 能够回答下面几个问题：

1）生产什么？生产多少？何时生产？（由生产作业计划回答，并且得到计划负荷。这些计划负荷也可以是分时段的）

2）使用什么工艺路线？工艺路线中包括哪些工作中心？（前面这两个问题可以得到单位负荷耗用能力标准，例如使用某个数控加工床的标准工时定额，再加上计划负荷，即可得到 MRP 对能力的需求量）

3）工作中心的可用能力是多少？（这是重要的基础数据）

4）分时段的能力需求状况如何？（分时段的计划负荷加上单位负荷耗用能力标准可以得到分时段的能力需求状况）

4.5.2　能力需求计划的计算

CRP 的计算过程主要包括计算工作中心可用能力、计算工作中心上的工序负荷以及计算工作中心的分时段能力需求等关键环节。

1. 能力需求计划计算的关键

（1）计算工作中心可用能力　在描述工作中心的可用能力时，需要确定工作中心能力单位、能力类型和额定能力。额定能力应该经常随着实际能力的变化进行调整。

不同类型的企业，采用不同的工作中心能力单位。在离散型企业中，例如机械、电子产品等企业，经常采用加工单件物料所需加工时间（h/件）或单位时间的产量（件/h）等单位描述工作中心的可用能力。在流程型企业中，例如化工、纺织和造纸等企业，经常采用单位时间产量（m/天、t/天、kg·h）等单位描述工作中心的可用能力。

经常用到两种类型的能力描述，一种是按照设备工时描述能力，另一种是按照人员工时描述能力。具体采用哪一种能力类型，往往需要考虑企业产品的特点、管理习惯和成本核算方式等多个因素。

额定能力是指在正常情况下工作中心的可用能力。工作中心的额定能力也被称为标准能力。额定能力往往小于工作中心的最大能力，因为它考虑了工作中心的利用率和效率等影响因素。工作中心利用率是从计划和实际投入相比较的角度来看工作中心的利用状况；效率是从实际投入和实际产出相比较来看工作中心的工作效果。某个工作中心额定能力（h/天）的计算公式如下：

额定能力＝单个设备每日每班可用工时数×可用设备数×每日班数×利用率×效率

＝单个设备每日可用工时数×可用设备数×利用率×效率

额定能力＝每人每日每班可用工时数×每班人数×每日班数×利用率×效率

＝每人每日可用工时数×有效人数×利用率×效率

利用率＝实际投入工时÷计划工时

效率＝已完成的物料加工数量×加工额定工时÷实际投入工时

例如，某个工作中心有 2 台同样型号和规格的加工设备，有 2 个加工班组，每班 2 人，每班工作时间是 8h。经过统计，设备的利用率是 95%，效率是 90%，现在采用设备工时描述该工作中心的额定能力：

$$额定能力＝8h×2×2×95\%×90\%＝27.36h$$

实际能力是指某个工作中心在生产加工过程中实际能力的记录。实际能力是额定能力的基础，并且通过额定能力反映出来。额定能力应该经常调整，以尽可能准确地反映实际能力，两者的误差应该尽可能小。例如，在上面的示例中，最后测得该工作中心的实际能力是28.12h，大于额定能力，即表示额定能力的利用率或效率估计偏低，应当按照实际能力的大小适当调整额定能力的利用率或效率。

（2）计算工作中心上的工序负荷　计算工作中心上的工序负荷是指逐个工序计算与某个工作中心相关联的生产负荷。生产负荷来自两个数据：加工的物料数量和加工单个物料需要的额定工时。在 CRP 的计算过程中，加工的物料数量来自于物料的计划投入量，加工单个物料需要的额定工时来自于工艺路线。工作中心上的工序负荷的计算公式为

$$工序负荷 = 准备时间 + 加工物料数量 \times 加工时间$$

其中，准备时间是每一个加工物料批次需要的开机、安装刀具、夹具和设备调试等准备性操作耗费的时间，加工时间是加工单个物料耗费的时间。

例如，工序 20 对应的工作中心是 WC15，将要加工一批物料，这批物料的数量是 120件，准备时间是 15min，加工一个物料耗费的时间（WC15 上的工序 20 的工序负荷）是3min，20 工序在 WC15 上的工序负荷计算公式为

$$工序负荷 = 0.25h + 120 \times 0.05h = 6.25h$$

需要注意的是，这里需要把准备时间和加工时间单位统一换算成小时。

（3）计算工作中心的分时段能力需求　就像分时段的物料需求计划一样，工作中心的能力需求也应该是分时段的。为了计算工作中心的分时段能力需求，需要计算两方面的数据：第一，计算每一个工序在每一个工作中心上的开始时间和结束时间；第二，以工作中心为基础，按照时段汇总所有工序的能力需求。

工序提前期又被称为工时，每一个作业的工时都由多种不同的时间组成。这些时间包括排队时间、准备时间、加工时间、等待时间和移动时间等。这些时间的单位通常为秒、分和小时等。排队时间是指在工作中心安排作业之前耗费的时间。准备时间是指在加工前需要做的准备工作所耗费的时间，例如，开机、检查和调整机器、安装车卸工装夹具以及加油等，这是每一批零部件的作业都需要的消耗。加工时间是指每一个零部件加工、装配的实际作业时间。等待时间是指物料在某个工作中心加工完成之后不能立即转移到下一个工序或工作中心，需要等待一段时间才能转移到下一道工序的时间消耗。移动时间又称搬运时间或运输时间，即从当前工序转移到下一道工序花费的时间。这些时间之间的关系如图 4-14 所示。

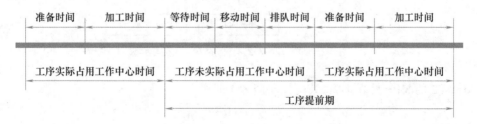

图 4-14　工序提前期各种时间之间的关系

从图 4-14 中可以看出，可以把工序提前期分为两大部分，工序未实际占用工作中心时间和工序实际占用工作中心时间。工序未实际占用工作中心时间包括等待时间、移动时间和排队时间，工序实际占用工作中心时间包括准备时间和加工时间。

图 4-14 只是工序提前期的概念示意，在实际生产加工作业中，为了提高作业效率，缩短工序提前期，经常采用交叉作业的方式。某个工序中的物料并不是全部加工完了才移动到下一道工序，而是完成一部分之后，就将完成的部分物料移动到下一道工序。交叉程度可以根据物料特点、工作中心位置和距离、管理手段以及员工素质等确定。现在许多 ERP 系统产品已经具备了处理交叉作业的能力。

2. 能力需求计划的编制过程流程图

CRP 的编制过程流程图如图 4-15 所示。首先读入基础数据，这些基础数据包括加工订单数据、工艺路线数据、工作中心数据和工作中心日历数据等。接下来计算工作中心可用能力，并且根据历史实际能力数据对计算的结果进行调整。然后计算工作中心上的工序负荷或能力需求，之后逐个工序计算其开工时间和结束时间。按照工序的开工时间和完工时间确定其加工的作业时段，并按照时段逐个工作中心汇总各个工序的能力需求。最后按照指定的输出有关 CRP 报表和报告等。

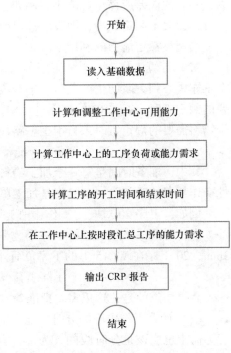

图 4-15 CRP 的编制过程流程图

3. 能力需求计划的计算实例

假设自行车 ZXCA-F2 的 BOM 结构示意如图 4-16 所示。每个 ZXCA-F2 由 2 个物料 A 和 1 个物料 B 组成，每个物料 B 由 1 个物料 C 和 2 个物料 D 组成。

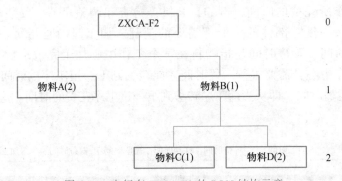

图 4-16 自行车 ZXCA-F2 的 BOM 结构示意

ZXCA-F2 的 MPS 见表 4-9，装配提前期为 1 时段。

表 4-9 ZXCA-F2 的 MPS

物料名称：自行车				物料编码：ZXCA-F2				提前期：1			
时段	当期	1	2	3	4	5	6	7	8	9	10
计划产出量			90	90	90	120	120	120	120	150	150
计划投入量		90	90	90	120	120	120	120	150	150	

根据表 4-9 中的 MPS 对 ZXCA-F2 进行分解，计算其他物料的 MRP。计算过程和计算结果见表 4-10。需要考虑的前提参数如下：

物料 A 的有关属性是：计划接收量为 150，PAB 初值为 60，订货批量为 150，安全库存量为 30，提前期为 1 时段。物料 A 的毛需求量等于 ZXCA-F2 计划投入量的 2 倍，物料 B 的毛需求量等于 ZXCA-F2 的计划投入量。物料 B 的有关属性是：计划接收量为 100，PAB 初值为 50，安全库存量为 25，订货批量为 100，提前期为 1 时段。物料 C 的毛需求量等于物料 B 的计划投入量。物料 C 的有关属性是：计划接收量为 120，PAB 初值为 80，安全库存量为 80，订货批量为 200，提前期为 1 时段。物料 D 的毛需求量等于物料 B 的计划投入量的 2 倍，计划接收量为 300，PAB 的初值为 150，订货批量为 300，安全库存量为 120，提前期为 1 时段。

假设 ZXCA-F2 的加工、装配共涉及 5 个工作中心，每个工作中心每天工作 8h，每个工作中心都有一位操作人员。每个工作中心的利用率、效率都不完全一样，具体参数见表 4-11。WC02 每天可用能力为：$8 \times 1 \times 98\% \times 99\% = 7.76$ 额定小时/天。其他工作中心可用能力的计算过程与此类似。

表 4-10　ZXCA-F2 的 MRP　(单位：件)

物料编码	时　段	当期	1	2	3	4	5	6	7	8	9	10
ZXCA-F2	计划产出量			90	90	90	120	120	120	120	150	150
	计划投入量		90	90	90	120	120	120	120	150	150	
A	毛需求量		180	180	180	240	240	240	240	300	300	
	计划接收量		150									
	PAB	60	30	150	120	30	90	150	60	60	60	60
	净需求量			180	60	150	240	180	120	270	270	
	计划产出量			300	150	150	300	300	150	300	300	
	计划投入量		300	150	150	300	300	150	300	300		
B	毛需求量		90	90	90	120	120	120	120	150	150	
	计划接收量		100									
	PAB	50	60	70	80	60	40	120	100	50	100	100
	净需求量			55	45	65	85	105	25	75	125	
	计划产出量			100	100	100	100	200	100	100	200	
	计划投入量		100	100	100	100	200	100	100	200		
C	毛需求量		100	100	100	100	200	100	100	200		
	计划接收量		120									
	PAB	80	100	200	100	200	200	100	200	200	200	200
	净需求量			80		80	80		80	80		
	计划产出量			200		200	200		200	200		
	计划投入量		200		200	200		200	200			
D	毛需求量		200	200	200	200	400	200	200	400		
	计划接收量		300									
	PAB	150	250	350	150	250	150	250	350	250	250	250

（续）

物料编码	时　段	当期	1	2	3	4	5	6	7	8	9	10
D	净需求量			70		170	270	170	70	170		
	计划产出量			300		300	300	300	300	300		
	计划投入量		300		300	300	300	300	300			

表 4-11　工作中心编码和工作中心的可用能力参数

工作中心编码	每天工作小时数/h	利　用　率	效　率	可用能力/（额定小时/天）
WC02	8	98%	99%	7.76
WC07	8	98%	99%	7.76
WC15	8	95%	98%	7.45
WC23	8	95%	95%	7.22
WC39	8	95%	90%	6.84

ZXCA-F2 各物料的工艺路线和额定工时见表 4-12。工序编码一般采用 5、10、15 的样式。从表中可以看出，不同物料的不同工序有可能采用相同的工作中心，例如，物料 A 的 5 工序与物料 C 的 5 工序均采用了工作中心 WC07，这是符合实际情况的。

表 4-12　各物料的工艺路线和额定工时

物料编码	工序编码	工作中心编码	单件加工时间/h	准备时间/h
ZXCA-F2	5	WC02	0.03	0.52
A	5	WC07	0.01	0.35
	10	WC15	0.04	0.35
B	5	WC02	0.02	0.65
C	5	WC07	0.03	0.65
	10	WC23	0.03	0.65
D	5	WC39	0.05	0.55

根据表 4-12 中的额定工时数据可以计算出每一个工作中心上的工序负荷，计算公式为

工作中心上的工序负荷＝加工件数×单件加工时间＋准备时间

有关工作中心的工序负荷的计算过程及其结果见表 4-13。例如，在 WC07 工作中心上，物料 A 的工序 5 和物料 C 的工序 5 都在上面加工。物料 A 的计划投入量的订单数量分别为 150 和 300，物料 C 的计划投入量的订单数量均为 200。物料 A 的工序 5 的订单为 150 的工序负荷为：（150×0.01+0.35）h＝1.85h。工序负荷也称为能力负荷。

表 4-13　工作中心的工序负荷计算结果

物料编码	工序编码	工作中心编码	订单数量（件）	工序负荷计算/h
ZXCA-F2	5	WC02	90	90×0.03+0.52=3.22
			120	120×0.03+0.52=4.12
			150	150×0.03+0.52=5.02

（续）

物料编码	工序编码	工作中心编码	订单数量（件）	工序负荷计算/h
A	5	WC07	150	150×0.01+0.35=1.85
			300	300×0.01+0.35=3.35
	10	WC15	150	150×0.04+0.35=6.35
			300	300×0.04+0.35=12.35
B	5	WC02	100	100×0.02+0.65=2.65
			200	200×0.02+0.65=4.65
C	5	WC07	200	200×0.03+0.65=6.65
	10	WC23	200	200×0.03+0.65=6.65
D	5	WC39	300	300×0.05+0.55=15.55

下面计算各个工序占用工作中心的时间，即生产作业时间。一般情况下，生产作业时间的单位采用 h（小时）。工序负荷除以可用能力即可得到作业天数，然后转换为作业小时（小数取整），计算结果见表 4-14。

表 4-14　ZXCA-F2 的生产作业时间

物料编码	工序编码	工作中心编码	可用能力（h/天）	订单数量（件）	工序负荷/h	生产作业时间/天	生产作业时间/h
ZXCA-F2	5	WC02	7.76	90	3.22	3.22/7.76=0.41	4
				120	4.12	4.12/7.76=0.53	5
				150	5.02	5.02/7.76=0.65	6
A	5	WC07	7.76	150	1.85	185/7.76=0.24	2
				300	3.35	3.35/7.76=0.43	4
	10	WC15	7.45	150	6.35	6.35/7.45=0.85	7
				300	12.35	12.35/7.45=1.66	14
B	5	WC02	7.76	100	2.65	2.65/7.76=0.34	3
				200	4.65	4.65/7.76=0.60	5
C	5	WC07	7.76	200	6.65	6.65/7.76=0.86	7
	10	WC23	7.22	200	6.65	6.65/7.22=0.92	8
D	5	WC39	6.84	300	15.55	15.55/6.84=2.27	19

为了计算各个工序在工作中心的开工日期和完工日期，还需要得到物料在各个工作中心的等待时间、移动时间和排队时间。这些基础数据见表 4-15，时间的单位为小时。需要注意的是，表 4-15 列出了从库房到生产加工地点的移动时间，不考虑其等待时间，是因为物料只在需要时才出库。

表 4-15　工作中心的等待时间、移动时间和排队时间　　　　（单位：h）

工作中心编码	等待时间	移动时间	排队时间
WC02	0	1	2
WC07	1	1	2

（续）

工作中心编码	等待时间	移动时间	排队时间
WC15	1	1	1
WC23	1	1	1
WC39	1	1	1
库房	0	1	0

下面采用倒序排产法计算物料的能力需求编制过程。倒序排产法是用工序的完工时间减去等待时间、移动时间、排队时间和生产作业时间（准备时间和加工时间）得到工序开工时间的方法。

首先研究物料 C 的工艺路线和制造时间。根据表 4-12 可知，物料 C 的加工工艺路线依次是工序 5（WC07）、工序 10（WC23）。物料 C 的加工经过了三个不同的位置，即库房、工序 5 和工序 10，这些位置之间的顺序图（工艺路线）和相应的时间如图 4-17 所示。

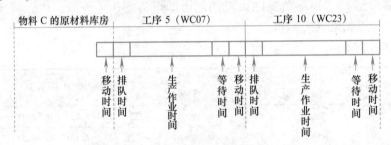

图 4-17　物料 C 的工艺路线和时间之间的关系

根据物料 C 的各种制造时间数据，将这些制造时间数据进行汇总，结果见表 4-16。

表 4-16　物料 C 的制造时间　（单位：h）

工 序	工作中心编码	排队时间	生产作业时间	等待时间	移动时间
库房		0	0	0	1
5	WC07	2	7	1	1
10	WC23	1	8	1	1

下面分析物料 C 的开工时间和完工时间。首先假设每周工作 5 天，每天工作 8h，每天开始上班时间是 8 点，下班时间是 16 点。

由于物料 C 的提前期是 1 周，其在第 1 周的计划产出量为 200 单位，是用于第 2 周物料 B 的装配作业的。这 200 单位的最晚完工时间是第 1 周的最后一个工作日的结束。也就是说，工序 10 必须在第 1 周的周五 16 点之前完成。由于从工序 10 的工作中心 WC23 转移到其他工作中心的等待时间和移动时间都是 1h，因此，工序 10 在工作中心 WC23 的加工操作最晚必须在周五 14 点完成。因为在工作中心 WC23 的生产作业时间是 8h，因此物料 C 最晚必须在周四 14 点完成。又因为物料在到达工作中心 WC23 能够加工之前，需要排队 1h，因此，该物料必须在周四 13 点之前到达工作中心 WC23。按照上述过程，物料 C 最晚必须在周四 11 点完成工作中心 WC07 的加工，最晚必须在周三 12 点开始在工作中心 WC07 的加工，最晚必须在周三 10 点到达工作中心 WC07，最晚必须在周三 9 点离开库房。由于采用了倒序排产法，所以得到的时间需求都是最晚时间，即最晚开工时间和最晚完工时间。至此得到了物料 C 的工序 5 和工序 10 的最晚开工时间和最晚完工时间，见表 4-17。需要注意的是，这里把最晚开工时间和最晚完工时间简称为开工时间和完工时间。

表 4-17　物料 C 的开工时间和完工时间

工　序	工作中心编码	工序负荷/h	开 工 时 间	完 工 时 间
5	WC07	6.65	第 1 周周三 12 点	第 1 周周四 11 点
10	WC23	6.65	第 1 周周四 14 点	第 1 周周五 14 点

按照上述步骤可以求出物料 C 的分时段能力需求计划，见表 4-18。注意将同一时段（周）的工序负荷汇总在一起。

表 4-18　物料 C 的分时段能力需求计划　　　　　　　（单位：h）

物料编码	工作中心编码	当期	1	2	3	4	5	6	7	8	9	10
C	WC07		6.65		6.65	6.65		6.65	6.65			
	WC23		6.65		6.65	6.65		6.65	6.65			

基于上述计算过程，针对物料 D、B、A 和 ZXCA-F2 重复上述过程，得到自行车 ZXCA-F2 的能力需求计划，见表 4-19。

表 4-19　分时段能力需求计划　　　　　　　（单位：h）

物料编码	工作中心编码	当期	1	2	3	4	5	6	7	8	9	10
ZXCA-F2	WC02		3.22	3.22	3.22	4.12	4.12	4.12	4.12	5.02	5.02	
A	WC07		3.35	1.85	1.85	3.35	3.35	1.85	3.35	3.35		
	WC15		12.35	6.35	6.35	12.35	12.35	6.35	12.35	12.35		
B	WC02		2.65	2.65	2.65	2.65	4.65	2.65	2.65	4.65		
C	WC07		6.65		6.65	6.65		6.65	6.65			
	WC23		6.65		6.65	6.65		6.65	6.65			
D	WC39		6.84		6.84	6.84	6.84	6.84	6.84			

根据表 4-18 中的能力需求数据，按照工作中心汇总在一起，即可得到 CRP 数据，即工作中心能力需求计划，见表 4-20。

表 4-20　工作中心能力需求计划　　　　　　　（单位：h）

工作中心编码	当期	1	2	3	4	5	6	7	8	9	10
WC02		5.87	5.87	5.87	6.77	8.77	6.77	6.77	9.67	5.02	
WC07		10.00	1.85	8.50	10.00	3.35	8.50	10.00	3.35		
WC15		12.35	6.35	6.35	12.35	12.35	6.35	12.35	12.35		
WC23		6.65		6.65	6.65		6.65	6.65			
WC39		6.84		6.84	6.84	6.84	6.84	6.84			

得到工作中心的能力需求计划之后，即可绘制能力负荷直方图。如果可用能力大于负荷，则表示能力多余、闲置。如果可用能力等于负荷，即表示能力和负荷一致，这是最理想的状态。但是，如果可用能力小于负荷，则表示能力不足，当能力不足时，需要采取合理有效的措施来补充。

4.5.3 计算结果分析与调整

超负荷和负荷不足都是应解决的问题。如果超负荷，则必须采取措施解决能力问题。否则不能实现能力计划；如果负荷不足，则作业费用增大。对于流程工业来说，设备不易关闭，负荷不足则问题更显得严重。因此，必须对负荷报告进行分析，并反馈信息，调整计划。

根据工作中心负荷报告或负荷图，可以对工作中心的负荷和能力进行对比分析。如果有工作中心表现为超负荷或负荷不足，那么能力就不平衡了。必须分析原因，并进行校正。

引起能力不平衡的原因可能是主生产计划有问题，也可能是其他问题。

在制订主生产计划的过程中，已通过粗能力计划从整体上进行了能力分析和平衡。因此在制订能力需求计划之前就会发现主要问题。但在对计划进行详细的能力检查时，还会发现有些粗能力计划中不曾考虑的因素在起作用。例如，主要的维修件订单未反映在主生产计划中；忽略了拖期订单；粗能力计划没有包括所有的关键工作中心等。

如果在主生产计划中忽略了一项影响能力的因素而造成能力不平衡，首先应做的事情是调整能力或负荷以满足主生产计划对能力的需求，而不是修改它。只在确实没有办法满足能力需求时，才修改主生产计划。

1. 调整能力的措施

调整能力的措施有以下几种：

(1) 调整劳力　如果缺少劳动力，则根据需要增加工人。如果劳动力数量超出当前需要，则可安排培训，提高工人技术水平。或重新分配劳动力，把负荷不足的工作中心的劳动力分配到超负荷的工作中心。

(2) 安排加班　加班只能是一种应急措施，经常加班不是好方法。

(3) 重新安排工艺路线　一旦某个工作中心承担的任务超负荷，则可把一部分订单安排到负荷不足的替代工作中心上去。这样可以使两个工作中心的负荷水平都得到改善。

(4) 转包　如果在相当长的时间超负荷，可以考虑把某些瓶颈作业转包给供应商。

2. 调整负荷的措施

调整负荷的措施有以下几种：

(1) 重叠作业　为了减少在工艺路线中两个相连的工作中心的总的加工时间，可以在第一个工作中心完成整个批量的加工任务之前，把部分已完成的零件传给第二个工作中心。

(2) 分批生产　将一份订单的批量细分成几个小批量，在同样的机器上同时安排生产。这种方法不能降低负荷，只是将负荷集中在更短的时间内。

(3) 减少准备提前期　将准备过程规范化，可以减少准备时间，从而降低负荷，这样可以把节省下来的能力用于加工过程。

(4) 调整订单　考虑可否把一份订单提前或推迟安排，或者可否先完成一份订单的一部分，其余部分推迟安排，考虑有些订单是否可以取消等。

4.5.4 能力需求计划的评价

通过前面的分析可以看出，CRP 实现了把 MRP 转变为分时段的能力需求计划，根据能力需求和可用能力之间的平衡关系可以判断 MRP 是否可行的功能。下面重点介绍有关 CRP 的前提条件、作业交叉和时段颗粒度等管理问题。

通常情况下，CRP 的前提条件是无限能力。也就是说，在能力需求计算过程中，不考虑工作中心可用能力的限制。当能力需求计划计算出来之后，再处理有关可用能力和能力需求之间产生冲突的情况。这些问题暴露出来之后，管理人员可以尽早地采取相关措施，在计划阶段解决可用能力不足的问题，从而提高管理效率和质量。

在计算工序开工时间和完工时间时，需要考虑等待时间、移动时间、排队时间、加工时间和准备时间等工艺时间。如果这些工艺时间之间是串行的，那么计算过程就会比较简单。如果这些工艺时间之间可以是并行、交叉的，那么不同的物料之间、不同的工序之间的交叉程度都可能是不同的。即使是同一种物料、相同的工序之间，但是由于批量的不同，他们工艺时间的交叉程度也可能是不同的。在实际生产中，这种交叉程度既可能是线性的，也可能是阶梯形的，从而使得用计算机处理这种交叉情况的难度大大增加。在 ERP 系统中，是否考虑这种工艺时间的交叉现象、如何考虑这种现象的交叉程度等，是衡量 ERP 系统是否有效的一个重要因素。从这种现象可以看出，开发出一个符合生产管理实际的、灵活有效的 ERP 系统非常不容易。

时段颗粒度非常关键。时段颗粒度越细，则各种数据的管理越精细，各种细节问题也容易暴露出来，更容易采取合理有效的管理措施。但是，随着时段颗粒度的细化，数据量也越来越大，管理的复杂性也越来越高，管理的难度也越来越大。例如，时段是周，那么无论是周三的能力需求，还是周四的能力需求，都汇总到一个周次的能力需求中，从而掩盖了周三和周四的能力需求差别。如果时段是天，则周三、周四的差别即可显示出来。这种差别能否显示出来是非常重要的。假设每天的可用能力是 10h，每周的可用能力是 50h。如果周一、周二和周三的能力需求都是 3h，周四的能力需求是 12h，周五的能力需求是 20h。汇总后得到本周的能力需求是 41h，小于每周的可用能力 50h。看似每周的可用能力足够承担负荷了，但是实际上周四、周五的能力需求都超过了可用能力。由于时段的粒度为周，每天存在的问题就被掩盖了。同样，如果选择时段为日，则每天存在的问题就完全暴露了，但是小时中存在的问题就被掩盖了。因此，如何选择合适的时段颗粒度是一个不容忽视的问题。

思 考 题

1. ERP 系统有哪些计划层次？
2. 什么是销售与运作规划？销售与运作规划在企业管理中的重要作用是什么？
3. 什么是主生产计划？为什么要制订主生产计划？
4. 制定主生产计划的一般过程包括哪些？
5. 如何实现主生产计划的维护？
6. 什么是粗能力计划？它的作用是什么？
7. 什么是 MRP？
8. 简述 MRP 的功能，并陈述数据处理逻辑。

9. MRP 的主要运行方式有几种？各有什么特点？

10. 一辆自行车有两个轮子，一个轮子有一个钢圈，一个钢圈有 16 副钢丝。MRP 计算基本参数见表 4-21。运用 MRP 原理和提供的基础数据，求出各物料在各时区的毛需求、库存量和计划下单量。（自行车第 1，第 2 时区的预计入库量分别为 92 辆和 67 辆）。过去 10 个时区的销售情况见表 4-22。

表 4-21　MRP 计算基本参数

序　号	物 料 名 称	物 料 类 型	原库存量（件）	安全库存量（件）	订货倍数	提　前　期
1	自行车	自制	405	0	1	1
2	轮子	自制	100	10	10	2
3	钢圈	自制	560	50	50	2
4	钢丝	外购	390	100	100	1

表 4-22　自行车在过去 10 个时区的销售情况

时区（周）	1	2	3	4	5	6	7	8	9	10
销售（辆）	120	100	130	140	150	120	100	120	300	200

11. 解释 CRP 的概念及其数据处理逻辑。

12. 第 561 号生产订单的工艺路线见表 4-23，根据已知条件计算第 561 号生产订单的完成日期，不足一天的按一天算。假定每周工作 7 天，每天工作 8h，那么订单的完成日期是多少？

表 4-23　第 561 号生产订单工艺路线

生产订单号：561　生产数量：100　物料代码：375　开始日期：4. 15

序号	工序编码	工作中心编码	单件加工工时/h	加工总工时/h	开始日期	完成日期
1	10	250	0.24	24		
2	20	329	0.10			
3	30	505	0.36			

13. 如何进行生产能力和工序负荷的调整？

第5章 采 购 管 理

在采购体系改革方面,许多国有企业和胜利油田的境遇相似,虽然集团购买、市场招标的意识慢慢培养起来,但企业内部组织结构却给革新的实施带来了极大的阻碍。

胜利油田每年的物资采购总量约85亿元人民币,涉及钢材、木材、水泥、机电设备、仪器仪表等56个大类,12万项物资。行业特性的客观条件给企业采购的管理造成了一定的难度。胜利油田每年采购资金的85亿元中,有45亿元的产品由与胜利油田有利益关系的工厂生产,很难将其产品的质量和市场同类产品比较,而且价格一般要比市场价高。在进行ERP系统建设前,胜利油田有9 000多人在做物资供应管理,庞大的体系给采购管理造成了许多困难。

因此,胜利石油工程公司ERP项目于2017年11月8日正式启动,在ERP系统建设和运行过程中,公司党政领导高度重视,认为ERP项目不仅是总部的重大战略部署,是中国石化与国际先进企业"论伯仲、比高低、共经纬"的技术支撑,还是胜利石油工程公司数字企业建设的重要内容,是提升胜利石油工程公司管理水平的重要契机。

在ERP系统未上线前,针对物资采购业务管理方面提出了很多控制管理方法及业务流程,但由于控制制度由业务部门来分管运行,容易出现实施上的错误及误区。自ERP系统上线后,在一个统一的管理平台上进行操作、运作和协调,在软件系统上设置了内部控制点,各项控制实现了统一化、规范化、关联化,使信息流在企业内部与外界进行横向有效的控制和传递,使各业务主管领导可以及时得到企业全面、准确的动态经营数据。

ERP中的采购管理系统通过建立采购订单的方式,采用集中、统一、系统的采购办法来实现采购合同的安排及跟踪供应商交货进度等需求目标,从而提高物资采购的效率性及完整性,降低采购成本和节约支出;通过对库存物资的货位管理,达到了控制超储物资、积压物资等目的,节省了大量库存资金,提高了采购物料的质量;通过对客户信息和价格信息的管理物价水平的及时汇总,客户信息得以及时反馈,为调整销售策略提供了第一手资料,企业得以及时调整战略,这期间,及时调整价格,为企业增加了利润。

ERP上线运行是胜利石油工程公司经营管理信息化建设的新起点,下一步需按照中石化统一规划,统一规定及要求,进一步完善ERP系统功能模块的开发工作,在胜利石油工程公司运行管理方面形成以ERP为核心的应用模式。

案例思考

通过阅读胜利石油工程公司的案例，陈述采购管理在企业实施中要注意的问题。考虑采购流程的优化，提出胜利石油工程公司的采购管理改进的方案和建议。根据上述案例，简要分析 ERP 系统在企业采购管理中发挥的作用，以及企业采购管理对 ERP 系统其他功能模块的影响。

本章概要

在企业管理中，通过采购管理与供应商建立联系与沟通。随着信息技术的发展，使企业购存管理的范围又进一步拓宽，同时还对信息流和资金流进行管理和控制。通过本章的学习，在了解和认识采购管理重要性的基础上，理解采购管理的业务流程和采购管理信息系统的实现，理解供应商管理与供应商计划的基本内容，会根据企业的实际情况进行采购调度。

5.1　采购管理概述

制造业的一个共同特点就是必须购进原材料才能进行生产加工，必须购进配套件、标准件才能进行装配。为了按期交货，满足客户需求，第一个保证环节就是采购业务。因此采购管理也是企业生产经营管理的重要组成内容。

采购管理属于 ERP 的执行层。主生产计划给出了最终产品或最终项目的生产计划，经过按物料清单展开物料需求计划，得到对外购件的采购计划订单和自制件的生产计划订单。采购管理就是对从采购订单产生到货物收到的采购工作的全过程进行组织、实施与控制。

5.1.1　采购的概念

采购简单来说就是购买，但它是比购买更广泛、更复杂、更科学的概念。采购的概念有广义和狭义之分：广义的采购是指从环境获取有形或者无形物质；狭义的采购是商品采购，是指在市场经济条件下，在商品流通过程中，各企事业单位及个人为获取商品，对获取商品的渠道、方式、质量、价格、时间等进行的预测、抉择，把货币资金转化为商品的交易过程。无论是狭义的采购还是广义的采购，其本质属性就是选择。采购一般包括以下一些基本含义：所有采购都是从资源市场获取资源的过程；采购既是一个商流过程，也是一个物流过程；采购是一种经济活动。

5.1.2　采购管理的工作内容

通常采购管理的工作内容包括以下几个方面：

（1）采购寻源与供应商管理　现代企业要求企业对供应商建立规范的入围和评审机制，对于入围的供应商，企业首先要建立企业的供应商档案，对供应商的有关信息进行记录和管理。

（2）选择供应商和询价，接收供应商报价以及比价　采购作业人员通过查询档案记录，选择适当的供应商,并就商品价格、技术和质量条件与供应商进行洽谈,要求供应商报价以及接收供应商报价,并对不同供应商的报价进行比较和对比,选择性价比高的货物及供应商。

(3) 核准并下达采购订单 按照企业的规定,完成采购订单的审批和核准工作,并与供应商签订供货协议、确定交货批量和交货日期、收货地点、运输和装卸方式、价格、付款方式、账户信息、违约责任等必要的交易条款。

(4) 采购订单跟踪 采购人员的一项重要职责就是订单跟踪,以确保供应商能够按时发货。根据与供应商以往的供货执行情况以及物料需求的紧急程度确定对订单跟踪的频度。对某些采购而言,有时还需要在发货前检验货品质量,并跟踪发货和运输的进度。对于未能按时发货的订单,负责书面或其他方式进行催货。

(5) 到货验收入库 根据供应商的发货信息,负责协调货物接收,进行到货验收,以及入库的业务。对于质量不合格的物料,还应处理退货和退款或补充货品、返工的业务处理。

(6) 发票与采购结算 发票与采购结算包括:采购发票的接收,采购货款结算,其他费用结算、应付账款的处理、费用差异分析等处理。

5.1.3 采购管理作业流程

采购作业流程是指完成采购任务需要通过的一系列作业的序列。典型的采购管理作业流程如图 5-1 所示。

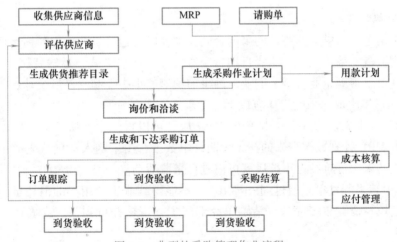

图 5-1 典型的采购管理作业流程

采购的需求一般来自三个方面:经审批通过的请购单、MPS 及 MRP 计算生成的采购计划以及库存补充计划等其他采购需求。所有经审批确认的采购需求列入采购计划下达给采购作业的执行人员。

确定的采购需求往往需要通过询价和洽谈来确定供应商。在这一环节,采购业务人员需要建立和查询企业的供应商供货名录,通过询价和比价,以及必要的商务谈判最终确定供应商,并根据其报价生成和下达采购订单。

采购订单是采购后续作业的最核心的文件,是发出催货函、接收货物、检验、入库发票以及采购结算的依据。

采购订单签订后，买方可以根据设定的条件向供应商发出催货函催缴货物。供应商依据采购订单约定的交货时间发运货物，并通知买方。买方则依据采购订单安排货物接收，接收货物后，应清点数量并在系统中维护到货数量。

根据物料档案和采购订单的设置，确定是否需要对货物进行质量检验。需要检验货物，按照预先定义的质检方法和检验项目由系统生成相应的检验单，经过相应质量检验后，合格的货物自动生成入库单，经确认后验收入库，不合格的货物按照不良品进行处理，甚至退货；不需要检验的货物则可以直接验收入库。

5.1.4　采购管理的目标

采购管理的目标如下：

1）在需要的时间和地点向需要的部门提供符合规格、质量和数量要求的物料。

2）以最经济合理的价格获得所需物料及服务。

3）保证物料供应的稳定性和可靠性。

4）尽量缩短采购周期和降低库存量。

5）开发和维护与供应商的良好关系。

5.2　采购管理系统

1. 采购订单管理

采购订单是企业与供应商签订的采购合同，主要内容包括采购货物名称、货物规格、质量标准、采购数量、采购价格、交货日期、交货地点、运输方式、运输费用、付款方式等。采购订单管理可以帮助企业实现采购业务的事前预测、事中控制、事后统计。

（1）采购订单生成　采购订单有以下三个生成方式：

1）采购计划生成采购订单。由 MPS/MRP 展开可以得到生产所需的主要原材料的采购计划，由拷贝 MRP 计划数据得来的初始采购订单数据，由采购人员确认生成正式的采购订单。自动生成的采购订单经过审核后就可以进行采购活动。

2）请购单转采购订单。通过 MPS/MRP 并不能得到非生产用料的消耗量，这些物料的采购需要通过填写请购单来完成。请购单经部门主管审核并得到供应商确认后，形成采购订单。

3）手工录入采购订单。ERP 系统提供手工录入采购订单的方式，以防某些需采购的物料被遗漏。手工录入的采购订单仍然需要经过审核。

采购订单生成后，可以根据需要进行修改或删除；审核后的采购订单为有效单据，不能修改和删除，可被其他单据、其他系统参照使用。

已审核的采购订单可以弃审。但是如果已审核的采购订单有下游单据生成的，系统视该单据已执行，不能弃审（删除下游单据后可弃审）。

已审核或已执行的单据可以关闭。已关闭的单据不能执行或弃审，但不影响根据该单据生成的下游单据的正常操作。已关闭的单据可以再次打开，打开后的单据状态为关闭前的状态，即已审核或已执行。

（2）采购订单跟踪　采购订单经审核后会转给供应商，要求供应商按采购订单供货。采购业务人员对下达的采购订单按计划进行跟踪，了解供应商的生产进度及产品质量情况，并及时对供应商给予支持。在 ERP 系统中可以设置订单跟踪的时间周期，形成订单跟踪计划。

订单跟踪是采购人员的重要职责，其目的是促进合同正常执行、满足企业的物料需求、保持合理的库存水平。订单跟踪应把握以下事项：

1）跟踪供应商准备物料的详细过程，跟踪其生产工艺文件。发现问题要及时反馈，需要中途变更的应立即与供应商协商解决，必要时可帮助供应商解决疑难问题，保证订单正常执行。

2）及时响应生产需求变化。市场瞬息万变，生产也在随机应变。因市场变化而产生紧急生产需求时，可能要求供应商提前发货，保证物料的准时供应。当市场出现产品滞销时，可能延缓或取消本次订单物料采购，应尽快与供应商进行沟通，确认可承受的延缓时间，或终止本次订单操作，给供应商相应的赔偿。

3）控制物料验收环节。物料到达订单规定的交货地点，按照订单对到货的物品、批量、规格、单价及总金额等进行确认，并录入 ERP 系统归档。

4）及时查询与采购订单相关联的入库单、质检单、收货单、结账单情况，快速掌握采购订单的执行情况。

2. 采购入库管理

采购入库管理一般有以下两种：

（1）到货接收　采购到货是采购订货和采购入库的中间环节。对于需要检验的货物，首先参照提货单或送货单生成（或填写）到货单，确认对方所送货物的名称、数量、价格等信息，然后进行质量检验，检验合格后才能入库转为正式库存。对于不需要进行检验的采购件，可以直接入库。

采购到货单也可以参照采购订单生成。当采购到货后，系统冲减采购订单中未到数量。

（2）检验入库　到货检验主要是对货物的数量和质量进行检验。质量不合格的货物进入退货流程。如果货物数量不正确，则进入补货流程。

系统参照到货单生成采购入库单，传递到仓库作为保管员收货的依据。采购入库单是根据采购到货的实收数量填制的单据。

到货单和入库单是多对多的关系，一张到货单可以多次入库，一个供应商的多张到货单也可以一次入库。如果采购订单的货物全部到达并检验通过后，应进行库存更新，库存更新后应关闭该采购订单。

3. 采购账务管理

采购入库单审核后，财务处的应付账款部门应做相应的制单、记账工作。在制单、记账过程中，应参照相应的采购发票。

（1）采购发票　采购发票是供应商开出的销售货物的凭证。系统将根据采购发票确认采购成本，并据以登记应付账款。采购发票既可以直接填制，也可以从采购订单、采购入库单拷贝生成。

采购订单发出后，采购货物与采购发票可能同时到达，也可能先后到达。如果双方都使用了 ERP 系统，那么可以通过电子数据交换（EDI）系统传入采购发票或者到货单。如果企业只收到供应商的发票而没有收到货物，可以对发票进行压单处理，待货物到达后，再输入系统做报账结算处理；也可以先将发票输入系统，以便实时统计在途货物。

采购发票按发票类型分为增值税专用发票和普通发票两种。其中增值税专用发票的单价为无税单价；普通发票的单价、金额都是含税的。

（2）采购结算 采购结算也称采购报账，是将采购发票与采购入库进行匹配，确认采购成本的过程。采购结算的结果是采购结算单，记载采购入库单与采购发票对应的记录关系的结算对照表。

系统提供自动结算、手工结算两种方式。自动结算是由系统自动将符合结算条件的供应商、存货、数量完全相同的采购入库单记录和采购发票记录进行结算，生成结算单。

采购结算时，一张采购发票可以对应多张采购入库单，一张采购入库单也可以对应多张发票。但对于发票的明细记录，只能一次结算，不能分次结算。采购发票的记录金额作为入库单记录的实际成本。

采购结算时，如果采购发票的数量大于采购入库单的数量，则可以将数量差值录入为合理损耗数量（或非合理损耗数量），并将发票的金额分摊到采购入库单中。

对于采购过程中发生的运输费用，如果要摊到存货成本中，可以在结算时选择运费发票按数量和金额分别进行分摊。运费发票是记录采购过程中发生的运输、装卸、入库整理等费用的单据。运费发票记录可以在手工结算时进行费用分摊，也可以单独进行费用折扣结算。

在结算时，如果运费发票和采购发票一起与入库单进行结算，则运费分摊的金额直接记入采购成本；如果采购发票与采购入库单结算后再进行运费的分摊，则分摊后的成本不能直接记入采购成本，要在存货核算中进行分摊。

（3）采购付款 除采购部门外，采购过程还涉及计划、库存、应付款、存货核算等部门。

采购发票传递给财务付款人员，财务人员按发票金额制定应付单，由财务付款主管审核，生成相应的应付款转账凭证。支付款项转给供应商时，财务付款人员制定付款单，由主管审核后，生成相应的付款凭证。

在 ERP 系统中，应付款管理主要完成对采购业务转入的应付款项的处理，提供各项应付款项的相关信息，以明确应付款的发生缘由，有效掌握付款核销情况，提供适时的查询依据。应付单是记录采购业务发生的各种应付业务的凭证，应付单表头中的信息相当于一条会计分录的贷方信息，其科目必须是应付系统的受控科目，即应付账款。应付单进行审核后将自动生成转账凭证。

付款单是记录企业支付款项的凭证。支付每笔款项都应确认该款项是结算货款，还是提前支付的预付款，还是其他费用。系统用"款项类型"来区别不同的用途。对于不同用途的款项，系统提供的后续业务处理不同。对于应付款及预付款，需要进行付款结算，即将付款单与其对应的采购发票或应付单进行核销，冲销企业债务的操作。对于其他用途的款项则不需要进行核销。对于同一张付款单，如果有包含不同用途的款项，应在系统记录中分行显示。付款单进行审核后将自动生成付款凭证。

采购订单关闭后，计划系统自动更新，标志采购活动已经完成；相关数据转入财务系统进行金额审核，转入存货核算系统进行采购成本核算。金额审核后，存货核算系统可进行月末制单、记账等活动；相关制单与记账活动完成后，回写累计已付款金额给采购系统。

采购成本的核算在存货核算系统进行。存货核算系统记账后才能确认采购物料的成本。只有采购结算后的采购发票才能自动传递到应付款管理系统，并且需要在应付款管理系统中审核确认，才能形成应付账款。在应付款管理系统中可以根据采购发票制单，也可以根据应付单或其他单据制单；也可以根据一条记录制单，还可以根据应付单或其他单据制单。在采购结算后可以针对每笔业务立即制单，也可以月末一次制单。

5.3 供应商管理

供应商管理可以提高企业对供应商的监控与合作能力，使企业保持与供应商的最佳关系。供应商管理的基础是建立供应商档案，即建立一个科学全面的供应商信息库。完备的供应商档案信息有助于采购业务中的询价和比价，并辅助采购系统与应付系统进行业务处理。通过查询供应商交易历史数据、供应商评估信息等，可以帮助采购决策人员选择最佳供应商。

系统生成采购订单时，会自动读入相应的供应商资料。采购业务开始之前，还要初始化供应商的有关账务资料。

5.3.1 供应商信息

供应商主要的信息包括下面几项内容：
1）供应商基本信息，包括供应商名称、类别、地址、联系人、联系电话等。
2）供应商供货信息，包括商品名称、规格、型号、计量单位等。
3）供应商价格及商务信息，包括供货价格、批量标准、折扣率、付款条件、货币种类等。
4）供应商发货信息，包括发货地点、运输方式等。
5）供应商信誉记录，包括按时交货情况、质量及售后服务情况等。

对于已经建立档案的供应商，还应按照一定的周期对其进行复审，以确定供应商是否具备继续向企业供应货物的能力。供应商评审的内容一般包括以下四个：
1）实物质量，包括产品合格率、返工率、退货率等质量指标。
2）准时供货，包括平均供货提前期、及时交货率、交货率波动范围等指标。
3）售后服务及质量保证措施，包括服务响应时间、故障处理时间等指标。
4）技术能力，包括设备能力、模具管理、现场管理、研发能力、工艺能力等指标。

在供应商分类管理模式中，首先按照供应商所供物料的市场特性把供应商分为垄断物料市场供应商、有显著差异物料供应商和无显著差异物料供应商。按照供应商的供货状况，可以把有显著差异物料供应商分为 A、B 和 C 三级。供应商双层分类管理模式中的供应商结构如图 5-2 所示。

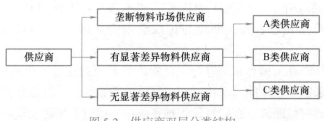

图 5-2　供应商双层分类结构

垄断物料市场供应商是指那些完全垄断或几乎垄断市场上某种物料供应的供应商，企业往往没有能力和办法去选择其他供应商，或者说，企业选择其他供应商的成本高昂。在计划经济体制、不完全的市场经济体制，或市场上的物料供应不充分等环境下，这种类型供应商的存在往往不可避免。对于这些特殊的供应商，企业应该采取密切供需关系的管理方式。

有显著差异物料供应商是指不同供应商供应的物料具有质量上的差异、价格上的差异、服务上的差异、品牌上的差异和技术性能上的差异等，并且这些物料构成了企业产品的主要成本，或者说，与企业产品的质量和性能密切相关。例如，对于自行车制造企业来说，自行车制造厂需要的管材、丝材、轴承和轮胎等物料供应商就属于典型的有显著差异物料供应商。无论是从数量上，还是从管理投入方面，这些供应商都是企业供应商管理的重点。因此，可以把这些供应商分为 A、B 和 C 类。不同类别的供应商具有不同的供货优先级，其中，A 类供应商具有最高的供货优先级，而 C 类供应商的供货优先级最低。按照企业规定的供应商评估政策，在一定的条件下，C 类供应商可以升级为 B 类供应商，同样，B 类供应商也可升为 A 类供应商。这种供货优先级类别的变化是可逆的。例如，A 类供应商也可以降级为 B 类供应商或 C 类供应商，B 类供应商可以降级为 C 类供应商，C 类供应商甚至可以被企业剔除出供应商队伍。

无显著差异物料供应商是指供应满足下列条件的物料供应商：这些物料不是企业主要产品的构成部分；这些物料与企业产品的质量和性能关系不大；这些物料的价值相对来说比较低。对于这些物料的管理应该尽可能地采用简化的管理方式。这些物料往往包括生产用辅助物料、办公用品和劳动保护用品等。一般情况下，在无显著差异物料供应商的管理中，可以采取标准化采购管理方式和定额采购管理方式。标准化采购管理方式是指制定采购这些物料的标准品牌、型号和规格等，即必须从制定的标准中采购所需要的物料。需要注意的是，标准化采购管理方式也可以应用于有显著差异物料供应商的管理上。定额采购管理方式则是在给定的资金额度下采购所需要物料的管理方式。哪些物料的采购适合用标准化管理方式，哪些物料的采购适合用定额管理方式，不同的企业有不同的标准。

无论是哪一种类型的供应商，其主要的信息包括供应商编码、供应商名称、简称、类型、所属国家、所属城市、地址、邮编、联系电话、传真电话、网址、电子邮箱以及会计信息、税务信息、银行信息、法人代表信息和联系人信息等。评估供应商的内容主要包括供应商履约状况、供货质量状况、所供物料的成本状况、供货过程中的服务状况和供货能力状况等。

5.3.2 采购计划法

采购计划法是在采购系统中运用的一种方法，使用该方法可以生成供应商计划，该计划用来维护采购订单的有效日期。企业与供应商建立比较长期的供求协定，按照滚动计划的方法，把长期协定（一般半年至一年）和短期合同（一般为月）结合起来，近期的采购条件比较具体详细，远期的条件可以比较笼统，一次签约，分期供货。这就是采购计划法。

使用 MRP 可以向供应商提供一份六个月到一年的采购计划。而且，在 MRP 的环境下，定期更新这些计划从而保持计划有效性也是不成问题的。有了供应商计划，供应商可以提前看到尚未下达的计划采购订单。这使得供应商可以提前做好物料和能力的准备，一旦订单下达，可以更好地履行计划。

供应商计划的展望可以划分为三个时域。在最近的第 1 时域中，订单是已经下达的采购订单；稍远一些的第 2 时域中，订单的数量和日期上可能还会有些微调；在第 3 时域中，订单仅仅向供应商提供参考信息。三个时域的划分对于不同的公司、不同的供应商和不同的物料会有很大的不同，但基本原则是一样的。

如果没有供应商计划以及相应的工作环境，那么当提前期发生变化时就会出现问题。例如，一项物料的提前期从 10 周变为 15 周，那么，有 5 周的订单已经来不及下达了。供应商也无法对这些订单按时发货。如果使用供应商计划，供应商可以预先知道客户的需求，如果提前期改变，则应当提前对供货计划做出安排。

在这些情况下，甚至可以为供应商做能力需求计划，特别是在供应商本身没有 ERP 系统的情况下，这样做是很有用的。

一份采购计划如图 5-3 所示。

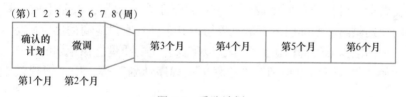

图 5-3　采购计划

其中，第 1 个月（第 1 时域）以周为时区，其数量是确定的。供应商要确保每周提供这些材料。

第 2 个月（第 2 时域）仍以周为时区，其数量还可以有细微的调整，但不能取消。对任何取消物料需求的计划改变，供应商将不承担所造成的损失。

以后的 4 个时区（第 3 时域）按月表示，每个月包括 4 周。在这些时区内，采购员仅要求供应商确认有能够满足采购需求的物料和能力。

这份逐步按周展开的计划可以看作一个采购订单的发放计划。其中包括了已经向供应商下达的采购订单，而且向前看，超出供应商所报的提前期，显示了未来的计划采购订单。这使得供应商能够看到未来的需求，从而可以提前做好准备。

如果使用这种方法来处理和供应商之间的业务联系，那么，当供应商声明提前期从 6 周增加到 8 周时，则无须向供应商提供新的信息。因为已经提供了 6 个月甚至更长的采购计划，远远超过了供应商所报的提前期。

5.4 采购管理系统与 ERP 其他业务系统的关系

ERP 提供的计算环境为提高企业采购业务的绩效提供了有力工具。它的采购管理完成企业外购物料采购全过程的管理和控制。采购管理与物料需求计划、生产管理、库存管理、应付账款管理、成本管理等管理部门都有着密切的关系。

图 5-4 中主要的数据及业务关系有：

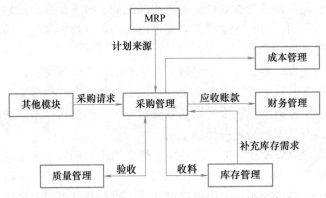

图 5-4 采购管理系统与 ERP 其他业务系统的关系

（1）MRP 采购需满足生产需求，通过 MRP 计算提出物料需求计划，在某些规模较小的企业，其组织架构中采购部门甚至直属于制造部门。

（2）质量管理 处理采购到货和委外到货存货的检验。检验完成后，对于合格接受数量或让步接受数量，可自动参照生成入库单；对于不合格数量，参照生成来料不良品处理单。质管部门须提供给采购部门最新信息以协助其掌握现有供应商的供应质量。随着企业外包情况增多，采购须与质管部门协力合作，以确保外包的质量能像预期的那样。这种跨部门的项目，包括如"供应商质量培训""流程更正程序计划"等，用来管理供应商及其供货质量。

（3）财务管理 采购与财务的联系，通常是以电子方式进行的，如采购向供应商下订单后，系统会自动将采购单相关数据传到财务部门，进行后续账单产生的处理；而采购部门对某对象采购的评估（如应该自制还是外包等），部分也靠财务部门提供数据以计算其成本。

（4）库存管理 一方面是对采购进来的原材料进行收货和储存，另一方面通过安全库存、补货政策等库存计算方式对库存量进行计算，提供给采购部门准确的库存需求信息，以期能够在较低的成本下进行生产经营活动，使库存积压造成的浪费降到最低。

（5）成本管理 通过对原材料、产品成本的精确计算，提出科学合理的采购计划，避免资金的浪费。

（6）其他模块 ①销售管理。采购部门与销售部门之间属于间接联系，例如，销售部门开发一个促销项目之前，需先与生产、制造及采购部门确认企业存货或生产的产品可以支持该项促销项目。②技术研发。在与所有内部其他部门的联系中，采购部门与技术研发部门的联系最为关键，两部门需在产品设计、原物料选择上密切合作，以期缩短

产品开发周期并降低生产成本。专家预测,两部门若能达到充分集成的合作,降低 15%
成本的目标有望。

思 考 题

1. 采购部门的职能是什么? 在企业中的实施步骤包括哪些?
2. ERP 中采购管理的流程是什么?
3. 为什么企业采购管理需要使用 ERP?
4. 什么是采购计划法? 结合企业实际采购需求, 举例说明其实施过程。

第6章 生产管理

　　ERP 生产管理系统需要具备生产管理完整的知识体系和专业化的管理方法,被制造型企业认为是最复杂、最困难的环节之一。

　　爱德发集团于 1996 年成立于北京,如今已发展成为一个跨国集团公司。该集团现拥有三间公司（北美加拿大爱德发企业、北京爱德发高科技中心、南美阿根廷爱德发电子有限公司）和两个生产基地（分别位于北京、深圳,东莞的生产基地也正在建设中）,已形成工业设计、产品研发、模具制作、注塑成型、喷油丝印、木箱制造、电子装配、扬声器开发生产为一体的大规模生产基地。爱德发集团 ERP 生产系统的工作流程如下:

　　首先,制订切实可行的生产计划,该计划除了包含由销售环节转来的订单外,客户也可直接输入生产计划,如有紧急订单时,可通过追加临时生产计划,直接生成物料需求计划并下达生产车间。

　　然后,物料需求计划是把生产计划细分为制造件的生产进度计划和原材料、外购件的采购进度计划,确定制造件的投产日期和完工日期,原材料、外购件的订货、采购和入库日期。生成车间订单和采购请购单,分别由车间作业系统和采购系统处理。保证生产过程中既不出现短缺,又不积压库存。ERP 系统中生产系统根据企业的特点,将物料需求计划设计成正排产、倒排产两种方式。

　　实施 ERP 系统时,针对该企业产品、流程的复杂性,对产品进行二次开发,把物料分为两类,一类是能用一个固定的物料编码来表示;而另一类是带附加属性定义的产品,这类产品由物料编码和属性描述构成。一大类产品共用一个物料编码,同时,用属性来描述其他不同的变量,如:规格、定尺、合金状态、包装方式、卷芯、技术标准等。这为成品库的管理、统计和排产提供了方便,同时减少了编码的数量,实实在在地解决了生产管理中的棘手问题。

　　紧接着,车间管理系统按车间订单下达日期,并分别下达到相应的生产车间。在车间订单下达的过程中,将配套生成相应的领料单、流动卡和工艺路线单等车间作业形成文档,同时通知物料部门发料。

　　随后,作业订单下达到车间并规定出一个开始日期和完工日期。车间订单中规定的作业时间不是纯工艺时间,它包含有管理时间,也就是说为该车间主任或调度留有一定节余时间,他们可以在权限范围内根据经验灵活调整各个订单的实际作业时间。

尽管车间管理人员可以在订单规定的范围内调整订单的作业情况，但具体的完成情况必须及时回报计划部门。生产回报的方式很简单，填写每一道工序的流动卡即可。流动卡中规定了各个工序的建议时间和管理及技术要求，作业人员把该工序实际执行情况（实际开始时间、准备时间、加工时间、正品数量、次品数量和原因、作业人员和班次等）填入流动卡。

生产完工报告记录了各工序的实际耗费，并作为成本分析的依据，自动生成生产日报表，提供截至当日的产品生产汇总信息。

值得一提的是，该企业 ERP 中的生产系统不但将设备或装置同产品集成在一起，把流程工业的特点融合进来，其定额管理系统能根据一段时间内的实际发生数，优化原（辅）材料和工时定额，并且支持临时紧急订单的直接下达、计划的调整等意外情况处理。该生产系统要求及时回报车间作业情况，但不要求实时回报，每天集中回报即可。所以生产系统不会像人们想象的那样繁杂、死板。ERP 生产系统的设计对不同行业也做了特殊处理。

案例思考

生产管理实施的前提条件是什么？如何确认生产订单？车间作业计划如何安排和实施？实施过程中需要企业哪些部门参与？车间作业流程实施的具体步骤和内容有哪些？如何有效管控生产资源？

本章概要

本章首先介绍了生产管理的概念、目标及管理方法，针对生产管理的业务流程，详细叙述了生产订单管理和车间作业管理，要求掌握生产订单的来源，车间作业管理的工作内容、生产作业系统的业务流程、工序优先级的确定以及加工单与派工单。

6.1 生产管理概述

生产管理（Production Management）是计划、组织、控制生产活动的综合管理活动。内容包括生产计划、生产组织以及生产控制。通过合理组织生产过程，有效利用生产资源，经济合理地进行生产活动，以达到预期的生产目标。

6.1.1 概念

生产管理又称生产控制，是对企业生产系统的设置和运行的各项管理工作的总称。

生产管理的内容包括：①生产组织工作，即选择厂址、布置工厂、组织生产线、实行劳动定额和劳动组织、设置生产管理系统等。②生产计划工作，即编制生产计划、生产技术准备计划和生产作业计划等。③生产控制工作，即控制生产进度、生产库存、生产质量和生产成本等。④保证如期交付正常。根据生产计划安排，保证客户产品交付正常。

生产管理的任务有：对客户产品交付异常情况进行及时有效的处理。通过生产组织工作，按照企业目标的要求，设置技术上可行、经济上合算、物质技术条件和环境条件允许的生产系统；通过生产计划工作，制定生产系统优化运行的方案；通过生产控制工作，及时有效地调节企业生产过程内外的各种关系，使生产系统的运行符合既定生产计划的要求，实现预期生产的品种、质量、产量、出产期限和生产成本的目标。生产管理的目的就在于：投入少、产出多，取得最佳经济效益。而采用生产管理软件的目的，则是提高企业生产管理的效率，有效管理生产过程的信息，从而提高企业的整体竞争力。

6.1.2 目标

生产管理的目标是要达到高效、低耗、灵活、准时地生产合格产品，最终为客户提供满意服务。

高效是指迅速满足客户需要，缩短订货、提货周期，为市场营销提供争取客户的有利条件。低耗是指人力、物力、财力消耗最少，实现低成本。灵活是指能很快适应市场变化，生产不同品种，不断开发新品种。准时是指在客户需要的时间，按客户需要的数量，提供其所需的产品和服务。满意服务是指产品和服务质量达到客户满意水平。

6.1.3 管理方法

1. 目视管理

目视管理就是通过视觉导致人的意识变化的一种管理方法。

目视管理有三个要点：①无论是谁都能判明是好是坏（异常）；②能迅速判断，精度高；③判断结果不会因人而异。

在日常活动中，人们是通过五感（视觉、嗅觉、听觉、触觉、味觉）来感知事物的。其中，最常用的是视觉。据统计，人的行动的 60% 是从视觉的感知开始的。因此，在企业管理中，强调各种管理状态、管理方法清楚明了，达到"一目了然"的程度，从而容易明白、易于遵守，让员工自主地完全理解、接受、执行各项工作，这将会给管理带来极大好处。

2. 看板管理

看板管理是管理可视化的一种表现形式，即对数据、情报等的状况一目了然地表现，主要是对于管理项目、特别是情报进行的透明化管理活动。它通过各种形式如标语、现况板、图表、电子屏等把文件上、脑子里或现场等隐藏的情报揭示出来，以便任何人都可以及时掌握管理现状和必要的情报，从而能够快速制定并实施应对措施。因此，管理看板是发现问题、解决问题非常有效且直观的手段，是优秀的现场管理必不可少的工具之一。

看板管理是一种高效而又轻松的管理方法，有效地应用看板对于企业管理者来说是一种管理上的常用方法。看板管理一般有生产看板、异常看板等。异常看板的后台数据分析报表支持显示异常呼叫时间点、异常开始处理时间点、异常处理结束时间点，以及统计异常处理时间、异常发生率、异常发生率趋势图标。后台数据支持显示现场管理是否成效。

管理中最核心的问题是对人的激励问题，激励不是操纵，不是牵制，而是对人的需要的满足，是通过满足需要对人的行为的引导和对人的积极性的调动。人的需要就是人的本性，认识人性的特点，适应人性的特点，是激励有效的保证。只有设身处地、将心比心，才能赢得员工的真心，人是千差万别又不断变化的，对张三适用的激励方法对李四未必有效，照搬理论和模仿他人可能并不能有效激励员工。

6.1.4 生产管理业务流程

生产管理是 ERP 系统的核心功能子系统，它围绕企业的经营目标，以生产过程为对象，根据市场需求和生产规划，以 MRP、工艺路线以及各工作中心的能力对生产进行合理安排，编排车间工序计划，下达车间生产任务单，跟踪和控制生产进度，保障产品完工入库。它将企业的整个生产过程有机地结合在一起，使企业能够有效地降低库存，提高工作效率。同时将原本分散的生产流程通过 ERP 系统有机地连接起来，也使生产流程能够前后连贯地进行，从而使生产全过程不脱节，避免耽误生产交货时间。

在 ERP 系统中，生产管理分为生产订单管理和车间作业管理，以生产订单为核心，对生产任务的全过程进行管理，包括：设置与生产相关的基础数据，生成或录入生产订单，审核生产订单和生成工序计划（加工单或派工单），领料，组织生产，检验产品，半成品或产成品完工入库，关闭生产订单等业务流程，如图 6-1 所示。

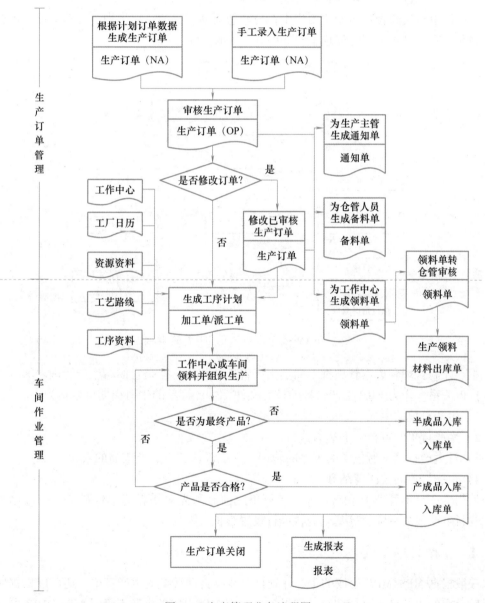

图 6-1　生产管理业务流程图

生产管理的作用是通过对实时信息的分析，了解各项生产指标情况，实时监测生产状态，及时调整不合理的生产过程，梳理生产流程，优化生产资源的配置，降低生产成本，为生产决策提供依据。同时，生产管理子系统还可以从实时信息中准确地得到各项生产投入及产品产出的信息，并将这些信息直接送到成本核算子系统，计算企业的生产成本，提高企业对市场变化的反应速度。

6.2 生产订单管理

制造型企业的生产管理和物料管理通常以生产订单为中心，控制产能的利用、缺料状况、生产效率和进度等，协助企业有效掌握各项制造活动。

生产订单模块的管理功能主要集中在与制造活动相关的订单规划、订单审核、备料、领料、制品入库和订单关闭等处理上，如图 6-2 所示。

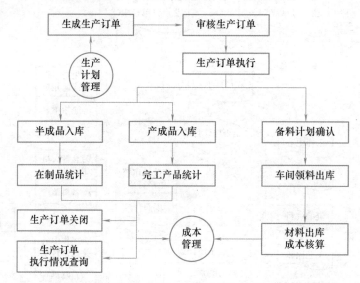

图 6-2　生产订单管理业务概述

生产计划管理和成本管理都不属于生产管理的部门，但是它们与生产管理之间有直接的数据接口关系。作为 ERP 生产管理的核心文件，生产订单的生命周期可概括为：

1）生产订单的生成。

2）生产订单的审核、下达与执行。

3）对生产订单中所包含的工序的管理、完工确认，以及产成品的入库。

4）生产订单的关闭与结算。

使用生产订单管理子系统处理生产订单之前必须先对物料清单资料、生产订单类别资料、物料生产线关系资料等基础资料进行设置维护。

6.2.1　生产订单生成

一般根据 MPS/MRP 生成的生产计划订单能够自动转换成生产订单，还可以根据实际情况对转换后的生产订单进行调整；如果没有启用 MPS/MRP 或者不经过 MPS/MRP 的生产订单，也可以手工录入。

在实际应用中，对于临时生产插单、特殊产品的生产订单都有灵活的输入方式。有些不便应用 MRP 来作为生产计划管理方式的企业，也可以使用手动输入方式来生成生产订单，从而也能用该子系统来达到管理生产的目的。在生产订单录入中，需要确定物料、数量、生产开始日期、结束日期、对应物料的 BOM 和工艺路线。BOM 可以确定领料数量及相应的消耗方式。

生产订单的状态分为未审（Not-approved，NA）、锁定（Firmed，FM）、已审（Opened，OP）和关闭（Closed，CL）四种。

6.2.2　生产订单审核及后续业务

MRP 生成了生产计划订单，但是它还不是正式向车间下达的生产订单，必须经过审核才能成为下达到生产单位执行生产计划订单上的数据。例如需求日期和需求数量，对正式的生产订单来说还只是建议的日期和建议的数量，还需人工对这些数据进行审核确认。生产计划订单尽管进行了相应的能力需求计算，但仍需对该订单的正确性和可行性进行审核，才能形成正式的生产订单。

审核的过程主要是对完成该生产订单的物料、资源、提前期和工具等进行确认。生产订单审核后，系统自动生成对应的生产领料单。生产领料就是生产或仓库人员根据生产所需用料，从仓库领取物料到生产车间的过程。审核后的生产订单可以作为生产领料的依据，也可以在库存管理的出库业务中选择材料出库单的操作，通过直接选择生产订单号关联出该生产订单需领用的物料，使得生产领料操作简单，且不容易出错。

已审核的生产订单，有多种方式查询，可查出制造数量、预定完工口、入库数量等信息，系统也提供各生产订单的实际用料与标准用料之间的差异分析，供成本分析及控制。

已审核的生产订单，可转入车间管理系统，生成对应的工序计划，用于追踪生产进度等。

已审核的生产订单，可转入成本会计系统，是产品成本计算的依据。

对于已经审核后的生产订单，如果还存在日期、数量、BOM 和工艺路线的变动，可以利用对已审核生产订单的再审核功能进行更改。已审核生产订单修改后，会立即更新该生产订单的工序资料，如生产订单工序计划的开工日期、完工日期及其子件需求日期。

通过报表查询可以看到没有审核的生产订单和生产订单缺料表等。对于缺料的情况，可以催促采购、仓管部门及时将物料采购到货。

6.3　车间作业管理

车间作业管理根据零部件的工艺路线来编制工序排产计划。在此阶段，要处理相当多的动态信息，反馈是重要的工作，因为系统一边要以反馈信息为依据对物料需求计划、主生产计划、生产规划乃至经营规划做必要的调整，一边按照企业的基本方程，实现供需平衡。

6.3.1　车间作业的工作内容

车间作业管理的工作内容包括以下五个方面。

1. 检查生产订单

MRP 为生产订单指定了物料代码、数量和计划下达日期，再经过能力需求计划，则进一步指明了加工工序、工序完成日期、工作中心和标准工时。

例如，某企业的一份生产订单的加工对象是物料代码为 80021 的定位栓，见表 6-1。需求日期是第 412 个工作日。这是由物料需求计划根据其上层物料项目的需求来确定的。

表 6-1 生产订单

生产订单号：18447

物料代码：80021（定位栓）

数量：500　　　　　　　需求日期：412　　　　　　　下达日期：395

工　　序	部　　门	工作中心	说　　明	准备工时/h	单件工时/h	标准工时/h	完成日期
10	08	1	下料	0.5	0.010	5.5	402
20	32	2	粗车	1.5	0.030	16.5	406
30	32	3	精车	3.3	0.048	27.3	410
40	11		检验				412

这些信息是存储在计算机中的，这些计划的完工日期并不出现在发向车间的文档材料中。因为物料需求计划尚需不断地检查这些需求日期，看看是否发生变化。例如，定位栓的父项物料还需要某种铸件才能构成，而铸件的质量出了问题，最早于第 422 个工作日才能得到一批新的铸件。于是必须改变主生产计划来指明这一点，在计算机中关于定位栓的生产订单也将给出一个新的完成日期，即 422，而工序 30 的完工日期改为 420，工序 20 的完工日期改为 416。所以，在生产订单正式下达投产之前，还必须检查物料、能力、提前期和工具的可用性，并解决可能出现的物料、能力、提前期和工具的短缺问题。

2. 执行生产订单

执行生产订单的工作是从得到计划人员下达生产订单开始。下达生产订单就是指明这份生产订单已经可以执行了。具体来说，就是这份订单的完工日期、订货数量已经确定，并指明了零件的加工工序和标准工时，可以打印订单和领料单，可以领料，可以下达派工单，也可以做完工入库的登记了。

当多份生产订单需要在同一时区内在同一工作中心上进行加工时，必须要向工作中心指明这些订单的优先级，说明各生产订单在同一工作中心上的优先级是工作中心派工单的作用。稍后我们将分别讨论确定工序优先级的方法和派工单。

在执行生产订单的过程，除了下达生产订单和工作中心派工单之外，还必须提供车间文档。其中包括图样、工艺过程卡片、领料单、工票，以及某些需要特殊处理的说明等。

3. 收集信息，监控在制品生产

如果生产进行得很正常，那么这些订单将顺利通过生产处理流程。但十全十美的事情往往是很少的，所以必须对工件通过生产流程的过程加以监控，以便了解实际上正在发生什么情况。为此要做好以下工作：

1）通过投入产出报告显示能力计划的执行情况。

2）监控工序状态、完成工时、物料消耗、废品率。

3）控制排队时间、投料批量和在制品数量。

4）预计是否出现物料短缺或拖期现象。

4. 采取调整措施

根据监控的结果，如果认为将要出现物料短缺或拖期现象，则应采取措施，如重新调整不同订单的工序优先级，或通过加班、转包或分解生产订单来调整能力及负荷，以满足最后交货日期的要求。

如经过努力发现仍然不能解决问题，则应给出反馈信息，要求修改物料需求计划，甚至修改主生产计划。

5. 生产订单完成

统计实耗工时和物料、计算生产成本、分析差异、执行产品完工入库事务处理。

6.3.2 车间管理子系统业务流程

ERP 系统中车间管理子系统的作用是编制生产作业计划，管理生产过程中的人、物、机械设备和时间等。该系统使用可行的自动化处理系统来代替人工系统，帮助车间管理人员监督和控制车间生产活动，同时帮助企业提高劳动生产率，减少车间在制品数量，提高产品质量。

结合 MRP 展开的计划生产订单，下推生成车间任务，投放前要仔细地核实车间的实际情况，定义各物料加工的车间进度计划，并根据物料短缺报告说明物料在任务单上的短缺量。再下推生成各工作中心的加工单和派工单，实现在制品管理与控制，车间必须对车间原材料、半成品以及成品加以严格管理，完工入库，同时调度与控制投入、产出的工作量，平衡与充分发挥各工序能力，控制投入、产出的物品流动，控制在制品库存量，保持物流平衡、有序。最后实现投入产出分析，对车间生产过程的各种资源占用情况进行统计与分析，以便提出改进车间管理工作的措施。车间管理子系统流程如图 6-3 所示。

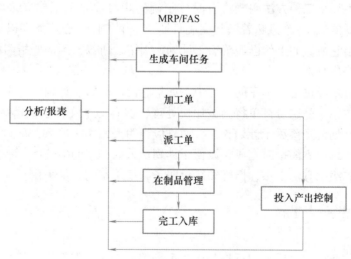

图 6-3 车间管理子系统流程

6.3.3 工序优先级的确定

多项物料在同一时区分派在同一个工作中心上加工，需要确定这些物料的加工顺序，即工序之间相对的优先顺序。实质上这是一个核实是否有足够提前期的问题。下面介绍几种确定优先级的常用方法。

1. 紧迫系数法

紧迫系数（Critical Ratio，CR）的计算公式为

$$CR = (需用日期-今日日期)/剩余的计划提前期$$

公式将剩余时间与需要加工的时间（计划提前期）比，可出现以下四种情况：

1）CR=负值：说明已经拖期。

2）CR=1：剩余时间恰好够用。

3）CR>1：剩余时间有余。

4）CR<1：剩余时间不够。

很明显，CR 值小者优先级高。一项物料加工完成后，其余物料的 CR 值会有变化，要随时调整。

2. 最小单个工序平均时差法

时差也称缓冲时间或宽裕时间。最小单个工序平均时差（Least Slack Per Operation，LSPO）的计算公式为

$$LSPO = (加工件计划完成日期-今日日期-尚需加工时间)/剩余工序数$$

式中，尚需加工时间是指剩余工序的提前期之和。很明显，LSPO 的值越小，也即剩余未完工序可分摊的平均缓冲时间越短，优先级越高。

3. 最早订单完工日期法

最早订单完工日期（Earliest Due Date）法要求完工日期越早的订单优先级越高。使用这种方法时，对处于起始工序的订单要慎重，有必要用 LSPO 方法复核。本方法比较适用于加工路线近似的各种订单，或已处于接近完工工序的各种订单。

前两种方法不如第三种方法明确。有时按正确的相对优先级工作（最紧迫的先做，然后做紧迫程度稍低的），并不意味着满足完成日期。一个工作中心可能在以正确的相对优先级工作，但实际上它所做的工作已经落后于计划一周了。所以，不但要指明相对优先级，还要指明要满足的完成日期。

在一份生产订单经过每个工序的过程中，如果它已经落后于计划，这份订单将以高优先级出现在派工单中，于是这份订单将会被加快处理，这有助于弥补已经落后于计划的时间。但是，如果一份计划已经落后于计划 5 天，而且应当明天入库，那么，车间人员应当通知计划人员，这份生产订单不能按时完成，以便于计划员采取相应的措施。

确定工序优先级的方法很多，但必须简单明了，便于车间人员采用。

6.3.4 加工单和派工单

1. 加工单

当确认生产作业计划之后，即可将其作为可行的生产任务来实施。可行的生产任务的表现形式是加工订单。加工订单有时也被称为制造令、加工单、工单或生产任务指令单等。

每一个加工订单都有一个唯一的编码，称为加工订单编码。每一个加工订单编码都对应一个产成品或半成品。每一个加工订单都应该有具体的任务，可以追溯到某个客户订单等。

加工单通常包括三个部分的内容，即加工订单明细、加工订单工序明细和加工订单用料明细。

（1）加工订单明细 加工订单明细主要用于描述各个加工订单的基本属性，例如：

1）要生产什么物料？其物料编码、物料名称和型号规格等是什么？

2）要完成多少数量？

3）该加工订单的来源任务是什么？例如对应哪一个客户订单？

4）在什么时候开始生产？在什么时候必须完工入库？

5）按照什么样的工艺路线加工？

6）由哪一个生产部门制造？

7）在指定日期之前已经入库了多少数量？

（2）加工订单工序明细 加工订单工序明细主要用于描述指定的加工订单包含的工序编码、工序名称、额定时间和工作中心等属性，例如：

1）完成当前的加工订单需要经过哪些工序？

2）每道工序对应哪一个工作中心？

3）每道工序的开工日期和完工日期是什么？

4）每道工序耗费的加工准备时间、加工时间分别是多少？

在一些 ERP 系统中，加工订单明细的每一条记录被称为加工订单概况。加工订单由加工订单概况和加工订单工序明细组成。一个经常使用的加工单样式见表 6-2。

表 6-2 加工单（样式）

加工订单编码：M2006080201

物料编码：T20B51892　　　　　物料名称：后轴　　　　　需要数量：200

计划开工日期：20060802　　　　计划完成日期：20060804

工 序 编 码	工作中心编码	加工准备时间/h	加工时间/h	计划开工日期	计划完成日期
5	WC102	0.75	0.25	20060802	20060803
10	WC105	1.25	0.25	20060802	20060803
15	WC211	1.25	0.25	20060802	20060803
20	WC212	1.25	0.75	20060802	20060803
25	WC215	1.85	1.15	20060802	20060803
30	WC361	1.85	1.15	20060802	20060803
35	WC493	1.85	1.15	20060803	20060804
40	WC496	1.85	1.20	20060803	20060804
45	WC498	1.85	1.10	20060803	20060804

（3）加工订单用料明细 加工订单用料明细从物料角度描述加工订单，其主要内容如下：

1）完成每道工序需要用到的物料。

2）每种物料的单位用量、标准用量、损耗率、固定损耗和需求数量等。

3）每种物料的发料状况，包括欠料数量、已占用数量和已发料数量等。

4）每种物料应分别发送到的工作中心。

2. 派工单

指导车间执行能力需求计划要通过派工单来实现。使用派工单，可以按部门或者按工作中心和工序来显示车间计划，而不仅仅是显示生产订单及其日期。派工单是车间调度最有用的形式，为在计划员和车间之间就优先级进行交流提供了依据。

派工单就是按优先级顺序排列的生产订单一览表。当生产订单下达后，订单信息进入车间订单文件。车间订单文件记录了所有已下达但尚未完成的生产订单。每天的派工单，列出要在每个工作中心或部门加工的作业，也列出未来几天将要到达工作中心的作业单。

派工单中列出工序开始日期和完成日期以及作业订单完成日期。工序开始日期用来确定作业的加工顺序。工序完成日期和作业单完成日期都是非常重要的信息。这些日期都是车间管理人员要满足的。

有些公司的派工单是按部门而不是按工序描述的。在这种情况下，派工单中要列出部门的开始日期和完成日期以及生产订单完成日期。这对于在一个部门中连续完成几道工序而每道工序的加工时间都很短的情况，是更适当的。这种情况的一个例子是制药公司。在制药公司，混合、溶解、成颗粒等工序是在同一个部门里同一天内发生的。另一个例子是木器家具制造公司，刨平、打磨、黏合等所有工序需要在几个小时里完成。

根据车间文件和工艺路线信息，以及所使用的调度原则，每天由计算机为每个工作中心生成一份派工单，说明各生产订单在同一工作中心的优先级，利用硬拷贝或计算机屏幕显示，在每个工作日一开始送达车间现场，向工长指明正确的作业优先级。

在派工单中包括生产订单的优先级、物料存放地点、数量及能力需求的详细信息，所有这些信息都是按工序排列的。另外，派工单也向车间人员提供了对照计划度量生产过程的手段。一个派工单的例子见表 6-3。

表 6-3　派工单

工作中心：3001，冲压

今天日期：395

优先级：工序完成日期

物料号	生产订单		工序		工序日期		工时		剩余数量(件)	上道工序		下道工序	
	号	完成日期	号	描述	开始	完成	准备/h	加工/h		号	工作中心	号	工作中心
已经到达此工作中心的作业													
L930	1326	405	10	冲压	391	393	0	4.0	1500			20	4510
K421	2937	403	5	冲压	392	393	2.0	6.0	2000			10	3888
D430	2566	401	10	冲压	397	398	1.0	1.0	500	5	3000	20	4566
N862	3752	402	20	冲压	399	400	0.5	3.5	1000			30	4000
在未来 3 天内将要到达此工作中心的作业													
K319	2597	403	15	冲压	397	398	1.0	3.0	800			20	4510
B422	3638	412	20	冲压	398	399	2.0	20.0	10 000	10	3000	30	9500

表 6-3 给出了物料号、生产订单号、工序号以及每项作业的剩余数量、生产准备工时和加工工时等信息。其中，生产准备工时是指一个工作中心从生产一种项目转换到生产另一种项目所需的时间；加工工时是指实际加工生产指定数量的物料项目所需的时间。另外，派工单还提供了上道工序和下道工序的信息。

思 考 题

1. 什么是生产管理？为什么要进行生产管理？
2. 生产订单如何形成？简述其实施过程。
3. 简述车间作业管理的工作内容。
4. 确定工序优先级的方法有哪些？
5. 什么是加工单？它的作用是什么？
6. 什么是派工单？它的作用是什么？

第7章 库存管理

YT公司创建于1998年，公司总资产为8 000多万元，占地面积为30 000平方米，厂房面积23 000多平方米。105国道（广珠公路）沿区而过，西江水系经此顺流而下，可通达香港及东南亚等国内、国际大型港口，水陆交通便利。

一年前，在陈总的带领下，公司排除万难，历经千辛万苦，终于上线了金蝶的K/3系统（后文简称ERP），实现公司各个部门的信息化。但是，公司的仓库包括成品仓、材料仓、半成品仓，物料以现场堆垛放置为主，没有进行合理的规划和布置，ERP系统中所有物料的数量都体现在一个大库位下，无法确切知道某个物料的具体位置，给物料查找带来不便。在实际运作过程中，仓库发料需要花费很多时间查找材料库位，有时候甚至找不到材料，也难以执行100%"先进先出"的发货原则，只能通过定期盘点对货物的库存状况进行检查，很难控制库位信息的准确性，丢失、破损、无法及时供料都是随之而来的问题。

因此，为了保证ERP系统的有效实施，系统数据输入的及时性和准确性是关键。经过与各部门部长的讨论和与仓库管理系统公司的沟通后，公司最终决定在仓库中使用以条码采集信息的WMS仓库管理系统。通过将WMS仓库管理系统与ERP系统的无缝对接，实现公司的全面自动化和信息化。

经过查询相关资料后了解到A公司WMS的管理模式和运作方式与YT公司实际情况有较强的吻合性，而且A公司具有很强的研发实力以及后续技术支撑实力、服务规范，提供的WMS方案模块选择范围较广，有比较稳定的持续发展性，可以作为长期合作伙伴。

YT公司从2015年7月WMS正式上线并与ERP系统集成至今，在项目实施中通过对业务流程进行优化和整合，有效支撑了业务流程运作，进销存的所有数据都可以直接从ERP系统中调出并实时查询，实现了企业资金流、物流和信息流的"三流"合一。公司的员工深深体会到了集成化的信息系统给企业带来的好处。

仓库管理人员兴奋地说道："有了WMS，仓库每次发货时只需要进入对应的订单，找到对应的物料号，输入送货数量，系统会自动生成打印一张含有条码的送货单，取代了之前手工开具的送货单的模式，保证了单据信息的完全准确。仓管人员只需要用扫描枪扫描送货单上的条码，送货信息就能被准确读取，并在仓管员点击确认后直接录入ERP系统。这节省了仓库收发货时大量的匹配核对工作，极大地提高了收发货效率，保证了数据准确性。"

案例思考

在企业的运营过程中，库存管理要注意哪些问题？WMS 是什么系统？WMS 在企业实施 ERP 库存管理过程中起到哪些作用？实现信息化的库存管理为企业带来了怎样的效益？ERP 中的库存管理系统在未来制造业中又将如何发展？

本章概要

本章详细介绍了库存管理的重要性，首先对库存管理的相关概念和基本内容进行了叙述，强调了库存的目的和成本；接下来详细叙述了库存管理作业中的入库作业、出库作业、库存调拨作业以及库存盘点作业等内容。结合库存管控需求，提出了常见的库存控制方法，包括固定订货批量法、经济订货批量法、按固定时区需求量确定批量法、时区订货批量法、按需订货法、最小单位费用法和最小总费用法等，并给出了计算案例。

7.1　库存管理概述

库存管理是对制造业或服务业生产、经营全过程的各种物品、产成品以及其他资源进行管理和控制，使其储备保持在经济合理的水平上；是连接采购管理、生产管理和销售管理的桥梁，是企业生产管理过程中的重要组成部分。

7.1.1　库存目的

任何物料的库存总是有目的的，通常可把库存的目的归纳为以下五种类型：

（1）安全库存　需求和供应都可能出现偏离计划或预测的情况。为了不中断生产，在计划需求量之外经常保持一定量的库存作为安全储备。安全库存量不是不变的，更不是所有物料都需要有安全库存。对物料清单上层的物料，确定其安全库存时要特别慎重，处理不当会造成连锁反应，使库存失控。应当注意，预测的准确性、市场和供应的稳定性、生产率的高低、提前期的长短都会影响安全库存量。因此，企业要随情况的变化调整安全库存量。

（2）预期库存　受季节供应影响的外购物料，受季节市场变化影响的产品，或为工厂节假日以及设备检修事先做好储备，统称预期库存。

（3）批量库存　受供应、加工、运输、包装或者达到一定批量可以享受折扣优惠等因素的影响，在实际需求的基础上调整订货批量所形成的库存。

（4）在途库存　对厂内来说，在途库存是指在工序之间传送、等待、缓冲而形成在制品库存；对厂外来说，在途库存是指为保持连续向客户供货而保有的在运输途中的物料。

（5）囤积库存　针对通货膨胀或市场物料短缺的趋势而储备的生产必需物料。

总之，储存原料一定要有其目的，这是控制库存的原则。有的 ERP 可以根据客户的规定，把超过一定时间而未发生任何事务处理的物料报告出来，即超储报告，供客户用于分析库存呆滞的原因，以便采取必要的措施。

7.1.2 库存作用

库存的作用包括保证生产作业和销售活动正常、稳定地运行。下面详细介绍库存的作用。

生产作业正常、稳定地运行是生产管理追求的目标。但是，有很多因素会使生产作业处于不稳定运行状态，例如，生产作业的稳定运行需要有足够的原材料、毛坯件和电子元器件来保障，但是，由于种种原因可能造成供应商不能按时供应这些物料。一旦没有库存，那么，这种不稳定的供货状态将传导给生产作业，造成生产作业时而繁忙时而空闲、生产设备时而超载运转时而负荷不足的不稳定局面。解决这种问题的有效方法是增加适量的库存，当物料供应不及时的时候可以使用已有的库存，当物料供应过多时可以暂时存储在库存中。

市场总是千变万化的。当市场对企业产品的需求增大时，如果没有一定数量的库存来满足这些需求，企业就会失去市场机会，给企业带来损失。虽然可以通过市场预测方法预测市场的需求，但是这种预测总是存在着或多或少的误差，库存正好可以弥补这些误差。

但是，库存绝不是越高越好。库存的最大弊端是占用企业大量的流动资金。除此之外，过多的库存需要占用更多的库房位置、容易造成物料损坏和丢失以及需要更多的人员来管理等。目前，许多企业通过采用供应链管理的方式来降低库存。

7.1.3 库存成本

库存成本要考虑的因素有五个方面。

1. 物料成本

对于采购物料来说，物料成本包括物料本身的价格以及采购间接费，即把物料运进工厂所发生的成本，包括运输、保管、关税、保险等费用。包含这些费用的成本通常称为到岸价格（Landed Price）。

对于公司生产的产成品和半成品来说，物料成本则包括直接材料费、直接人工费和制造费。

2. 订货成本

订货成本是指为获取物料所要支付的费用，如准备订单、洽商、运输、搬运、验收、办公管理等费用。订货成本与订货批量和次数有关。

3. 保管成本

保管成本是指为了保存物料而支付的费用，该费用随库存量的增加而增加。保管成本可以包括以下几类：①存储成本。存储物料所发生的库房、人工、设备费用。②机会成本。资金用来投资于库存物料，就失去了其他投资机会。③风险成本。风险成本包括由于技术进步和市场购买倾向变化而造成的物料陈旧，以及损坏、损耗、失盗等造成的物料价值损失。

4. 缺货成本

缺货成本是指由物料短缺造成的损失，例如，非正常的补充订货比正常订货要增加额外的开支，为补足物料短缺造成加班加点的额外支出，未按期交货引起客户索赔、撤销合同甚至客户流失等经济损失。通过安全库存可以避免或减少缺货成本。

5. 与产能相关的成本

由于市场的变化，有时需要改变产出水平，例如，有些产品的销售会有旺季和淡季之分。产出水平的改变涉及产能的改变，于是会涉及加班、招聘或解聘、培训等成本。这方面的成本可以通过均衡生产来避免，即在淡季多生产以备旺季所需，但这样又增加了淡季的库存成本。

7.1.4 安全库存

为了防止不确定性因素（交货期突然延期、临时用量增加、交货误期、突发性设备故障等）的发生，满足日常维修备件需求，保证设备的正常运行、生产的顺畅，而保持在采购周期内所有备品备件以及其他一般性消耗材等的物料需求计划外的适量库存量，属于动态的库存，也称安全存储量。

1. 安全库存的作用

备件安全库存的作用主要有两方面：一方面是为了满足日常维修需要，提供充足的备品备件，提高抢修速度，降低故障率，减少因事故而造成的设备以及生产损失。因为设备的多样性和故障随机性以及日常、专业维护保养的好坏程度而造成的备件需求量在时间和数量都是不可预测的，因此需保持一定的安全库存来缓冲日常维修对备品备件需求的波动，急需更换时可以立即更换，使设备能以最快的速度投入生产。另一方面是合理利用了经济订购量的好处，保持一定的库存量有助于实现采购和运输中的成本节约，能够有效降低库存成本和物流运作成本。

将故障率降到最低是企业设备管理的最终目标，是保持生产稳定的重要指标，而备件的库存对日常维修又产生极大影响，因此备件的库存在整个生产系统中同样占着重要地位。但备件库存需要成本，设备越多，标准越高，成本也就越高。过高地追求备件库存量势必带来过高的库存成本，这种不正常超额库存同时又会掩盖许多质量缺陷和管理上的缺陷。而每一个管理上的失误，最终又都会变成库存。如此的恶性循环将会严重地制约公司经营的正常、健康进行。随着设备的不断磨损和各种备品备件的损耗，所用备件数量与日俱增，维修所使用的备件清单将逐渐膨胀，这又要求我们对安全库存进行新的调整以适应设备的正常使用要求。

2. 安全库存的原则

设置安全库存的原则有以下三个：

1）不因缺少备品备件而导致关键设备不能正常使用，影响生产的正常进行。

2）在保证生产系统稳定的基础上做最少量的库存。

3）不呆料。

3. 降低安全库存的措施

降低安全库存的措施主要有：①订货时间尽量接近需求时间；②订货量尽量接近需求量；③库存适量。

但是与此同时，由于意外情况发生而导致供应中断、生产中断的危险也随之加大，从而影响到服务质量，除非使需求的不确定性和供应的不确定性消除，或减到最小限度。这样，至少有四种具体措施可以考虑使用：

1）改善需求预测。预测越准，意外需求发生的可能性就越小。还可以采取一些方法鼓励客户提前订货。

2）缩短订货周期与生产周期，这一周期越短，在该期间内发生意外的可能性也越小。

3）减少供应的不稳定性。其中的途径之一是让供应商知道你的生产计划，以便他们能够尽早做出安排。途径之二是改善现场管理，减少废品或返修品的数量，从而减少由于这种原因造成不能按时按量供应现象的发生。途径之三是加强设备的预防维修，以减少由于设备故障而引发供应中断或延迟现象的发生。

4）运用统计的手法通过对前 6 个月甚至前 1 年产品需求量的分析，求出标准差后（即得出上下浮动点后）做出适量的库存安排。

7.1.5　安全提前期

安全提前期（也称为安全前置时间）是指在物品加工中，为应付预料以外的情况而设置的安全提前天数，安全提前期将计算入物品的累计提前期中。

为了确保某项订货在实际需求日期之前完成，而在通常提前期的基础上再增加一段提前时间作为安全提前期。如果采用安全提前期，MRP 系统将按安全提前期把订单的下达日期和完成日期设置得比采用安全提前期的相应日期更早。作用和安全库存类似，都是为了缓冲供需的不平衡性. 一般来说，安全库存是针对数量不确定性比较大的物料，如备品备件，以及面向订单装配产品的公用件和可知选件。供需时间不确定性，如受运输或其他因素影响不能如期抵达的采购件或完工产品，则应采用安全提前期。

7.2　库存管理作业内容

库存作业是指库存管理过程中的主要活动。这些活动包括入库作业、出库作业、库间调拨作业和库存盘点作业等。在这些库存作业中，一定要尽可能地保证库存记录的准确。从某种意义上来说，库存记录准确程度的高低是 ERP 系统实施成功和失败的标志。

7.2.1　入库作业

入库作业是库存管理最基本的业务。仓库在收到采购物料、生产完工物料和销售退回物料后，保管员需要检验物料的数量、外观质量和型号规格等，验收入库后办理入库手续。常见的入库作业类型包括：采购到货直接入库、采购到货检验转入库、销售退回到货直接入库、销售退回到货检验转入库、半成品临时入库、在制品临时入库、产成品入库以及其他入库等。入库处理的业务单据是入库单，入库单处理之后应该增加库存量。一般情况下，入库单应该支持下列处理方式：根据采购订单生成入库单、根据采购到货检验单生成入库单、根据生产订单生成入库单和手工输入入库单等。当根据采购订单直接生成入库单时，除了保留原始单据的信息之外，还应该增加入库数量、入库日期、入库仓库和货位以及操作保管员等信息。

7.2.2　出库作业

与入库作业对应的是出库作业，出库作业也是最基本的库存管理作业。仓库根据销售订单、销售提货单和生产领料单等单据发放物料的过程称为出库作业。根据定义可知，出库作业的主要类型包括销售出库、生产领用以及展览领用等。出库作业的单据为出库单，出库单办理之后应该减少库存量。在 ERP 系统中，既可以根据销售订单生成出库单，也可以根据生产订单中对应的领料定额生成出库单，还可以手工录入出库单。

这里需要进一步解释的是，在制造企业中，出库作业往往和发料作业、送料作业和物料供应计划关联在一起。在许多制造企业中，库存管理不仅包括物料保管，而且包括物料发放和将发放的物料送达指定的生产加工地点。物料发放作业的复杂程度往往与物料的性质有关。有些物料是随时可以发放的，例如毛坯件、外购电器件等；有些需要经过简单的下料处理，例如棒材、丝材和板材等往往需要执行简单的切割等作业；有些需要经过配套处理，例如有些小的电器元件、电线和紧固件等。因此，物料发放需要一定的提前期。在手工处理阶段，很多企业的物料发放是在物料供应计划指导下进行的。这里提到的物料供应计划是指根据物料的生产作业计划制定的有关发料、送料的具体时间安排。不同的 ERP 系统对物料的发放有不同的处理。有些 ERP 系统把物料发放和送料作为库存管理作业的内容，但是也有些 ERP 系统把物料发放作为生产作业的第一道工序。

7.2.3　库间调拨作业

在实际工作中，由于仓库位置的变化、物料状态的改变和管理方式的调整等，经常需要把物料从一个仓库移送到另一个仓库，这种库存管理方式称为库间调拨作业，也称为物料调拨、物料转库等。

库间调拨有多种不同的形式，例如，同一个仓库中不同货位之间的物料移动，同一个部门中不同仓库之间的物料移动以及不同部门中不同仓库之间的物料移动等。在具体的作业处理中，根据仓库、货位之间的距离和调拨时间的长短，通常采取两种不同的作业处理方式，即一步式调拨作业和两步式调拨作业。对于那些仓库或货位的物理位置比较接近的物料，适合采用一步式调拨作业处理方式。在一步式调拨作业中，物料发放和物料接收同步进行，不监控物料的在途过程。但是，对于仓库位置比较远，很难同步进行的调拨作业，适用于采用两步式调拨作业。在两步式调拨作业中，物料发放和物料接收分步进行，并且需要监控物料的在途过程。库间调拨作业的单据大多数是转库单或调拨单。

7.2.4　库存盘点作业

库存盘点是库存管理中的一项重要工作，是有效确保库存中物料状态或存货状态达到高准确度的管理措施，是 ERP 系统能够高质量运行的管理保障。库存盘点是指定期或不定期对仓库内的存货进行全部或部分的清点，准确掌握当前的实际库存量，并且针对存货的账面数量与实际数量不符的差异，分析造成差异的原因，采取相应管理措施的过程。在实际工作中，有多种不同的库存盘点方法。按照盘点的对象是"账面"还是"实物"，可以把盘点分为账面存货盘点（也称为永续盘点）和实际存货盘点。永续盘点是根据出入库的数据资料计算出存货的账面盘点方法，实际存货盘点是通过对仓库中的实际存货进行清点得到实际存货数量的盘点方法。当存货实际数量大于账面数量时，称为盘盈；当存货实际数量小于账面数量时称为盘亏。盘盈、盘亏应该按照分析后的差异原因进行处理。在 ERP 系统中，这两种方法都是经常采取的盘点方法。可以通过设置盘点参数来控制盘点作业，常用的盘点参数包括盘点周期、额定损耗率等。

下面，将对周期盘点进行详细介绍。

周期盘点（Cycle Counting）是指定期对库存中的部分物料项目进行盘点，从而使一年

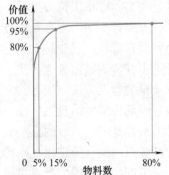

中对所有物料项目的盘点次数达到预定的值，是得到并保持库存记录准确性的有效途径。对一项物料进行盘点的时间间隔称为该项物料的盘点周期。一年中对某项物料进行盘点的次数称为该项物料的盘点频率。

库存按计划定期盘点，而不是一年才盘点一次。例如，某种物料的库存达到订货点时，或新物料到库时都可以进行盘点。也可以事先订立某种一贯的盘点原则，比如对价值高并且流动快的物料多盘点；对价值低或流动慢的物料少盘点。最有效的周期盘点制度要求每个工作日清点一定数目的物料。周期盘点最主要的目的是发现疵点存货（如存在数量、质量、规格、日期等方面问题的存货），进而追究其原因，最终消除导致问题产生的根本因素。

1. 周期盘点的主要目标

（1）发现出错原因，并将其消除 每当发现库存错误，就要校正库存记录，同时找出原因，这些原因可能是库存安全没有得到切实保证、软件故障、不合理的规程，也可能是对库房人员的培训不足等。一旦发现，立即纠正，避免错误再次出现。

（2）检测系统运行结果 周期盘点可以对工作现状做出评价，定期地给出关于准确性的百分数，可以使人们知道库存记录是否充分准确。确定库存记录数据百分比的方法是以一项物料的实际盘点数为分母，以实际盘点数与库存记录数之差的绝对值为分子，得到一个分数。将此分数化为百分数，如不超过计数容限，则认为此项物料的库存记录是准确的；否则，认为是不准确的。然后，以物料总数为分母，以库存记录数据准确的物料数为分子，又得到一个分数，再将此分数化为百分数，即是库存记录数据准确性的百分比。

（3）校正不准确的记录 当周期盘点的结果和计算机中的记录不匹配时，应重新清点有关项目，如果两次清点的结果相同，则应校正计算机中所存的库存余额记录。

（4）取消年度库存盘点 年度库存盘点一般是出于财务审查目的。由于库存记录的准确性已达到了95%，所以年度盘点已无必要，从而可以消除由于年度盘点而造成的停产。

（5）提高周期盘点人员的素质 通过周期盘点，盘点人员能熟练地识别零件，获得精确的记录，调整偏差，找到解决系统错误的方法，使库存记录更精确。

2. 周期盘点的方法

（1）ABC 分类法 物料的 ABC 分类的依据是帕累托原理。帕累托是 19 世纪意大利的一位经济学家，他发现当时意大利80%的财富集中在20%的人手里，后来人们发现很多数据都符合这一规律，于是称之为帕累托原理。它是根据事物在技术或经济方面的主要特征，进行分类排队，分清重点和一般，从而有区别地确定管理方式的一种分析方法。由于它把被分类对象分成 A、B、C 三类，所以称为 ABC 分类法。

一般情况下，库存物料存在着这样的规律：少数库存物料占用着大部分库存资金；相反，大多数的库存物料只占用小部分库存资金。ABC 分类法就是利用库存资金占用之间的这种规律对库存物料进行分类，如图 7-1 所示。

1）A 类库存物料。A 类库存物料即高值物料，往往占有 75%~80%的库存资金，而其品种数只占库存物料总数的 10%~20%。

2）B 类库存物料。B 类库存物料即中值物料，占有 10%~15%的库存资金，品种数占 20%~25%。

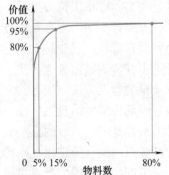

图 7-1 库存物料的 ABC 分类法

3）C 类库存物科。C 类库存物料即低值物科，占有 5%~10% 的库存资金，品种数占 60%~65%。

许多公司在此基础上可做进一步分类。例如，加一个 D 类，或把 A 类再分为 AAA、AA 与 A 共三等。

ABC 分类法的意义在于根据库存物料重要程度的不同，实施不同的库存控制策略。例如，对 A 类物料的订货点、订货量及库存信息的准确性要求比 C 类物料的高很多。

例如，利用 ABC 分类法对 10 种库存物品进行分析。

第一步，列出这些物品及其年度使用量，然后用单位成本乘以年度使用量，得到每个物料的年度使用金额，最后按年度使用金额对这些物料进行降序排序，见表 7-1。

表 7-1　ABC 分析步骤 1

物料编号	物料年用量（件）	单位成本（元）	年度使用金额（元）	序　号
P-201	4000	0.70	2800	5
P-202	11000	3.33	36 530	1
P-108	4000	0.10	400	9
L-101	10 000	0.50	5000	3
L-511	2000	0.14	280	10
L-674	4000	5.40	21 600	2
L-221	16 000	0.08	1280	6
O-821	8000	0.60	4800	4
O-910	10 000	0.07	700	7
O-101	5000	0.09	450	8

第二步，按序号排列这些物料，并计算出累计年使用金额（将所有物料的年使用金额加起来，确定总的年使用金额）。将每个物料的年使用金额数除以总金额，得到每个物料占总使用金额的百分比，在此基础上再计算累计百分比，见表 7-2。

表 7-2　ABC 分析步骤 2

物料编号	物料年用量（件）	单位成本（元）	年度使用金额（元）	所占百分比	累计百分比	序　号	类　别
P-202	11000	3.33	36 530	49.47%	49.47%	1	A
L-674	4000	5.40	21 600	29.25%	78.72%	2	A
L-101	10 000	0.50	5000	6.77%	85.49%	3	B
O-821	8000	0.60	4800	6.50%	92.00%	4	B
P-201	4000	0.70	2800	3.79%	95.79%	5	B
L-221	16 000	0.08	1280	1.73%	97.52%	6	C
O-910	10000	0.07	700	0.95%	98.47%	7	C
O-101	5000	0.09	450	0.61%	99.08%	8	C
P-108	4000	0.10	400	0.54%	99.62%	9	C
L-511	2000	0.14	280	0.38%	100.00%	10	C

第三步，检查年使用金额和物料数的分布情况，并根据相对年使用金额和物料数的百分比对物料进行分组。考虑影响物料重要性的其他因素，调整物料分类。假定 A 类物料使用金额占总年度百分比是 80% 左右，B 类所占百分比是 15% 左右，且 B 类物料数占总物料数的 30%。则 A 类将包括第一与第二两种物料，第三到第五这三类物料将属 B 类物品，其余 50% 的物料将属 C 类。此例的 ABC 分析结果见表 7-3。

表 7-3　ABC 分析结果

物　　料	占总物料数的百分比	每组的年使用金额（元）	占总金额的百分比
A 包括 P-202，L-674	20%	58 130	78.72%
B 包括 L-101，O-821，P-201	30%	12 600	17.07%
C 包括所有其他物料	50%	3110	4.21%
总计	100%	73 840	100%

如果把最大精力集中在对 A 类物品的管理上，可使其库存压缩 25%。这就会使总库存成本显著下降，即使 C 类物品由于控制不严库存增加了 25% 也不要紧。

（2）基于 ABC 分类法的库存管理策略

1）控制程度。对 A 类物品，尽可能地严加控制，包括：最完备、准确的记录，最高层监督的经常评审，供应商按订单频繁交货，车间紧密跟踪以压缩提前期等。一般可以每月或每周盘点一次。

对 B 类物品，做正常控制，包括良好的记录与常规的关注，一般可以每季或每月盘点一次。

对 C 类物品，尽可能使用最简便的控制方法，诸如定期目视检查库存实物、简化地记录或采用最简单的标志法表明存货已经补充了，采用大库存量与订货量以避免缺货，在安排车间日程计划时给予低优先级。一般可以每年或每季盘点一次。

2）库存记录。A 类物品是重点库存控制对象，要严格按照物品的盘点周期进行盘点，检查其数量与类别情况，并要制定不定期检查制度，密切监控该类物品的使用与保管情况，要求准确、完整与明细地记录，频繁地甚至实时地更新记录。对事务文件、报废损失、收货与发货进行严密控制。

B 类物品只需正常地记录处理，成批更新。

C 类物品不用记录（或只用最简单记录），成批更新，以大量计数予以简化。

3）优先级。在一切活动中给 A 类物品高优先级以压缩其提前期与库存量。对 B 类物品只要求正常的处理，仅在关键时给予高优先级。给 C 类物品最低的优先级。

4）订货过程。对 A 类物品提供仔细、准确的订货量、订货点与 MRP 数据，对计算机数据需用人工核对，再加上频繁地评审，以压缩库存。

对 B 类物品，每季度或当发生主要变化时评审一次经济订货批量与订货点，MRP 的输出按例行公事处理。

对 C 类物品不要求做经济订货批量或订货点计算，订货往往不用 MRP 做计划，手头存货还相当多时就按上一年的供应量进行订货，使用目视评审。

ABC 分类法简单、易用，长期以来为许多企业所采用，但 ABC 分类法主要用于最终物料，其核心是控制关键物料。

（3）分区分块法　为了提高盘点的效率，将库存项目按所在的区域分组，这种方法常用于分区存放系统以及在制品或中间库存的盘点。对每个区整个盘查一次，并与库存记录相比较，分区管理员以一个固定周期进行盘点。

（4）存放地点审查法　通常每个库房内都有很多库位。如果物料放错了地方，正常的周期盘点就不能进行，存放地点审查法用于准确地确定物料的有效地点。使用这种方法时，所有的库位都做了编号，每个盘点周期对特定的物料进行检查，通过对每个库位上的物料代码与库存记录中的进行比较，核实每项物料所在的库位。这种方法是容易实施的，因为它只需要核查物料代码而不需要检查物料的数量。

盘点方法的选择取决于库存系统的实际情况。对于快速周转的物料项目，分区分块法是有效的方法；对于有许多库位的库房，ABC 分类法和存放地点审查法结合使用将会更有效。

周期盘点可以当作一项制度，同时也允许在特别需要时做一次特别盘点。经过周期盘点，应产生一份周期盘点报告，其中包括所盘点的物料代码、存放地点、度量单位、原记录数量、盘点数量等重要信息。如果盘点结果与库存记录之间出现偏差，则要进行分析。如果偏差在计数容限范围内，则将库存记录调整为盘点结果；如果偏差超出了计数容限，则做一个"错误"标记，留待进一步处理，其中包括查找错误原因并采取有效措施予以消除。

7.3　库存控制方法

经过前面的分析可以得出以下结论：如果库存量过低，则不能有效地满足生产和销售的需要；如果库存量过高，则造成流动资金压力、存货成本增高等问题。那么，什么样的库存量才是合适的呢？下面介绍几种常见的库存控制方法。

7.3.1　固定订货批量法

固定订货批量（Fixed Order Quantity，FOQ）法，是指每次的订货数量相同，但订货间隔期不一定相同。它一般用于订货费用较大的物料。固定批量的大小是根据直观分析和经验判断而决定的，也可以以净需求量的一定倍数作为批量。

固定批量法在实际中应用较多，它将物料的订货规定一个固定的批量，在 MRP 计算时将净需求量与此固定批量进行比较，若净需求量小于或等于该批量，则计划订购等于批量；若净需求量大于该批量，则按净需求量订货，以保证满足计划需求。

固定批量由下列因素确定：

1）由于制造过程生产能力的限制，如一炉钢生产量为 200t，或热处理炉能力为 200kg。订货数量低于生产负荷能力，经济效益会受影响，因而将它们定为固定批量。

2）运输能力受包装容器大小的限制。

3）物料尺寸和重量的限制。

4）逻辑上的订货倍数（如打、箱等）。

假设某物料的订货凭经验确定量是 60 件。其中，9 个时区的净需求量数值如下，则利用固定订货批量法计划订货量（见表 7-4）。

表 7-4 固定订货批量法

时区（月）	1	2	3	4	5	6	7	8	9	总计
净需求量（件）	35	10		40		20	5	10	30	150
计划订货量（件）	60			60					60	180

7.3.2 经济订货批量法

经济订货批量（Economic Order Quantity，EOQ）法是固定订货批量模型的一种，可以用来确定企业一次订货（外购或自制）的数量。当企业按照经济订货批量法来订货时，可实现订货成本和储存成本之和最小化。

订货批量概念是根据订货成本来平衡维持存货的成本。了解这种关系的关键，是要记住平均存货等于订货批量的一半。因此，订货批量越大，平均存货就越大，相应地，每年的储存成本也越高。然而，订货批量越大，每一计划期需要的订货次数就越少，相应地，订货总成本也就越低。把订货批量公式化，可以确定精确的能使订货和储存的年度联合总成本最低的订货量。使订货成本和储存成本总计最低的点代表了订货总成本。

购进库存商品的经济订货批量是指能够使一定时期购、存库存商品的相关总成本最低的每批订货数量。企业购、存库存商品的相关总成本包括购买成本、相关订货成本和相关储存成本之和。经济订货批量（EOQ）模型如图 7-2 所示。

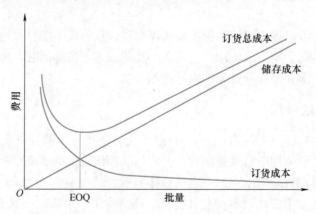

图 7-2 经济订货批量（EOQ）模型

确定经济订货批量（EOQ）的公式为

$$EOQ = \sqrt{\frac{2RS}{IC}}$$

式中，R 为年需求量；S 为一次订货成本；I 为年储存成本占平均库存值的百分比；C 为物料单价。

假定例中的时区单位是月，并假定各种有关的成本数据为：$S=100$ 元，$C=50$ 元/件，$I=0.24$。年需求量可从 9 个月的需求量推算出来，即 $9:150=12:R$，求得 $R=200$ 件。

将这些数据代入上式，求得：EOQ=58 件。

用 EOQ 法确定批量的结果见表 7-5。

表 7-5　经济订货批量法

时区（月）	1	2	3	4	5	6	7	8	9	总计
净需求量（件）	35	10		40		20	5	10	30	150
计划订货量（件）	58			58				58		174

经济订货批量模型有如下假设条件：

1）外部对库存系统的需求率已知，需求率均匀且为常量。

2）一次订货量无最大最小限制。

3）采购、运输均无价格折扣。

4）订货提前期已知，且为常量。

5）订货成本与订货批量无关。

6）储存成本是库存量的线性函数。

7）不允许缺货。

8）补充率为无限大，全部订货一次交付。

9）采用固定量系统。

7.3.3　按固定时区需求量确定批量法

按固定时区需求量确定批量（Fixed Period Quantity，FPQ）法。首先确定每批订货所要覆盖的时区数，然后由所覆盖的几个时区内的需求量来确定批量。在这里，时间间隔是常数，而批量是变数，这是和固定订货批量法正好相反的。按覆盖 2 个时区的需求量来确定批量，计算结果见表 7-6。

表 7-6　按固定时区需求量确定批量法

时区（月）	1	2	3	4	5	6	7	8	9	总计
净需求量（件）	35	10		40		20	5	10	30	150
计划订货量（件）	45			40		25		40		150

7.3.4　时区订货批量法

时区订货批量（Period Order Quantity，POQ）法。POQ 法是属于先假设需求时间后确定该时区的需求量。在实际操作中，先利用 EOQ 法确定理论的 EOQ，然后求出经济订货次数 $n = R / EOQ$，最后由全年的时区数 N 比上订货次数 n，得到订货间隔。时区订货批量法的计算结果见表 7-7。

表 7-7　时区订货批量法

时区（月）	1	2	3	4	5	6	7	8	9	总计
净需求量（件）	35	10		40		20	5	10	30	150
计划订货量（件）	85					65				150

7.3.5 按需订货法

按需订货（Lot For Lot, LFL）法，是根据各时的净需求量来决定订货量，需要多少订多少，也称为直接批量法，计算结果见表 7-8。每当净需求量改变时，相应的订货量也随之动态地调整。采用这种方法也可以降低物料存储成本，因而常用于价值较高和需求极不连续的外购件及制造件。

表 7-8　按需订货法

时区（月）	1	2	3	4	5	6	7	8	9	总计
净需求量（件）	35	10		40		20	5	10	30	150
计划订货量（件）	35	10		40		20	5	10	30	150

7.3.6 最小单位费用法

最小单位费用（Least Unit Cost, LUC）法的订货批量是变动的，根据一个或几个后续计划时区内的净需求量来确定批量，使订货批量与净需求量相等。LUC 法吸收了 EOQ 法中关于使订货成本与储存成本之和最小的思想，但是采用的手段不同。

LUC 法实际上是一种试探法。为了确定订货批量，LUC 法要考虑这样的问题：该批订货应该等于第 1 时区的净需求量，或是等于第 1、2 两个时区的净需求量之和，还是等于第 1、2、3 三个时区的净需求量之和？为此，LUC 法要算出以上三种批量对应的"单位成本"（即单位订货成本加上单位储存成本）。单位成本最小那个批量将作为订货批量。表 7-9 说明了第 1 时区订货批量应取 45 件的计算过程，以后的订货批量可类似地计算，其结果见表 7-10。

表 7-9　最小单位费用计算

时区数（月）	净需求（件）	存时区	一次订货（件）	储存成本（元）	单位储存成本（元）	单位订货成本（元）	单位费用（元）
1	35	0	35	0	0	2.86	2.86
2	10	1	45	10	0.22	2.22	2.44
3	0	2		10	0.22	2.22	2.44
4	40	3	85	130	1.58	1.18	2.76

表 7-10　最小单位费用法

时区（月）	1	2	3	4	5	6	7	8	9	总计
净需求量（件）	35	10		40		20	5	10	30	150
计划订货量（件）	45			60			45			150

7.3.7 最小总费用法

最小总费用（Least Total Cost, LTC）法。该方法属于同时确定时间与供应量，依据计划期内的订货成本越接近储存成本时，这个计划期内所有批量订货成本与储存成本之和也越小的原理，先计算出经济单位库存时区量（Economic Part Period，EPP），然后分别计算出随时延伸的物料储存成本，取储存成本最低 EPP 的值的订货时区数和订货量。EPP 是指存储一个时区使订货成本与储存成本相等的量，因此 EPP 的计算方法为

$$EPP = S/(IC)/12$$

代入上述假设数据可得 EPP = 100 元。LTC 的计算过程见表 7-11。

表 7-11 最小总费用的计算过程

时区（月）	净需求（件）	存放时区数	可能的批量（件）	库存保管费用累计（元）
1	35	0	35	0
2	10	1	45	10
3		2		
4	40	3	85	130
5		4		
6	20	5	105	230

于是，应选 85 件为第一个订货批量，这是因为其对应的库存单位时区值 130 元比较接近于计算出的 EPP 的值，这批订货可以满足第 1 至第 5 时区的需求。用同样的方法可以确定第二个订货批量为 65 件，可以满足第 6 至第 9 时区的需求。最小总费用法计算结果见表 7-12。

表 7-12 最小总费用法

时区（月）	1	2	3	4	5	6	7	8	9	总计
净需求量（件）	35	10		40		20	5	10	30	150
计划订货量（件）	85					65				150

综上所述，某一物料采用不同的订货批量确定方法，其订货量和订货时间是不相同的，形成的库存量也不相同。采用 LFL 法的库存量最小，采用 EOQ 法计划期内所耗用成本最低。企业在实际确定订货批量时，还要根据具体的各种订货因素确定。

7.4 库存管理系统与 ERP 其他业务系统的关系

ERP 的各个子系统之间相互关联、密不可分，每个子系统都无法独立存在。库存管理与生产计划管理、车间管理、采购管理、财务管理、销售管理等管理部门都有着密切的关系，如图 7-3 所示。

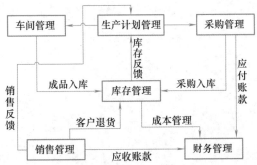

图 7-3 库存管理系统与 ERP 其他业务系统的关系

生产计划管理部门将生产计划信息传递至采购管理部门和车间管理部门进行原材料采购和产品生产。车间管理部门将成品移送至仓库交由库存管理部门管理；采购部门将采购的原材料移送至仓库进行库存管理；销售管理部门会将客户退货的产品移送至仓库进行再次保存。

库存管理部门同样会将仓库的信息反馈给生产计划管理部门，使其及时调整生产作业计划；仓库管理人员也会反馈信息给财务管理人员，告知目前库存成本，使其及时调整资金使用方向。

思 考 题

1. 简述库存的目的和作用。
2. 什么是安全库存？
3. 什么是安全提前期？
4. 简述库存管理作业内容。
5. 库存控制方法有哪些？
6. 确定订货批量的方法有哪些？
7. 最小单位费用法和最小总费用法有什么区别？
8. 请简述 ABC 分类法的概念，陈述物料划分的标准。

第8章 财务管理与成本控制

中国航空技术国际控股有限公司(简称中航国际) 是我国改革开放初期设立的大型进出口贸易公司，在我国拥有航空防务产品进出口的经营权。随着改革开放的不断深入，以及经济全球化的影响，对外贸易市场竞争越来越激烈，客户对产品和服务的要求也越来越苛刻，个性化、低成本、质量高还要及时响应；而公司当时的状况是生产成本不断攀升，订货数量不断减少，产值、利润不断下滑；公司经营和管理受到了的挑战，面临着来自内外的多重压力，公司需要重整战略，并进行改革。

2004 年，公司引进 ERP 系统。考虑到财务对于公司来说很重要，若在 ERP 实施过程中业务不能顺利进行，公司将会遭受严重损失。领导认为 ERP 是公司战略行为，任何部门都不能除外，财务作为公司的重要部门，更应引进 ERP 系统。但随着 ERP 系统的上线，财务部门展开了攻坚战。新旧系统并行操作，极大地增加了财务部门人员的工作负担。同时，ERP 系统刚上线，部门员工对系统的熟练程度不高、报销流程复杂、效率低等问题接连出现。领导意识到必须培训员工熟悉 ERP 系统，实现管理精细化、操作规范化、业务流程整合、实施批次管理等。这促使原本耗时 15 分钟的报销单处理缩短到了 4 分钟，提高了工作效率。财务的准确和实时性对于企业管理层的决策起到了积极的作用，极大地推动了企业在整个竞争环境中的前进步伐。

由于 ERP 系统的不断普及，公司专门设置了 ERP 相关的职位，并且要求员工定期参加有关 ERP 系统的培训，ERP 相关的能力成为岗位必须具备的能力。项目组在快速推进系统的应用，不断地加强沟通、支持、考核，消除系统中的各种问题，通过二次开发和系统的优化来改善客户的体验。慢慢地，员工在潜移默化中熟悉了 ERP，尝到了使用 ERP 的"甜头"，抱怨的声音渐渐消失了。经过几年的 ERP 实施，中航国际在信息化建设方面取得了优异成绩。ERP 系统提高了中航国际获取信息和响应的速度，甚至可以提供 24 小时全天候服务。中航国际年销售收入和客户订单量数量稳步提升。

案例思考

企业财务部门实施 ERP 的动因是什么？财务部门安装 ERP 系统后，为企业带来了哪些显著效益？对企业成本管控有何助力？

本章概要

　　财务管理是 ERP 运行的资金流监控。随着企业对业务伙伴、第三方生产商和外包商依赖性的增强，企业经济过程的高度复杂已经不足为奇，空前增长的财务需求不仅要求所有企业过程相集成，而且也成为所有企业部门的管理工具之一。企业希望通过财务管理系统进行更多的协调和控制。

　　本章主要对界定了财务资源，区分了财务会计和管理会计，阐述了传统财务处理中存在的问题，并重点介绍了 ERP 中的财务管理系统，最后提出了财务分析与财务决策的概念、方法和发展趋势。

　　通过本章的学习，在了解财务管理基本内容的基础上，掌握 ERP 总账管理、应收账款管理、应付账款管理、固定资产管理、资金管理、工资管理和成本管理相关概念与内容，基于标准成本体系，进一步理解财务管理各组成部分的主要功能和业务流程，熟悉财务分析与决策的方法，理解财务管理与企业内其他业务之间关系，为后续实验的顺利进行夯实基础。

8.1　财务管理概述

　　复杂多变的经济市场给企业带来了紧迫感，市场所有参与者都会密切注视企业经营行为及其经济后果，以便及时做出决策。那么应该根据什么来评估企业的业绩，做出较为可靠的决策呢？主要是依据企业财务部门所提供的信息，即会计信息。这些信息涉及一个企业的资金（包括运用和来源）、成本和盈利，反映了指定日期的财务状况、指定期间的经营业绩和现金流量。

8.1.1　财务会计与管理会计

　　会计是以货币作为反映方式，对经济业务进行核算和监督的一种管理活动。

　　会计业务是指由确认、计量、记录、报告、分析、预测（计划）、评估等一系列元素（环节）有机构成的集合，跟踪生产和经营的全过程，捕捉需要处理的数据，通过加工转换，使之成为可以用于评估企业生产经营效率和收益，可用货币予以量化的信息。

　　现代会计学将向企业外部提供财务信息的会计事务称为财务会计，将为企业内部提供财务信息的会计事务称为管理会计。它们共同使用一个重要的（但不是唯一的）信息源——以复式簿记为基础的传统会计的数据，分别生成的财务会计信息（表现为对外的财务报告）和管理会计信息（表现为预测、计划、评估方案等），两者既互相配合、渗透，又互相利用，特别是成本会计，有机地将两者紧密联系在一起。两者的联系有：

　　（1）两者是现代会计两大基本内容　管理会计与财务会计源于同一母体，共同构成了现代企业会计系统的有机整体。两者相互依存、相互制约、相互补充。

　　（2）两者的最终目标相同　管理会计与财务会计所处的工作环境相同，共同为实现企业、企业管理目标和经营目标服务。

　　（3）相互分享部分信息　管理会计所需的许多资料来源于财务会计系统，其主要工作内容是对财务会计信息进行深加工和再利用；财务会计也有所需的资料来源于管理会计系统。管理会计信息有时也使用一些与财务会计并不相同的方法来记录、分析和预测企业经营状况。

然而，财务会计重点在于报告财务状况和运营状况；管理会计对企业的管理层提供信息，作为企业内部各部门进行决策的依据，没有标准的模式，也不受企业会计准则的控制。因此，财务会计和管理会计均有特定的目标以及相应的处理程序和方法，从而形成不同的体系结构，其区别见表 8-1。

表 8-1　财务会计与管理会计的主要区别

对比项目	财务会计	管理会计
会计主体	整个企业为工作主体	企业内部各层次的责任单位为主体
基本职能	向股东、债权人、政府主管部门提供会计报表	向企业管理当局和有关管理人员提供会计报表
对象属性	企业外部	企业内部
保密属性	对外公开发布	不对外公开，属于企业内部保密信息
报表内容	资产负债表，损益表，现金流量表等	成本物料单，成本差异分析报表，其他各种分析报表等
报表格式	固定格式（国家会计制度）	非固定格式（企业标准）
时间属性	按规定时间（年月），定时发布信息	按管理需求定时或不定时报告企业信息
信息特征	大多为过去时态	跨越过去、现在和未来三个时态
约束条件	以国家会计制度、准则、法规为准绳，并符合其规范	不受公认会计准则限制，以满足企业成本效益分析要求为准

ERP 财务管理系统涉及的会计事务既有财务会计又有管理会计内容，如 ERP 中的财务总账、应收账管理、应付账管理、固定资产管理、工资管理、出纳管理等子系统均属于日常财务会计管理内容，而 ERP 系统中的成本管理则属于管理会计范畴。

8.1.2　财务业务特征及运作流程

1. 财务业务的特征

企业的财务作业旨在提供正确及时的会计信息给企业内外的信息客户，供其做决策参考，因此一般企业的财务作业有以下几项特色：

1）财务作业是所有企业的必需业务。

2）企业内部唯一需要遵循外部客户数据处理规范要求的流程。

3）数据处理量大。

4）以处理真实数据为主。

2. 财务会计业务流程

各企业的财务作业流程彼此之间虽不免有些许差异，但大致上都会遵循公认的会计原则来设计其作业流程一般模式。以图 8-1 来说明财务会计作业流程的一般模式。

一般财务作业流程是一连串企业对其所营运的经济事件或交易加以确认、分类、记录与汇总的全部过程。可以将其分为以下七个阶段：确认、记录分录、过账、试算、调整、结账、编表。

1) 确认阶段。交易事件发生后，先确认其是否为财务应处理的经济事务，并同时将交易事件加以分类。

2) 记录分录阶段。在确定交易事件是财务系统应该处理的事件，并确定所属会计科目之后，决定其会计分录的借贷方向与借方贷方金额，根据交易的时间顺序，分别记入日记账。

3) 过账阶段。因为会计分录是根据交易的先后顺序记载的，所以只能提供每日交易情况的信息，无法显示个别会计科目的变化情形，因此财会作业的下一阶段便是在过账阶段将按时间先后顺序记录的会计分录转为按会计科目记录的分类账。

4) 试算阶段。为检查记录分录或过账是否正确无误，在试算阶段，可将分类账各账户总额与余额汇总到一处，检查借方金额与贷方金额是否相等。

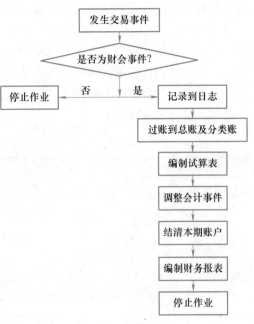

图 8-1　财务会计作业流程的一般模式

5) 调整阶段。通常是在会计期间完成时，将会计分类账内总分类账户所记录的金额，根据期间内发生的事实状况加以调整。

6) 结账阶段。为分清各会计期间的销货收益、费用及成本等绩效权责，在会计期间完成时，将各项收入、费用账户结清，并将资产、负债及所有者权益等账户的期末余额结转为下期的期初余额。

7) 编表阶段。结账完毕或客户要求财务输出信息时，汇总编制成各种财务报表。

这七个阶段的作业主要是将在会计期间内在企业内发生的所有经济或会计事件依发生的先后顺序经确认后加以记录，再将类似的交易以累积或求和的方式处理后，于期末以标准化的格式汇报给组织内外的所有客户。当企业长时间经营下去时，交易事件不断发生，财务会计便不断地进行确认、记录分录、过账、试算、调整、结账及编表的作业，周而复始、循环往复，即称为会计循环。

3. 管理会计业务流程

管理会计主要是对成本部分进行比较，做出财务分析报表，提供给企业的管理层以辅助决策。在此主要介绍管理会计中成本管理的业务流程。

为加强成本管理控制，需要进行成本预测、决策，并按照管理需要对成本管理结果进行分析处理。成本管理的主要流程如图 8-2 所示。

1) 车间作业管理过程的生产领料单数据传递到成本环节。

2) 根据生产任务单确定投入产量并将数据传递到成本环节。

3) 根据产品入库单确定完工产品数量并将数据传递到成本环节。

4) 采集废品产量、劳务耗用量和在制品数据。

5) 从固定资产、工资等环节获得折旧费用、人工费用和其他费用数据。

6) 计算成本，并将成本核算结果通过凭证定义生成转账凭证，并传递到总账处理。

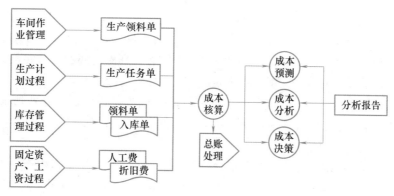

图 8-2　成本管理的主要流程

7）依据历史成本数据和未来成本目标进行成本预测，生成分析报告。

8）成本分析。主要从成本结构、成本类型、不同期间成本三个角度对成本升降原因进行分析，生成分析报告，为企业的成本决策提供重要信息。

9）利用本量利分析模型等进行盈亏临界点分析、目标利润分析和产品定价决策，生成分析报告。

8.1.3　传统财务处理中存在的问题

随着全球化步伐的加快和信息技术的日趋成熟和广泛应用，企业需要快速并准确地了解市场信息以及企业内部的生产经营状况，但是由于信息量的剧增以及需要提取的报表越来越复杂，传统的手工财务处理方式已经难以满足企业的生产、决策要求。

1. 财务会计中存在的问题

在财务会计活动中以下几个方面容易出现问题：

（1）生成财务报告困难，信息披露不完整　传统财务报表提供的信息主要是面向过去的历史信息，统一运用货币计量，缺少对使用者未来决策有重要参考价值的信息。

（2）信息相关性差，不易提供有用预测　传统财务报表模式是立足于企业已发生的确定性交易和事项，这些事项的分类对使用者决策所需信息相关性较低。比如财务上的产品完全成本，是将所有费用分摊完毕之后的产品成本，几乎失去了对经营品种指导定价的意义。同时，传统的财务管理也无法对大量的信息进行快速处理，无法提供用于计划和经营控制的有用预测，以及无法提供实时的信息流供管理者进行实时决策。

（3）信息无法实现实时共享，滞后性严重　很多企业可能已经拥有了独立职能部门的信息系统，这些未集成的信息系统主要为了处理部门内部的业务，其次才是提供数据信息给会计系统。很多情况下，数据共享不能及时实现，会计部门的数据无法及时更新。

传统的以历史成本为基础的财务报表，不能客观反映会计期末资本的真实价值或现行成本、变现价值，不考虑不同程度的通货膨胀和资金的时间价值。以历史成本为基础提供的会计信息不能如实反映企业当期的财务状况和经营成果，完全失去了对企业经营业务的指导作用，远远不能满足管理者对企业未来财务潜力、企业价值、市场占有率、企业财富变动等信息的需求。

2. 管理会计中存在的问题

管理决策者运用会计数据进行盈利分析。当数据不准确或不完全时，分析就会出现失误。从企业角度看，有以下两个主要原因：

（1）记录没有一致性　企业的职能部门对一个活动确实保持着同样的数据，但每个部门的系统都创建于不同时间，采用不同的系统。为回答管理层的问题，需要重新输入电子表格（或其他数据库）中的数据，浪费了大量时间。

（2）不准确的存货——成本核算　正确计算库存成本是任何制造企业所面临的重要并富于挑战性的会计任务之一。管理者需要知道制造单位产品所需的花费，这样就能够确定产品是否盈利。

同时，许多信息系统未集成的企业很少分析成本差异，企业不知道生产一单位产品的实际成本是多少。

企业利用财务资源来取得各项生产设备、原材料等资源。财务资源是企业经营运作的根本。如何有效地管理其财务资源，奠定持续经营的基础，是所有企业都非常重视的问题。根据上面所分析的传统财务处理中存在的问题，ERP 系统提供财务管理系统模块，帮助经营管理者了解与评估企业经营绩效。

8.2 财务管理系统

ERP 系统中的财务管理系统包含财务会计和管理会计两部分内容。ERP 系统的财务管理一般分为以下三大部分：

1）财务管理。它是指传统的财务管理，包括财务管理、应收、应付、工资核算理、现金管理、材料、销售核算等业务。

2）固定资产管理。固定资产管理描述 ERP 系统对企业固定资产的管理。

3）成本管理。成本管理描述成本核算、成本控制等业务的有关理论与实现。

ERP 系统财务管理集成了采购管理、销售管理、库存管理、设备管理、固定资产管理等所有与企业有关的财务活动，因而它比单一的计算机财务系统集成度高，信息处理及时。根据集成财务系统的特点，通常将财务管理系统分为总账管理模块、应收账款管理模块、应付账款管理模块、银行账管理模块、现金管理模块、固定资产管理模块、工资管理模块和成本管理模块等，各模块关系如图 8-3 所示。

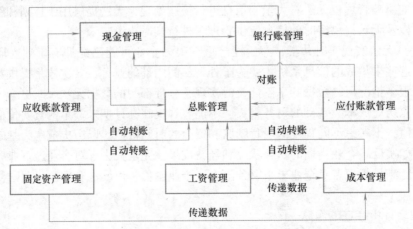

图 8-3　集成财务系统各模块关系

8.2.1 财务管理系统的基本职能

1. 总账

本质上讲，总账（General Ledger）是企业所有业务交易的完整记录。总账及整个财务信息系统的范围，包括库存管理模块的物料进出单据、应收模块和应付模块的收款单等交易明细资料。总账处理包含记账凭证输入、编制记账凭证，输出日记账、明细分类账和总分类账，编制主要会计报表工作。总账账务处理流程图如图 8-4 所示。

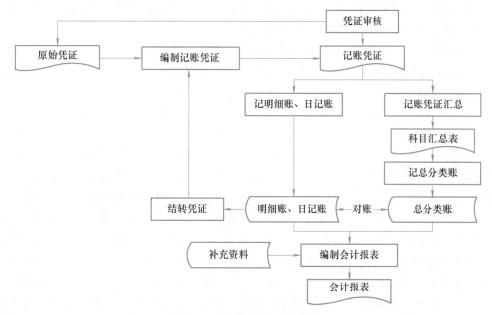

图 8-4 总账账务处理流程图

（1）企业的会计循环 企业在一个会计期间内，其会计工作必须经历填制和审核会计凭证、登记账簿、结账与编制会计报表、会计报表分析利用等一系列会计程序。这些会计程序从一个会计期间的期初开始，至会计期末结束，并循环往复、周而复始。

1）填制和审核会计凭证。首先，取得或编制原始凭证，即企业发生经济业务和会计事项后，必须取得或编制有关原始凭证，然后由会计人员对性质相同的原始凭证汇总后，作为记账的依据。其次，编制记账凭证，即会计人员根据审核无误的原始凭证或原始凭证汇总表，根据已设置的账户，采用复式记账原理，编制记账凭证。

2）登记账簿。根据审核无误的记账凭证中的借方、贷方账户和金额，登记日记账、明细分类账和总分类账。根据权责发生制的原则，调整有关账户的经济业务，处理会计期间需要递延或预记的收入和费用项目。

3）编制会计报表。根据结账的账户余额、本期发生额和相关资料，编制资产负债表、利润表、现金流量表等会计报表。

（2）会计程序中涉及的凭证、账簿和报表

1）原始凭证。原始凭证，又称原始单据，是在经济业务发生或完成时取得或填制的，用以记录、证明经济业务已经发生或完成的原始证据，是进行会计核算的原始资料，如购买商品时取得的发票、材料入库时填制的入库单。原始凭证按照填制人的不同，可分为外来原始凭证和自制原始凭证两种。外来原始凭证一般包括发运单、购货发票、银行进账单等凭证，自制原始凭证一般包括领料单、工资结算单、费用分配表等凭证。

2）记账凭证。记账凭证是会计人员根据审核无误的原始凭证或汇总原始凭证，按照经济业务的内容加以归类、整理，用来确定会计分录而填制的直接作为登记账簿依据的会计凭证。编制记账凭证可以看成一种"翻译"工作，会计人员通过记账凭证用会计特有的语言重新描述了企业发生的经济业务。记账凭证通常有收款凭证、付款凭证和转账凭证三种。

3）日记账。日记账又称序时账，是按照经济业务发生的先后顺序登记的账簿。日记账一般分为两种，即现金日记账和银行存款日记账。

4）明细分类账。明细分类账简称明细账，是根据记账凭证或原始凭证登记的一种账簿。每一企业必须设置各种明细分类账。明细分类账簿的账页格式一般需要根据所反映内容的不同，在借贷余三栏式、数量金额式和多栏式中选择。

5）总分类账。总分类账简称总账，是根据总分类科目设置的，一个企业都要有一本总账，而且只能有一本。总账的账页格式采用三栏式。

6）会计报表。财务报告包括会计报表（主表和附表）、会计报表附注和财务情况说明书。会计报表是财务报告的主干部分，是以企业的会计凭证、会计账簿和其他会计资质为依据，以货币作为计量单位，总括地反映企业的财务状况、经营成果和现金流量，按照规定的格式、内容和填报要求定期编制并对外报送的书面报告文件。由于它一般以表格的形式简明扼要地体现出来，因而称为会计报表。企业应该对外提供的会计报表主要包括资产负债表、利润表和现金流量表。会计报表附注是财务报告不可缺少的组成部分，是对会计报表本身难以充分表达或无法表达的内容和项目，以另一种形式（如脚注说明、括弧旁注说明等文字形式）对会计报表的编制基础、编制依据、编制原则和方法以及主要项目所做的补充说明和详细解释。财务报告体系中包括一定量的会计报表附注，可以提高会计报表内有关信息的可比性，增进会计报表内有关信息的可读性，详细说明、重点披露，突出有关会计信息的重要性。

（3）总账的功能　在 ERP 系统中，总账模块主要的功能有：定义会计核算单位，定义会计科目和会计期间，定义记账本位币、税率、银行账号，通过手工输入或自动生成的方式制作各类记账凭证，记账凭证过账，建立日记账、总账和明细账，进行试算平衡并编制试算平衡表，计算费用摊销，编制资产负债表、利润表和现金流量表，提供多公司账务合并和公司内部往来账务处理，自动制表计算汇兑损益。账务处理系统的基本功能模块如图 8-5 所示。

2. 应收账款

（1）概念　应收账款是指企业因销售商品、材料、物资或提供劳务等业务应向客户收取的账款。应收账款可以按照不同货币和不同客户设立账户。在应收账款的账务处理中，往往会产生各种应收票据，如期票、汇票和支票，这些应收票据要有收到和签发的处理、到期收回和偿付处理、贴现处理、票据登记处理，还要有坏账处理和客户账龄报告和分析。

应收账款记录和管理客户的核算资料是销售管理的一部分，同时应收账款的所有交易（如应收账款的产生、收款作业等）资料也将进入总账系统，即应收账款系统不仅是财务会计的一部分，还通过与销售系统集成，向销售系统提供有效进行客户管理所需的信息。账务处理系统的基本功能模块如图 8-5 所示。

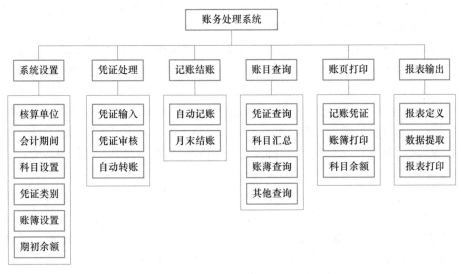

图 8-5　账务处理系统的基本功能模块

（2）功能　应收账款管理模块主要包含以下功能：

1）发票管理。将订单信息传递至发票，并按订单查询发票和信用证，列出需要审核的发票和信用证，打印已审核的发票和信用证，提供发票调整的审计线索，用于查询历史资料。

2）客户管理。提供有关客户的信息，如使用币制、付款条件、折扣代号、付款方式、付款银行、信用状态、交易信息（如交易金额、折扣额）等。

3）付款管理。付款管理提供多种处理方法，如自动处理付款条件、折扣、税额和多币种的转换，列出指定客户的付款活动以及指定时期内的信用证的应用情况。

4）账龄分析。建立应收账款客户的付款到期期限，以及为客户打印结算单的过期信息，并打印对账单。

5）生成借贷通知单。当发票过账至应收账款，产生汇票、计算财务费用、接受未指定用途的付款都会产生借贷通知单，并且所有借贷通知单的金额将会按客户进行汇总。

6）生成会计分录。应收账款管理模块能够自动地生成有关应收账款的全部会计分录，这些分录可以自动过到总账中去，当然在过账之前，需要认真地检查会计分录是否准确无误。

3. 应付账款

（1）概念　应付账款是企业应付的购货账款，是企业向外赊购商品的会计处理。企业在购入商品时，按照发票价格分别记入仓库相关账户和应付账款账户，如果附有折扣条件，则在按期偿付账款时，将取得的折扣数额直接冲减应付账款余额。

在应付账款的账务处理中，往往会产生各种应付票据，如期票、汇票和支票，这些应付票据要有发出和签发处理、到期偿付处理、贴现处理、票据登记处理以及税金的处理和账龄分析。应付账款记录及管理供应商和委外商品的核算资料，成为采购管理和委外管理的一部分，同时应付账款的所有交易（如应付账款的产生、付款作业等）资料也将进入总账系统。

（2）作用　ERP 系统中应付账款管理模块的主要作用如下：

1）减少处理应付账款的时间。ERP 系统的应付账款管理模块简化了发票付款的处理流程，在发票与采购入库匹配时，大大减少了执行三方核对的时间。

2）改进现金支付控制。现金支付控制保证了由供应商开出的所有发票以及开给供应商的所有支票都经过了审核。这样，很容易在支票发出前的付款处理的任何一步验证入库和付款信息。支票发出以后，也可以执行支票核对。

3）提高商业信用。应付账款管理模块可以协助企业及时向供应商付款并获得折扣，由此获得更大的优惠。利用该功能能够更好地理解现金需求，有更多的时间进行决策。应付账款管理模块协助企业更有效地利用商业信用、改进现金周转、发票自动传递功能，从而避免了重复劳动。

（3）功能　应付账款管理模块主要具有发票管理、供应商管理、付款管理、账龄分析等功能。

1）发票管理。将发票输入后验证发票上所列物料的入库情况，核对采购订单物料，计算采购单和发票的差异，查看指定发票的所有采购订单的入库情况，列出指定发票的有关支票付出情况和指定供应商的所有发票和发票调整情况。

2）供应商管理。提供每个物料的供应商信息，如使用币别、付款条件、折扣代码、付款方式、付款银行、会计科目和交易信息。

3）付款管理。可以处理多个付款银行与多种付款方式，能够进行支票验证和重新编号，将开出的支票与银行核对，查询指定银行开出的支票，作废支票。

4）账龄分析。可以根据指定的过期天数和未来天数计算账龄，也可以按照账龄列出应付账款的余额。

4. 固定资产

（1）概念　固定资产是指一个企业在生产经营中使用比较持久的且不打算出售的各项资产。固定资产是企业的重要资源，由于它占用企业大量资金，因此，固定资产管理是企业的一项重要的基础性工作。企业应根据自身的情况制定固定资产目录与分类方法，记录各类或各项固定资产的折旧年限和折旧方法，这些资料可作为企业固定资产核算的依据。

固定资产管理系统的基础数据有固定资产分类、固定资产科目设置（如固定资产、累计折旧等）和固定资产卡片等。企业固定资产的业务处理有固定资产增减、出租与租入修理与折旧等。

（2）主要功能　ERP 系统的固定资产管理模块的主要功能有基础数据维护、固定资产折旧管理、固定资产增减管理、固定资产维修管理和固定资产租赁管理等。

1）基础数据维护。对固定资产分类，定义固定资产科目（如固定资产、累计折旧等），维护和管理固定资产卡片。

2）固定资产折旧管理。所谓资产折旧，是指将固定资产的原始成本分配到使用资产的各个会计期间的过程。固定资产折旧管理通过设置折旧参数和折旧方法来计算折旧费用，并自动生成记账凭证。其中，折旧参数主要包括折旧基数、净残值、折旧年限等。

3）固定资产增减管理。固定资产增减管理包括固定资产的增加和固定资产的减少两个功能。其中，固定资产增加包括投资者投入固定资产、企业购入固定资产、接受捐赠固定资产、盘盈固定资产、融资租入固定资产等处理功能，固定资产减少包括出售固定资产、报废固定资产、事故毁损固定资产、投资转出固定资产、盘亏固定资产等处理功能。

4）固定资产维修管理。固定资产的维修按照其修理范围的大小和修理时间长短，可分为经常性修理和大修理。对经常性修理所需的费用，因数额较小，一般在发生时就直接计入当期损益。对于大修理费用，因数额较大，一般采用预提方法或待摊方法进行处理。

5）固定资产租赁管理。固定资产租赁管理包括对固定资产的租入和租出的租赁合同管理及租金管理。其中，租赁合同将作为计算相应费用的依据，其内容包括租赁起始日期、结束日期、费用计算方法、费用明细、付款方式等。租金管理则分为两种情形：对于固定资产的租入，为取得使用权而发生的租金费用应列入当期的有关成本费用中，租入的固定资产不作为自有固定资产入账，而只需要在备查簿中做辅助登记；对于固定资产的租出，由于只暂时转让固定资产的使用权，资产的所有权并未丧失，因此固定资产仍要反映在租出方的账簿中，并计提折旧，而取得的租金收入则列作当期的其他业务收入。

5. 资金管理

（1）概念　资金管理是对现金、支票、汇票和银行存款的管理的统称。

资金是企业进行生产、经营等一系列经济活动中最基本的要素，资金管理贯穿企业整个生产经营的始末，具有举足轻重的作用，因此，必须建立健全资金管理体制，加强资金管理，从而保证账款相符，保证正常经营和日常支付。一个健全的资金收入和资金支出的管理体制主要表现在：

1）建立明确的资金管理制度，规范日常处理程序。

2）经手资金的出纳与记账会计人员要严格分开，各行其责。

3）资金支出活动和资金收入活动分开，做到收支两条线。

4）所有收入的现金必须每天存入银行，所有支出的现金必须使用支票。

（2）主要功能　资金管理的主要功能模块有：现金管理、银行存款管理、票据管理等。

1）现金管理。回收销售现金收入和应收账款结算处理，以及现金支出的会计处理，购货、退货、折扣的核算。

2）银行存款管理。对银行类账目进行管理，能录入或导入银行对账单，并进行银行对账，以及将银行存款日记账与总账对账，确保资金账实相符。

3）票据管理。对各种本票、汇票等收款票据和支票等付款票据的管理，方便客户管理日常业务票据。在集团资金管理模式下，企业票据信息可以传递到集团结算中心，为集团资金管理提供依据。

6. 工资管理

（1）概念　工资是指用人单位依据劳动关系、法律规定或行业规定，或根据与员工之间的约定，并对员工提供的劳动数量和质量进行考核后，以货币形式对员工的劳动所支付的报酬。

（2）主要功能　工资管理的主要功能模块有：基础信息维护、工资计算和工资报表。

1）基础信息维护。对人员基本信息、工资标准、职务级别等基础信息的维护。

2）工资计算。对员工工作情况，考勤记录情况，工资标准（基本工资、绩效工资、职务工资等）、各种应发项（各种补助、福利等）、各种应扣款（个人所得税、医疗保险费、养老保险等）等原始资料进行加工处理。根据这些原始数据，计算出应付给员工的应发工资和实发工资。

工资计算后，计提费用，进行分配和结转，编制转账凭证。

3）工资报表。查询和打印各类工资发放表、工资汇总表等。

7. 成本管理

企业要使自己的产品占领市场，就必须对其成本进行控制，否则就会失去市场竞争力，从而影响企业的生存和发展。ERP 系统为企业的成本管理提供了工具。把财务和成本管理纳入系统中来，是 ERP 发展过程中的一个重要标志。

成本管理系统主要计算生产成本，即对生产制造进行成本计算，计算工作中心的成本、产品成本、产品标准成本，对其进行成本预测、成本分析。此系统有助于企业进行成本控制，且为销售部门制定正确的销售价格提供不可或缺的数据信息。

（1）成本核算概念 在 ERP 系统中，成本计算是根据产品结构、工作中心、工序、采购等信息进行成本计算工作的，包括人工费、材料费用、生产费用的计算，核算所需要的标准成本以及估计所需要的新成本，并对成本差异做出分析。

成本计算的过程是一个累积的过程，它是按照 BOM 的制定流程反向推进的。有一种类型的 BOM 被称为成本物料清单，如图 8-6 所示，它是成本累积过程的一个说明。

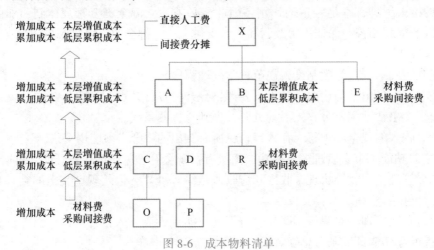

图 8-6　成本物料清单

在物料清单上，除了最底层以外的每一层的成本值均为低层累积值，再加上本层增值成本，而本层的增值成本是由本层的直接人工费加上间接费分摊。而最底层的成本则是由最底层材料费加上采购间接费。

按此成本计算方法，在图 8-6 中，零件 O、零件 P、零件 R 和零件 E 为最底层，它们的成本分别由各自的材料费加上采购间接费而组成。零件 C 的成本由零件 O 的累积成本加上零件 C 的增值成本部分组成，零件 D 的成本由零件 P 的累积成本加上零件 D 的增值成本部分组成。同理，零件 A 的成本分别由零件 C 的累积成本和零件 D 的累积成本加上零件 A 的增值部分组成，零件 B 的成本由零件 R 的累积成本加上零件 B 的增值成本部分所组成。而产品 X 的成本则由零件 A、零件 B、零件 E 的累积成本加上 X 的增值成本部分组成。

ERP 系统成本计算的基本数据包括采购成本、材料定额、工时定额及各种费率等，它们分别记录在物料主文件、物料清单、工作中心和工艺路线等文件中。

这些基本数据中有一些是数量性数据，如工时定额、材料定额；有一些是价格性数据，如材料价格和各种费率。这些基本数据的准确性是成本计算准确的保证。

ERP 系统的成本计算方法采用滚加法，是按物料清单所规定的物料之间的层次、需求关系和制造过程，从产品结构的最低层次开始，从低层向高层逐层累计。成本的发生和累计与生产制造过程同步，随着生产制造过程的进行，在材料信息和生产计划信息动态产生的同时，成本信息也随之产生，使企业在计划、控制物流的同时，也控制了资金流，实现物流、信息流和资金流的统一。

在采用滚加法进行成本计算时，滚加的结构和依据就是产品的物料清单。在物料清单中，处于各个不同层次的物料项目的成本都包含两部分，即本层发生的成本和低层累计的成本。

在一个典型的产品物料清单中，最底层的物料项目都是外购件，即原材料或标准件，它的材料费（采购件费）和采购间接费（采购部门的管理费、运输及保管费等）之和组成产品成本中的直接材料费。其中

$$采购间接费 = 采购件费 \times 采购间接费率$$

此时尚未发生加工成本。

进入上一层以后，如果发生加工装配作业，则发生这一层的直接人工费和制造费，它们的计算公式如下：

$$直接人工费 = 工作中心记录的人工费率 \times 工艺路线记录的工时数$$
$$制造费 = 工作中心记录的制造费率 \times 工艺路线记录的工时数$$

这里的制造费包括可变制造费和固定制造费，它们可以有不同的费率，但计算公式相同。

直接人工费和制造费之和称为加工成本，是物料项目在本层的增值，也称为增值成本。再将加工成本同低层累积成本加在一起，则组成滚加至本层的物料项目成本。

如此逐层由低向高累加，最后到顶层组成最终产品的成本（每一层的成本均由本层增值成本和低层累积成本两部分组成）。

滚加法对于成本分解较细，便于企业按不同要求进行汇总，对实行各种成本计算方法（如品种法、分步法、分批法）都很方便。

如前所述，制造费用是一种间接成本，当其发生时尚不能直接判定所属的成本计算对象。因此要对制造费用先行归集，再定期分摊。这样一来，在进行产品成本计算时，制造费用的计算和分摊都有某种程度的滞后。为了避免这种情况，使制造费用的计算能和直接费用的计算同步进行，则应事先指定制造费率。有了制造费率才能把制造费用分摊到工作中心去。分摊之前先要确定工作中心的能力水平，一般用正常生产条件下的能力小时数来表示。制造费率是在一定产能规模、能力水平和效率的条件下预先制订的，条件发生变化时应进行修订。制造费率的计算公式如下：

$$制造费率 = \frac{预计某个时期的制造费用总额}{预计该时期完成的工作小时}$$

固定制造费和可变制造费的费率是分别计算的。划分这两种制造费的方法很多，基本上是取历史上两个产量差别较大的时期的制造费总额之差除以产量之差，从而求出单位产量的可变制造费，再计算计划期内的可变制造费和固定制造费。

（2）成本差异分析　成本差异分析就是以成本费用预算为依据，将实际成本与预算成本相比较，得出实际成本脱离预算成本的差异，并对差异进行分析，以便查明原因，及时采

取措施，降低成本费用。

1）直接材料成本差异的计算分析。直接材料成本差异的计算公式如下：

直接材料成本差异=实际价格×实际数量-标准价格×标准数量

直接材料成本差异包括价格差异和数量差异两部分，两者的计算公式如下：

材料价格差异=（实际价格-标准价格）× 实际数量

材料数量差异=（实际耗用量-标准耗用量）× 标准价格

一般情况下，材料价格差异应由采购部门负责，材料数量差异应由生产部门负责。但也有例外，由于生产临时急需物料，运输方式改变等引起的价格差异就应由生产部门责。顺差与逆差都要分析，某一顺差可能也会对企业产生不利影响。如果降低质量要求，使用价格较低的材料，短期内可能会增加企业利润，但会降低企业声誉，影响以后的长期利润。

2）直接人工成本差异的计算分析。直接人工成本差异的计算公式如下：

直接人工成本差异=实际工资价格×实际工时-标准工资价格×标准工时

直接人工成本差异包括人工工资价格差异和人工效率差异，两者的计算公式如下：

人工工资价格差异=（实际工资价格-标准工资价格）× 实际工时

人工效率差异=（实际工时-标准工时）× 标准工资价格

造成直接人工成本中价格逆差的原因有很多，如派工不当，把高一级熟练程度的工人派去做低一级工人应做的工作；工人加班加点，领了额外的奖励工资等。造成人工效率差异的因素有材料质量、工人操作方法、机器设备或工长管理能力等。

3）制造费用差异的计算分析。制造费用差异的计算公式如下：

制造费用差异=实际分配率×实际工时-标准分配率×标准工时

制造费用差异包括制造费用开发差异和制造费用效率差异，两者的计算公式如下：

制造费用开发差异=（实际分配率-标准分配率）× 实际工时

制造费用效率差异=（实际工时-标准工时）× 标准分配率

制造费用开支逆差的原因有两个：一是各项费用项目的价格高于预计价格；二是各项费用的耗用量大于预计耗用量。

（3）主要功能　成本管理模块用于计算原材料和成品的实际、标准、冻结和模拟的成本，它可以反映由于价格、工艺流程和制造费用的变化而引起的成本变化。通过 BOM 和工序的累计方法来逐层计算成本，按批或按单位方法来计算成本，提供标准成本、冻结标准成本、实际成本和模拟成本等多种成本集来计算价格和利润，并可以进行"如果怎样，将会怎样"的成本模拟过程。此外，还可以计算成本差异，以便帮助管理者进行分析。

1）成本转换。成本集可以进行转换，成本信息可以从一个成本集自动地转移至另一个成本集之中，以便产生新的成本模型。

2）成本变更。利用总体成本变更来反映由于成本模型、制造费用分配方法等的变化所产生的后果。

3）成本维护。允许将物料、人工和费用分配在成本栏目中，以便跟踪生产成本，对这些成本栏目的信息做好维护工作。

4）成本物料清单和标准成本的查询。可以根据需要对成本物料清单中各层次的内容进行查询，也可以按照物料、人工和费用等三个部分查询标准成本。

5）成本差异。在计算机上，能显示出标准成本与实际成本的差异，使管理者了解生产过程和物料耗用偏离标准成本的情况。

6）各项报告输出。系统从标准成本、成本差异、毛利分析、库存估价、在制品、月末汇总等各个角度，输出各种需要的成本报告。

8.2.2　财务管理系统与 ERP 其他业务系统的关系

在 ERP 系统中，任何一个模块都不是独立运作的，特别是财务管理模块，它与其他模块之间保持着非常紧密的联系。

ERP 中的财务管理子系统与其他业务系统间的关系如图 8-7 所示。

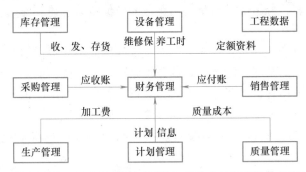

图 8-7　ERP 中财务管理子系统与其他业务系统间的关系

1）采购部门根据销售订单生成采购订单，将采购订单中的数据传到财务应收账款子系统。

2）销售部门的销售出库单是进行产成品出库核算的原始依据之一，出库核算之后的出库成本回填至销售出库单的成本单据中，核算完成的销售出库单生成销售发票作为确认收入的原始凭证之一，并生成相应的销售收入凭证。

3）销售部门的销售发票直接传递到财务应收款部门作为确认应收款的依据，转换为应收单。

4）根据应付管理部门的采购发票和其他应付单与应收管理部门进行"应收冲应付"的核算。

5）将应收款管理部门生成的往来款凭证传递到总账子系统。

6）生产系统的生产任务单和委外加工生产任务单根据销售订单生成，并产生相应的加工费用，转到财务系统进行成本核算和分析。

7）设备系统产生维修保养工时和费用以及质量系统的质量成本，转到财务系统中进行成本核算。

8）计划系统做的计划预算信息传递到财务系统作为对比分析依据。

9）工程数据系统将其定额数据传递到财务系统，进行成本、费用的归集。

8.3　财务分析与决策

8.3.1　财务分析概念

在企业信息化建设过程中，财务管理依然是企业管理者最关心的问题。财务管理是对企业经营状况和经营成果的评价，是监督企业经营管理各个环节的有效工具，更是企业进行预测、决策，实施战略管理的基础和依据。随着市场经济的不断发展，市场竞争日益激烈，如何把握企业发展方向，选择合适的投资决策，及时掌握和控制生产成本以及各种间接费用，确定市场开拓和产品促销的策略等，都与企业的财务管理密切相关，而通过财务分析，有效利用财务数据信息，对实现正确的经营决策显得尤为重要。

财务分析以企业财务报告以及其他相关资料为主要依据，对企业的财务状况和经营成果进行评价和剖析，反映企业在经营过程中的利弊得失和发展趋势，从而为改进企业财务管理工作和优化经济决策提供重要的财务信息。

财务分析的最基本功能是将大量的报表数据转换为对特定决策有用的信息，减少决策的不确定性，它遵循一定的理论和方法。财务分析的起点是财务报表，即分析使用的数据主要来源于企业的财务报表，分析的结果是得出企业的偿债能力、盈利能力和抵抗风险能力，并做出评价或找出问题所在。

由于财务分析是一个认知过程，通常只能发现问题而不能提供解决问题的方法，只能做出评价而不能改善企业的状况，因此，财务分析是检查的手段，而不是具体的治疗手段。通常，不同的使用对象根据各自的关注点不同，进行财务分析的目的也不一致。其使用对象主要包括投资人、债权人、经理人员、供应商、政府、雇员、工会和中介机构等。因此，财务分析的目的可以总结为：评价过去的经营业绩，衡量现在的财务状况，预测未来的发展趋势。

财务分析的主要内容是会计报表分析、财务比率分析和预算分析。在具体的分析目标上，可分为流动性分析、盈利能力分析、财务风险分析、专题分析等。

通常，企业的经营状况和财务状况都可以通过资产负债表、利润表、现金流量表等财务报表进行反映，通过对财务报表的数据进行财务分析，可以使企业的经营管理者及时了解企业的经营和财务状况，了解企业的收入、利润及偿债能力，发现和避免企业的经营风险，促使企业采取正确的发展策略，以实现企业的长远发展目标。

8.3.2 财务分析方法

1. 对比分析法

对比分析法也称趋势分析法，是财务分析中重要的分析方法，属于动态分析。它通过对一个时期同另一个或几个时期经济指标数据的比较，以判断经济指标的变化趋势，从而确定公司财务及经营状况，预测公司未来发展趋势。

（1）绝对数值分析法　绝对数值分析是将不同时期、相同项目的绝对数值进行比较，以观察其绝对数值的变化趋势。

（2）定基分析法　定基分析是以分析期间某一期的报表数据为基数，其他各期与之对比，计算趋势百分比，以观察各期相对于基数的变化趋势。

（3）环比分析法　环比分析是指将某一期的数据与上期的数据进行比较，计算趋势百分比，对每期的增长进行对比，以观察财务数据的变化情况。

（4）结构分析法　结构分析是指通过计算某项财务指标各个组成部分占总体的比重，探讨各个部分在结构上的变化规律，用于衡量某项财务数据在总体数据中所占的比重。

2. 指标分析法

（1）短期偿债能力指标　偿债能力是指企业偿还（包括本金和利息）的能力，偿债能力指标包括短期偿债能力指标和长期偿债能力指标。短期偿债能力是指企业流动资产对流动负债及时偿还的能力，是衡量企业当前财务能力，特别是流动资产变现能力的重要指标。常用的短期偿债能力指标见表 8-2。

表 8-2　短期偿债能力指标

指　标	概　念	公　式
流动比率	流动比率是流动资产与流动负债的比率，表明企业每一元流动负债有多少流动资产作为偿还保障，反映了企业可在短期内转变为现金的流动资产偿还流动负债的能力	流动比率＝（流动资产/流动负债）×100%
速动比率	速动比率是速动资产与流动负债的比率。所谓速动资产，是指流动资产减去变现能力较差且不稳定的存货、预收账款、一年内到期的非流动资产和其他流动资产之后的余额	速动比率＝（速动资产/流动负债）×100%
现金流动负债比率	现金流动负债比率是企业一定时期的经营现金流量同流动负债的比率，它可从现金流量的角度来反映企业当期偿付短期负债的能力	现金流动负债比率＝（年经营现金流量/年末流动负债）×100%

（2）长期偿债能力指标　长期偿债能力是指企业偿还长期债务的能力。常用的长期偿债能力指标见表 8-3。

表 8-3　长期偿债能力指标

指　标	概　念	公　式
资产负债率	资产负债率又称负债比率，是指企业负债总额与资产总额的比率。它表明资产总额中债权人提供的资金所占的比重以及企业资产对债权人权益的保障程度	资产负债率＝（负债总额/资产总额）×100%
产权比率	产权比率又称资本负债率，是指负债总额与所有者权益总额的比率，是企业财务结构稳健与否的主要标志。它反映了企业所有者权益对债权人权益的保障程度	产权比率＝（负债总额/资产总额）×100%
或有负债率	或有负债率是指企业或有负债总额对所有者权益总额的比率，反映了企业所有者权益应对可能的或有负债的保障程度	或有负债率＝（或有负债总额/所有者总额）×100% 或有负债总额＝已贴现商业汇票金额＋对外担保余额＋未决诉讼未决仲裁（除贴现与担保引起的诉讼或仲裁）＋其他或有负债金额
已获利息倍数	已获利息倍数是指企业一定期间息税前利润与利息支出的比率，反映了企业获利能力对债务偿付的保障程度。其中，息税前利润总额（EBIT）是指利润总额与利息支出的合计数，利息支出是指实际支出的借款利息、债券利息等	已获利息倍数＝息税前利润总额（EBIT）/利息支出 息税前利润总额（EBIT）＝利润总额＋利息支出＝净利润＋所得税＋利息支出
带息负债比率	带息负债比率是指企业某一时点的带息负债金额与负债总额的比率，反映了企业负债中带息负债的比重，在一定程度上体现了企业未来的偿债（特别是偿还利息）压力	带息负债比率＝（带息负债总额/负债总额）×100% 带息负债总额＝短期借款＋一年内到期的长期借款＋长期借款＋应付债券＋应付利息

（3）运营能力指标　运营能力是指企业基于外部市场环境的约束，通过内部人力资源和生产资料的配置组合而对财务目标实现所产生作用的大小。常用的运营能力指标见表 8-4。

表 8-4　运营能力指标

指　　标	概　　念	公　　式
劳动效率	劳动效率是指企业营业收入或净产值与平均职工人数的比率	劳动效率 = 营业收入或净产值/平均职工人数
应收账款周转率	应收账款周转率是指企业一定期间内的营业收入（或销售收入）与平均应收账款余额的比率，反映了应收账款的周转速度	应收账款周转率(周转次数) = 营业收入/平均应收账款余额 平均应收账款余额 = (应收账款余额年初数+应收账款余额年末数)/2
存货周转率	存货周转率是指企业一定期间内营业成本（或销售成本）与平均存货的比率，反映了企业流动资产的流动性，也是衡量企业生产经营各环节中存货运营效率的一个综合性指标	存货周转率(周转次数) = 营业成本/平均存货余额 平均存货余额 = (存货余额年初数+存货余额年末数)/2
流动资产周转率	流动资产周转率是指企业一定期间内营业收入与平均流动资产总额的比率，反映了企业流动资产的周转速度	流动资产周转率(周转次数) = 营业收入/平均流动资产总额 平均流动资产总额 = (流动资产总额年初数+流动资产总额年末数)/2

（4）获利能力指标　获利能力即企业资金增值的能力，它通常反映企业收益数额的大小与收益水平的高低。常用的获利能力指标见表 8-5。

表 8-5　获利能力指标

指　　标	概　　念	公　　式
营业利润率	营业利润率是指企业一定期间内营业利润与营业收入的比率	营业利润率 = (营业利润/营业收入)×100%
成本费用利润率	成本费用利润率是指企业一定期间内利润总额与成本费用总额的比率	成本费用利润率 = (利润总额/成本费用总额)×100% 成本费用总额 = 营业成本+营业税金及附加+销售费用+管理费用+财务费用
盈余现金保障倍数	盈余现金保障倍数是指企业一定期间内经营现金净流量与净利润的比率，反映了企业当期利润中现金收益的保障程度，真实地反映了企业盈余的质量，是评价企业盈利状况的辅助指标	盈余现金保障倍数 = 经营现金流量/净利润
总资产报酬率	总资产报酬率是指企业在一定期间内获得的报酬总额超过平均资产总额的比率，反映了企业资产的综合利用效果，也是衡量企业利用债权人和所有者权益总额所取得盈利的重要指标	总资产报酬率 = 息税前利润总额(EBIT)/平均资产总额 息税前利润总额(EBIT) = 利润总额+利息支出 = 净利润+所得税+利息支出
净资产收益率	净资产收益率是指企业一定期间内净利润与平均净资产的比率，反映了企业资金的收益水平，是企业获利能力指标的核心	净资产收益率 = (净利润/平均净资产)×100% 平均净资产 = (所有者权益年初数+所有者权益年末数)/2

（续）

指　标	概　念	公　式
资本收益率	资本收益率是指企业一定期间内净利润与平均资本的比率，反映了企业实际获得投资额的回报水平	资本收益率=(净利润/平均资本)×100% 平均资本=［实收资本（股本）及资本公积年初数+实收资本（股本）及资本公积年末数］/2 资本公积=实收资本（股本）中的资本溢价（股本溢价）
每股收益	每股收益也称每股利润、每股盈余，反映了企业普通股东持有每一股份所能享有的企业利润和承担的企业亏损，是衡量上市公司获利能力时最常用的财务分析指标	每股收益=归属于普通股东的当期净利润/当期发行在外普通股的加权平均数 当期发行在外的普通股加权平均数=期初发行在外普通股股数+(当期新发行普通股股数×已发行时间/报告期时间)-(当期回购普通股股数×回购时间/报告期时间)
每股股利	每股股利是指上市公司本年发放的普通股现金股利总额与年末普通股股数的比值	每股股利=普通股股利总额/年末普通股股数
市盈率	市盈率是指上市公司普通股每股市价与普通股每股收益的比值，反映了投资者对上市公司每股净利润愿意支付的价格，可以用来估计普通股的投资报酬和风险	市盈率=普通股每股市价/普通股每股收益
每股净资产	每股净资产是指上市公司年末净资产（即股东权益）与年末普通股总股数的比值	每股净资产=年末股东收益/年末普通股东总数

（5）发展能力指标　发展能力是指企业在生存的基础上扩大规模、壮大实力的潜在能力。常用的发展能力指标见表 8-6。

表 8-6　发展能力指标

指　标	概　念	公　式
营业收入增长率	营业收入增长率是指企业本年度营业收入增长额与上年度营业收入总额的比值，反映了企业营业收入的增减变动情况，是评价企业成长状况和发展能力的重要指标	营业收入增长率=(本年营业收入增长额/上年营业收入总额)×100%
资本保值增值率	资本保值增值率是指企业扣除客观因素后的本年末所有者权益总额与年初所有者权益总额的比率，反映了企业当年资本在企业自身努力下的实际增减变动情况	资本保值增值率=［(年初所有者权益总额+年末利润)/年初所有者权益总额］×100%
资本积累率	资本积累率是指企业本年所有者权益增长额与年初所有者权益总额的比率，反映了企业当年资本的积累能力，是评价企业发展潜力的重要指标	资本积累率=(本年所有者权益增长额/年初所有者权益总额)×100%
总资产增长率	总资产增长率是指企业本年度总资产增长额同年初资产总额的比率，反映了企业本年度资产规模的增长情况	总资产增长率=(本年总资产增长额/年初资产总额)×100%
营业利润增长率	营业利润增长率是指企业本年度营业利润增长额与上年度营业利润总额的比率，反映了企业营业利润的增减变动情况	营业利润增长率=(本年营业利润增长额/上年营业利润总额)×100%
技术投入比率	技术投入比率是指企业本年科技支出（包括用于研究开发、技术改造、科技创新等方面的支出）与本年度营业收入净额的比率，反映了企业在技术研发方面的投入，在一定程度上可以体现企业的发展潜力	技术投入率=(本年科技支出合计/本年营业收入净额)×100%

8.3.3 财务分析的发展趋势

现行财务分析是以企业财务报表反映的财务指标为主要依据，对企业的财务状况和经营成果进行评价和剖析的一项手段。财务分析的起点是财务报表，因此，财务报表的局限性就为财务分析带来了局限性。

随着市场经济的不断发展，各个行业都面临着激烈的市场竞争。企业规模不断扩大，企业对财务分析的要求也在不断提高，企业提高财务分析的手段势在必行。

今后财务分析的发展趋势，主要体现在以下几个方面：

（1）财务分析的依据更广泛　虽然财务报表的内容在逐步充实和完善，但企业经营中有许多信息无法通过财务报表中表现出来。因此，今后财务分析将不仅仅依靠财务报表，而且还将结合具体的财务数据和业务数据来进行整体的、全面的分析，避免目前财务分析依据的局限性。

（2）财务分析的目的以预测为主　财务分析是为经营管理者制定决策服务的，而决策是面向未来的，经营管理者掌握财务分析信息是为了做出对未来有利的投资、筹资及生产经营决策。因此，经营管理者除关注历史和当前财务信息外，更加关注未来发展的预测分析信息。

（3）充分应用现代技术　未来财务分析的内容越来越多，财务分析的范围越来越广，财务分析的方法也越来越复杂。而且，既要分析表内数据，又要分析表外信息；既要分析财务信息，又要分析非财务信息；既要分析历史信息和当前信息，又要分析面向未来的预测信息。这些信息的数量之多，结构之复杂，依靠现在的一般手段无法及时完成，而财务信息又有很强的实效性。因此，未来财务分析必须借助现代信息技术来完成，而且随着信息技术和网络技术的不断发展，通过计算机等手段，可以更加快速、准确地进行各种数据运算、分析、比较，数据处理能力增强，大大提高了财务分析的效果和质量。

思 考 题

1. 简述财务会计与管理会计的关系。
2. 总账的主要作用是什么？
3. 简述采用成本滚加计算法计算直接人工费用的基本思想。
4. 如何进行成本差异分析？
5. 说明 ERP 系统财务管理的主要内容。
6. 简述财务管理与其他管理模块的关系。
7. 在财务管理子系统中，各管理子系统间的信息有哪些关联？

第

2

篇

ERP 实训篇

　　本篇首先对金蝶 K/3 Cloud 系统进行了系统性的介绍，通过对系统实施流程的认识，让读者逐步了解金蝶 K/3 Cloud 系统的功能模块。以生产轴承的制造型企业为虚拟企业，结合平台系统管理、销售管理、计划管理、采购管理、生产管理、库存管理、成本管理、财务管理等功能模块的操作，完成相应的实验流程。

第9章　金蝶K/3 Cloud平台系统管理

金蝶 K/3 Cloud 产品体系结构

　　金蝶产品根据企业应用规模的大小可划分为四个系列，分别是适用于小型企业的 KIS、适用于中小型企业的 K/3、适用于大中型企业的 K/3 Cloud，以及适用于超大型企业的 EAS。

　　金蝶 K/3 Cloud 系统，是一款在云时代下诞生的新型 ERP 产品。在功能层面上，它把握住了当下我国制造企业的特性与需求，兼容多语言、多国会计准则、多国税制；支持多组织、多工厂应用，是一款助力企业集团化发展的产品；针对我国企业组织结构、考核体系变化快的特性，能够动态构建核算与考核体系。

　　在软件运行模式下，金蝶 K/3 Cloud 系统颠覆传统 ERP 的服务模式，免安装客户端，纯网络应用，更支持移动互联下的智能终端应用，用户可以在任何时间、任何地点进行管理运作，突破企业管理的地理局限和时间局限。同时，对用户而言，这是一款完全社交化的 ERP 产品，用户可以一边向供应商订货，一边与同事、领导、供应商在线协调；此外，这还是一款基于角色与业务的全流程驱动产品，对普通用户而言以后不再是自己找业务，而是"业务找人"。

　　金蝶 K/3 Cloud 教学版涉及生产数据管理、销售管理、计划管理、采购管理、生产管理、车间管理、库存管理、质量管理、成本管理、存货核算、总账管理、资产管理和报表管理等功能模块，具体功能描述见表 9-1。

　　本实训所实施的金蝶 K/3 Cloud 系统整体架构如图 9-1 所示。

表 9-1　金蝶 K/3 Cloud 系统功能

模　　块	功　能　描　述
生产数据管理	通过 BOM 的有效期管理、工程变更管理、工艺路线管理、结合工序替代处理、成本模拟、物料替代等，帮助企业建立完整生产基础数据管理规范
销售管理	提供从订单、发货/出库、退货、发票到收款的业务管理功能，支持信用赊销、价格、折扣、促销等多种销售业务处理，帮助企业实现销售业务全过程的物流、资金流和信息流的有效管理和控制
计划管理	提供支持多种生产方式的主生产计划和物料需求计划，结合粗能力计划、细能力计划、生产预测管理、可按计划人员及物料范围设定的计划策略，以及替代物料策略，制订合理的生产计划，使企业生产安排更高效、合理
采购管理	提供从采购申请、下订单、收货/入库、退货到付款的业务管理功能，支持供应商、价格、批号等多种采购业务处理，帮助企业实现采购业务全过程的物流、资金流和信息流的有效管理和控制
生产管理	提供从生产任务、投料与领料、生产检验与汇报，到产品入库、任务单结案等业务的全过程监督与控制，结合模拟发料、领料和入库数量控制等，协助企业有效掌握各项制造活动信息

（续）

模 块	功 能 描 述
车间管理	提供车间工序排产及产品加工任务的确定、分派、执行和流转等功能，结合计时计件，配置产品、联副产品与等级品的处理，帮助企业减少车间在制品数量，提升管理效益
库存管理	提供入/出库业务、仓存调拨、库存调整、虚仓等业务管理功能，支持批次、物料对应、盘点、即时库存校对等管理功能，帮助企业建立规范的仓存作业流程，提高仓存运作效率
质量管理	提供采购检验、工序检验、委外工序检验、产品检验、委外加工入库检验、发货检验、退货检验等质量管理功能，帮助企业提高质量管理效率与生产效率
成本管理	提供全面的工业企业成本核算及管理系统，围绕"费用对象化"的基本成本理念，与相关模块集成，通过费用归集、费用分配、成本计算实现实际成本处理的业务流程；在此基础上，建立成本预测、成本控制、成本分析和考核体系，帮助企业实现全面、科学的成本管理
存货核算	提供多种存货核算计算方式，结合总仓与分仓核算、凭证模板灵活设置等业务管理功能，帮助企业准确核算存货的出入库成本和库存金额余额，实时提供库存业务的财务成本信息
总账管理	提供以凭证处理为核心的财务核算系统，在凭证录入的基础上，自动生成各种分析账表，帮助企业减少重复工作，提高数据的准确性、适时性、共享性
资产管理	提供以固定资产卡片为核心的全面的资产管理，根据资产的不同折旧方法，自动计提折旧，并形成各种资产分析管理报表，帮助企业强化资源的有效控制，防范减值风险
报表管理	提供统一的报表平台，通过报表平台建立统一规范的财务报告体系，帮助企业及时、真实、准确、快速地收集下属公司的各种管理报表并进行合并处理，同时通过报表平台提供多种财务业务分析数据，帮助企业分析决策

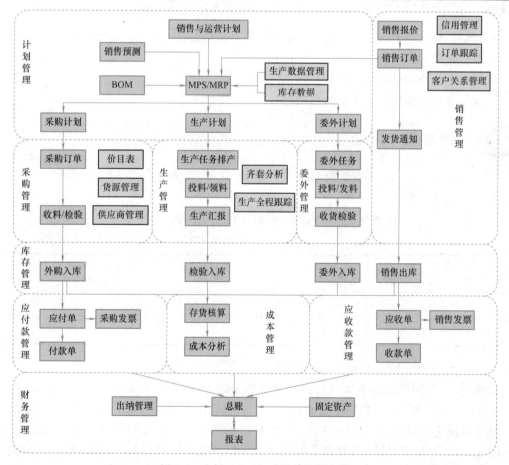

图 9-1　金蝶 K/3 Cloud 系统整体架构

9.2 实验目的

- 认知金蝶的 ERP 产品——K/3 Cloud，熟悉相关界面和功能，为后续实验打好基础
- 理解系统管理在整个系统中的作用和重要性
- 掌握金蝶 K/3 Cloud 系统中有关如何创建组织机构、创建用户等基本信息的内容
- 了解账套与数据中心的关系以及用户权限与角色之间的关系

9.3 实验要求

理解指导老师现场讲解内容，按照本书所示步骤进行上机操作，完成实验任务，对金蝶 K/3 Cloud 系统有所认知与理解，并撰写相应实验报告。

- 选择账套并进入系统
- 搭建组织机构、维护组织机构的会计核算体系
- 增加用户并设置用户权限

9.4 实验内容

- 理解金蝶 K/3 Cloud 系统构成、相关概念，包括账套、账号、组织机构等
- 掌握搭建组织机构，了解组织机构相关概念
- 学会如何维护公司的会计核算体系
- 掌握如何创建用户，进行角色的授权

9.5 实验准备

- 理解金蝶 K/3 Cloud 系统的功能
- 理解总体实验安排

一共 20 个课时，可分为 8 部分内容，课时安排见表 9-2。

表 9-2 课时安排

时间	第 1~2 课时	第 3~6 课时	第 7~8 课时	第 9~10 课时	第 11~12 课时	第 13~14 课时	第 15~16 课时	第 17~20 课时
内容	系统管理	销售管理	工程数据管理和计划管理	采购管理	生产管理	库存管理	成本管理	财务管理

- 确认已正确安装金蝶 K/3 Cloud 系统

金蝶 K/3 Cloud 系统安装成功后会有 K/3 Cloud 管理中心和 K/3 Cloud 登录网页。

K/3 Cloud 管理中心是数据中心的管理平台，负责维护数据中心，具有创建、恢复、备份、删除数据中心等功能。数据中心是业务数据的载体，在数据中心可以进行各种业务操作。学生可以用 IE 浏览器（360 浏览器或者 Google 浏览器）打开 K/3 Cloud 网址（http://202.195.169.252/k3cloud）上机操作。

9.6　实验具体步骤

实验一、搭建组织机构

1. 应用场景

蓝海机械有限公司是一家新成立的高新技术企业，主营轴承的研发、生产与销售。蓝海机械有限公司分为销售、计划、生产、仓存、采购、财务六大环节部门，企业组织架构如图 9-2 所示。

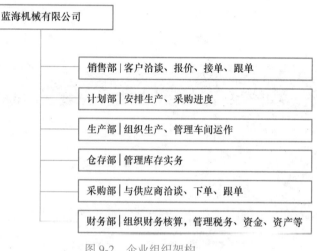

图 9-2　企业组织架构

2. 实验步骤

搭建组织机构。

维护会计核算体系。

3. 实验前准备

使用教师提供的数据中心。

4. 操作人员

系统管理员，登录账号"administrator"，密码"kingdee2020"。

5. 实验具体步骤

（1）搭建组织机构　打开 IE 浏览器，输入金蝶 K/3 Cloud 网址（http：//202.195.169.252/k3cloud），打开金蝶 K/3 Cloud 登录页面，如图 9-3 所示。选择数据中心（由教师提供），用户名"administrator"，默认密码"888888"，单击【登录】，进入金蝶 K/3 Cloud 系统管理界面。

登录成功后，单击右上角的【所有功能】，打开功能菜单，如图 9-4 所示。在功能菜单中，执行【系统管理】—【组织机构】—【组织机构】命令，进入组织机构查询页面。

在组织机构页面上单击左上角的【新增】按钮，进入组织机构新增页面，根据表 9-3 填写信息，如图 9-5 所示。完成后，依次单击【保存】—【提交】—【审核】。

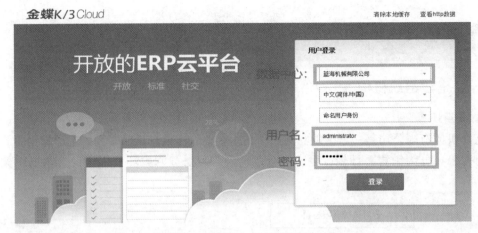

图 9-3　金蝶 K/3 Cloud 登录页面

图 9-4　金蝶 K/3 Cloud 功能菜单页面

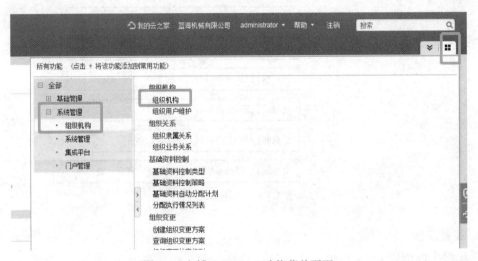

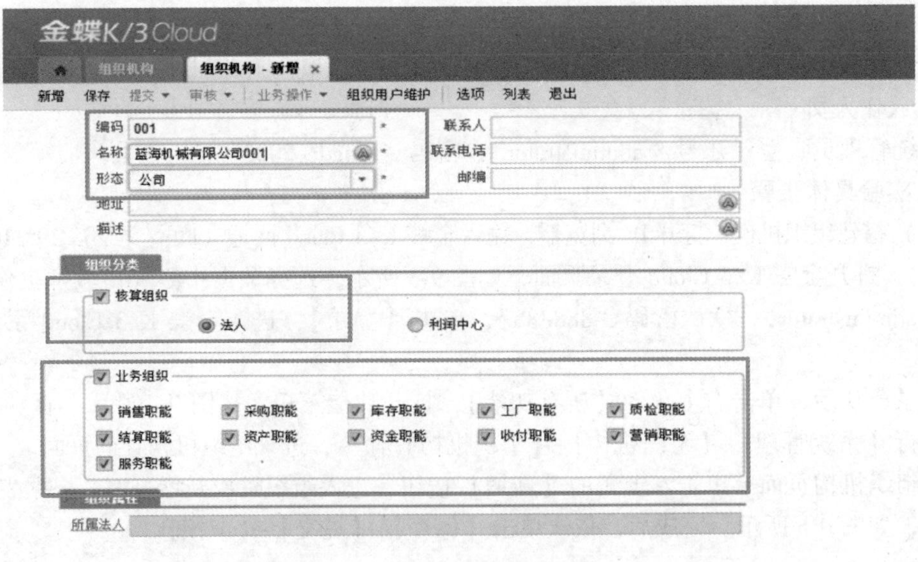

图 9-5　组织机构新增页面

表 9-3　组织机构

编码	名　称	形　态	核算组织	业务组织
学号	蓝海机械有限公司+学号	公司	法人	销售职能、采购职能、库存职能、工厂职能、质检职能、结算职能、资产职能、资金职能、收付职能、营销职能、服务职能

注意：为了隔离每个学生的实验数据，实验过程中需按照"蓝海机械有限公司+每个学生的学号"来建立每个学生后续实验要用的组织机构。

学号的命名规则为：学生学号的最后三位数字。如某学生的学号为 1915021001，则组织机构的编码为"001"，名称为"蓝海机械有限公司001"。

（2）维护会计核算体系　系统管理员创建好组织机构后，执行【基础管理】—【基础资料】—【财务会计】—【会计核算体系】命令，在会计核算体系页面，单击系统默认单据编码"KJHSTX01_SYS"，进入会计核算体系修改页面，在核算组织页签下，单击【新增行】，核算组织选择自己创建的组织机构，适用会计政策、默认会计政策均为"中国准则会计政策"；下级组织页签下的下级组织也是选择自己创建的组织机构，录入正确的信息后，单击【保存】按钮进行保存，如图 9-6 所示。

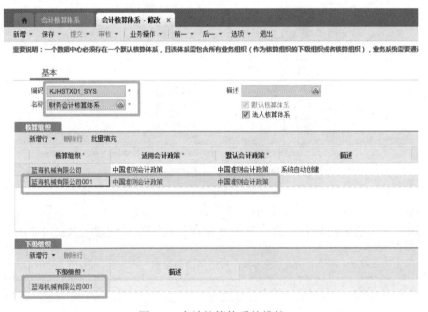

图 9-6　会计核算体系的维护

实验二、用户权限管理

1. 应用场景

蓝海机械有限公司下设有财务部、销售部、生产部、计划部、采购部、仓存部、信息系统部等，每个部门的人员使用系统进行业务处理的功能权限不同，每个岗位的功能权限也不同。

2. 实验步骤

创建用户组。

创建用户。

3. 实验前准备

先调查、统计每个系统使用人员的业务操作范围，并明确功能、业务等的操作权限。

4. 操作人员

系统管理员，登录账号"administrator"，密码"kingdee2020"。

5. 实验具体步骤

（1）创建用户组　登录用户为系统管理员"administrator"，默认密码"kingdee2020"，登录金蝶 K/3 Cloud 系统后，打开功能菜单，执行【系统管理】—【系统管理】—【用户管理】—【查询用户】命令，如图 9-7 所示。

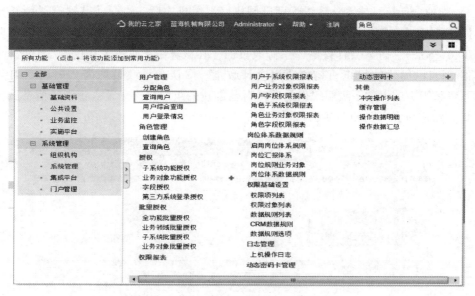

图 9-7　查询用户功能菜单页面

在查询用户界面，根据实验数据表 9-4 的信息，完成用户分组的创建，单击【新增分组】，填写用户分组的编码和名称后，单击【保存】按钮完成创建，如图 9-8 所示。

表 9-4　新增用户组信息

编　　码	名　　称
学号 . 01	财务部+学号
学号 . 02	销售部+学号
学号 . 03	生产部+学号
学号 . 04	计划部+学号
学号 . 05	采购部+学号
学号 . 06	仓存部+学号
学号 . 07	信息系统部+学号

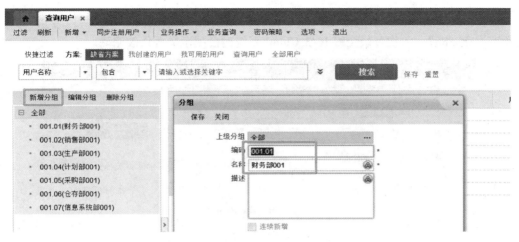

图 9-8　新增分组页面

（2）创建用户　在用户查询页面，根据实验数据表 9-5 的信息新增用户，在查询用户页面上单击左上角【新增】按钮，如图 9-9 所示。在用户新增页面输入用户名称，选择对应的**部门分组、组织名称和角色**，部门分组和组织名称可以通过搜索关键字进行检索，角色则可以通过搜索角色名称进行检索，如图 9-10 所示。如果用户有多种角色，可以单击【新增行】进行增加，信息录入完毕后单击【保存】按钮即可，如图 9-11 所示。

表 9-5　新增用户信息

用 户 名 称	部 门 分 组	组 织 名 称	角 色 名 称
干涛+学号	财务部+学号	蓝海机械有限公司+学号	财务经理
李欣然+学号	财务部+学号	蓝海机械有限公司+学号	出纳
张彬彬+学号	财务部+学号	蓝海机械有限公司+学号	成本会计
吴小美+学号	财务部+学号	蓝海机械有限公司+学号	总账会计
肖观海+学号	财务部+学号	蓝海机械有限公司+学号	应收会计
肖奈+学号	财务部+学号	蓝海机械有限公司+学号	应付会计
张天天+学号	财务部+学号	蓝海机械有限公司+学号	资金专员、费用管理专员、资产会计
孙北+学号	销售部+学号	蓝海机械有限公司+学号	销售员
李倩+学号	销售部+学号	蓝海机械有限公司+学号	销售主管
郭敏+学号	生产部+学号	蓝海机械有限公司+学号	生产调度员、车间调度员、车间统计员、质检员
高子裕+学号	生产部+学号	蓝海机械有限公司+学号	生产主管、车间主管
苏娟+学号	计划部+学号	蓝海机械有限公司+学号	计划主管
林妙妙+学号	采购部+学号	蓝海机械有限公司+学号	采购员
肖飞飞+学号	采购部+学号	蓝海机械有限公司+学号	采购主管
李佳+学号	仓存部+学号	蓝海机械有限公司+学号	仓管员
季成+学号	仓存部+学号	蓝海机械有限公司+学号	仓库主管
信息管理员+学号	信息系统部+学号	蓝海机械有限公司+学号	全功能角色

注意：用户名称即为登录金蝶 **K/3 Cloud** 系统的用户名（也可以理解为账号），密码默认都为"**888888**"，首次登录金蝶 **K/3 Cloud** 系统时会提示需要修改密码。

图 9-9　新增用户页面

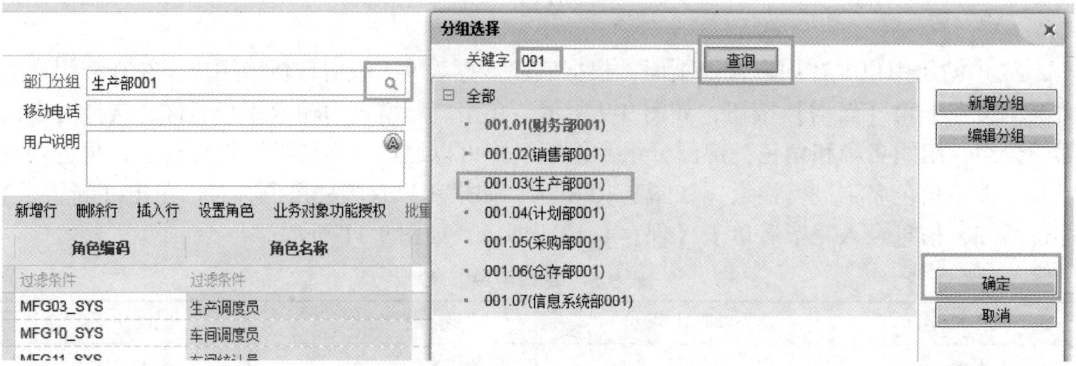

图 9-10　部门分组关键字查询页面

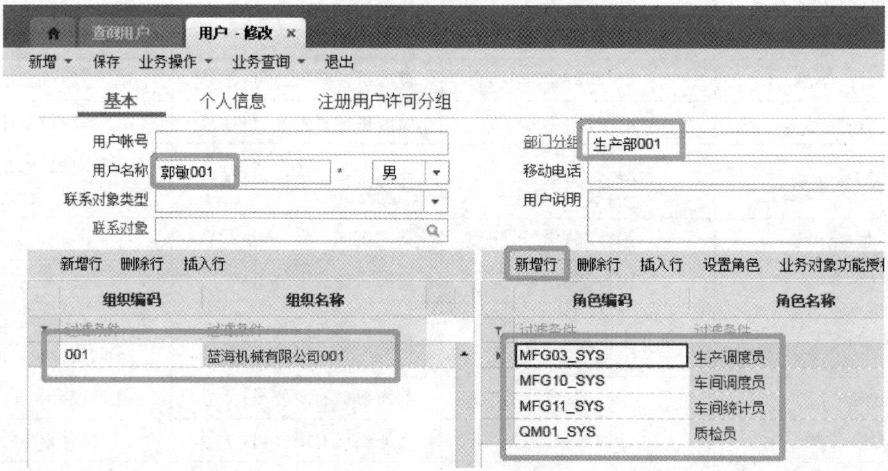

图 9-11　用户信息录入页面

　　若忘记密码，可以用"administrator"登录 K/3 Cloud 系统，打开功能菜单，执行【系统管理】—【系统管理】—【用户管理】—【查询用户】命令，对用户进行重置密码，如图 9-12 所示。

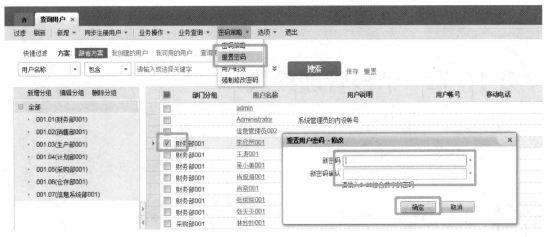

图 9-12　用户重置密码

9.7　实验报告要求

1. 交上机报告，要求每位同学以"学号+姓名+班级"形式提交实验电子版，并上交实验报告书

2. 实验报告提交要点

1）金蝶 ERP 软件的主要模块及其组织架构体系。

2）简单介绍如何新增组织机构、维护组织机构的会计核算体系和新增用户。

3）简单介绍组织机构的业务组织功能、用户权限的构成。

第10章 销售管理模块

10.1 销售管理系统概述

销售活动是企业所有经营活动的起点，对企业的技术、生产、财务、人事等各项管理都有决定性的作用。销售管理系统，是对销售报价、销售订单、仓库发货、销售退货处理、客户管理、价格及折扣管理、订单管理、信用管理等功能综合运用的管理系统，通过对销售全过程进行有效控制和跟踪，实现缩短产品交货期、降低成本、提升企业经济效益的目标。

金蝶 K/3 Cloud 销售管理系统的工作流程可概括为四个步骤：基础设置→订单管理→销售出库→销售退货，结合信用管理、库存管理、财务收款共同完成整个过程。

销售管理系统总体业务流程如图 10-1 所示。

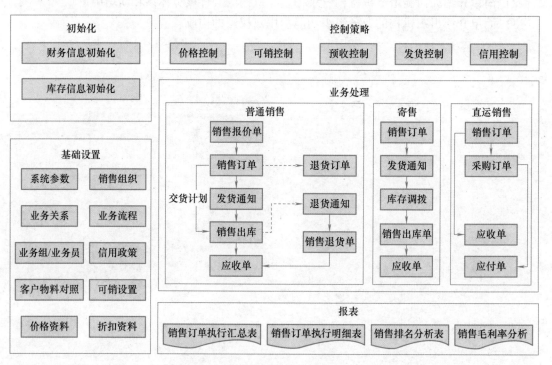

图 10-1 销售管理系统总体业务流程

10.2　实验目的

- 理解金蝶 K/3 Cloud 系统销售管理模块、应收款管理子模块以及库存管理模块之间的业务关系
- 掌握标准销售业务、寄售业务和直运业务在金蝶 K/3 Cloud 系统中的基本流程操作，并懂得举一反三
- 掌握建立及维护基础资料知识

10.3　实验要求

按照本书所示步骤进行上机操作，完成实验内容，对金蝶 K/3 Cloud 系统的销售管理模块有一定的认知与理解，并撰写相应实验报告。

- 理解销售管理模块
- 熟悉销售管理模块及功能应用
- 按照销售管理实验数据进行操作和数据录入

10.4　实验内容

- 掌握基础资料的建立与维护方法
- 掌握如何对库存管理与应收款管理系统的启用
- 完成标准销售业务、寄售业务和直运业务的实务操作，理解销售管理的总体流程

10.5　实验具体步骤

实验一、基础资料维护

1. 应用场景

企业使用销售管理系统之前，需要整理用到的基础资料并录入系统中，为后续业务流转做准备。

2. 实验步骤

- 新增部门
- 新增客户
- 新增供应商
- 新增岗位信息
- 新增员工，维护业务员列表
- 新增仓库
- 物料信息录入
- 库存信息设置

3. 操作部门及人员

基础资料设置由公司信息系统部的信息管理员负责。

登录系统的用户名"信息管理员+学号"，密码"888888"（**此处要求修改密码，可以统一改为 123456，如果设置其他密码的话，一定要记住**）。

4. 实验具体步骤

（1）新增部门 用"信息管理员+学号"的账号登录金蝶 K/3 Cloud 系统后，打开功能菜单，执行【基础管理】—【基础资料】—【主数据】—【部门】命令，打开部门新增页面。根据实验数据表 10-1 的内容，新增部门"财务部"，在【基本信息】页签将生效日期修改为 2021 年 1 月 1 日，在【部门属性】页签将部门属性设置为"管理部门"。填写完成后，依次单击【保存】【提交】【审核】按钮，完成部门的审核，如图 10-2 所示。

表 10-1 新增部门信息

部 门 名 称	生 效 日 期⊖	部 门 属 性
财务部	2021 年 1 月 1 日	管理部门
销售部	2021 年 1 月 1 日	管理部门
生产部	2021 年 1 月 1 日	基本生产部门
计划部	2021 年 1 月 1 日	管理部门
采购部	2021 年 1 月 1 日	管理部门
仓存部	2021 年 1 月 1 日	辅助生产部门

图 10-2 部门新增页面

参考上述步骤，根据表 10-1 的内容新增并审核其他部门信息。全部部门信息新增结束后，执行【基础管理】—【基础资料】—【主数据】—【部门列表】命令，打开部门列表页面，可查询所有部门，如图 10-3 所示。

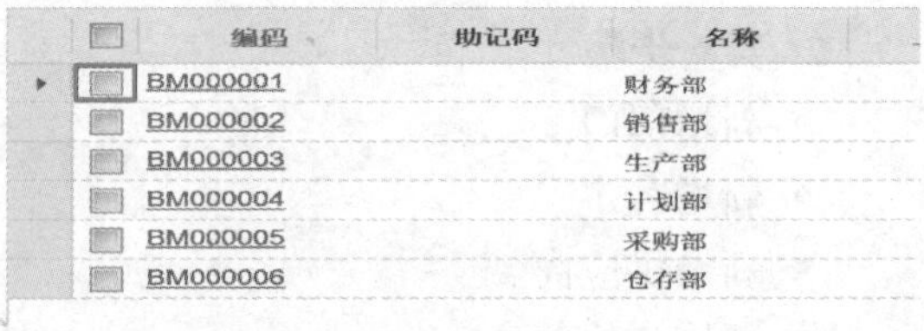

（2）新增客户 用"信息管理员 +学号"的账号登录金蝶 K/3 Cloud 系统后，打

图 10-3 部门列表页面

⊖ 生效日期依据各位读者现实所处年份进行具体设置，本书以 2021 年为基准开展后续工作。

开功能菜单，执行【基础管理】—【基础资料】—【主数据】—【客户】命令，打开客户新增页面。根据实验数据表 10-2 的内容，新增客户"东方机械"，客户编码为"01+学号"，在【基本信息】页签中选择客户类别为"普通销售客户"，在【商务信息】页签中选择结算币别为"人民币"。填写完成后，依次单击【保存】【提交】【审核】按钮，完成客户的审核，如图 10-4 所示。

表 10-2　新增客户信息

编　　码	客 户 名 称	客 户 类 别	结 算 币 别
01+学号	东方机械	普通销售客户	人民币
02+学号	大宇机械	普通销售客户	人民币
03+学号	创科机械	寄售客户	人民币

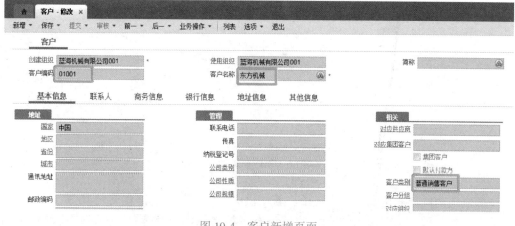

图 10-4　客户新增页面

全部客户的结算币别均为人民币，新增客户的其他详细信息见表 10-2。

参考上述步骤，根据表 10-2 的内容新增并审核其他客户信息。全部客户信息新增结束后，执行【基础管理】—【基础资料】—【主数据】—【客户列表】命令，打开客户列表页面，可查询所有客户，如图 10-5 所示。

	客户编码	客户名称	简称	单据状态	禁用状态	使用组织
☐	01001	东方机械		已审核	否	蓝海机械有限公司
☐	02001	大宇机械		已审核	否	蓝海机械有限公司
☐	03001	创科机械		已审核	否	蓝海机械有限公司

图 10-5　客户列表页面

（3）新增供应商　用"信息管理员+学号"的账号登录金蝶 K/3 Cloud 系统后，打开功能菜单，执行【基础管理】—【基础资料】—【主数据】—【供应商】命令，打开供应商新增页面。根据实验数据表 10-3 的内容，新增供应商"雅俊实业"，供应商编码为"01+学号"，在【财务信息】页签中选择结算币别为"人民币"，开户银行为"中行和平支行"，银行账号为"Z00222"，税务登记号为"SW00333"。填写完成后，依次单击【保存】【提交】【审核】按钮，完成供应商的审核，如图 10-6 所示。

表 10-3　新增供应商信息

编　码	供应商名称	开户银行	银行账号	税务登记号
01+学号	雅俊实业	中行和平支行	Z00222	SW00333
02+学号	明瑞五金	农行南沙支行	N00222	SW00444
03+学号	天利公司	商行黄浦支行	N00333	SW00555
04+学号	美华公司	招行昌平支行	N00444	SW00666

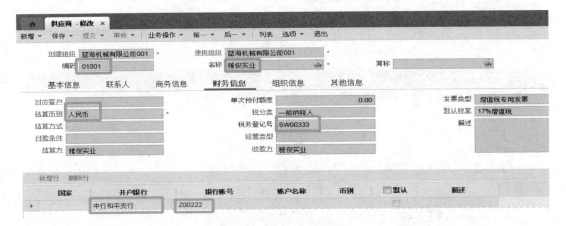

图 10-6　供应商新增页面

全部供应商的结算币别均为人民币，新增供应商的其他详细信息见表 10-3。

参考上述步骤，根据表 10-3 的内容新增并审核其他供应商信息。全部供应商信息新增结束后，执行【基础管理】—【基础资料】—【主数据】—【供应商列表】命令，打开供应商列表页面，可查询所有供应商，如图 10-7 所示。

	编码	使用组织	名称
▸ ☐	01001	蓝海机械有限公司	雅俊实业
☐	02001	蓝海机械有限公司	明瑞五金
☐	03001	蓝海机械有限公司	天利公司
☐	04001	蓝海机械有限公司	美华公司

图 10-7　供应商列表页面

（4）新增岗位信息　用"信息管理员+学号"的账号登录金蝶 K/3 Cloud 系统后，打开功能菜单，执行【基础管理】—【基础资料】—【公共资料】—【岗位信息】命令，打开岗位信息新增页面。根据实验数据表 10-4 的内容，新增岗位"总经理"，在【基本】页签中选择所属部门为"财务部"，生效日期为"2021/1/1"。填写完成后，依次单击【保存】【提交】【审核】按钮，完成岗位信息的审核，如图 10-8 所示。

表 10-4 新增岗位信息

岗位名称	所属部门	生效日期	岗位名称	所属部门	生效日期
总经理	财务部	2021/1/1	销售经理	销售部	2021/1/1
出纳	财务部	2021/1/1	生产员	生产部	2021/1/1
成本会计	财务部	2021/1/1	生产经理	生产部	2021/1/1
总账会计	财务部	2021/1/1	计划经理	计划部	2021/1/1
应收会计	财务部	2021/1/1	采购员	采购部	2021/1/1
应付会计	财务部	2021/1/1	采购经理	采购部	2021/1/1
资产费用会计	财务部	2021/1/1	仓管员	仓存部	2021/1/1
销售员	销售部	2021/1/1	仓管经理	仓存部	2021/1/1

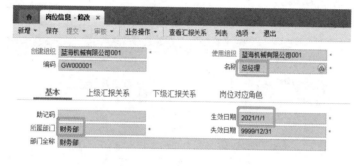

图 10-8 岗位信息新增页面

参考上述步骤，根据表 10-4 的内容新增并审核其他岗位信息。全部岗位信息新增结束后，执行【基础管理】—【基础资料】—【公共资料】—【岗位信息列表】命令，打开岗位信息列表页面，可查询所有岗位信息，如图 10-9 所示。

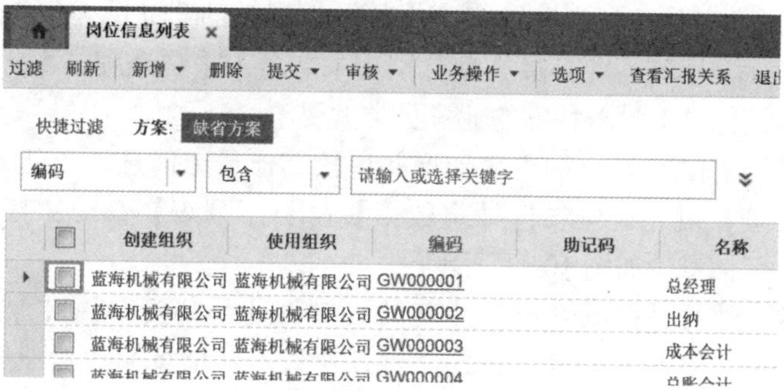

图 10-9 岗位信息列表页面

（5）新增员工及维护业务员列表　打开功能菜单，执行【基础管理】—【基础资料】—【主数据】—【员工】命令，打开员工新增页面。根据实验数据表 10-5 的内容，新增员工姓名"王涛+学号"，员工编号为"0101+学号"，在【员工任岗信息】页签中单击【添加行】，增加一行任岗信息，所属部门选择"财务部"，就任岗位选择"总经理"，任岗开始日期为"2021/1/1"。填写完成后，依次单击【保存】【提交】【审核】按钮，完成员工信息的审核，如图 10-10 所示。

表 10-5　新增员工就任岗位信息

员工编号	员工姓名	所属部门	就任岗位	员工编号	员工姓名	所属部门	就任岗位
0101+学号	王涛+学号	财务部	总经理	0202+学号	李倩+学号	销售部	销售经理
0102+学号	李欣然+学号	财务部	出纳	0301+学号	郭敏+学号	生产部	生产员
0103+学号	张彬彬+学号	财务部	成本会计	0302+学号	高子裕+学号	生产部	生产经理
0104+学号	吴小美+学号	财务部	总账会计	0401+学号	苏娟+学号	计划部	计划经理
0105+学号	肖观海+学号	财务部	应收会计	0501+学号	林妙妙+学号	采购部	采购员
0106+学号	肖奈+学号	财务部	应付会计	0502+学号	肖飞飞+学号	采购部	采购经理
0107+学号	张天天+学号	财务部	资产费用会计	0601+学号	李佳+学号	仓存部	仓管员
0201+学号	孙北+学号	销售部	销售员	0602+学号	季成+学号	仓存部	仓管经理

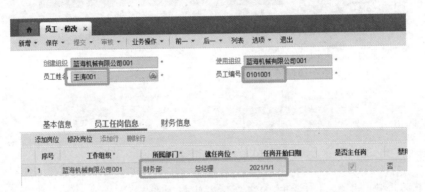

图 10-10　员工信息新增页面

全部员工的任岗开始日期都为"2021/1/1"，其他详细信息见表 10-5，其中员工"孙北+学号"在公司中的业务员类型为销售员，"苏娟+学号"的业务员类型为计划经理，"林妙妙+学号""肖飞飞+学号"的业务员类型分别为采购员和采购经理，"李佳+学号"的业务员类型为仓管员，其他员工没有特殊的业务员类型要求。

参考上述步骤，根据表 10-5 的内容新增并审核其他员工信息。全部员工信息新增结束后，执行【基础管理】—【基础资料】—【主数据】—【员工列表】命令，打开员工列表页面，可查询公司所有员工信息，如图 10-11 所示。

打开功能菜单，执行【基础管理】—【基础资料】—【公共资料】—【业务员列表】命令，打开业务员列表页面。单击【新增】按钮，打开业务员新增页面设置业务员信息，业务员类型选择"销售员"，在【业务员分录】页签中，单击【新增行】按钮，选择业务组织为自己所属组织"蓝海机械有限公司+学号"，职员选择"孙北+学号"。填写完成后单击【保存】按钮，完成业务员的设置，如图 10-12 所示。

注意：业务员列表是可以看到所有组织机构的员工，所以同学们只能新增自己公司的员工，而不要随意修改或删除其他同学已经维护好的数据。

参考上述步骤，根据实验数据新增并保存其他业务员信息。业务员信息维护完毕后，可返回业务员列表页面，查询维护的业务员信息，如图 10-13 所示。

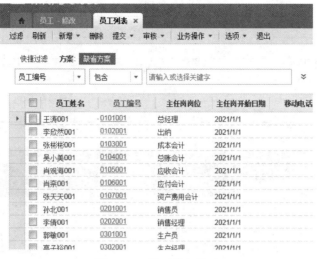

员工 - 修改
员工列表
过滤 刷新 新增 删除 提交 审核 业务操作 选项 退出
快捷过滤 方案: 缺省方案
员工编号 包含 请输入或选择关键字
员工姓名 员工编号 主任岗位 主任岗开始日期 移动电话
王涛001 0101001 总经理 2021/1/1
李欣然001 0102001 出纳 2021/1/1
张彬彬001 0103001 成本会计 2021/1/1
吴小美001 0104001 总账会计 2021/1/1
肖观海001 0105001 应收会计 2021/1/1
肖奈001 0106001 应付会计 2021/1/1
张天天001 0107001 资产费用会计 2021/1/1
孙北001 0201001 销售员 2021/1/1
李倩001 0202001 销售经理 2021/1/1
郭敏001 0301001 生产员 2021/1/1
0302001

图 10-11 员工列表页面

业务员列表
业务员 - 修改
新增 保存 前一 后一 列表 选项 退出
业务员类型 销售员
描述
业务员分录
新增行 删除行
序号 业务组织 * 职员 * 部门 任职岗位 启用
1 蓝海机械有限公司001 孙北001 销售部 销售员
2 蓝海机械有限公司002 孙北002 销售部 销售员

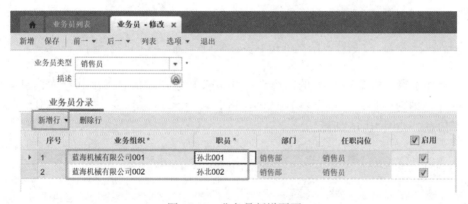

图 10-12 业务员新增页面

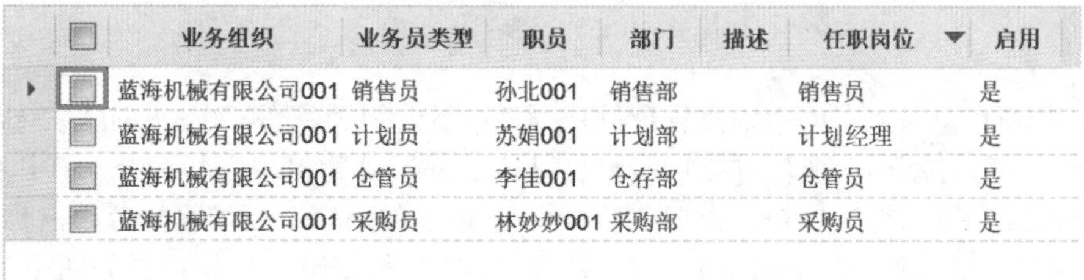

业务组织 业务员类型 职员 部门 描述 任职岗位 启用
蓝海机械有限公司001 销售员 孙北001 销售部 销售员 是
蓝海机械有限公司001 计划员 苏娟001 计划部 计划经理 是
蓝海机械有限公司001 仓管员 李佳001 仓存部 仓管员 是
蓝海机械有限公司001 采购员 林妙妙001 采购部 采购员 是

图 10-13 业务员列表页面

（6）新增仓库 用“信息管理员+学号”的账号登录金蝶 K/3 Cloud 系统后，打开功能菜单，执行【基础管理】—【基础资料】—【供应链】—【仓库列表】命令，打开仓库列表页面。单击【新增】按钮，进入仓库新增页面，根据实验数据表 10-6 的内容，新增仓库“成品仓”，仓库编码为“1+学号”，仓库属性为“普通仓库”。填写完成后，依次单击【保存】【提交】【审核】按钮，完成仓库的审核，如图 10-14 所示。

表 10-6　新增仓库信息

仓库编码	仓库名称	仓库属性
1+学号	成品仓	普通仓库
2+学号	半成品仓	普通仓库
3+学号	原材料仓库	普通仓库
4+学号	创科机械客户仓库	客户仓库

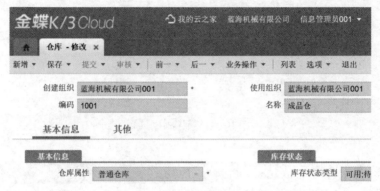

图 10-14　仓库新增页面

参考上述步骤，根据表 10-6 的内容新增并审核其他仓库信息。全部仓库信息新增结束后，执行【基础管理】—【基础资料】—【供应链】—【仓库列表】命令，打开仓库列表页面，查询仓库信息，如图 10-15 所示。

	编码	名称	仓库地址	仓库负责	仓库属性	数据状态
▶	1001	成品仓			普通仓库	已审核
	2001	半成品仓			普通仓库	已审核
	3001	原材料仓库			普通仓库	已审核
	4001	创科机械客户仓库			客户仓库	已审核

图 10-15　仓库列表页面

（7）物料信息录入　用"信息管理员+学号"的账号登录金蝶 K/3 Cloud 系统后，打开功能菜单，执行【基础管理】—【基础资料】—【主数据】—【物料列表】命令，打开物料列表页面。单击【新增分组】按钮，根据实验数据表 10-7 的内容，新增物料分组名称"成品+学号"，物料分组编码为"学号+1"。填写完成后，单击【保存】按钮，如图 10-16 所示。参考上述步骤，继续完成物料分组的新增。

表 10-7　物料分组信息

编　　码	物料分组名称
学号+1	成品+学号
学号+2	半成品+学号
学号+3	原材料+学号

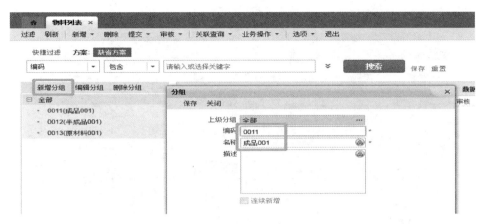

图 10-16 物料分组新增页面

新增物料属性信息见表 10-8。

表 10-8 新增物料属性信息

编 码	名 称	物料分组	物料属性	存货类别	重量单位	仓 库	固定提前期⊖	最小订货量
1.01. 学号	轴承	成品+学号	自制	产成品	PCS[①]	成品仓	3	—
2.01. 学号	外圈	半成品+学号	自制	自制半成品	PCS	半成品仓	2	—
2.02. 学号	内圈	半成品+学号	自制	自制半成品	PCS	半成品仓	2	—
3.01. 学号	轴承钢 D=45	原材料+学号	外购	原材料	千克	原材料仓库	1	5
3.02. 学号	轴承钢 D=40	原材料+学号	外购	原材料	千克	原材料仓库	1	5
3.03. 学号	保持架	原材料+学号	外购	原材料	PCS	原材料仓库	2	100
3.04. 学号	滚珠	原材料+学号	外购	原材料	PCS	原材料仓库	2	100

① PCS 即 pieces 的缩写就是"个""件"的意思。

打开功能菜单，执行【基础管理】—【基础资料】—【主数据】—【物料】命令，打开物料新增页面。根据实验数据表 10-8 的内容，新增物料"轴承"，物料编码为"1.01. 学号"，在【基本】页签中，选择物料分组为"成品+学号"，选择物料属性为"自制"，选择存货类别为"产成品"，选择重量单位为"PCS"。在【库存】页签下，仓库选择"成品仓"。在【计划属性】页签下，固定提前期输入"3"。填写完成后，依次单击【保存】【提交】【审核】按钮，完成物料的审核，如图 10-17 所示。

注意：当出现单击保存按钮后弹出"物料名称：轴承已经存在，您确定还要继续保存吗"的窗口时，单击【是】即可，之后再依次单击【提交】和【审核】按钮。

参考上述步骤，根据表 10-8 的内容新增并审核其他物料信息。全部物料信息新增结束后，执行【基础管理】—【基础资料】—【主数据】—【物料列表】命令，可查询物料信息，如图 10-18 所示。

（8）库存信息设置 用"信息管理员+学号"的账号登录金蝶 K/3 Cloud 系统后，打开功能菜单，执行【供应链】—【库存管理】—【初始化】—【启用库存管理】命令，进入启用库

⊖ 固定提前期的单位是工厂日历的时区，是各工厂根据自身情况自行设定的，一般为周，默认为时区。

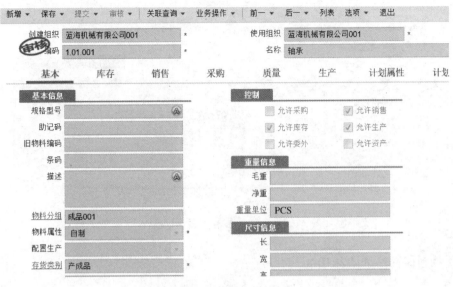

图 10-17　物料新增页面

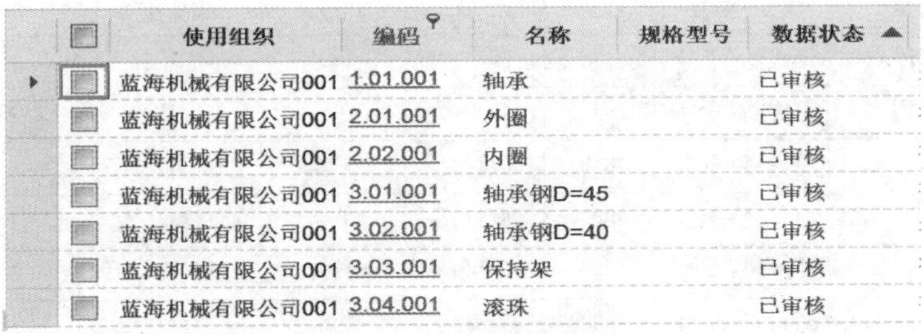

	使用组织	编码	名称	规格型号	数据状态 ▲
	蓝海机械有限公司001	1.01.001	轴承		已审核
	蓝海机械有限公司001	2.01.001	外圈		已审核
	蓝海机械有限公司001	2.02.001	内圈		已审核
	蓝海机械有限公司001	3.01.001	轴承钢D=45		已审核
	蓝海机械有限公司001	3.02.001	轴承钢D=40		已审核
	蓝海机械有限公司001	3.03.001	保持架		已审核
	蓝海机械有限公司001	3.04.001	滚珠		已审核

图 10-18　物料列表页面

存管理界面。勾选库存组织名称为"蓝海机械有限公司+学号",设置库存启用日期为 "2020/1/1",单击【保存】按钮。启用库存管理页面如图 10-19 所示。

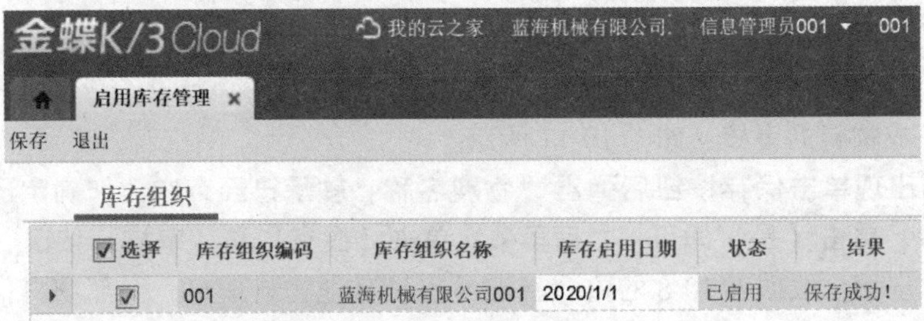

选择	库存组织编码	库存组织名称	库存启用日期	状态	结果
✓	001	蓝海机械有限公司001	2020/1/1	已启用	保存成功!

图 10-19　启用库存管理页面

　　注意:库存管理是企业的基础和核心,支撑着企业销售、采购、生产业务的有效运作。 在进行销售采购业务前,需要对库存管理进行初始化。

　　在录入初始库存信息前,需先启用库存管理,库存启用日期设置为 2020 年 1 月 1 日 (2020 为当前系统时间的上一年)。初始库存信息见表 10-9。

表 10-9   初始库存信息

物料编码	物料名称	单位	本年累计收入数量	本年累计发出数量	期初数量	仓库
1.01.学号	轴承	PCS	800	800	800	成品仓
3.01.学号	轴承钢 D=45	千克	16	16	16	原材料仓库
3.02.学号	轴承钢 D=40	千克	5	5	5	原材料仓库
3.03.学号	保持架	PCS	80	80	80	原材料仓库
3.04.学号	滚珠	PCS	6200	6200	6200	原材料仓库

库存系统启用成功后，打开功能菜单，执行【供应链】—【库存管理】—【初始化】—【初始库存】命令，进入初始库存新增页面，选择仓库为"成品仓"，根据表 10-9 的内容，在【明细信息】页签下录入物料"轴承"的本年累计收入数量、本年累计发出数量和期初数量。填写完成后，依次单击【保存】—【提交】—【审核】按钮，完成成品仓初始库存信息的录入，如图 10-20 所示。参照上述步骤，再次新增并录入原材料仓库的初始库存，若有多条数据需要录入，可通过单击【新增行】录入多条物料信息。

图 10-20   初始库存录入页面

初始库存录入完毕后，需要对库存管理进行结束初始化的操作。打开功能菜单，执行【供应链】—【库存管理】—【初始化】—【库存管理结束初始化】命令，进入结束初始化界面。勾选库存组织名称为"蓝海机械有限公司+学号"，单击【结束初始化】按钮，完成蓝海机械有限公司库存结束初始化的操作。库存管理结束初始化页面如图 10-21 所示。

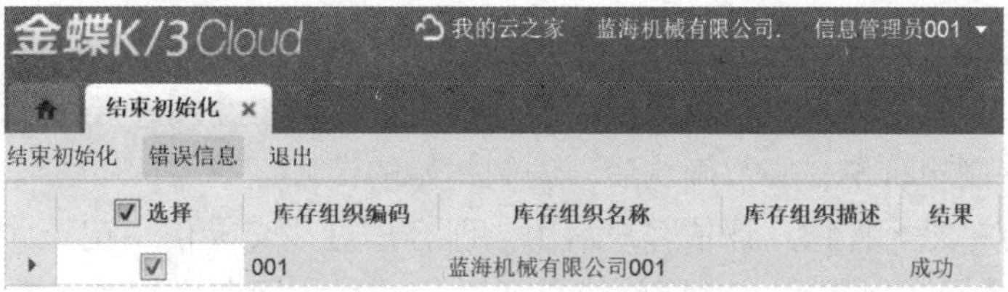

图 10-21   库存管理结束初始化页面

实验二、销售实务操作

一、应用场景1——标准销售业务

2021 年 1 月 4 日，销售部销售员孙北收到来自客户东方机械公司的要货申请，孙北进行报价和评估，最后在客户接受报价及计划员评估通过的情况下签订分期收款销售合同：销售轴承 300 个，含税单价为 300 元/个，要货日期为 1 月 9 日，合同规定货物款项分三个月付款，规定每月 9 号，客户东方机械公司需支付 3 万元给蓝海机械公司，连续支付 3 个月。1 月 6 号，公司仓储部根据销售合同安排发货出库。1 月 9 号，财务部根据货物出库信息记录应收账款和开具发票给客户，完成一系列的销售业务流程。

（一）业务流程分析

标准销售业务流程图如图 10-22 所示。

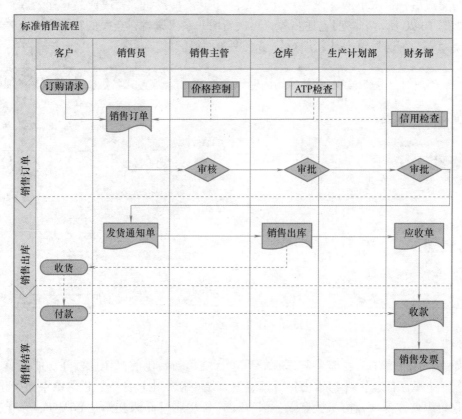

图 10-22　标准销售业务流程图

业务流程分析：

1）业务员接到客户询价单，取得产品的标准报价，销售经理进行内部评估。

2）业务员编制报价单，客户确认后，编制初始的销售订单。

3）对销售订单进行评估：评估客户信用，即客户过往交易信用记录，以及信用额是否符合控制政策；协调计划部门，对订单的交期进行评估，即考虑加工提前期、采购提前期等，评估是否可按客户需求日期交货。

4）订单评估通过后，与客户确认，编制正式的销售订单，由销售经理审批。

5）业务员将已审核的销售订单下发仓存部门，通知仓存部门准备产品发货。

6）仓存部门根据发货通知单的信息将产品出库，发送到客户标明的地址。

7）业务员跟单，向客户通报订单进展：跟踪交货、质量、跟踪款项回收情况。

8）财务部门根据出库信息生成应收单并开具销售发票送给客户。

（二）实验步骤

- 启用应收款管理系统
- 销售报价单新增
- 销售报价单的维护
- 销售报价单的审核
- 生成销售订单
- 销售订单的维护
- 销售订单的审核
- 生成销售发货通知单
- 销售发货通知单的审核
- 生成销售出库单
- 销售出库单维护及审核
- 生成应收单及销售发票

（三）操作部门及人员

1）应收款管理的初始化操作由公司信息系统部的人员负责，用户名：信息管理员+学号。

2）公司销售员负责管理维护销售报价单、销售订单、发货通知单，用户名：孙北+学号。

3）公司销售经理负责审核销售报价单、销售订单、发货通知单，用户名：李倩+学号。

4）公司仓管员负责管理维护销售出库单，用户名：李佳+学号。

5）公司仓管经理审核销售出库单，用户名：季成+学号。

6）公司应收会计负责管理维护、审核应收单据及销售发票，用户名：肖观海+学号。

7）密码默认都为 888888。

（四）实验具体步骤

（1）启用应收款管理系统 用"信息管理员+学号"的账号登录金蝶 K/3 Cloud 系统，打开功能菜单，执行【财务会计】—【应收款管理】—【初始化】—【启用日期设置】命令，根据实验数据表 10-10 的内容，勾选结算组织"蓝海机械有限公司+学号"，输入启用日期"2020-01-01"，然后单击【启用】，完成蓝海机械有限公司的应收款管理系统的启用日期设置，如图 10-23 所示。

表 10-10 应收启用日期设置

结算组织名称	启 用 日 期	状 态
蓝海机械有限公司+学号	2020 年 1 月 1 日	启用

（2）销售报价单新增 蓝海机械有限公司销售员"孙北+学号"登录金蝶 K/3 Cloud 系统，打开功能菜单，执行【供应链】—【销售管理】—【报价】—【销售报价单】命令，打开销售报价单新增页面，根据实验数据表 10-11 录入信息，**注意：生效日不需要修改。**新

建的销售报价单页面如图 10-24 所示，信息录入完成后，依次单击【保存】和【提交】按钮。

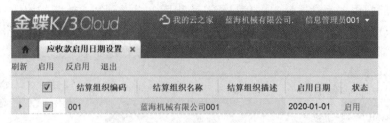

图 10-23　应收款管理系统启用日期设置页面

表 10-11　销售报价单

日　期	客　户	物 料 名 称	税　率	含 税 单 价	销 售 数 量
2021/1/4	东方机械	轴承	13%	300 元/PCS	300PCS

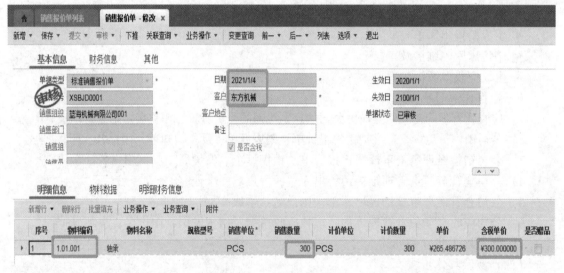

图 10-24　销售报价单页面

（3）销售报价单的维护　使用销售员"孙北+学号"账号打开功能菜单，执行【供应链】—【销售管理】—【报价】—【销售报价单列表】命令，可通过过滤条件查询所有销售报价单，如图 10-25 所示。在销售报价单列表页面中，可以新增销售报价单，或者对已有的销售报价单进行删除等操作，可通过单击单据编号进入单据查询、修改界面，也可单击工具栏的【下推】按钮将销售报价单下推生成销售订单，但下推操作的目标必须是已经审核成功的单据。

（4）销售报价单的审核　切换销售经理"李倩+学号"登录金蝶 K/3 Cloud 系统，打开功能菜单，执行【供应链】—【销售管理】—【报价】—【销售报价单列表】命令，打开销售报价单列表页面，勾选销售员提交的销售报价单，单击【审核】按钮，审核销售报价单。销售报价单审核页面如图 10-26 所示。

图 10-25　销售报价单列表页面

图 10-26　销售报价单审核页面

（5）生成销售订单　切换销售员"孙北+学号"账号登录金蝶 K/3 Cloud 系统，打开功能菜单，执行【供应链】—【销售管理】—【报价】—【销售报价单列表】命令，进入销售报价单列表，勾选已经审核的销售报价单，单击工具栏【下推】按钮，下推生成销售订单。在弹出的相应销售订单编辑界面中，根据实验数据表 10-12 的内容，修改单据的日期，选择销售员为"孙北+学号"，在【明细信息】页签中将要货日期设为"2021/1/9"，如图 10-27 所示，信息录入完成后，依次单击【保存】和【提交】按钮。

表 10-12　销售订单信息

日　期	客　户	销　售　员	物料名称	含税单价	销售数量	要货日期
2021/1/5	东方机械	孙北+学号	轴承	300 元/PCS	300PCS	2021/1/9

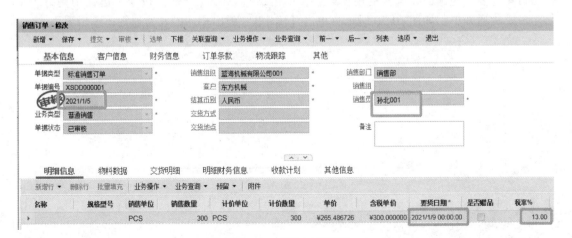

图 10-27　销售订单页面

（6）销售订单的维护　使用销售员"孙北+学号"账号打开功能菜单，执行【供应链】—【销售管理】—【订单处理】—【销售订单列表】命令，可通过过滤条件查询所有销售订单，如图 10-28 所示。在销售订单列表页面中，可以新增销售订单，或者对已有的销售订单进行查看、修改、删除等操作。

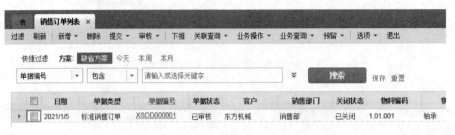

图 10-28　销售订单列表页面

（7）销售订单的审核　切换销售经理"李倩+学号"账号登录金蝶 K/3 Cloud 系统，打开功能菜单，执行【供应链】—【销售管理】—【订单处理】—【销售订单列表】命令，打开销售订单列表页面，勾选销售员"孙北+学号"提交的销售订单，单击【审核】按钮，审核销售订单。销售订单审核页面如图 10-29 所示。

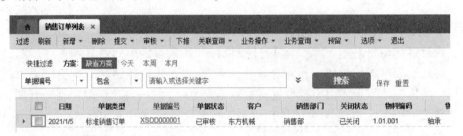

图 10-29　销售订单审核页面

（8）生成销售发货通知单　切换销售员"孙北+学号"账号登录金蝶 K/3 Cloud 系统，打开功能菜单，执行【供应链】—【销售管理】—【订单处理】—【销售订单列表】命令，进入销售订单列表，勾选已经审核的销售订单，单击工具栏的【下推】按钮，选择销售订单下推生成发货通知单，如图 10-30 所示，单击【确定】，弹出相应的发货通知单编辑界面。

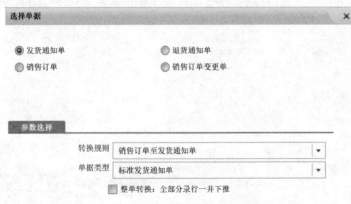

图 10-30　销售订单下推生成发货通知单页面

在弹出的发货通知单编辑界面中，根据实验数据表 10-13 中的信息录入，如图 10-31 所示。信息录入完成后，依次单击【保存】【提交】按钮。此时，打开功能菜单，执行【供应链】—【销售管理】—【出货处理】—【发货通知单列表】命令，进入发货通知单列表过滤条件，可查看刚才下推生成的单据。

表 10-13　销售发货通知单信息

日　期	客　户	物料编码	物料名称	销售数量	要货日期	出货仓库
2021/1/6	东方机械	1.01. 学号	轴承	300PCS	2021/1/9	成品仓

图 10-31　销售发货通知单页面

（9）销售发货通知单的审核　切换销售经理"李倩+学号"账号登录金蝶 K/3 Cloud 系统，打开功能菜单，执行【供应链】—【销售管理】—【出货处理】—【发货通知单列表】命令，进入发货通知单列表，勾选之前销售员提交的发货通知单，单击【审核】按钮审核单据。销售发货通知单审核页面如图 10-32 所示。

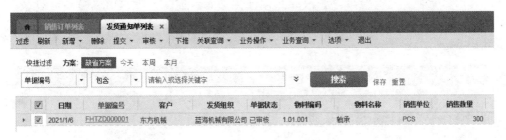

图 10-32　销售发货通知单审核页面

（10）生成销售出库单　销售发货通知单审核通过后，开始进行下一步的销售出库业务，凭借销售部发来的发货通知单，仓管人员才能安排产品出库。在金蝶 K/3 Cloud 系统中，销售出库单可由销售发货通知单直接下推生成。

切换仓管员"李佳+学号"登录金蝶 K/3 Cloud 系统，打开功能菜单，执行【供应链】—【销售管理】—【出货处理】—【发货通知单列表】命令，进入发货通知单列表，勾选已经审核的发货通知单，单击工具栏【下推】按钮下推生成销售出库单，在弹出的相应销售出库单编辑界面中，根据实验数据表 10-14 的内容，修改单据日期，仓管员选择"李佳+学号"，如图 10-33 所示。信息录入完成后，依次单击【保存】【提交】按钮。

表 10-14　销售出库单信息

日　期	客　户	仓 管 员	物料编码	物料名称	实发数量	仓　库
2021/1/6	东方机械	李佳+学号	1.01.001	轴承	300PCS	成品仓

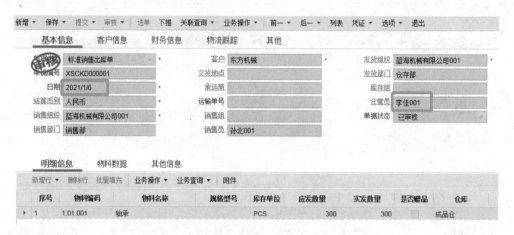

图 10-33　销售出库单页面

（11）销售出库单维护及审核　销售出库单保存完毕之后，使用仓管员"李佳+学号"账号打开功能菜单，执行【供应链】—【销售管理】—【出货处理】—【销售出库单列表】命令，可查询到刚刚下推生成的销售出库单。在此页面中，可以新增销售出库单，或者对已有的销售出库单进行查看、修改、删除等。

切换仓管经理"季成+学号"账号登录金蝶 K/3 Cloud 系统，打开功能菜单，执行【供应链】—【销售管理】—【出货处理】—【销售出库单列表】命令，进入销售出库单列表，勾选仓管员"李佳+学号"提交的销售出库单，单击【审核】按钮审核单据。销售出库单审核页面如图 10-34 所示。

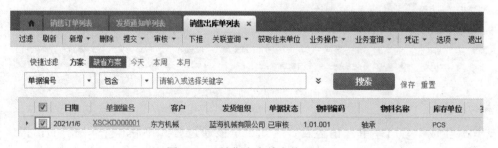

图 10-34　销售出库单审核页面

（12）生成应收单及销售发票　货物销售出库后，公司需要记录该笔货物的应收账款，因此需要在系统中录入销售应收单。切换应收会计"肖观海+学号"登录金蝶 K/3 Cloud 系统，打开功能菜单，执行【供应链】—【销售管理】—【出货处理】—【销售出库单列表】命令，进入销售出库单列表，勾选已经审核的销售出库单，单击工具栏【下推】按钮，下推生成应收单，在弹出的相应应收单编辑界面中，根据实验数据表 10-15 的内容，修改单据日期，在收款计划页签下，修改到期日和应收金额，如图 10-35 所示。信息录入完成后，依次单击【保存】【提交】【审核】按钮。

表 10-15　应收单信息

业务日期	客　户	物料名称	计价数量	含税单价
2021/1/9	东方机械	轴承	300PCS	300 元/PCS
收款计划				
到期日		应收金额（元）		
2021/1/9		30 000		
2021/2/9		30 000		
2021/3/9		30 000		

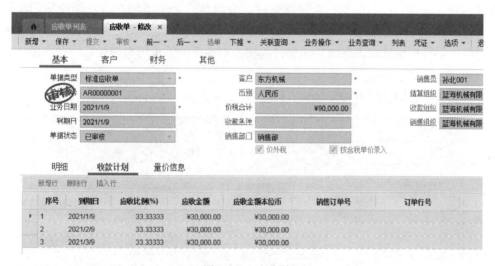

图 10-35　应收单

在销售出库后，蓝海机械有限公司开具销售增值税专用发票给客户东方机械。使用应收会计"肖观海+学号"账号在刚刚生成的应收单界面中，单击工具栏【下推】按钮生成销售增值税专用发票，在弹出的相应单据编辑界面中，根据实验数据表 10-16 的内容，修改业务日期和发票日期，在【明细】页签下**修改计价数量为"100"**，如图 10-36 所示。信息录入完成后，依次单击【保存】【提交】【审核】按钮。

表 10-16　销售增值税专用发票

业务日期	客　户	发票日期	物料名称	计价数量	含税单价
2021/1/9	东方机械	2021/1/9	轴承	100PCS	300 元/PCS

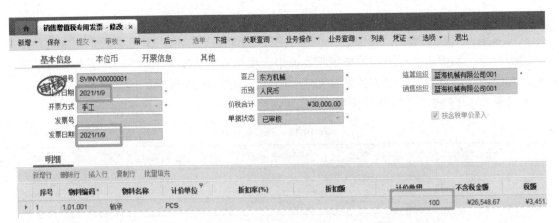

图 10-36　销售增值税专用发票页面

二、应用场景 2——寄售业务

蓝海机械有限公司为了开拓新市场，与创科机械公司签订寄售协议。2021 年 1 月 10 日，公司收到客户创科机械的要货申请，并同意让其代理销售 500 个轴承，公司根据签订的销售订单安排发货。1 月 11 日，公司通知成品仓将 500 个轴承从成品仓调拨到创科机械的仓库。1 月 18 日，存放在客户仓库的 300 个轴承通过创科机械成功售出后，蓝海机械有限公司与客户创科机械进行寄售结算并支付款项，未销售的轴承仍在创科机械仓库供应销售。

（一）业务流程分析

寄售业务流程图如图 10-37 所示。

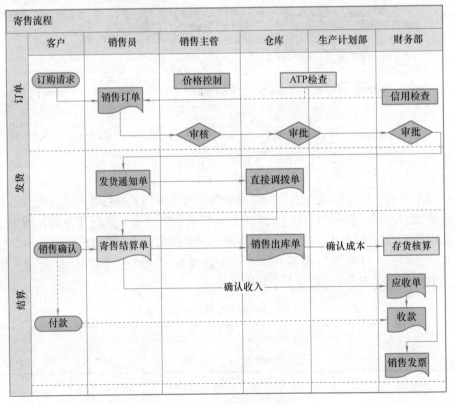

图 10-37　寄售业务流程图

业务流程分析：

寄售是一种委托代售的贸易方式。它是指委托人（货主）先将货物运往寄售地，委托一个代销人（受托人），按照寄售协议规定的条件，由代销人代替货主进行销售，在货物出售后，由代销人向货主结算货款的一种贸易方式。

在寄售业务流程下，做寄售类销售订单，然后安排发货做发货通知单，通过寄售类直接调拨单反映商品已经发出至客户仓库；待待销人与货主结算时做寄售结算单；结算后，系统生成销售出库扣减客户仓库库存；结算后下推或自动生成应收单，向代销人收款。

（二）实验步骤

- 寄售销售订单新增
- 寄售销售订单审核
- 生成寄售发货通知单
- 寄售发货通知单审核
- 生成直接调拨单
- 直接调拨单审核
- 生成寄售结算单
- 寄售结算单审核
- 生成寄售出库单
- 寄售出库单审核
- 生成并审核应收单
- 生成并审核销售发票

（三）操作部门及人员

1）公司销售员负责管理维护销售订单、发货通知单、寄售结算单，用户名：孙北+学号。

2）公司销售经理负责审核销售订单、发货通知单、寄售结算单，用户名：李倩+学号。

3）公司仓管员负责管理维护直接调拨单、销售出库单，用户名：李佳+学号。

4）公司仓管经理审核直接调拨单、销售出库单，用户名：季成+学号。

5）公司应收会计负责管理维护、审核应收单据及销售发票，用户名：肖观海+学号。

6）密码默认都为 888888。

（四）实验具体步骤

（1）寄售销售订单新增　切换销售员"孙北+学号"账号登录金蝶 K/3 Cloud 系统，打开功能菜单，执行【供应链】—【销售管理】—【订单处理】—【销售订单】命令，进入销售订单新增页面，首先将单据类型选择为"寄售销售订单"，再根据实验数据表 10-17 的内容录入相关信息，信息录入完成后，依次单击【保存】【提交】按钮，如图 10-38 所示。

表 10-17　寄售销售订单

单据类型	日　期	客　户	销售员	物料名称	含税单价	销售数量	税率	要货日期
寄售销售订单	2021/1/10	创科机械	孙北+学号	轴承	300 元/PCS	500PCS	13%	2021/1/12

（2）寄售销售订单审核　切换销售经理"李倩+学号"账号登录金蝶 K/3 Cloud 系统，打开功能菜单，执行【供应链】—【销售管理】—【订单处理】—【销售订单列表】命令，打开

销售订单列表页面，勾选销售员"孙北+学号"提交的寄售销售订单，单击【审核】按钮，审核寄售销售订单。寄售销售订单审核页面如图 10-39 所示。

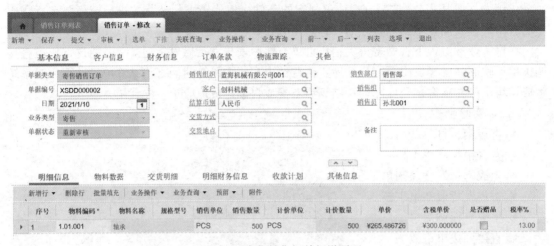

图 10-38　寄售销售订单新增页面

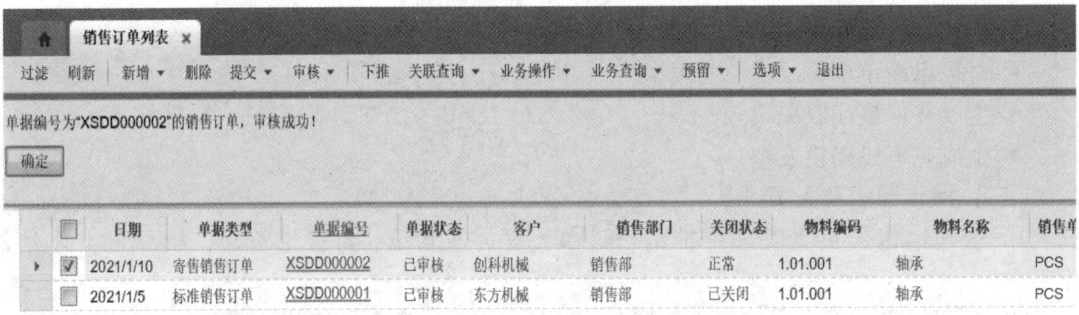

图 10-39　寄售销售订单审核页面

（3）生成寄售发货通知单　切换销售员"孙北+学号"账号登录金蝶 K/3 Cloud 系统，打开功能菜单，执行【供应链】—【销售管理】—【订单处理】—【销售订单列表】命令，进入销售订单列表，勾选已经审核的寄售销售订单，单击工具栏的【下推】按钮，选择销售订单下推生成发货通知单，单击【确定】弹出相应的寄售发货通知单编辑界面。再根据实验数据表 10-18 的内容录入相关信息，信息录入完成后，依次单击【保存】【提交】按钮，如图 10-40 所示。

表 10-18　寄售发货通知单信息

单据类型	日　期	客　户	物料编码	物料名称	销售数量	要货日期
寄售发货通知单	2021/1/11	创科机械	1.01. 学号	轴承	500PCS	2021/1/12

（4）寄售发货通知单审核　切换销售经理"李倩+学号"账号登录金蝶 K/3 Cloud 系统，打开功能菜单，执行【供应链】—【销售管理】—【出货处理】—【发货通知单列表】命令，进入发货通知单列表，勾选之前销售员"孙北+学号"提交的寄售发货通知单，单击【审核】按钮审核单据。寄售发货通知单审核页面如图 10-41 所示。

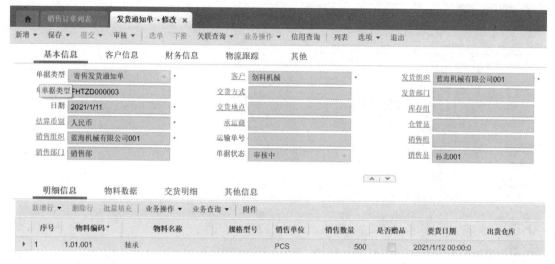

图 10-40 生成寄售发货通知单页面

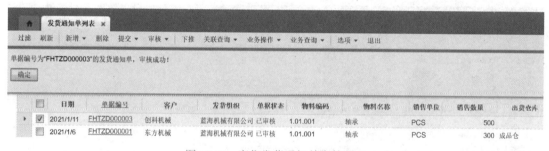

图 10-41 寄售发货通知单审核页面

（5）生成直接调拨单 切换仓管员"李佳+学号"账号登录金蝶 K/3 Cloud 系统，打开功能菜单，执行【供应链】—【销售管理】—【出货处理】—【发货通知单列表】命令，进入发货通知单列表，勾选已经审核的寄售发货通知单，单击工具栏的【下推】按钮，选择发货通知单下推生成寄售直接调拨单，单击【确定】弹出相应的寄售直接调拨单编辑界面。再根据实验数据表 10-19 的内容录入相关信息，修改日期，仓管员选择"李佳+学号"，在【明细信息】页签下，将调出仓库选择"成品仓"，将调入仓库选择"创科机械客户仓库"。信息录入完成后，依次单击【保存】【提交】按钮，如图 10-42 所示。

表 10-19 寄售直接调拨单信息

单 据 类 型	日 期	仓 管 员	物 料 名 称	调拨数量	调出仓库	调入仓库
寄售直接调拨单	2021/1/11	李佳+学号	轴承	500PCS	成品仓	创科机械客户仓库

（6）直接调拨单审核 切换仓管经理"季成+学号"账号登录金蝶 K/3 Cloud 系统，打开功能菜单，执行【供应链】—【库存管理】—【库存调拨】—【直接调拨单列表】命令，进入直接调拨单列表，勾选仓管员"李佳+学号"账号提交的寄售直接调拨单，单击【审核】按钮审核单据。直接调拨单审核如图 10-43 所示。

图 10-42　生成直接调拨单页面

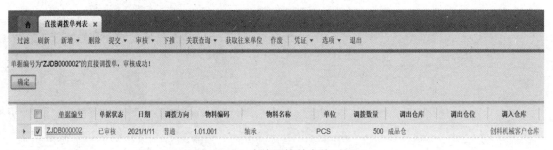

图 10-43　直接调拨单审核页面

(7) 生成寄售结算单　切换销售员"孙北+学号"账号登录金蝶 K/3 Cloud 系统，打开功能菜单，执行【供应链】—【销售管理】—【寄售】—【寄售结算单】命令，进入寄售结算单新增页面，单击工具栏的【选单】—【发出选单】按钮，勾选已经审核的寄售直接调拨单，单击【返回数据】将数据填充到页面。再根据实验数据表 10-20 的内容录入相关信息，修改日期，在【结算明细】页签下修改结算数量为"300"，在【匹配发货】页签下修改本次结算数量为"300"。信息录入完成后，依次单击【保存】【提交】按钮，如图 10-44 所示。

表 10-20　寄售结算单信息

日　期	客　户	销 售 员	物 料 名 称	结 算 数 量	本次结算数量	结算含税单价	仓　库
2021/1/18	创科机械	孙北+学号	轴承	300PCS	300PCS	300 元/PCS	创科机械客户仓库

(8) 寄售结算单审核　切换销售经理"李倩+学号"账号登录金蝶 K/3 Cloud 系统，打开功能菜单，执行【供应链】—【销售管理】—【寄售】—【寄售结算单列表】命令，进入寄售结算单列表，勾选销售员"孙北+学号"提交的寄售结算单，单击【审核】按钮审核单据。寄售结算单审核页面如图 10-45 所示。

图 10-44　生成寄售结算单页面

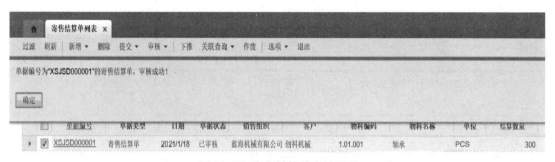

图 10-45　寄售结算单审核页面

（9）生成寄售出库单　切换仓管员"李佳+学号"账号登录金蝶 K/3 Cloud 系统，打开功能菜单，执行【供应链】—【销售管理】—【出货处理】—【销售出库单】命令，进入销售出库单新增页面，首先将单据类型修改为"寄售出库单"，之后单击工具栏上的【选单】按钮，选择单据为"寄售结算单"，单击【确定】按钮，在弹出的寄售结算单列表勾选已经审核的寄售结算单，单击【返回数据】将数据填充到页面。之后根据实验数据表 10-21 的内容录入相关信息，信息录入完成后，依次单击【保存】【提交】按钮，如图 10-46 所示。

表 10-21　寄售出库单信息

单 据 类 型	日 期	客 户	仓 管 员	物 料 名 称	实 发 数 量	仓 库
寄售出库单	2021/1/18	创科机械	李佳+学号	轴承	300PCS	创科机械客户仓库

（10）寄售出库单审核　切换仓管经理"季成+学号"账号登录金蝶 K/3 Cloud 系统，打开功能菜单，执行【供应链】—【销售管理】—【出货处理】—【销售出库单列表】命令，进入销售出库单列表，勾选仓管员"李佳+学号"提交的寄售出库单，单击【审核】按钮审核单据。寄售出库单审核页面如图 10-47 所示。

（11）生成并审核应收单　切换应收会计"肖观海+学号"账号登录金蝶 K/3 Cloud 系统，打开功能菜单，执行【财务会计】—【应收款管理】—【销售应收】—【应收单】命令，进

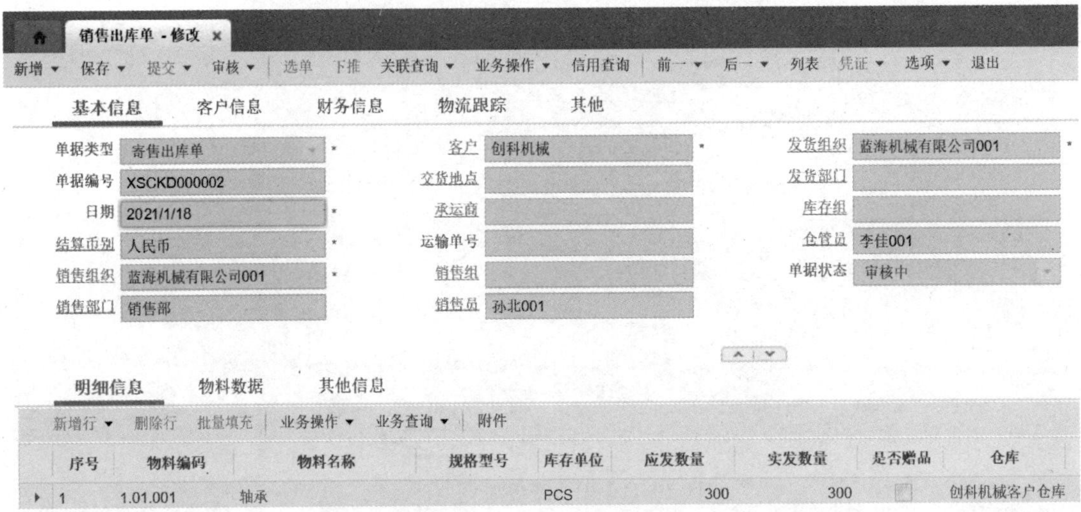

图 10-46 生成寄售出库单页面

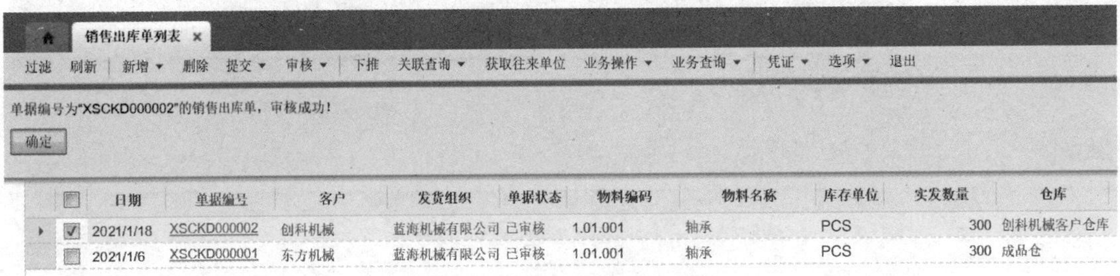

图 10-47 寄售出库单审核页面

入应收单新增页面，单击工具栏上的【选单】按钮，选择单据为"寄售结算单"，单击【确定】按钮，在弹出的寄售结算单列表勾选已经审核的寄售结算单，单击【返回数据】将数据填充到页面。之后根据实验数据表 10-22 的内容录入相关信息，信息录入完成后，依次单击【保存】【提交】【审核】按钮，如图 10-48 所示。

表 10-22 应收单信息

业 务 日 期	客 户	收 款 条 件	物 料 名 称	计 价 数 量	含 税 单 价
2021/1/19	创科机械	货到收款	轴承	300PCS	300 元/PCS

（12）生成并审核销售发票 使用应收会计"肖观海+学号"账号在刚刚生成的应收单界面中，单击工具栏【下推】按钮生成销售增值税专用发票，在弹出的相应单据编辑界面中，根据实验数据表 10-23 的内容，修改业务日期和发票日期，如图 10-49 所示。信息录入完成后，依次单击【保存】【提交】【审核】按钮。

表 10-23 销售增值税专用发票信息

业 务 日 期	发 票 日 期	客 户	物 料 名 称	计 价 数 量	含 税 单 价
2021/1/19	2021/1/19	创科机械	轴承	300PCS	300 元/PCS

图 10-48　生成并审核应收单页面

图 10-49　生成并审核销售发票页面

三、应用场景 3——直运业务

2021 年 1 月 13 日，客户大宇机械向蓝海机械公司提出要货申请：1000 个气缸盖，由于蓝海机械公司目前不生产这种产品，于是向另外一家供应商雅俊实业采购此产品，并直接发往大宇机械。

（一）业务流程分析

直运业务流程图如图 10-50 所示。

业务流程分析：

直运业务是指产品无须入库即可完成购销业务，由供应商直接将产品发给企业的客户；结算时，由购销双方分别与企业结算。直运业务包括直运销售业务和直运采购业务，没有实物的出入库，货物流向是直接从供应商到客户。

在直运业务流程下，做直运类销售订单，联系供应商发货时，下推生成直运采购订单。由于实物没有流经企业，在系统中也没有记录实物的出入库，因此在财务结算时，根据直运销售订单确认应收，根据直接采购订单确认应付。

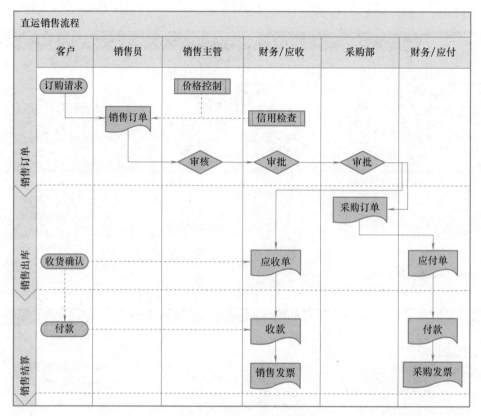

图 10-50 直运业务流程图

（二）实验步骤

- 物料新增
- 启用应付款管理系统
- 直运销售订单新增
- 直运销售订单审核
- 生成直运采购订单
- 直运采购订单审核
- 生成并审核应收单
- 生成并审核销售发票
- 生成并审核应付单
- 生成并审核采购发票

（三）操作部门及人员

1）公司信息管理员负责维护基础数据的设置和系统的启用，用户名：信息管理员+学号。

2）公司销售员负责管理维护销售订单，用户名：孙北+学号。

3）公司销售经理负责审核销售订单，用户名：李倩+学号。

4）公司采购员负责管理维护采购订单，用户名：林妙妙+学号。

5）公司采购经理审核采购订单，用户名：肖飞飞+学号。

6）公司应收会计负责管理维护、审核应收单据及销售发票，用户名：肖观海+学号。

7）公司应付会计负责管理维护、审核应付单据及采购发票，用户名：肖奈+学号。

8）密码默认都为"888888"。

（四）实验具体步骤

（1）物料新增　使用"信息管理员+学号"账号登录金蝶 K/3 Cloud 系统，打开功能菜单，执行【基础管理】—【基础资料】—【主数据】—【物料】命令，进入物料新增页面，根据实验数据表 10-24 的内容录入相关信息，信息录入完成后，依次单击【保存】【提交】【审核】按钮，如图 10-51 所示。

表 10-24　物料信息

编码	名　称	物料属性	存货类别
qgg+学号	气缸盖	外购	产成品

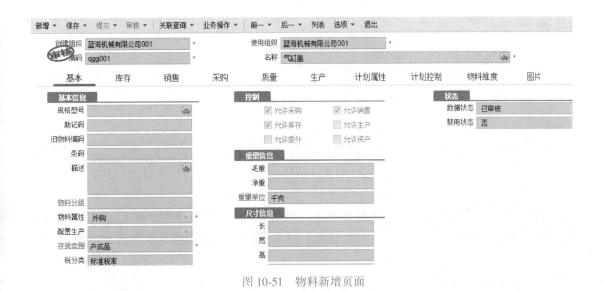

图 10-51　物料新增页面

（2）启用应付款管理系统　使用"信息管理员+学号"账号登录金蝶 K/3 Cloud 系统，打开功能菜单，执行【财务会计】—【应付款管理】—【初始化】—【启用日期设置】命令，设置结算组织"蓝海机械有限公司+学号"的启用日期为"2020-01-01"，单击工具栏【启用】按钮，如图 10-52 所示。

图 10-52　启用应付款管理系统页面

应付系统启用日期设置信息见表 10-25。

表 10-25　应付启用日期设置

结算组织名称	启用日期	状态
蓝海机械有限公司+学号	2020-01-01	启用

（3）直运销售订单新增　使用销售员"孙北+学号"账号登录金蝶 K/3 Cloud 系统，打开功能菜单，执行【供应链】—【销售管理】—【订单处理】—【销售订单】命令，进入销售订单新增页面，首先将单据类型选择为"直运销售订单"，再根据实验数据表 10-26 的内容录入相关信息，信息录入完成后，依次单击【保存】【提交】按钮，如图 10-53 所示。

表 10-26　直运销售订单信息

单据类型	日期	客户	销售员	物料名称	含税单价	销售数量	税率	要货日期
直运销售订单	2021/1/13	大宇机械	孙北+学号	气缸盖	1000 元/PCS	1000PCS	13%	2021/1/17

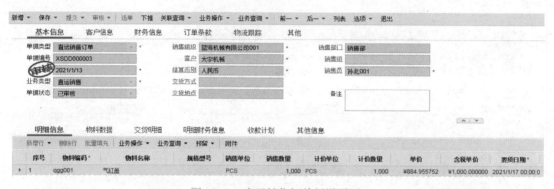

图 10-53　直运销售订单新增页面

（4）直运销售订单审核　切换销售经理"李倩+学号"账号登录金蝶 K/3 Cloud 系统，打开功能菜单，执行【供应链】—【销售管理】—【订单处理】—【销售订单列表】命令，打开销售订单列表页面，勾选销售员"孙北+学号"提交的直运销售订单，单击【审核】按钮，审核该订单。直运销售订单审核页面如图 10-54 所示。

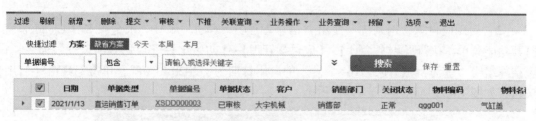

图 10-54　直运销售订单审核页面

（5）生成直运采购订单　切换采购员"林妙妙+学号"账号登录金蝶 K/3 Cloud 系统，打开功能菜单，执行【供应链】—【采购管理】—【订单处理】—【采购订单】命令，进入采购订单新增页面，首先将单据类型修改为"直运采购订单"，之后单击工具栏的【选单】按钮，选择单据为"销售订单"，单击【确定】按钮，在弹出的销售订单列表勾选已经审核的直运销售订单，单击【返回数据】将数据填充到页面。之后根据实验数据表 10-27 的内容录入相关信息，信息录入完成后，依次单击【保存】【提交】按钮，如图 10-55 所示。

表 10-27　直运采购订单信息

单据类型	采购日期	供应商	采购员	物料名称	含税单价	采购数量	税率	交货日期
直运采购订单	2021/1/14	雅俊实业	林妙妙+学号	气缸盖	800 元/PCS	1000PCS	13%	2021/1/16

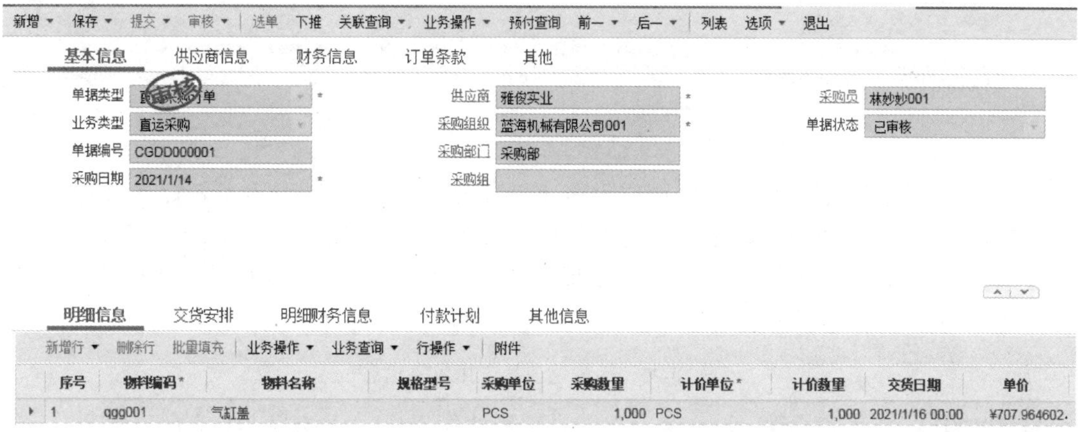

图 10-55　直运采购订单页面

（6）直运采购订单审核　切换采购经理"肖飞飞+学号"账号登录金蝶 K/3 Cloud 系统，打开功能菜单，执行【供应链】—【采购管理】—【订单处理】—【采购订单列表】命令，进入采购订单列表，勾选采购员"林妙妙+学号"提交的直运采购订单，单击【审核】按钮审核单据。直运采购订单审核页面如图 10-56 所示。

图 10-56　直运采购订单审核页面

（7）生成并审核应收单　切换应收会计"肖观海+学号"账号登录金蝶 K/3 Cloud 系统，打开功能菜单，执行【财务会计】—【应收款管理】—【销售应收】—【应收单】命令，进入应收单新增页面，单击工具栏上的【选单】按钮，选择单据为"销售订单"，单击【确定】按钮，在弹出的销售订单列表勾选已经审核的直运销售订单，单击【返回数据】将数据填充到页面。之后根据实验数据表 10-28 的内容录入相关信息。待信息录入完成后，依次单击【保存】【提交】【审核】按钮，如图 10-57 所示。

表 10-28　应收单信息

业务日期	客　户	收款条件	物料名称	计价数量	含税单价
2021/1/17	大宇机械	货到收款	气缸盖	1000PCS	1000 元/PCS

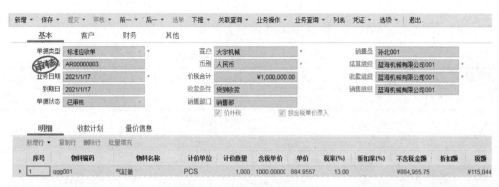

图 10-57 应收单页面

(8) 生成并审核销售发票 切换应收会计"肖观海+学号"账号登录金蝶 K/3 Cloud 系统，在刚刚生成的应收单界面中，单击工具栏【下推】按钮生成销售增值税专用发票，在弹出的相应单据编辑界面中，根据实验数据表 10-29 中的内容，修改业务日期和发票日期，如图 10-58 所示。信息录入完成后，依次单击【保存】【提交】【审核】按钮。

表 10-29 销售增值税专用发票信息

业 务 日 期	发 票 日 期	客 户	物 料 名 称	计 价 数 量	含 税 单 价
2021/1/17	2021/1/17	大宇机械	气缸盖	1000PCS	1000 元/PCS

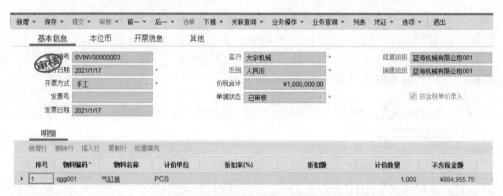

图 10-58 销售增值税专用发票页面

(9) 生成并审核应付单 切换应付会计"肖奈+学号"账号登录金蝶 K/3 Cloud 系统，打开功能菜单，执行【财务会计】—【应付款管理】—【采购应付】—【应付单】命令，进入应付单新增页面，单击工具栏上的【选单】按钮，选择单据为"采购订单"，单击【确定】按钮，在弹出的采购订单列表勾选已经审核的直运采购订单，单击【返回数据】将数据填充到页面。之后根据实验数据表 10-30 的内容录入相关信息，信息录入完成后，依次单击【保存】【提交】【审核】按钮，如图 10-59 所示。

表 10-30 应付单信息

业 务 日 期	供 应 商	物 料 名 称	计 价 数 量	含 税 单 价
2021/1/18	雅俊实业	气缸盖	1000PCS	800 元/PCS

图 10-59 应付单页面

（10）生成并审核采购发票 切换应付会计"肖奈+学号"账号登录金蝶 K/3 Cloud 系统，在刚刚生成的应付单界面中，单击工具栏【下推】按钮生成采购增值税专用发票，在弹出的相应单据编辑界面中，根据实验数据表 10-31 中的内容，修改业务日期和发票日期，如图 10-60 所示。信息录入完成后，依次单击【保存】【提交】【审核】按钮。

表 10-31 采购增值税专用发票信息

业 务 日 期	发 票 日 期	供 应 商	物 料 名 称	计 价 数 量	含 税 单 价
2021/1/18	2021/1/18	雅俊实业	气缸盖	1000PCS	800 元/PCS

图 10-60 采购增值税专用发票页面

10.6 实验报告要求

1. 交上机报告，要求每位同学以"学号+姓名+班级"形式提交实验电子版，并上交实验报告书

2. 实验报告提交要点

1）简述销售管理的业务类型和过程。

2）绘制标准销售管理的总体流程图，分析其与应收账款之间的关系。

3）简述金蝶 K/3 Cloud 系统是如何实现销售订单的全流程跟踪的。

4）简述寄售业务和直运业务与标准销售业务的区别。其在系统上具体体现在哪里？

第 11 章 工程数据管理和计划管理模块

11.1 计划管理系统概述

1. 工程数据管理

工程数据管理用来创建与产品相关的各种工程数据，并对涉及产品设计、生产计划、加工制造、物料管理等需要高度共享的各种工程数据进行集中统一管理，减少数据冗余，确保数据的完整性、准确性和可靠性，并对这些数据进行动态维护和更改控制。

工程数据管理包括物料清单（BOM）、工艺路线、工作日历、资源替代等基本数据，这些数据是进行计划管理、生产控制的应用基础。工程数据总体流程图如图 11-1 所示。

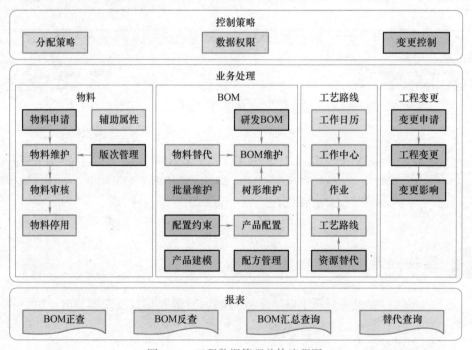

图 11-1 工程数据管理总体流程图

2. 计划管理

K/3 Cloud 计划管理为企业提供集中计划和协同计划两种不同的多组织计划模式，并在底层铺设了强大的物料预留网络，使 K/3 Cloud 在真正意义上支持净改变计划。计划员可根据需求的重要性决定物料供给的分配顺序并全程跟踪物料供给的完成状况。计划管理总体流程图如图 11-2 所示。

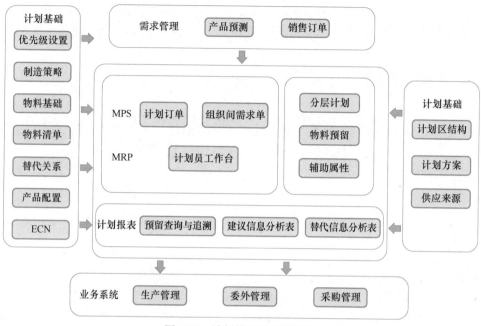

图 11-2　计划管理总体流程图

11.2　实验目的

理解 K/3 Cloud 工程数据管理与生产管理之间的关系。

重点理解 K/3 Cloud 计划管理的原理和作用，了解计划管理与销售管理、生产管理、采购管理之间的关系。

掌握工程数据的设置步骤。

掌握计划管理 MPS 和 MRP 的执行步骤。

11.3　实验要求

按照本书所示步骤进行上机操作，完成实验内容，对 K/3 Cloud 工程数据管理和计划管理两个模块有一定的认知与理解，并撰写相关实验报告。

- 理解计划管理模块知识
- 完成工程数据的录入
- 熟悉计划管理模块功能
- 计划的编制与审批

11.4　实验内容

- 掌握工程数据建立与维护的方法

- 了解计划方案的相关设置
- 掌握计划管理 MPS 和 MRP 的步骤

11.5 实验具体步骤

实验一、工程数据设置

（一）应用场景

根据蓝海机械有限公司的生产计划，设置工程数据包括工作日历、物料清单（BOM）、工作中心、工艺路线等，这些数据是进行计划管理、生产控制的应用基础。

（二）实验步骤

- 设置工作日历
- 套用工作日历
- 新增部门
- 新增资源
- 新增工作中心
- 新增工艺路线
- 新增 BOM

（三）操作部门及人员

信息系统部的信息管理员，登录账号"信息管理员+学号"，密码"888888"（**注意：是第 10 章实验修改后的密码**）。

（四）实验具体步骤

（1）设置工作日历 选择公司信息部"信息管理员+学号"登录金蝶 K/3 Cloud 系统后，打开功能菜单，执行【生产制造】—【工程数据】—【工作日历】—【工作日历模板】命令，进入工作日历模板新增页面。根据实验数据表 11-1 录入正确的信息后，单击【保存】【提交】【审核】按钮，如图 11-3 所示。

表 11-1 工作日历模板信息

名 称	生 效 日 期	班 制
蓝海机械有限公司+学号工作日历模板	2021/1/1	默认班制
周	日 期 类 型	是 否 生 产
周六、周日	休息日	否
周一、周二、周三、周四、周五	工作日	是

（2）套用工作日历 选择"信息管理员+学号"账号登录金蝶 K/3 Cloud 系统，完成工作日历模板的审核后，单击【业务操作】—【套用】，在显示的日历操作对话框中，录入开始日期为"2021/1/1"，再单击【确认】，如图 11-4 所示。

（3）新增部门 选择"信息管理员+学号"账号登录金蝶 K/3 Cloud 系统后，打开功能菜单，执行【基础管理】—【基础资料】—【主数据】—【部门】命令，进入部门新增页面，根据实验数据表 11-2 录入正确的信息后，单击【保存】【提交】【审核】按钮，如图 11-5 所示。

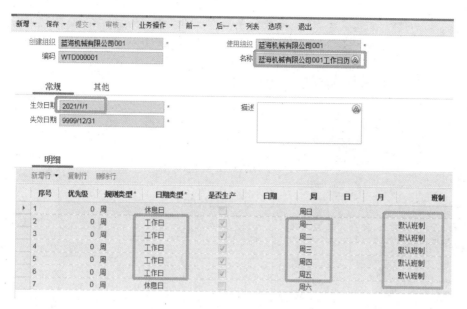

图 11-3　工作日历模板新增完成并审核页面

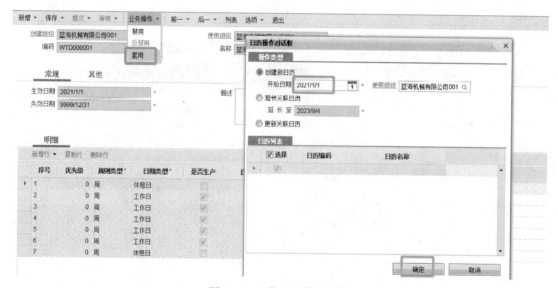

图 11-4　工作日历模板套用

表 11-2　部门信息

名　称	上 级 部 门	生 效 日 期	部 门 属 性
机加车间	生产部	2021/1/1	基本生产部门
装配车间	生产部	2021/1/1	基本生产部门

（4）新增资源　部门新增完成后，选择"信息管理员+学号"账号执行【生产制造】—【工程数据】—【工艺路线】—【资源】命令，进入资源新增页面，根据实验数据表 11-3 录入正确的信息后，单击【保存】【提交】【审核】按钮，如图 11-6 所示。

图 11-5　部门新增完成并审核

表 11-3　资源信息

名　称	资源类别	资源数量	数量单位	生 效 日 期	计算能力	能 力 单 位
装配 1	人员	1	PCS	2021/1/1	勾选	时
装配 2	人员	1	PCS	2021/1/1	勾选	时
装配 3	机器	1	台	2021/1/1	勾选	时
装配 4	机器	1	台	2021/1/1	勾选	时
装配 5	机器	1	台	2021/1/1	勾选	时
装配 6	机器	1	台	2021/1/1	勾选	时

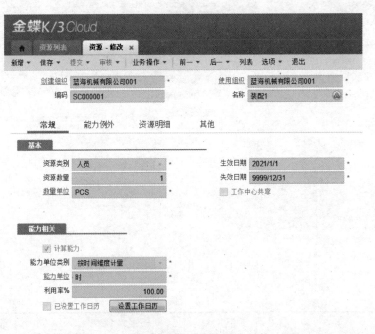

图 11-6　资源新增完成并审核

（5）新增工作中心　资源新增完成后，选择"信息管理员+学号"账号执行【生产制造】—【工程数据】—【工艺路线】—【工作中心】命令，进入工作中心新增页面，根据实验数据表 11-4、表 11-5、表 11-6 分别录入正确的信息后，单击【保存】【提交】【审核】按钮，如图 11-7 所示。

表 11-4　工作中心——车床

名　称	所属部门	工序控制码	生效日期
车床	机加车间	质量+汇报	2021/1/1
基本活动页签			
基本活动	单　位	活动量公式	活动汇报量公式
准备活动	时	准备活动总量内置公式	准备活动汇报量内置公式
加工活动	时	加工活动总量内置公式	加工活动汇报量内置公式
拆卸活动	时	拆卸活动总量内置公式	拆卸活动汇报量内置公式
能力页签			
资　源	资源分类		单　位
装配1	人员		时
装配2	人员		时
装配3	机器		时

表 11-5　工作中心——热加工设备

名　称	所属部门	工序控制码	生效日期
热加工设备	机加车间	质量+汇报	2021/1/1
基本活动页签			
基本活动	单　位	活动量公式	活动汇报量公式
准备活动	时	准备活动总量内置公式	准备活动汇报量内置公式
加工活动	时	加工活动总量内置公式	加工活动汇报量内置公式
拆卸活动	时	拆卸活动总量内置公式	拆卸活动汇报量内置公式
能力页签			
资　源	资源分类		单　位
装配4	机器		时
装配5	机器		时

表 11-6　工作中心——磨床

名　称	所属部门	工序控制码	生效日期
磨床	机加车间	质量+汇报	2021/1/1
基本活动页签			
基本活动	单　位	活动量公式	活动汇报量公式
准备活动	时	准备活动总量内置公式	准备活动汇报量内置公式
加工活动	时	加工活动总量内置公式	加工活动汇报量内置公式
拆卸活动	时	拆卸活动总量内置公式	拆卸活动汇报量内置公式
能力页签			
资　源	资源分类		单　位
装配6	机器		时

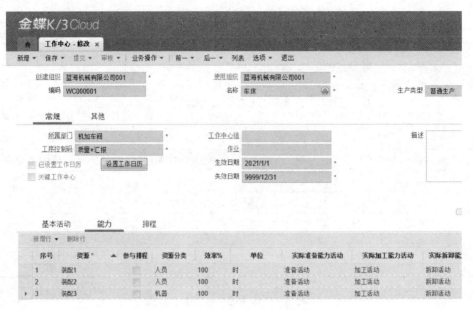

图 11-7 工作中心新增完成并审核

（6）新增工艺路线 选择"信息管理员+学号"账号完成工作中心新增后，打开功能菜单，执行【生产制造】—【工程数据】—【工艺路线】—【工艺路线列表】命令，在工艺路线列表页面单击【新增分组】，根据实验数据表 11-7 录入正确信息后，单击【保存】，如图 11-8 所示。

表 11-7 工艺路线分组信息

编　码	名　称
学号	轴承+学号

图 11-8 工艺路线新增分组页面

工艺路线新增分组完成后，在工艺路线列表页面单击【新增】，根据实验数据表 11-8、表 11-9 分别录入正确的信息后，单击【保存】【提交】【审核】，如图 11-9 所示。

表 11-8 外圈加工工艺路线信息

工艺路线名称	物 料 编 码	生 效 日 期	工艺路线分组
外圈加工工艺	2.01. 学号	2021/1/1	轴承+学号

（续）

工序列表页签						工序明细页签	
工序号	工作中心	加工车间	工序说明	单位	加工活动——数量	扫描特征码	基本批量（台）
10	车床	机加车间	车	时	8	绑定产品	1000
20	热加工设备	机加车间	热加工	时	16	无	1000
30	磨床	机加车间	磨	时	8	无	1000

表 11-9　内圈加工工艺路线信息

工艺路线名称		物 料 编 码		生 效 日 期		工艺路线分组	
内圈加工工艺		2.02.学号		2021/1/1		轴承+学号	
工序列表页签						工序明细页签	
工序号	工作中心	加工车间	工序说明	单位	加工活动——数量	扫描特征码	基本批量（台）
10	车床	机加车间	车	时	8	绑定产品	1000
20	热加工设备	机加车间	热加工	时	16	无	1000
30	磨床	机加车间	磨	时	8	无	1000

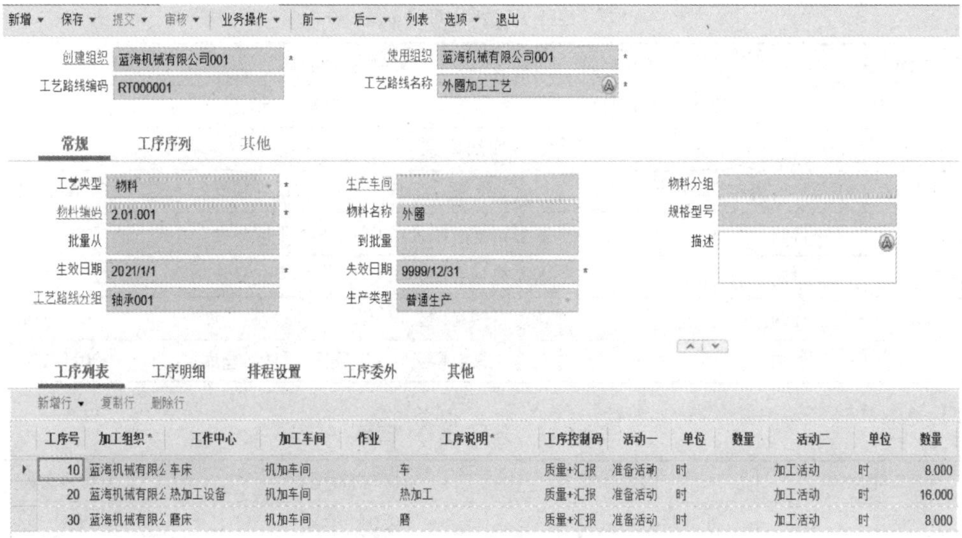

图 11-9　工艺路线新增完成和审核页面

（7）新增 BOM　选择"信息管理员+学号"账号完成新增工艺路线后，打开功能菜单，执行【生产制造】—【工程数据】—【物料清单】—【物料清单列表】命令，在物料清单列表页面单击【新增分组】，根据实验数据表 11-10 正确录入信息后，单击【保存】，如图 11-10 所示。

表 11-10　BOM 分组信息

编　码	名　称
学号+1	轴承材料用量表+学号
学号+2	外圈材料用量表+学号
学号+3	内圈材料用量表+学号

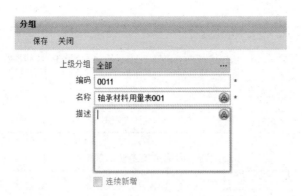

图 11-10 物料清单新增 BOM 分组页面

物理清单分组新增完成后，在物料清单列表页面单击【新增】，根据实验数据表 11-11、表 11-12、表 11-13 分别录入正确的信息后，单击【保存】【提交】【审核】，如图 11-11 所示。

表 11-11 轴承 BOM 信息

BOM 简称	BOM 分组	父项物料编码	父项物料单位
轴承	轴承材料用量表+学号	1.01.学号	PCS
子项明细页签					
子项物料名称	子项物料属性	用量·分子	发料组织	默认发料仓库	生效日期
外圈	自制	1	蓝海机械有限公司+学号	半成品仓	2021/1/1
内圈	自制	1	蓝海机械有限公司+学号	半成品仓	2021/1/1
保持架	外购	1	蓝海机械有限公司+学号	原材料仓库	2021/1/1
滚珠	外购	8	蓝海机械有限公司+学号	原材料仓库	2021/1/1

表 11-12 外圈 BOM 信息

BOM 简称	BOM 分组	父项物料编码	父项物料单位
外圈	外圈材料用量表+学号	2.01.学号	PCS
子项明细页签					
子项物料名称	子项物料属性	用量·分子	发料组织	默认发料仓库	生效日期
轴承钢 D=45	外购	0.02	蓝海机械有限公司+学号	原材料仓库	2021/1/1

表 11-13 内圈 BOM 信息

BOM 简称	BOM 分组	父项物料编码	父项物料单位
内圈	内圈材料用量表+学号	2.02.学号	PCS
子项明细页签					
子项物料名称	子项物料属性	用量·分子	发料组织	默认发料仓库	生效日期
轴承钢 D=40	外购	0.01	蓝海机械有限公司+学号	原材料仓库	2021/1/1

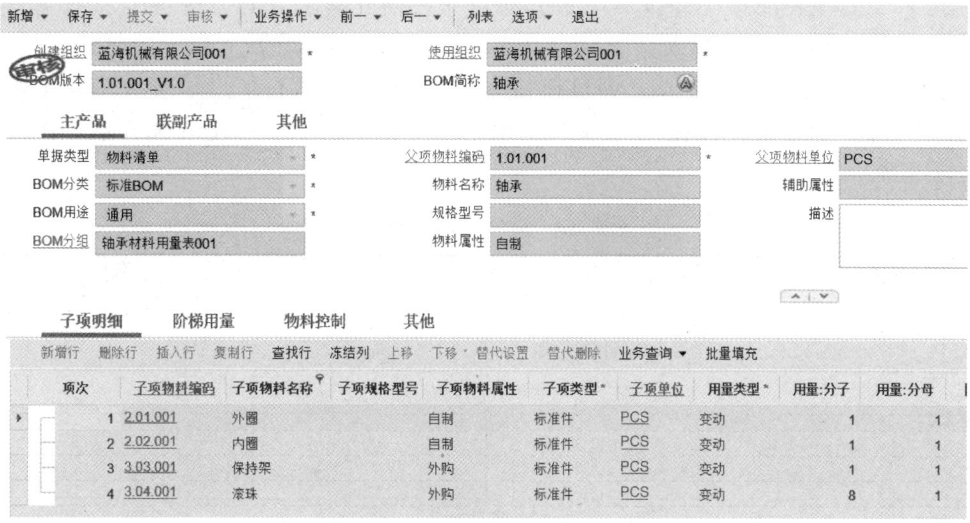

图 11-11　物料清单新增完成和审核

实验二、生产计划实务操作

（一）应用场景

计划方案为 MRP 计算提供了基础参数设置，蓝海机械有限公司设置计划方案，MRP 计算根据设置的计划方案可以确定需求和供给单据的范围、净需求平衡公式、物料预留释放的程度。

客户大宇机械向蓝海机械有限公司提出要货申请，2021 年 1 月 12 日，销售员孙北通过几轮谈判，最终与客户在价格上达成一致，签订销售订单：轴承含税单价为 300 元/个，共计 1000 个，税率为 13%，要货日期为 2021 年 1 月 26 日。当天，计划经理苏娟根据公司的计划方案对签订的销售订单进行计划运算向导。

（二）实验步骤

- 计划方案维护
- 维护基础资料
- 计划运算向导

（三）操作部门及人员

1）计划部的计划经理苏娟，登录账号：苏娟+学号，密码：888888。

2）信息系统部的信息管理员，登录账号：信息管理员+学号，密码：888888。

3）销售部的销售员孙北，登录账号：孙北+学号，密码：888888。

4）销售部的销售经理李倩，登录账号：李倩+学号，密码：888888。

（四）实验具体步骤

（1）计划方案维护　使用计划经理"苏娟+学号"账号登录金蝶 K/3 Cloud 系统后，打开功能菜单，执行【生产制造】—【计划管理】—【基础资料】—【计划方案】命令，进入计划方案页面，单击【新增】按钮，根据实验数据表 11-14、表 11-15 录入正确的信息，输入方案编码、方案名称和计划展望期，在【组织参数】页签下，需求组织选择"蓝海机械有限公司+学号"，这里要注意在【投放参数】页签下，需先勾选"运算完成直接投放计划订单"，才能录入相关信息，录入完毕后记得要取消勾选"运算完成直接投放计划订单"，在【仓库参数】页签下，取消勾选"创科机械客户仓库"，当所有信息设置完毕后单击【保存】【提交】【审核】按钮。MPS 和 MRP 计划方案新增并完成审核分别如图 11-12、图 11-13 所示。

表 11-14　MPS 计划方案信息

方案编码	方案名称	计划展望期	计划展望期单位
学号 .01	蓝海机械有限公司+学号 MPS 计划方案	365	日
组织参数页签			
需求组织		供应组织	
蓝海机械有限公司+学号		蓝海机械有限公司+学号	
投放参数页签			
勾选　统一按方案指定采购负责人			

距系统当前日期（x）天之内	默认生产单据类型	自制件默认生产部门	采购部门默认值	采购申请人默认值	采购申请单的最大分录数（台）
30	直接入库-普通生产	装配车间	采购部	肖飞飞+学号	1000

仓库参数页签			
仓库名称			
成品仓	半成品仓	原材料仓库	创科机械客户仓库
勾选	勾选	勾选	不勾选

表 11-15　MRP 计划方案信息

方案编码	方案名称	计划展望期	计划展望期单位
学号 .02	蓝海机械有限公司+学号 MRP 计划方案	365	日
组织参数页签			
需求组织		供应组织	
蓝海机械有限公司+学号		蓝海机械有限公司+学号	
运算范围页签			
勾选"需求来源：计划订单"			
投放参数页签			
勾选　统一按方案指定采购负责人			

距系统当前日期（x）天之内	默认生产单据类型	自制件默认生产部门	采购部门默认值	采购申请人默认值	采购申请单的最大分录数（台）
30	工序汇报入库-普通生产	机加车间	采购部	肖飞飞+学号	1000

仓库参数页签			
仓库名称			
成品仓	半成品仓	原材料仓库	创科机械客户仓库
勾选	勾选	勾选	不勾选

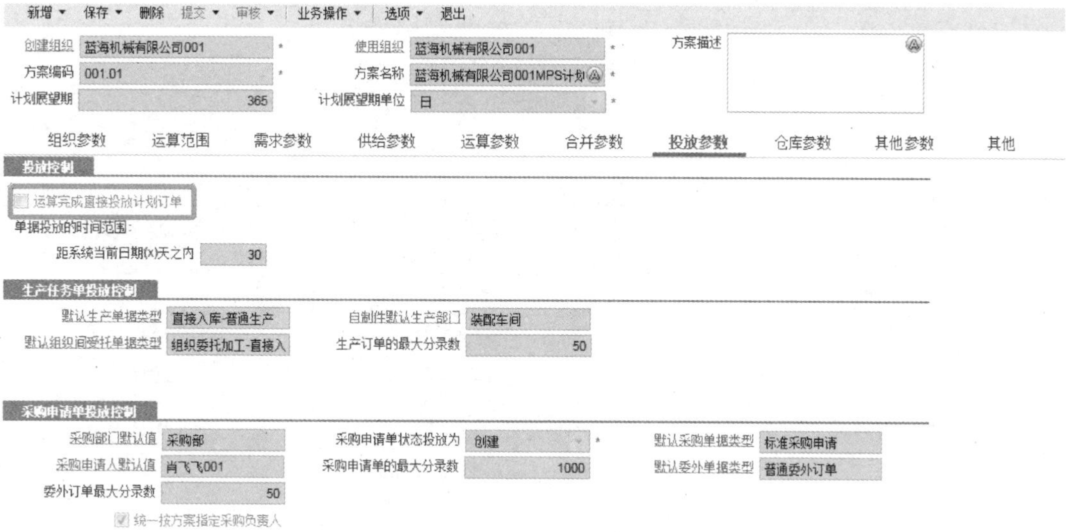

图 11-12　MPS 计划方案新增完成并审核

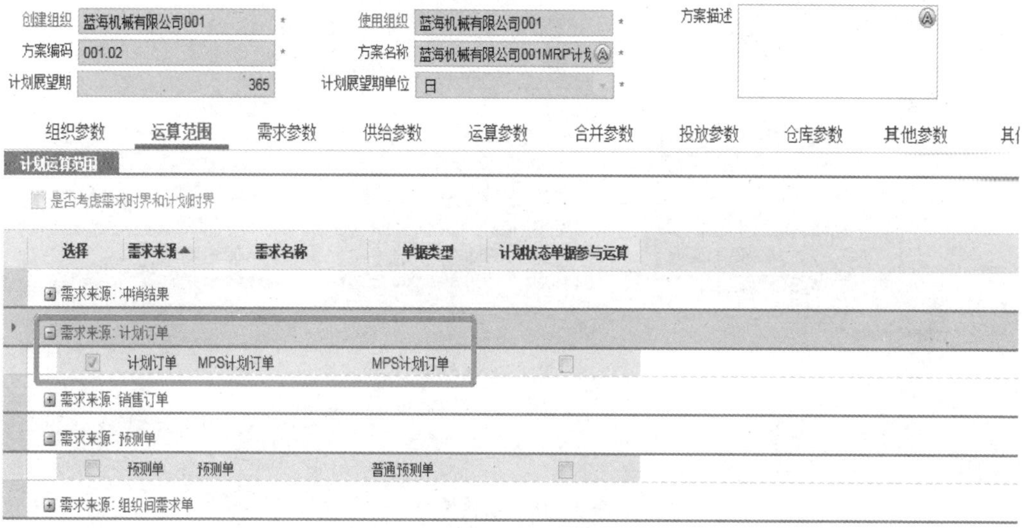

图 11-13　MRP 计划方案新增完成并审核

（2）维护基础资料　选择"信息管理员+学号"账号登录金蝶 K/3 Cloud 系统后，打开功能菜单，执行【基础管理】—【基础资料】—【主数据】—【物料列表】命令，在物料列表页面，双击"1.01. 学号 轴承"，进入该物料修改页面，首先在工具栏里对物料进行反审核，再把【计划属性】页签下的计划策略修改为"MPS"，修改完成后单击【保存】【提交】【审核】按钮，如图 11-14 所示。之后对外圈和内圈进行反审核，在【生产】页签下，将生产类型修改为"工序汇报入库-普通生产"，修改完毕后再单击【保存】【提交】【审核】按钮，如图 11-15 所示。

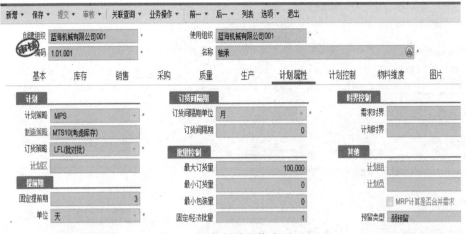

图 11-14　物料轴承修改页面

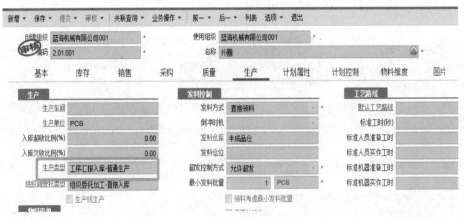

图 11-15　物料外圈修改页面

物料信息见表 11-16。

表 11-16　物料信息

编　码	名　称	计划策略
1.01. 学号	轴承	MPS
编　码	名　称	生产类型
2.01. 学号	外圈	工序汇报入库-普通生产
2.02. 学号	内圈	工序汇报入库-普通生产

（3）计划运算向导　选择蓝海机械有限公司销售员"孙北+学号"账号登录金蝶 K/3 Cloud 系统，打开功能菜单，执行【供应链】—【销售管理】—【报价】—【销售报价单】命令，打开销售报价单新增页面，根据实验数据表 11-17 录入信息，新建的销售报价单如图 11-16 所示，信息录入完成后，依次单击【保存】【提交】按钮。

表 11-17　销售报价单

日　期	客　户	物料名称	税　率	含税单价	销售数量
2021/1/11	大宇机械	轴承	13%	300 元/PCS	1000PCS

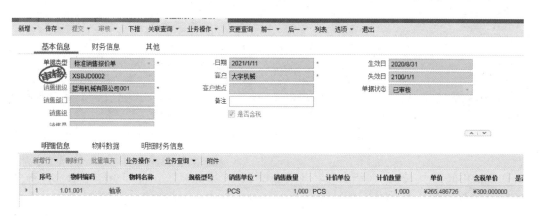

图 11-16　销售报价单新增及提交页面

切换销售经理"李倩+学号"账号登录金蝶 K/3 Cloud 系统，打开功能菜单，执行【供应链】—【销售管理】—【报价】—【销售报价单列表】命令，打开销售报价单列表页面，勾选销售员提交的销售报价单，单击【审核】按钮，审核销售报价单。销售报价单审核页面如图 11-17 所示。

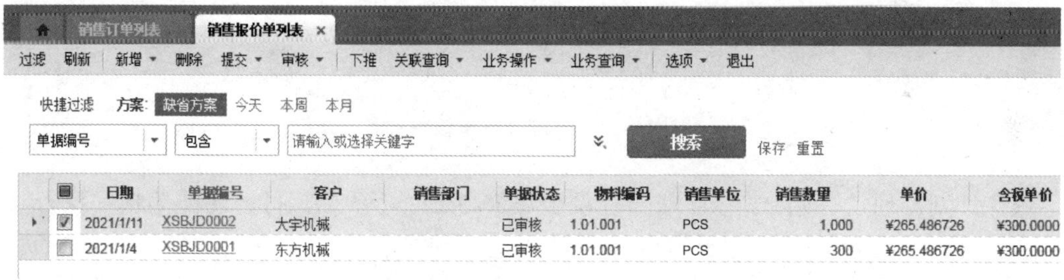

图 11-17　销售报价单审核页面

切换销售员"孙北+学号"账号登录金蝶 K/3 Cloud 系统，打开功能菜单，执行【供应链】—【销售管理】—【报价】—【销售报价单列表】命令，进入销售报价单列表，勾选已经审核的销售报价单，单击工具栏【下推】按钮，下推生成销售订单。在弹出的相应销售订单编辑界面中，根据实验数据表 11-18 的内容，修改单据日期，选择销售员为"孙北+学号"，在明细信息页签中将要货日期设为"2021/1/26"，如图 11-18 所示，信息录入完成后，依次单击【保存】【提交】按钮。

表 11-18　销售订单信息

日　期	客　户	销 售 员	物 料 名 称	含税单价	销售数量	要货日期
2021/1/12	大宇机械	孙北+学号	轴承	300 元/PCS	1000PCS	2021/1/26

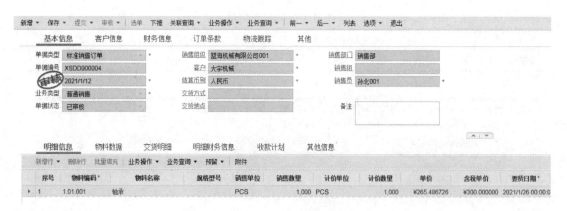

图 11-18 销售订单页面

切换销售经理"李倩+学号"账号登录金蝶 K/3 Cloud 系统,打开功能菜单,执行【供应链】—【销售管理】—【订单处理】—【销售订单列表】命令,打开销售订单列表页面,勾选销售员"孙北+学号"提交的销售订单,单击【审核】按钮,审核销售订单。销售订单审核页面如图 11-19 所示。

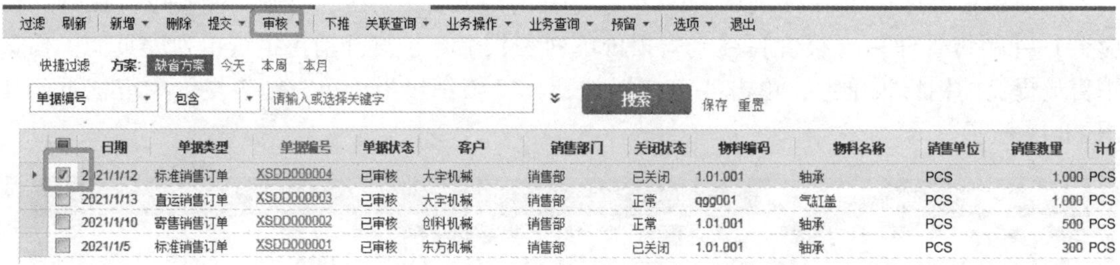

图 11-19 销售订单审核页面

选择计划经理"苏娟+学号"账号登录金蝶 K/3 Cloud 系统,打开功能菜单,执行【生产制造】—【计划管理】—【计划员平台】—【计划运算向导】命令,进入计算运算向导页面,按以下步骤进行操作:

1)选择计划方案为蓝海机械有限公司+学号 MPS 计划方案。

2)只勾选 MPS 计划,不勾选 MRP 计划。

3)单击计划区检查。

4)单击低位码运算,进入低位码运算页面,在低位码运算页签下,单击【低位码运算】;在 BOM 完整性检查页签下,单击【完整性检查】。完成该操作后,关闭低位码运算页面。

5)在计划运算向导页面,进行选单,单击【选单】—【销售订单】,选择日期为"2021年 1 月 12 日"的销售订单,单击【返回数据】,如图 11-20 所示,单击【下一步】,单击【开始计算】。

6)运算结果查看。系统会根据销售订单自动生成 MPS 计划订单,执行命令【生产制造】—【计划管理】—【物料需求计划】—【计划订单列表】,查看生成的 MPS 计划订单信息无误后,勾选单据状态为创建的 MPS 计划订单,单击【提交】【审核】,如图 11-21 所示。

图 11-20　计划运算向导页面（一）

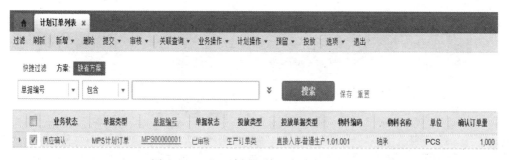

图 11-21　MPS 计划订单生成并审核页面

MPS 计划订单运算完成审核后，就可以开始计算生成 MRP 计划订单。选择计划经理"苏娟+学号"打开功能菜单，执行【生产制造】—【计划管理】—【计划员平台】—【计划运算向导】命令，进入计算运算向导页面，按以下步骤进行操作：

1）选择计划方案为蓝海机械有限公司+学号 MRP 计划方案。

2）只勾选 MRP 计划，不勾选 MPS 计划。

3）单击计划区检查。

4）单击地位码运算，进入低位码运算页面，在低位码运算页签下，单击【低位码运算】；在 BOM 完整性检查页签下，单击【完整性检查】。完成该操作后，关闭低位码运算页面。

5）在计划运算向导页面，进行选单，单击【选单】—【MPS 计划订单】，选择审核的 MPS 计划订单，单击【返回数据】，如图 11-22 所示，单击【下一步】，单击【开始计算】。

6）运算结果查看。系统会根据 MPS 计划订单自动生成 MRP 计划订单，执行【生产制造】—【计划管理】—【物料需求计划】—【计划订单列表】命令，查看生成的 MRP 计划订单信息无误后，勾选单据状态为创建的 MRP 计划订单，单击【提交】【审核】，如图 11-23 所示。

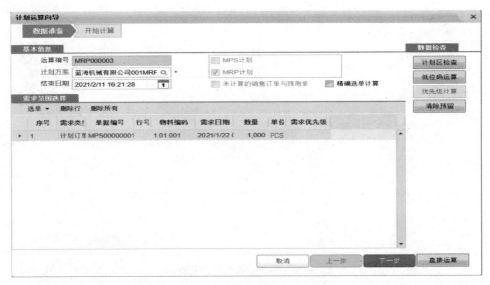

图 11-22　计划运算向导页面（二）

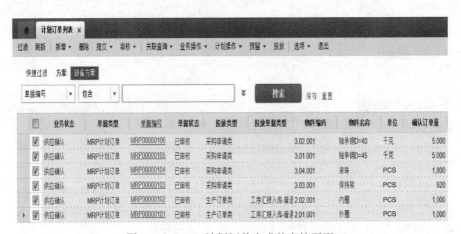

图 11-23　MRP 计划订单生成并审核页面

11.6　实验报告要求

1. 交上机报告，要求每位同学以"学号+姓名+班级"形式提交实验电子版，并上交实验报告书

2. 实验报告提交要点

1）描述生产计划制订及展开的过程，并绘制计划管理的业务流程图。

2）什么是 MPS？结合本模块实验过程，简述其计算流程。

3）什么是 MRP？结合本模块实验过程，简述其计算流程。

第12章 采购管理模块

12.1 采购管理系统概述

金蝶 K/3 Cloud 采购管理系统是通过采购申请、采购订货、进料检验、仓库收料、采购退货、采购货源管理、订单管理等功能综合运用的管理系统，对采购商流和物流的全过程进行有效控制与跟踪，实现完善的企业物资供应管理。采购管理总体流程图如图 12-1 所示。

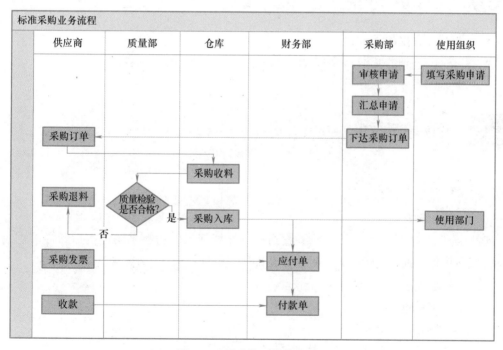

图 12-1　采购管理总体流程图

采购管理系统与销售管理系统、库存管理系统集成，共同构造企业内部供应链。采购管理系统与计划管理系统、生产管理系统集成，建立产供销一体化，有效平衡供应和需求。采购管理系统与应付款管理系统、资金管理系统集成，形成采购与应付循环，有力支撑业务财务一体化。

12.2 实验目的

理解金蝶 K/3 Cloud 系统的采购管理模块、应付款管理子模块及库存管理模块之间的业务关系。

掌握采购业务在金蝶 K/3 Cloud 系统的基本流程操作，并懂得举一反三。

12.3 实验要求

按照本书所示步骤进行上机操作，完成实验内容，对金蝶 K/3 Cloud 系统中采购管理这个模块有一定的认知与理解，并撰写相应实验报告。

- 理解采购管理模块
- 熟悉采购管理模块和功能应用
- 完成采购管理实务操作

12.4 实验内容

- 采购基础数据的录入
- 理解采购管理的基本流程
- 掌握采购实务操作方法

12.5 实验具体步骤

实验一、采购基础数据录入

（一）应用场景

2021 年 1 月 14 日，采购员林妙妙收到来自计划部门的物料采购计划后，寻求供应商，根据供应商报价，询、比价后，挑选出合适的供应商。

（二）实验步骤

维护采购价目表。

（三）操作部门及人员

采购部的采购员，登录账号：林妙妙+学号，密码：888888。

（四）实验具体步骤

维护采购价目表。使用"林妙妙+学号"的账号登录金蝶 K/3 Cloud 系统后，打开功能菜单，执行【供应链】—【采购管理】—【货源管理】—【采购价目表】命令，进入采购价目表新增页面。根据实验数据表 12-1 的内容录入正确的信息后，单击【保存】【提交】【审核】按钮，如图 12-2 所示。

表 12-1　采购价目表信息

名　称	供　应　商	币　别	物料名称	计价单位	含税单价	税　率	生效日期
采购价目表一	雅俊实业	人民币	轴承钢 D＝45	千克	20 元/千克	13%	2021/1/14
采购价目表一	雅俊实业	人民币	轴承钢 D＝40	千克	20 元/千克	13%	2021/1/14
采购价目表二	明瑞五金	人民币	保持架	PCS	50 元/PCS	13%	2021/1/14
采购价目表二	明瑞五金	人民币	滚珠	PCS	10 元/PCS	13%	2021/1/14

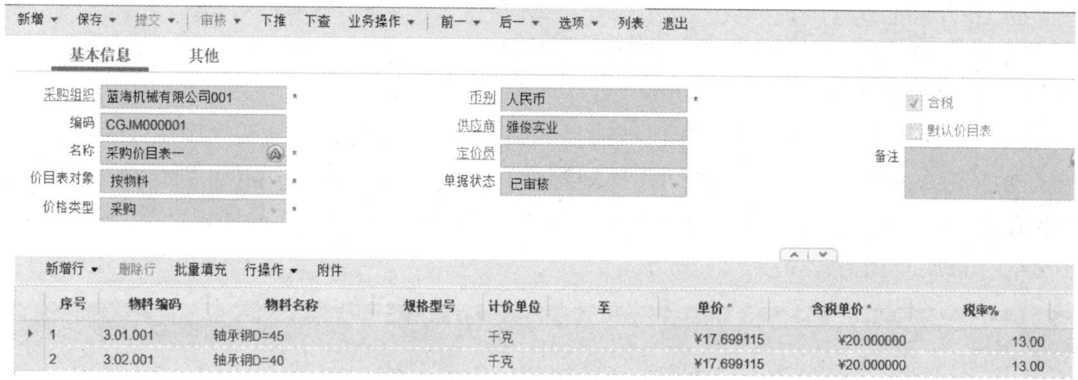

图 12-2　采购价目表新增完成并审核页面

实验二、采购实务操作

一、应用场景 1

2021 年 1 月 14 日，采购员林妙妙根据报价、询价和比价之后与供应商雅俊实业签订采购订单，采购部经理肖飞飞接收到采购员提交的采购订单后，进行核对订单、成本等信息，审核通过后，采购员林妙妙与供应商双方正式签订采购订单。供应商根据订单发货后，采购员通知仓存部门李佳安排收料。仓库人员对供应商送来的货物进行验收，验收无误后进行入库处理。

（一）实验步骤

- 采购申请单新增
- 采购申请单维护
- 生成采购订单
- 采购订单维护
- 采购订单审核
- 订单跟踪
- 生成收料通知单
- 收料通知单审核
- 生成采购入库单
- 采购入库单维护
- 采购入库单审核

- 生成并审核应付单
- 生成并审核采购发票

(二) 操作部门及人员

1) 计划部的计划经理苏娟, 登录账号: 苏娟+学号, 密码: 888888。
2) 采购部的采购员林妙妙, 登录账号: 林妙妙+学号, 密码: 888888。
3) 采购部的采购经理肖飞飞, 登录账户: 肖飞飞+学号, 密码: 888888。
4) 仓存部的仓管员李佳, 登录账号: 李佳+学号, 密码: 888888。
5) 仓存部的仓管经理季成, 登录账号: 季成+学号, 密码: 888888。
6) 财务部的应付会计肖奈, 登录账号: 肖奈+学号, 密码: 888888。

(三) 实验具体步骤

(1) 采购申请单新增 使用计划经理"苏娟+学号"账号登录金蝶 K/3 Cloud 系统后, 打开功能菜单, 执行【生产制造】—【计划管理】—【物料需求计划】—【计划订单列表】命令, 在计划订单列表页面, 勾选通过计划运算向导生成的采购申请类的计划订单, 单击工具栏上的【投放】按钮, 如图 12-3 所示。

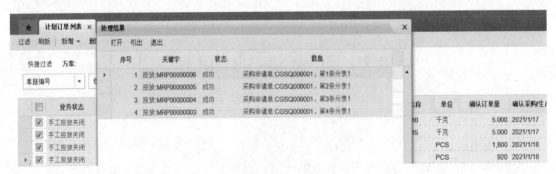

图 12-3 计划订单投放成功页面

计划订单投放成功后, 使用计划经理"苏娟+学号"账号打开功能菜单, 执行【供应链】—【采购管理】—【采购申请】—【采购申请单列表】命令, 在采购申请单列表页面, 勾选计划订单投放生成的采购申请单, 单击工具栏上的【提交】【审核】按钮, 如图 12-4 所示。

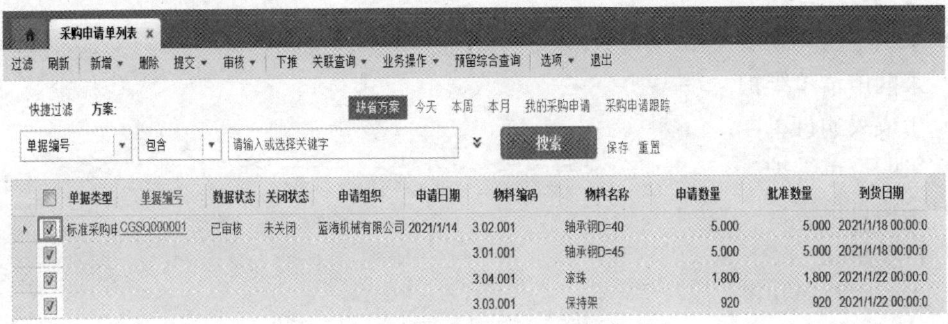

图 12-4 采购申请单审核页面

(2) 采购申请单维护 打开功能菜单栏, 执行【供应链】—【采购管理】—【采购申请】—【采购申请单列表】命令后, 能查看所有采购申请单。该页面可以新增采购申请单,或者对已有的采购申请单进行查看、修改、删除等操作，如图 12-5 所示。

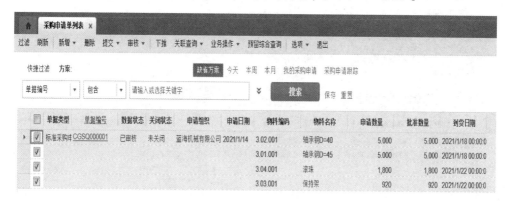

图 12-5　采购申请单列表页面

（3）生成采购订单　切换采购员"林妙妙+学号"账号登录金蝶 K/3 Cloud 系统，打开功能菜单，执行【供应链】—【采购管理】—【采购申请】—【采购申请单列表】命令，在采购申请单列表页面，根据实验数据表 12-2 勾选对应的物料，单击【下推】按钮生成采购订单，进入采购订单新增页面，采购日期输入"2021/1/14"，供应商选择"雅俊实业"，采购员选择"林妙妙+学号"，输入物料对应的含税单价，税率为 13%，交货日期输入"2021/1/17"，填写完毕后单击【保存】和【提交】按钮，如图 12-6 所示。

表 12-2　采购信息

采 购 日 期	供 应 商	采 购 员	物 料 名 称	采 购 数 量	税 率	含 税 单 价	交 货 日 期
2021/1/14	雅俊实业	林妙妙+学号	轴承钢 D=40	5 千克	13%	20 元/千克	2021/1/17
			轴承钢 D=45	5 千克	13%	20 元/千克	

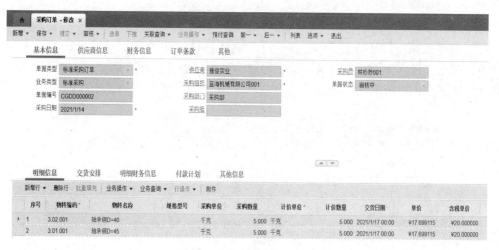

图 12-6　采购订单新增页面

（4）采购订单维护　打开功能菜单栏，执行【供应链】—【采购管理】—【订单处理】—【采购订单列表】命令后，能查看所有采购订单。该页面可以新增采购订单，或者对已有的采购订单进行查看、修改、删除等操作，如图 12-7 所示。

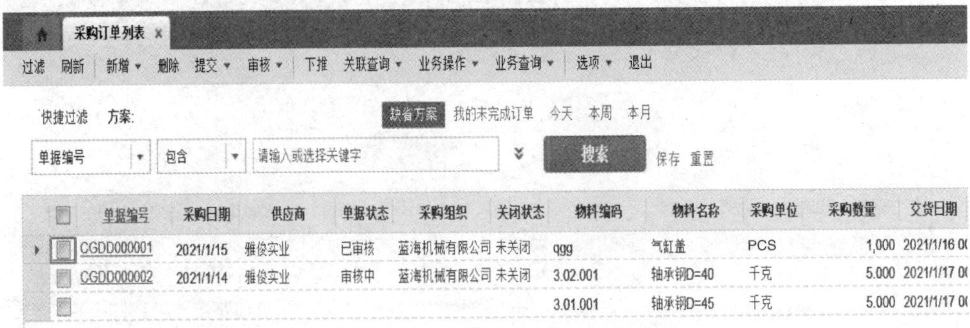

图 12-7 采购订单列表页面

（5）采购订单审核 切换采购经理"肖飞飞+学号"账号登录金蝶 K/3 Cloud 系统，打开功能菜单，执行【供应链】—【采购管理】—【订单处理】—【采购订单列表】命令，在采购订单列表页面，勾选采购员"林妙妙+学号"提交的采购订单，单击【审核】按钮，审核该采购订单，如图 12-8 所示。

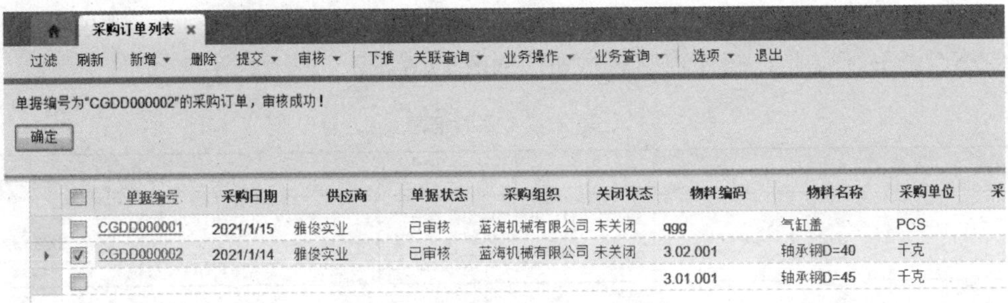

图 12-8 采购订单审核页面

（6）订单跟踪 打开功能菜单，执行【供应链】—【采购管理】—【订单处理】—【采购订单列表】命令，进入采购订单列表页面，勾选单据，单击【关联查询】—【全流程跟踪】，可查看该业务流程，如图 12-9 所示。

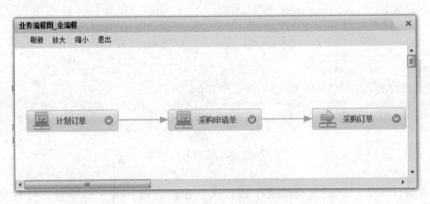

图 12-9 业务流程图页面

（7）生成收料通知单　切换仓管员"李佳+学号"账号登录金蝶 K/3 Cloud 系统，打开功能菜单，执行【供应链】—【采购管理】—【收料处理】—【收料通知单】命令，进入收料通知单新增页面，单击【选单】—【采购订单】，在采购订单列表页面勾选采购经理审核的采购订单（全部选中），单击【返回数据】，收料员选择"李佳+学号"，把收料日期、预计到货日期更改为"2021/1/17"，单击【保存】【提交】按钮，如图 12-10 所示。

收料信息见表 12-3。

表 12-3　收料信息

收料日期	收料员	物料名称	交货数量	预计到货日期	仓库
2021/1/17	李佳+学号	轴承钢 D＝40	5 千克	2021/1/17	原材料仓库
		轴承钢 D＝45	5 千克		

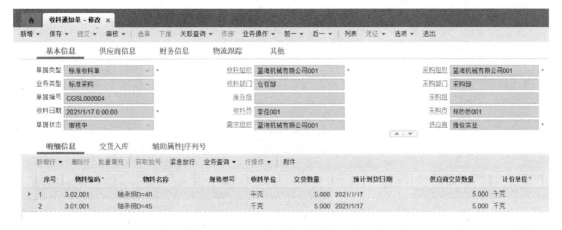

图 12-10　收料通知单新增页面

（8）收料通知单审核　切换仓存部经理"季成+学号"账号登录金蝶 K/3 Cloud 系统，打开功能菜单，执行【供应链】—【采购管理】—【收料处理】—【收料通知单列表】命令，在收料通知单列表页面，勾选前文中仓管员提交的收料通知单，单击【审核】按钮，审核该收料通知单，如图 12-11 所示。

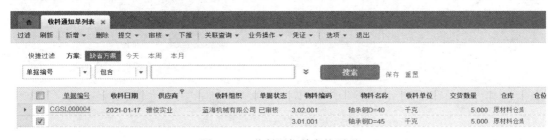

图 12-11　收料通知单审核页面

（9）生成采购入库单　切换仓管员"李佳+学号"账号登录金蝶 K/3 Cloud 系统，打开功能菜单，执行【供应链】—【采购管理】—【收料处理】—【收料通知单列表】命令，在收料通知单列表页面，勾选仓存部经理审核后的收料通知单，单击【下推】生成采购入库单，在采购入库单生成页面，把入库日期更改为"2021/1/17"，单击【保存】和【提交】按钮，如图 12-12 所示。

入库信息见表 12-4。

表 12-4　入库信息

入 库 日 期	仓 管 员	物 料 名 称	实 收 数 量	仓 库
2021/1/17	李佳+学号	轴承钢 D=40	5 千克	原材料仓库
		轴承钢 D=45	5 千克	

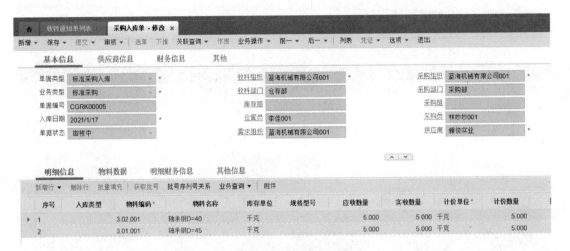

图 12-12　采购入库单新增页面

（10）采购入库单维护　打开功能菜单栏，执行【供应链】—【采购管理】—【收料处理】—【采购入库单列表】命令后，能查看所有采购入库单。该页面可以新增采购入库单，或者对已有的采购入库单进行查看、修改、删除等操作，如图 12-13 所示。

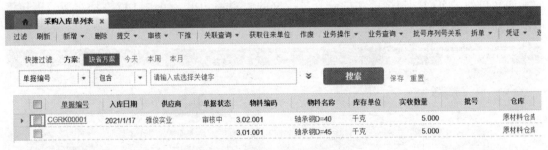

图 12-13　采购入库单维护页面

（11）采购入库单审核　切换仓存部经理"季成+学号"账号登录金蝶 K/3 Cloud 系统，打开功能菜单，执行【供应链】—【采购管理】—【收料处理】—【采购入库单列表】命令，在采购入库单列表页面，勾选前面仓管员提交的采购入库单，单击【审核】按钮，审核该采购入库单，如图 12-14 所示。

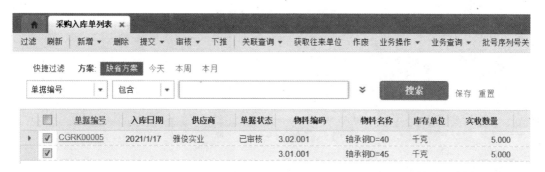

图 12-14　采购入库单审核页面

（12）生成并审核应付单　切换应付会计"肖奈+学号"账号登录金蝶 K/3 Cloud 系统，打开功能菜单，执行【供应链】—【采购管理】—【收料处理】—【采购入库单列表】命令，在采购入库单列表页面，勾选审核的采购入库单，单击【下推】生成应付单，在应付单生成页面，把业务日期更改为"2021/1/17"，单击【保存】【提交】【审核】按钮，如图 12-15 所示。

应付单信息见表 12-5。

表 12-5　应付单信息

业务日期	到期日	价税合计	物料名称	计价数量	含税单价
2021/1/17	2021/1/17	200 元	轴承钢 D=40	5 千克	20 元/千克
			轴承钢 D=45	5 千克	20 元/千克

图 12-15　应付单生成并审核页面

（13）生成并审核采购发票　应付单审核之后，选择应付会计"肖奈+学号"账号，单击工具栏上的【下推】按钮，生成采购增值税专用发票。在采购增值税专用发票生成页面，把业务日期和发票日期更改为"2021/1/17"，单击【保存】【提交】【审核】按钮，如图 12-16 所示。

采购发票信息见表 12-6。

表 12-6　采购发票信息

业务日期	发票日期	价税合计	物料名称	计价数量	含税单价
2021/1/17	2021/1/17	200 元	轴承钢 D = 40	5 千克	20 元/千克
			轴承钢 D = 45	5 千克	20 元/千克

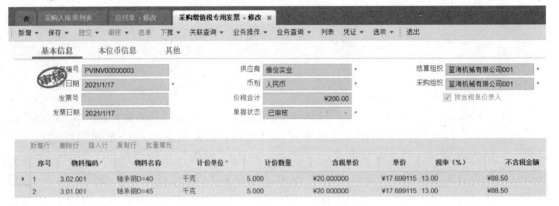

图 12-16　采购增值税专用发票审核页面

二、应用场景 2

2021 年 1 月 14 日，采购员林妙妙根据报价、询价和比价确定与供应商明瑞五金签订采购订单，由于物料的采购数量过大，供应商需分别从两个不同地区的仓库进行发货，在第一次收货过程中，仓管员发现了 10 个滚珠质量不合格，向供应商提出退货补货的要求，供应商收到退回的物料后再重新发货到公司。

（一）实验步骤

- 生成采购订单
- 采购订单审核
- 生成收料通知单
- 收料通知单审核
- 生成采购退料单
- 采购退料单审核
- 生成采购入库单
- 采购入库单审核
- 生成并审核应付单
- 生成并审核采购发票

（二）操作部门及人员

1）计划部的计划经理苏娟，登录账号：苏娟+学号，密码：888888。

2）采购部的采购员林妙妙，登录账号：林妙妙+学号，密码：888888。

3）采购部的采购经理肖飞飞，登录账户：肖飞飞+学号，密码：888888。

4）仓存部的仓管员李佳，登录账号：李佳+学号，密码：888888。

5）仓存部的仓管经理季成，登录账号：季成+学号，密码：888888。

6）财务部的应付会计肖奈，登录账号：肖奈+学号，密码：888888。

（三）实验具体步骤

（1）生成采购订单　切换采购员"林妙妙+学号"账号登录金蝶 K/3 Cloud 系统，打开功能菜单，执行【供应链】—【采购管理】—【采购申请】—【采购申请单列表】命令。在采购申请单列表页面，根据实验数据表 12-7 勾选物料"滚珠"和"保持架"，单击【下推】按钮生成采购订单，进入采购订单新增页面，采购日期输入"2021/1/14"，供应商选择"明瑞五金"，采购员选择"林妙妙+学号"，输入对应的含税单价，税率为 13%，交货日期输入"2021/1/21"，填写完毕后单击【保存】和【提交】按钮，如图 12-17 所示。

表 12-7　采购信息

采购日期	供应商	采购员	物料名称	采购数量	税率	含税单价	交货日期
2021/1/14	明瑞五金	林妙妙+学号	滚珠	1800PCS	13%	10 元/PCS	2021/1/21
			保持架	920PCS	13%	50 元/PCS	

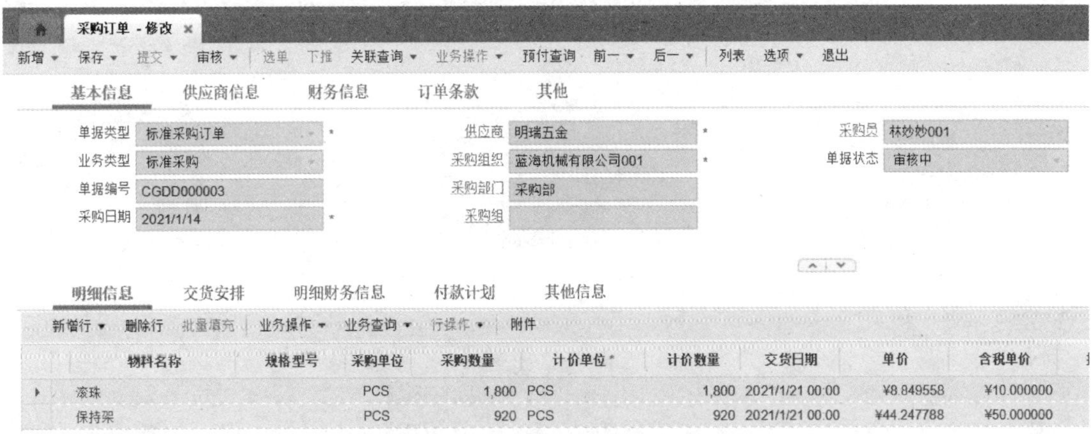

图 12-17　生成采购订单页面

（2）采购订单审核　切换采购经理"肖飞飞+学号"账号登录金蝶 K/3 Cloud 系统，打开功能菜单，执行【供应链】—【采购管理】—【订单处理】—【采购订单列表】命令。在采购订单列表页面，勾选采购员提交的采购订单，单击【审核】按钮，审核该采购订单，如图 12-18 所示。

（3）生成收料通知单　切换仓管员"李佳+学号"账号登录金蝶 K/3 Cloud 系统，打开功能菜单，执行【供应链】—【采购管理】—【收料处理】—【收料通知单】命令，进入收料通知单新增页面，单击【选单】—【采购订单】，在采购订单列表页面勾选采购经理审核的采购订单，单击【返回数据】，将收料日期修改为"2021/1/17"，滚珠和保持架的交货数量分别修改为"900"和"400"，将预计到货日期修改为"2021/1/18"，之后单击【保存】和【提交】按钮，如图 12-19 所示。

接着继续新增收料通知单，在收料通知单页面上单击【新增】按钮，之后单击【选单】—【采购订单】，在采购订单列表页面勾选采购经理审核的采购订单，单击【返回数据】，将收料日期修改为"2021/1/19"，将预计到货日期修改为"2021/1/20"，之后单击【保存】和【提交】按钮，如图 12-20 所示。

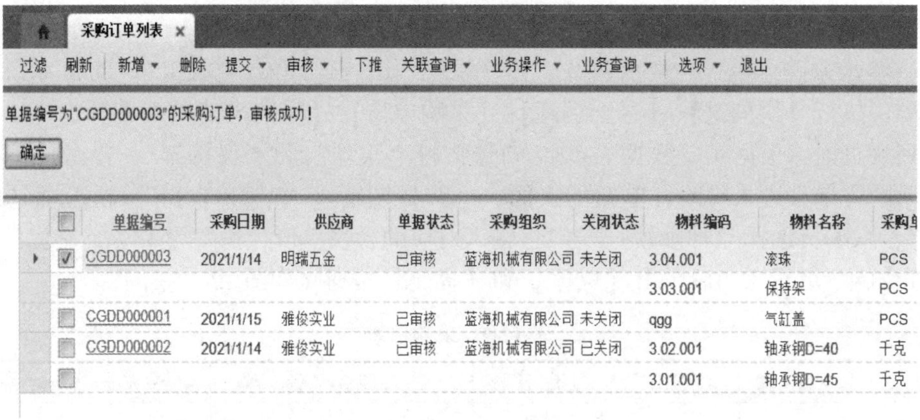

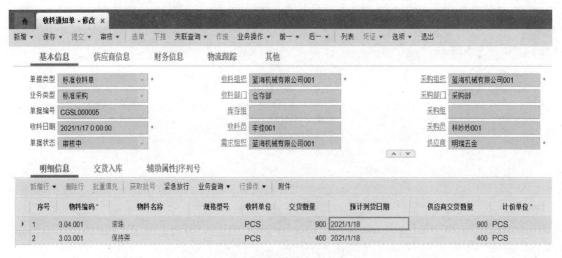

图 12-18 采购订单审核页面

图 12-19 生成第一张收料通知单页面

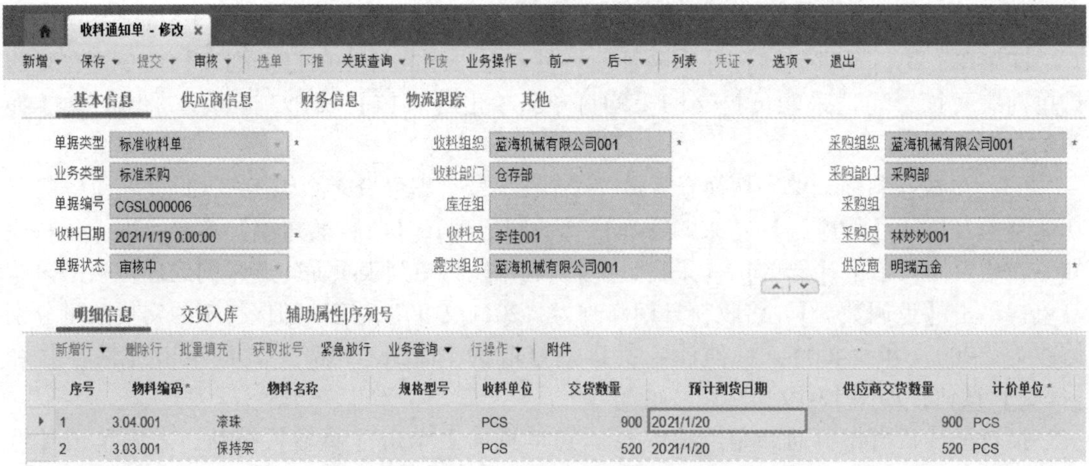

图 12-20 生成第二张收料通知单页面

收料信息见表 12-8。

表 12-8　收料信息

收料次数	收料日期	收 料 员	物料名称	交货数量	预计到货日期	仓库
第一次收料	2021/1/17	李佳+学号	滚珠	900PCS	2021/1/18	原材料仓库
			保持架	400PCS		
第二次收料	2021/1/19	李佳+学号	滚珠	900PCS	2021/1/20	原材料仓库
			保持架	520PCS		

（4）收料通知单审核　切换仓存部经理"季成+学号"账号登录金蝶 K/3 Cloud 系统，打开功能菜单，执行【供应链】—【采购管理】—【收料处理】—【收料通知单列表】命令。在收料通知单列表页面，勾选前面仓管员提交的收料通知单，单击【审核】按钮，审核该收料通知单，如图 12-21 所示。

图 12-21　收料通知单审核页面

（5）生成采购退料单　切换仓管员"李佳+学号"账号登录金蝶 K/3 Cloud 系统，打开功能菜单，执行【供应链】—【采购管理】—【收料处理】—【收料通知单列表】命令。在收料通知单列表页面，勾选第一次收货的收料通知单，单击【下推】生成采购退料单。在采购退料单生成页面，根据实验数据表 12-9 的信息录入正确的信息后单击【保存】和【提交】按钮，如图 12-22 所示。

表 12-9　退料信息

退 料 日 期	退料方式	仓 管 员	物 料 名 称	实 退 数 量	仓 库
2021/1/18	退料补料	李佳+学号	滚珠	10PCS	原材料仓库

图 12-22　生成采购退料单页面

（6）采购退料单审核　切换仓存部经理"季成+学号"账号登录金蝶 K/3 Cloud 系统，打开功能菜单，执行【供应链】—【采购管理】—【退料处理】—【采购退料单列表】命令，在采购退料单列表页面，勾选前面仓管员提交的采购退料单，单击【审核】按钮，审核该采购退料单，如图 12-23 所示。

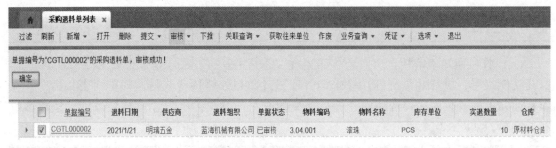

图 12-23　采购退料单审核页面

（7）生成采购入库单　切换仓管员"李佳+学号"账号登录金蝶 K/3 Cloud 系统，打开功能菜单，执行【供应链】—【采购管理】—【收料处理】—【收料通知单列表】命令。在收料通知单列表页面，勾选第一次收货的收料通知单，单击【下推】生成采购入库单，在采购入库单生成页面，根据实验数据表 12-10 的信息录入正确的信息后单击【保存】和【提交】按钮，如图 12-24 所示。

表 12-10　入库信息

入库次数	入库日期	仓管员	物料名称	实收数量	仓库
第一次入库	2021/1/18	李佳+学号	滚珠	890PCS	原材料仓库
			保持架	400PCS	
第二次入库	2021/1/20	李佳+学号	滚珠	900PCS	原材料仓库
			保持架	520PCS	
第三次入库	2021/1/21	李佳+学号	滚珠	10PCS	原材料仓库

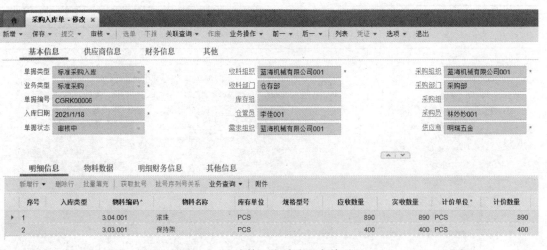

图 12-24　生成第一张采购入库单页面

返回收料通知单列表页面，勾选第二次收货的收料通知单，单击【下推】生成采购入库单。在采购入库单生成页面，根据实验数据表 12-10 的信息录入正确的信息后单击【保存】和【提交】按钮，如图 12-25 所示。

图 12-25　生成第二张采购入库单页面

接着继续新增采购入库单，在采购入库单页面上单击【新增】按钮，之后单击【选单】—【采购订单】。在采购订单列表页面勾选采购订单，单击【返回数据】，根据实验数据表 12-10 的信息录入正确的信息后，单击【保存】和【提交】按钮，如图 12-26 所示。

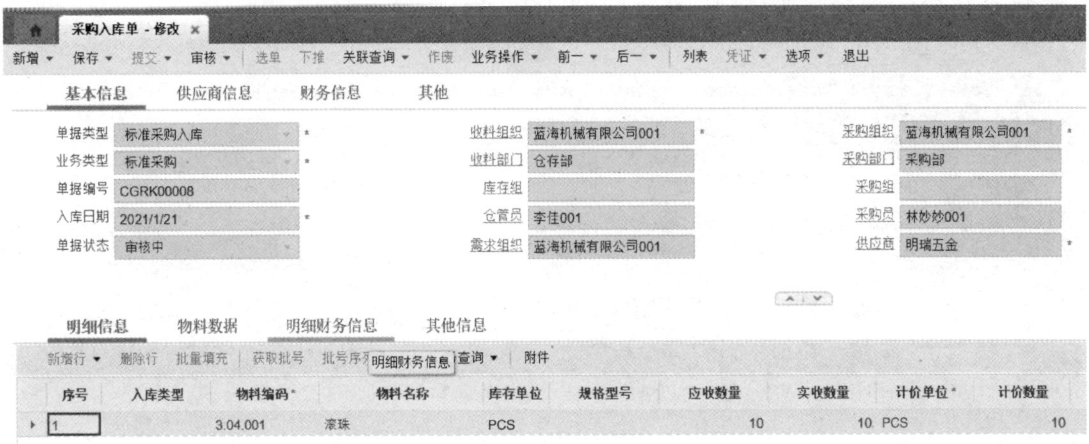

图 12-26　生成第三张采购入库单页面

（8）采购入库单审核　切换仓存部经理"季成+学号"账号登录金蝶 K/3 Cloud 系统，打开功能菜单，执行【供应链】—【采购管理】—【收料处理】—【采购入库单列表】命令，在采购入库单列表页面，勾选前面仓管员提交的采购入库单，单击【审核】按钮，审核采购入库单，如图 12-27 所示。

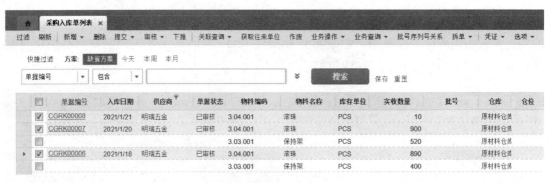

图 12-27　采购入库单审核页面

（9）生成并审核应付单　切换应付会计"肖奈+学号"账号登录金蝶 K/3 Cloud 系统，打开功能菜单，执行【供应链】—【采购管理】—【收料处理】—【采购入库单列表】命令。在采购入库单列表页面，勾选前面审核的三张采购入库单，记得是勾选三张单据的所有行，如图 12-28 所示。之后单击【下推】生成应付单。在应付单生成页面，根据实验数据表 12-11 录入正确的信息后，单击【保存】【提交】【审核】按钮，如图 12-29 所示。

表 12-11　应付单信息

业 务 日 期	到　期　日	价 税 合 计	物 料 名 称	计 价 数 量	含 税 单 价
2021/1/21	2021/1/21	64 000 元	滚珠	1800PCS	10 元/PCS
			保持架	920PCS	50 元/PCS

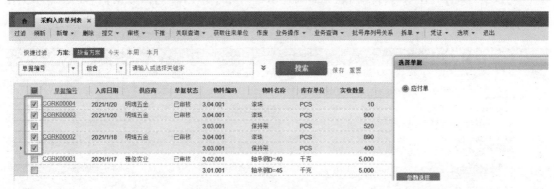

图 12-28　采购入库单下推页面

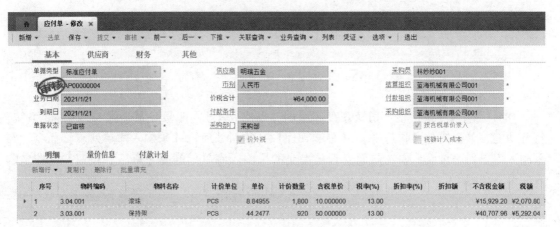

图 12-29　应付单审核页面

（10）生成并审核采购发票　应付单审核之后，切换应付会计"肖奈+学号"账号，单击工具栏上的【下推】按钮，生成采购增值税专用发票，在采购增值税专用发票生成页面，把业务日期和发票日期更改为"2021/1/21"，单击【保存】【提交】【审核】按钮，如图 12-30 所示。

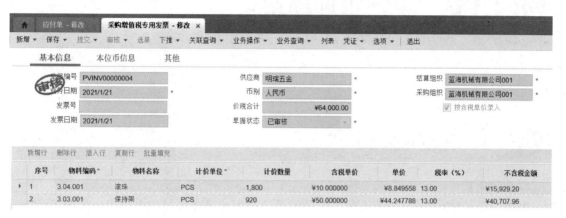

图 12-30　采购增值税专用发票审核页面

采购发票信息见表 12-12。

表 12-12　采购发票信息

业 务 日 期	发 票 日 期	价 税 合 计	物 料 名 称	计 价 数 量	含 税 单 价
2021/1/21	2021/1/21	64 000 元	滚珠	1800PCS	10 元/PCS
			保持架	920PCS	50 元/PCS

12.6　实验报告要求

1. 交上机报告，要求每位同学以"学号+姓名+班级"形式提交实验电子版，并上交实验报告书

2. 实验报告提交要点

1）绘制第一个业务（雅俊实业）的采购管理流程图，并陈述其功能。

2）简述采购管理与应付账款之间的关系。

3）完成第二个业务后（明瑞五金），进行该订单的全流程跟踪，绘制业务流程图。

第13章 生产管理模块

13.1 生产管理系统概述

1. 生产管理

生产管理主要负责在工程数据管理、库存管理等其他各子系统的基础上，采用 ERP 的先进制造管理思想，同时吸收 JIT（准时制生产）、精益生产的管理思想，为工业企业提供针对制造有关的生产订单，从生产计划、投料与领料、生产检验与汇报、到产品入库、订单结案全过程监督与控制，协助企业有效掌握各项制造活动信息，管理生产进度，提高生产效率、减少车间在制品、降低损耗与成本、提高产品质量与客户满意度。生产管理系统总体流程图如图 13-1 所示。

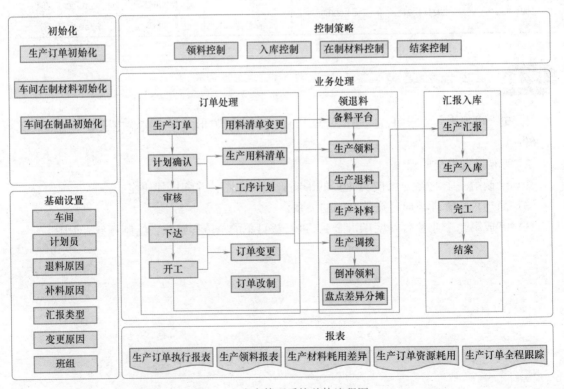

图 13-1 生产管理系统总体流程图

2. 车间管理

车间管理为企业提供从生成工序计划、工序排产、工序转移、工序拆分、工序汇报、到产品入库等车间业务处理全过程的监督与控制，协助企业精细化管理掌握车间各项制造活动信息，管理生产进度；车间管理完整支持网络工艺、多工厂工序协同、跨组织结算，满足BOM 扁平化带来的复杂工艺管理需求，提升企业车间控制能力，为阿米巴⊖工序成本核算提供业务支持；车间管理支持工序计划正排、倒排、偏置时间排，创新的工序计划混合排程算法，帮助我国企业由粗放型向精细化管理过渡，使工序计划的编制更为合理。车间管理系统总体流程图如图 13-2 所示。

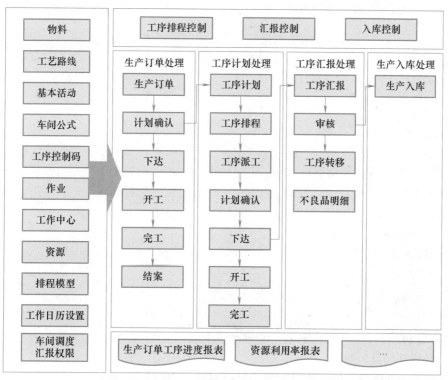

图 13-2　车间管理系统总体流程图

13.2　实验目的

了解金蝶 K/3 Cloud 系统生产管理和车间管理之间的业务关系。

掌握生产管理和车间管理在金蝶 K/3 Cloud 系统的基本流程操作。

13.3　实验要求

按照本书所示步骤进行上机操作，完成实验内容，对金蝶 K/3 Cloud 系统的生产管理和

⊖　阿米巴，是指把公司分割成许多小组织，每个小组织都作为一个独立的利润中心，按照小企业、小商店的方式进行独立经营，这种小组织就被称为阿米巴。比如制造部门的每道工序都可以成为一个阿米巴。

车间管理两个模块有一定的认知与理解，并撰写相应实验报告。

1）了解生产管理模块。

2）按照生产管理操作手册操作熟悉模块和功能。

3）按照生产管理实验数据手册进行操作和数据录入。

13.4　实验内容

- 掌握生产管理的基本流程操作
- 掌握车间管理的基本流程操作

13.5　实验具体步骤

实验一、生产任务设置

（一）应用场景

蓝海机械有限公司为满足客户的需求，由计划部门向生产车间下达并要求生产车间执行的生产任务。车间管理人员根据计划部门下达的生产订单，首先加工生产出半成品外圈及内圈，最后再组装生产轴承，车间工人按照这个生产计划领用物料组织生产，并进行车间资源的调度、分配。

（二）实验步骤

- 新增排程模型
- 生产任务单
- 生产用料审核
- 生产订单下达
- 生产领料

（三）操作部门及人员

1）生产部的生产员郭敏，登录账号：郭敏+学号，密码：888888。

2）生产部的生产经理高子裕，登录账号：高子裕+学号，密码：888888。

3）计划部的计划经理苏娟，登录账号：苏娟+学号，密码：888888。

4）仓存部的仓管经理季成，登录账号：季成+学号，密码：888888。

（四）实验具体步骤

（1）新增排程模型　使用生产经理"高子裕+学号"账号登录金蝶 K/3 Cloud 系统后，打开功能菜单，执行【生产制造】—【车间管理】—【基础设置】—【排程模型】命令，进入排程模型新增页面，根据实验数据表 13-1 的内容，录入正确的信息后，单击【保存】【提交】【审核】按钮，如图 13-3 所示。

表 13-1　排程模型信息

使 用 组 织	名　称	排 程 方 法	默认排程模型
蓝海机械有限公司+学号	排程模型	正排	勾选

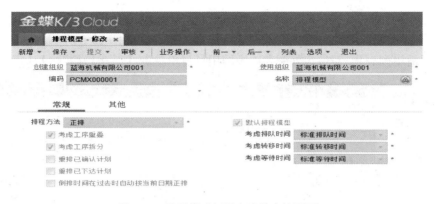

图 13-3　排程模型新增完成并审核页面

（2）生产任务单　使用计划经理"苏娟+学号"账号登录金蝶 K/3 Cloud 系统，打开功能菜单，执行【生产制造】—【计划管理】—【物料需求计划】—【计划订单列表】命令，在计划订单列表页面，勾选通过计划运算向导生成的生产订单类的计划订单，单击工具栏上的【投放】按钮，如图 13-4 所示。

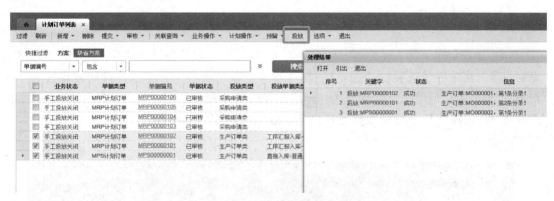

图 13-4　计划订单投放页面

切换生产经理"高子裕+学号"账号登录金蝶 K/3 Cloud 系统后，打开功能菜单，执行【生产制造】—【生产管理】—【生产订单】—【生产订单列表】命令，在生产订单列表界面，勾选计划经理投放的两张生产订单，单击【提交】【审核】，如图 13-5 所示。

图 13-5　生产订单审核页面

（3）生产用料审核　完成生产订单审核后，使用生产经理"高子裕+学号"账号依次对内圈和外圈进行生产用料审核。首先选中"内圈"这一行，再单击菜单栏上【业务查询】—

【用料清单查询】，在【生产用料清单-修改】窗口，确认好用料数量后，单击【保存】【提交】【审核】按钮即可，之后再对外圈进行同样的操作，如图 13-6 所示。也可以直接打开【生产用料清单列表】，对生产外圈和内圈的用料清单单击【保存】【提交】【审核】按钮。

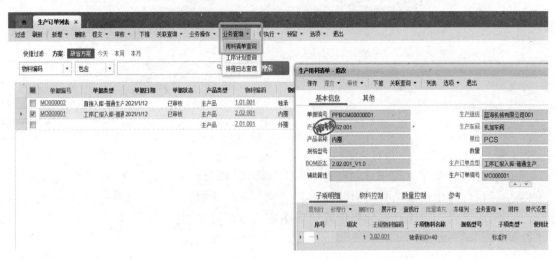

图 13-6　生产用料清单审核页面

（4）生产订单下达　使用生产经理"高子裕+学号"账号登录系统后，在生产订单列表页面，单击菜单栏【选项】—【选项】，在"业务参数"页签下，将执行日期设置为"手工指定"，修改完成后单击【保存】按钮即可，如图 13-7 所示。之后勾选生产内圈和外圈的生产订单，单击菜单栏【行执行】—【执行至下达】，将下达执行日期设置为"2021/1/17"，如图 13-8 所示。

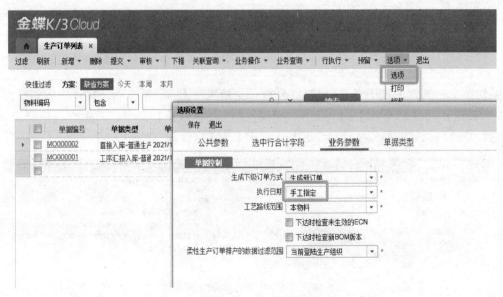

图 13-7　生产订单选项参数设置页面

生产订单信息见表 13-2。

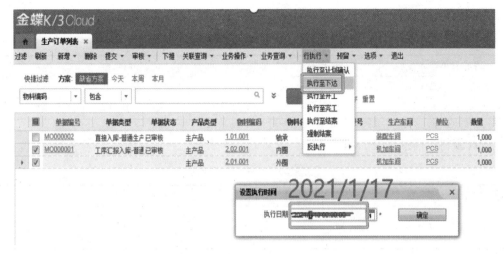

图 13-8　生产订单执行至下达页面

表 13-2　生产订单信息

单据类型	物料名称	生产车间	数量	计划开工时间	计划完工时间	工艺路线
直接入库-普通生产	轴承	装配车间	1000PCS	2021/1/21	2021/1/26	—
工序汇报入库-普通生产	外圈	机加车间	1000PCS	2021/1/19	2021/1/21	外圈加工工艺
工序汇报入库-普通生产	内圈	机加车间	1000PCS	2021/1/19	2021/1/21	内圈加工工艺

(5) 生产领料　使用生产员"郭敏+学号"账号登录金蝶 K/3 Cloud 系统后,打开功能菜单,执行【生产制造】—【生产管理】—【生产订单】—【生产订单列表】命令,在生产订单列表界面,勾选生产外圈和内圈的生产订单,单击菜单【下推】—【生产领料单】—【确定】,进入生产领料单新增页面,系统会根据用料清单的信息将物料及数量一并下推,将日期修改为"2021/1/18",生产车间为"机加车间",领料人选择"郭敏+学号",仓管员选择"李佳+学号",之后单击【保存】和【提交】按钮即可,如图 13-9 所示。

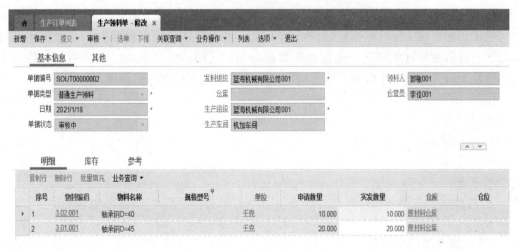

图 13-9　生产领料单新增页面

生产用料清单信息见表 13-3。

表 13-3　生产用料清单信息

生产订单类型	产品名称	生产车间	子项物料名称	应发数量
工序汇报入库-普通生产	内圈	机加车间	轴承钢 D=40	10 千克
工序汇报入库-普通生产	外圈	机加车间	轴承钢 D=45	20 千克

生产领料单信息见表 13-4。

表 13-4　生产领料单信息

单据类型	日期	生产车间	领料人	仓管员	物料名称	实发数量	仓库
普通生产领料	2021/1/18	机加车间	郭敏+学号	李佳+学号	轴承钢 D=40	10 千克	原材料仓库
					轴承钢 D=45	20 千克	

使用仓存经理"季成+学号"账户登录金蝶 K/3 Cloud 系统后，打开功能菜单，执行【生产制造】—【生产管理】—【生产领料】—【生产领料单列表】命令，在生产领料单列表界面，勾选生产操作员提交的生产领料单，单击【审核】，如图 13-10 所示。

图 13-10　生产领料单审核页面

实验二、车间作业设置

(一) 应用场景

机加车间根据工序计划指定的任务加工完成半成品（外圈和内圈）后，进行生产的完工汇报，针对生产订单的工序进行重要数据的采集，包括生产数量、废品数量、待返工数量、所耗工时、实际开工时间和完工时间，并作为仓库生产入库的依据。

(二) 实验步骤

- 工序计划
- 车间调度汇报权限授权
- 汇报类型新增
- 工序汇报单
- 检验单
- 生产入库单

(三) 操作部门及人员

1) 生产部的生产员郭敏，登录账号：郭敏+学号，密码：888888。

2）生产部的生产经理高子裕，登录账号：高子裕+学号，密码：888888。

3）仓存部的仓管经理季成，登录账号：季成+学号，密码：888888。

（四）实验具体步骤

（1）工序计划　使用生产员"郭敏+学号"账号登录金蝶 K/3 Cloud 系统后，打开功能菜单，执行【生产制造】—【生产管理】—【生产订单】—【生产订单列表】命令，勾选生产内圈和外圈的生产订单，单击工具栏上【业务操作】下的【生成工序计划】。生成工序计划完成后，打开功能菜单，执行【生产制造】—【车间管理】—【车间作业计划】—【工序计划列表】命令，打开生产外圈的工序计划，根据表 13-5 的信息修改三个工作中心的计划开始时间和计划结束时间，录入信息完毕后，单击【保存】【提交】【审核】按钮，如图 13-11 所示。接着返回工序计划列表，打开生产内圈的工序计划，根据表 13-5 的信息修改三个工作中心的计划开始时间和计划结束时间，录入信息完毕后，单击【保存】【提交】【审核】按钮，如图 13-12 所示。

表 13-5　工序计划信息

产品名称	工作中心	工序数量	计划开始时间	计划结束时间
外圈	车床	1000PCS	2021/1/19 08：00：00	2021/1/19 18：00：00
	热加工设备	1000PCS	2021/1/20 08：00：00	2021/1/20 18：00：00
	磨床	1000PCS	2021/1/21 08：00：00	2021/1/21 18：00：00
内圈	车床	1000PCS	2021/1/19 08：00：00	2021/1/19 18：00：00
	热加工设备	1000PCS	2021/1/20 08：00：00	2021/1/20 18：00：00
	磨床	1000PCS	2021/1/21 08：00：00	2021/1/21 18：00：00

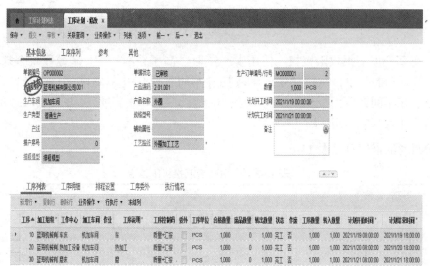

图 13-11　外圈工序计划页面

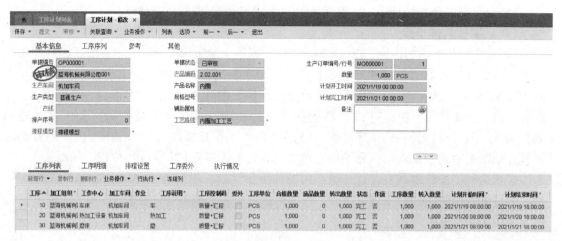

图 13-12　内圈工序计划页面

外圈和内圈的工序计划经过审核后，使用生产员"郭敏+学号"账号再执行以下操作：在工序计划列表页面，勾选工序计划，单击菜单【行执行】—【执行至下达】，如图 13-13 所示。

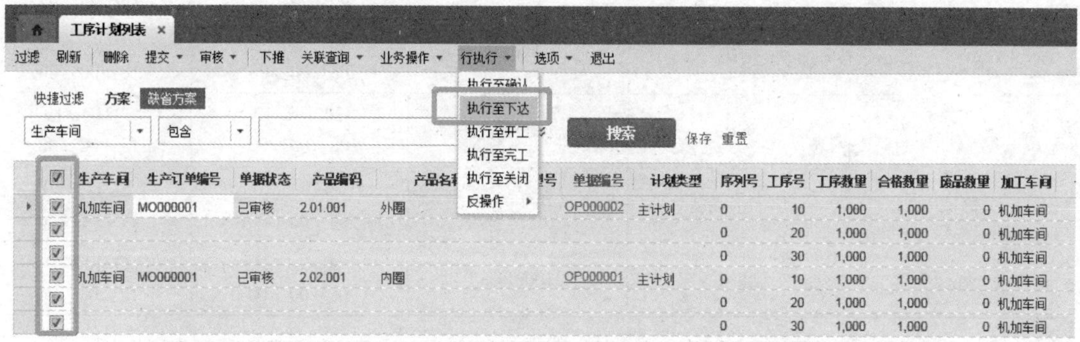

图 13-13　下达工序计划页面

（2）车间调度汇报权限授权　使用生产经理"高子裕+学号"账号登录金蝶 K/3 Cloud 系统后，打开功能菜单，执行【生产制造】—【车间管理】—【基础设置】—【车间调度汇报权限】命令，在车间调度汇报权限界面，选择生产员"郭敏+学号"，并勾选右边的所有工作中心，单击【授权】，如图 13-14 所示。

车间调度汇报信息见表 13-6。

表 13-6　车间调度汇报权限信息

用 户 名 称	部 门 名 称	工 作 中 心 名 称
郭敏+学号	机加车间	车床
	机加车间	热加工设备
	机加车间	磨床

图 13-14　车间调度汇报权限授权页面

（3）汇报类型新增　使用生产经理"高子裕+学号"账号登录金蝶 K/3 Cloud 系统后，打开功能菜单，执行【生产制造】—【生产管理】—【基础资料】—【生产汇报类型】命令，进入汇报类型新增页面，根据实验数据表 13-7 的内容，录入正确的数据，单击【保存】【提交】【审核】按钮，如图 13-15 所示。

表 13-7　汇报类型信息

创 建 组 织	名　　称	属　　性
蓝海机械有限公司+学号	工序汇报	有效工时

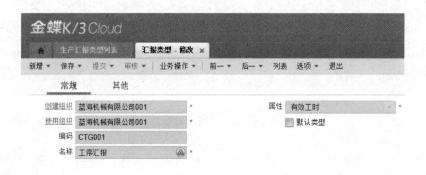

图 13-15　汇报类型新增页面

（4）工序汇报单　切换生产操作员"郭敏+学号"账号登录金蝶 K/3 Cloud 系统，打开功能菜单，执行【生产制造】—【车间管理】—【车间作业计划】—【工序计划列表】命令，在工序计划列表页面，勾选所有工序，单击【下推】—【工序汇报】—【确定】，进入工序汇报新增页面，在【数量】页签下，单击【首行】，将每一道工序对应的汇报类型设置为"工序汇报"，每录完一次数据就点击【下一行】继续录入。之后在【活动/日期】页签下，单击【首行】，根据实验数据表 13-8 的信息录入每道工序的实际日期，每录完一次数据就单击【下一行】继续录入。信息全部录入完毕后，单击【保存】【提交】【审核】按钮，如图 13-16 所示。

表 13-8　工序汇报单

单据日期	产品名称	工作中心	汇报类型	准备开始时间	准备完成时间	加工开始时间	加工完成时间	拆卸开始时间	拆卸完成时间
2021/1/21	外圈	车床	工序汇报	2021-01-19 08:00:00	2021-01-19 08:10:00	2021-01-19 08:10:00	2021-01-19 18:00:00	2021-01-19 18:00:00	2021-01-19 18:00:00
		热加工设备	工序汇报	2021-01-20 08:00:00	2021-01-20 08:10:00	2021-01-20 08:10:00	2021-01-20 18:00:00	2021-01-20 18:00:00	2021-01-20 18:00:00
		磨床	工序汇报	2021-01-21 08:00:00	2021-01-21 08:10:00	2021-01-21 08:10:00	2021-01-21 18:00:00	2021-01-21 18:00:00	2021-01-21 18:00:00
	内圈	车床	工序汇报	2021-01-19 08:00:00	2021-01-19 08:10:00	2021-01-19 08:10:00	2021-01-19 18:00:00	2021-01-19 18:00:00	2021-01-19 18:00:00
		热加工设备	工序汇报	2021-01-20 08:00:00	2021-01-20 08:10:00	2021-01-20 08:10:00	2021-01-20 18:00:00	2021-01-20 18:00:00	2021-01-20 18:00:00
		磨床	工序汇报	2021-01-21 08:00:00	2021-01-21 08:10:00	2021-01-21 08:10:00	2021-01-21 18:00:00	2021-01-21 18:00:00	2021-01-21 18:00:00

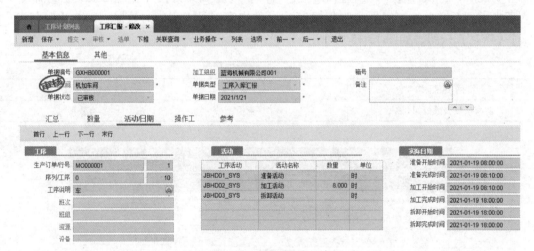

图 13-16　工序汇报单页面

（5）检验单　使用生产员"郭敏+学号"账号完成工序汇报后，打开功能菜单，执行【生产制造】—【车间管理】—【工序汇报】—【工序汇报列表】命令，在工序汇报列表页面，勾选所有工序，单击【下推】—【检验单】—【确定】，进入检验单新增页面，根据实验数据表 13-9 的信息录入数据，修改单据日期为"2021/1/21"，信息录入完毕后，单击【保存】【提交】【审核】按钮，如图 13-17 所示。

表 13-9　检验单信息

单据类型	单据日期	物料名称	检验数量	合格数	生产车间	工序说明
自制工序检验单	2021/1/21	外圈	1000PCS	1000PCS	机加车间	车
			1000PCS	1000PCS	机加车间	热加工
			1000PCS	1000PCS	机加车间	磨

（续）

单据类型	单据日期	物料名称	检验数量	合格数	生产车间	工序说明
自制工序检验单	2021/1/21	内圈	1000PCS	1000PCS	机加车间	车
			1000PCS	1000PCS	机加车间	热加工
			1000PCS	1000PCS	机加车间	磨

图 13-17　检验单页面

（6）生产入库单　使用生产经理"高子裕+学号"账号登录金蝶 K/3 Cloud 系统后，打开功能菜单，执行【生产制造】—【车间管理】—【工序汇报】—【工序汇报列表】命令，在工序汇报列表页面，勾选外圈和内圈的最后一道工序"磨"，单击【卜推】—【生产入库单】—【确定】，进入生产入库单新增页面，将日期修改"2021/1/21"，仓管员选择"李佳+学号"，把外圈和内圈入库到半成品仓并勾选"完工"，信息录入完毕后，单击【保存】【提交】按钮，如图 13-18 所示。

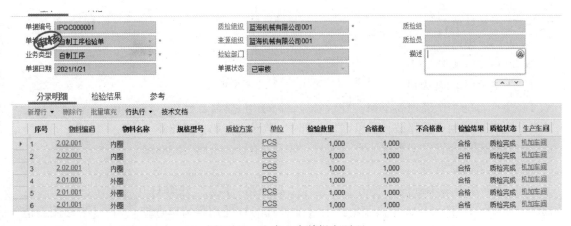

图 13-18　生产入库单提交页面

生产入库单信息见表 13-10。

表 13-10 生产入库单信息

单据类型	日期	仓管员	物料名称	实收数量	仓库	完工
汇报入库	2021/1/21	李佳+学号	外圈	1000PCS	半成品仓	勾选
			内圈	1000PCS	半成品仓	勾选

使用仓管经理"季成+学号"账号登录金蝶 K/3 Cloud 系统后,打开功能菜单,执行【生产制造】—【生产管理】—【完工入库】—【生产入库单列表】命令,在生产入库单列表界面,勾选生产部经理提交的生产入库单,单击【审核】按钮,如图 13-19 所示。

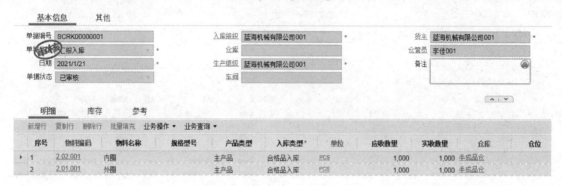

图 13-19 生产入库单审核页面

实验三、组装产品

(一) 应用场景

机加车间加工生产半成品(外圈和内圈)完毕后,装配车间领用原材料和半成品组装产成品轴承。

(二) 实验步骤

- 生产用料清单审核
- 生产订单下达
- 生产领料单
- 生产入库单
- 生产订单结案

(三) 操作部门及人员

1) 生产部的生产经理高子裕,登录账号:高子裕+学号,密码:888888。

2) 生产部的生产员郭敏,登录账号:郭敏+学号,密码:888888。

3) 仓存部的仓管经理季成,登录账号:季成+学号,密码:888888。

(四) 实验具体步骤

(1) 生产用料清单审核 使用生产经理"高子裕+学号"账号打开【生产订单列表】,勾选生产轴承的生产订单,单击菜单栏上【业务查询】—【用料清单查询】,在【生产用料清单-修改】窗口,确认好用料数量后单击【保存】【提交】【审核】按钮即可,如图 13-20 所示。

生产用料清单信息见表 13-11。

表 13-11　生产用料清单信息

生产订单类型	产品名称	生产车间	子项物料名称	应发数量
直接入库-普通生产	轴承	装配车间	外圈	1000PCS
			内圈	1000PCS
			保持架	1000PCS
			滚珠	8000PCS

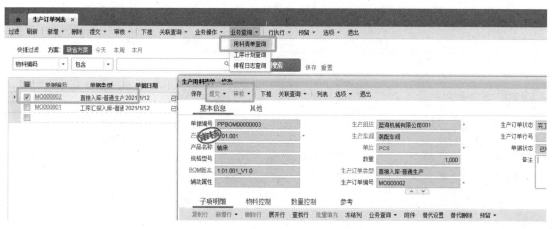

图 13-20　轴承用料清单审核页面

（2）生产订单下达　用料清单审核后，使用生产经理"高子裕+学号"账号在生产订单列表页面，勾选生产轴承的生产订单，单击菜单栏【行执行】—【执行至下达】，将下达执行日期设置为"2021/1/21"，之后单击【确定】按钮，如图 13-21 所示。

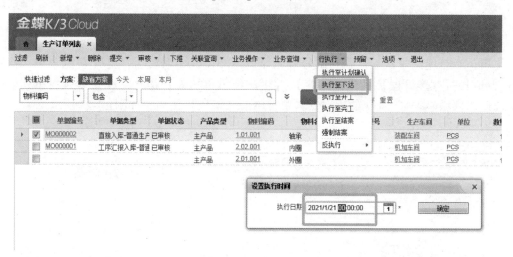

图 13-21　生产订单下达页面

（3）生产领料单　使用生产员"郭敏+学号"账号登录金蝶 K/3 Cloud 系统，打开功能菜单，执行【生产制造】—【生产管理】—【生产订单】—【生产订单列表】命令，在生产订单列表界面，勾选生产轴承的生产订单，单击菜单栏【下推】—【生产领料单】—【确定】，进入生产领料单新增页面，填入实验数据表 13-12 的信息，单击【保存】【提交】按钮，如图 13-22 所示。

表 13-12　生产领料单信息

单 据 类 型	日　期	生产车间	领 料 人	仓 管 员	物 料 名 称	实发数量	仓 库
普通生产领料	2021/1/22	装配车间	郭敏+学号	李佳+学号	外圈	1000PCS	半成品仓
					内圈	1000PCS	半成品仓
					保持架	1000PCS	原材料仓库
					滚珠	8000PCS	原材料仓库

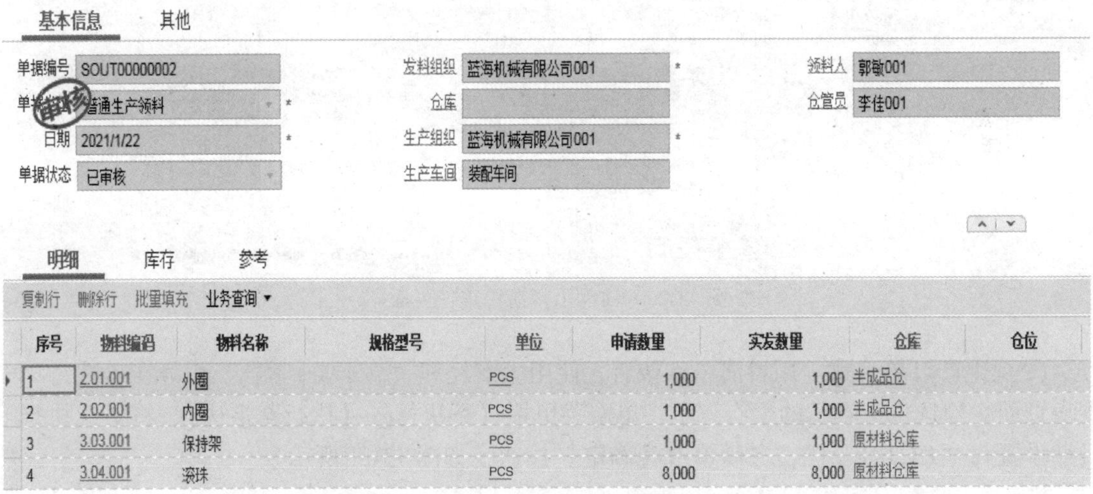

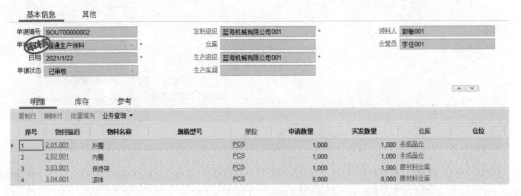

图 13-22　生产领料单新增页面

使用仓管经理"季成+学号"账号登录金蝶 K/3 Cloud 系统后，打开功能菜单，执行【生产制造】—【生产管理】—【生产领料】—【生产领料单列表】命令，在生产领料单列表界面，勾选"郭敏+学号"提交的生产领料单，单击【审核】按钮，如图 13-23 所示。

图 13-23　生产领料单审核页面

（4）生产入库单　所有轴承都按时按量生产完毕，检验全为合格品。使用生产经理"高子裕+学号"账号登录金蝶 K/3 Cloud 系统后，打开功能菜单，执行【生产制造】—【生产管理】—【生产订单】—【生产订单列表】命令，在生产订单列表界面，勾选生产轴承的生产订单，单击【下推】按钮，生成生产入库单，填入实验数据表 13-13 的信息，单击【保存】【提交】按钮即可，如图 13-24 所示。

表 13-13　生产入库单信息

单据类型	日　期	仓管员	物料名称	实收数量	仓　库	完　工
生产入库	2021/1/25	李佳+学号	轴承	1000PCS	成品仓	勾选

图 13-24　生产入库单新增页面

使用仓管经理"季成+学号"账号登录金蝶 K/3 Cloud 系统后，打开功能菜单，执行【生产制造】—【生产管理】—【完工入库】—【生产入库单列表】命令，在生产入库单列表界面，勾选提交的生产入库单，单击【审核】按钮，如图 13-25 所示。

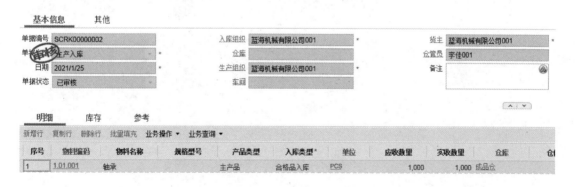

图 13-25　生产入库单审核页面

（5）生产订单结案　使用生产经理"高子裕+学号"账号登录金蝶 K/3 Cloud 系统后，打开功能菜单，执行【生产制造】—【生产管理】—【生产订单】—【生产订单列表】命令，在生产订单列表页面，勾选生产轴承的生产订单，单击【行执行】—【执行至结案】，将结案执行日期设置为"2021/1/26"。

13.6 实验报告要求

1. 交上机报告，要求每位同学以"学号+姓名+班级"形式提交实验电子版，并上交实验报告书

2. 实验报告提交要点

1）绘制生产任务管理运行的流程图。

2）简述工序汇报入库的生产流程。

3）简述车间管理系统的功能，绘制车间管理系统的流程图。

第14章 库存管理模块

库存管理是企业的基础和核心，支撑企业销售、采购、生产业务的有效运作。库存管理在物料日常出入库控制、保证生产的正常进行发挥重要作用，同时将库存控制在合理水平，为企业提供准确的库存信息。良好的库存管理为企业快速响应市场变化、满足市场需求、提高企业竞争力提供了有力保证。

库存管理主要业务包括仓库管理、日常的物料流转业务、库存控制三大部分，是通过入库业务、出库业务、调拨、组装拆卸、库存调整等功能，结合批号保质期管理、库存盘点、即时库存管理等功能综合运用的管理系统，对仓存业务的物流和成本管理全过程进行有效控制和跟踪，实现完善的企业仓储信息管理。

金蝶 K/3 Cloud 库存管理系统总体流程图如图 14-1 所示。

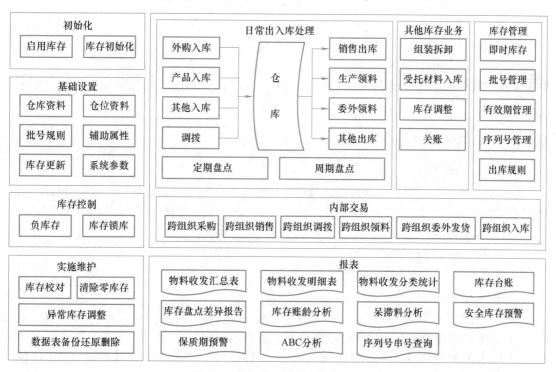

图 14-1 库存管理系统总体流程图

14.2 实验目的

1）理解金蝶 K/3 Cloud 系统的库存管理模块、采购管理模块、销售管理模块及生产管理模块之间的业务关系。

2）掌握库存管理的日常出入库业务流程。

3）掌握库存盘点业务。

14.3 实验要求

按照实验教材进行上机操作，完成实验内容，对金蝶 K/3 Cloud 系统的库存管理模块有一定的认知与理解，并撰写相应实验报告。

1）理解库存管理模块。

2）熟悉库存库存管理模块和功能应用。

3）完成出入库业务实操和库存盘点业务实操。

14.4 实验内容

- 采购入库业务流程
- 领料业务流程
- 产品入库业务流程
- 销售出库业务流程
- 盘点业务流程

14.5 实验具体步骤

实验一、采购入库业务流程

（一）应用场景

仓存部根据采购订单、供应商的送货单和质检员的检验单，将物料运入原材料仓库，并填制采购入库单。

（二）实验步骤

- 手工增加采购入库单
- 由采购订单生成采购入库单
- 采购入库单审核

（三）操作部门及人员

1）采购业务由公司采购部采购经理负责，用户名：肖飞飞+学号，密码：888888。

2）库存管理由公司仓存部负责，仓管员用户名：李佳+学号。仓管经理用户名：季成+学号，密码：888888。

（四）实验具体步骤

（1）手工增加采购入库单　使用蓝海机械有限公司仓管员"李佳+学号"账号登录金蝶 K/3 Cloud 系统，打开功能菜单，执行【供应链】—【库存管理】—【采购出入库】—【采购入库单】命令，打开采购入库单新增页面。根据实验数据表 14-1 的内容新增采购入库单。填写完成后，依次单击【保存】【提交】按钮。采购入库单新增页面如图 14-2 所示。

表 14-1　采购入库单新增信息（手工）

入库日期	供应商	物料名称	实收数量	仓库	仓管员	采购员
2021/1/4	雅俊实业	轴承钢 D＝45	300 千克	原材料仓库	李佳+学号	林妙妙+学号
2021/1/5	天利公司	滚珠	500PCS	原材料仓库	李佳+学号	林妙妙+学号

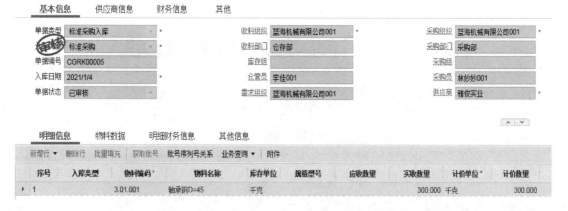

图 14-2　采购入库单新增页面

（2）由采购订单生成采购入库单　使用采购经理"肖飞飞+学号"账号登录金蝶 K/3 Cloud 系统，打开功能菜单，执行【供应链】—【采购管理】—【订单处理】—【采购订单】命令，打开采购订单新增页面。根据实验数据表 14-2 的内容输入信息。填写完成后，依次单击【保存】【提交】【审核】按钮。如图 14-3 所示。

表 14-2　采购订单信息

采购日期	物料名称	交货日期	税率	采购数量	含税单价	供应商	采购员
2021/1/5	轴承钢 D＝40	2021/1/8	13%	100 千克	20 元/千克	明瑞五金	肖飞飞+学号

切换仓管员"李佳+学号"登录金蝶 K/3 Cloud 系统，打开功能菜单，执行【供应链】—【库存管理】—【采购出入库】—【采购入库单】命令，进入订单新增页面，单击工具栏【选单】按钮，勾选采购经理"肖飞飞+学号"新增的采购订单，单击页面工具栏的【返回数据】按钮，如图 14-4 所示，即由采购订单生成采购入库单，入库日期修改为"2021/1/8"，选择仓管员"李佳+学号"，信息录入完成后，依次单击【保存】【提交】按钮。如图 14-5 所示。

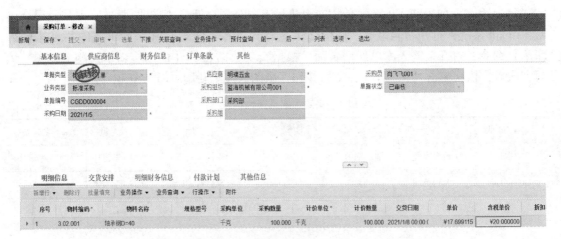

图 14-3　采购订单新增页面

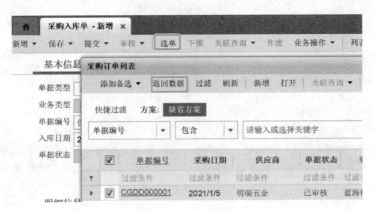

图 14-4　采购订单生成采购入库单页面

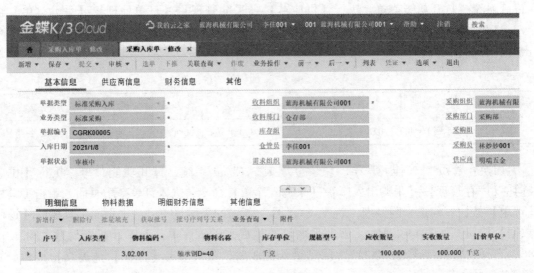

图 14-5　采购入库单页面

采购入库单信息见表 14-3。

表 14-3　采购入库单信息

入 库 日 期	物 料 名 称	实 收 数 量	仓 管 员	供 应 商	采 购 员
2021/1/8	轴承钢 D = 40	100 千克	李佳+学号	明瑞五金	肖飞飞+学号

（3）采购入库单审核　切换仓管经理"季成+学号"账号登录金蝶 K/3 Cloud 系统，打开功能菜单，执行【供应链】—【库存管理】—【采购出入库】—【采购入库单列表】命令，进入查询采购入库单列表页面，勾选之前仓管员"李佳+学号"提交的 3 张采购入库单，单击【审核】按钮审核单据。如图 14-6 所示。

图 14-6　采购入库单审核页面

实验二、领料业务流程

（一）应用场景

蓝海机械有限公司仓存部仓管员根据生产部的领料需求分拣物料，编制领料单，进行发料。

（二）实验步骤

● 手工增加简单生产领料单

● 简单生产领料单审核

（三）操作部门及人员

领料业务流程由公司仓存部负责，仓管员用户名：李佳+学号。仓管经理用户名：季成+学号，密码都为"888888"。

（四）实验具体步骤

（1）手工增加简单生产领料单　选择仓管员"李佳+学号"账号登录金蝶 K/3 Cloud 系统，打开功能菜单，执行【供应链】—【库存管理】—【简单生产业务】—【简单生产领料单】命令，打开简单生产领料单新增页面。根据实验数据表 14-4 的内容新增生产领料单。填写完成后，依次单击【保存】【提交】按钮。如图 14-7 所示。

表 14-4 简单生产领料单新增信息

日 期	领 料 人	仓 管 员	生产车间	物 料 编 码	物 料 名 称	申请数量	仓 库
2021/1/11	郭敏+学号	李佳+学号	装配车间	3.01. 学号	轴承钢 D＝45	15 千克	原材料仓库
2021/1/11	郭敏+学号	李佳+学号	装配车间	3.04. 学号	滚珠	100PCS	原材料仓库

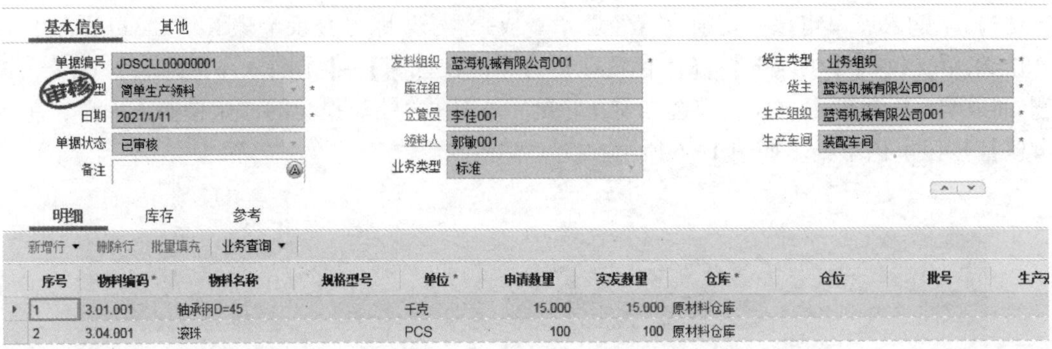

图 14-7 简单生产领料单新增页面

（2）简单生产领料单审核 切换仓管经理"季成+学号"登录金蝶 K/3 Cloud 系统，打开功能菜单，执行【供应链】—【库存管理】—【简单生产业务】—【简单生产领料单列表】命令，进入查询简单生产领料单列表页面，勾选之前仓管员提交的简单生产领料单，单击【审核】按钮审核单据。简单生产领料单审核页面如图 14-8 所示。

图 14-8 简单生产领料单审核页面

实验三、产品入库业务流程

（一）应用场景

仓管员对生产部门生产完工的产成品进行入库，编制简单生产入库单。

（二）实验步骤

- 手工增加简单生产入库单
- 简单生产入库单审核

（三）操作部门及人员

产品入库业务流程由公司仓存部负责，仓管员用户名：李佳+学号。仓管经理用户名：季成+学号，登录密码都为"888888"。

（四）实验具体步骤

（1）手工增加简单生产入库单 使用仓管员"李佳+学号"账号登录金蝶 K/3 Cloud 系统，打开功能菜单，执行【供应链】—【库存管理】—【简单生产业务】—【简单生产入库单】命令，打开简单生产入库单新增页面。根据实验数据表 14-5 的内容新增入库单信息。填写完成后，依次单击【保存】【提交】按钮。简单生产入库单新增页面如图 14-9 所示。

表 14-5 简单生产入库单新增

日 期	物料编码	物料名称	应收数量	仓 库	仓 管 员	生产车间
2021/1/6	2.01.学号	外圈	300PCS	半成品仓	李佳+学号	机加车间
2021/1/6	1.01.学号	轴承	50PCS	成品仓	李佳+学号	装配车间

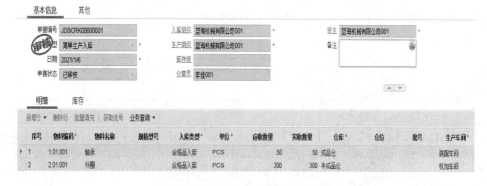

图 14-9 简单生产入库单新增页面

（2）简单生产入库单审核 切换仓管经理"季成+学号"账号登录金蝶 K/3 Cloud 系统，打开功能菜单，执行【供应链】—【库存管理】—【简单生产业务】—【简单生产入库单列表】命令，进入查询简单生产入库单列表页面，勾选之前仓管员"李佳+学号"提交的简单生产入库单，单击【审核】按钮审核单据。简单生产入库单审核页面如图 14-10 所示。

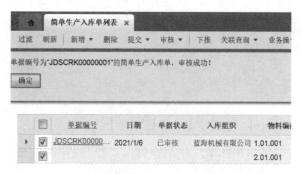

图 14-10 简单生产入库单审核页面

实验四、销售出库业务流程

（一）应用场景

仓存部根据销售订单将产品从成品仓发货，运送至客户仓库，并填制销售出库单。

（二）实验步骤

- 手工增加销售出库单
- 由销售订单生成销售出库单
- 销售出库单审核

（三）操作部门及人员

库存管理由公司仓存部负责，仓管员用户名李佳+学号。仓管经理用户名：季成+学号，默认登录密码都为"888888"。

（四）实验具体步骤

（1）手工增加销售出库单 使用仓管员"李佳+学号"账号登录金蝶 K/3 Cloud 系统，打开功能菜单，执行【供应链】—【库存管理】—【销售出入库】—【销售出库单】命令，打开销售出库单新增页面。根据实验数据表 14-6 的内容新增单据信息。填写完成后，依次单击【保存】【提交】按钮。销售出库单新增页面如图 14-11 所示。

表 14-6 销售出库单新增信息

日 期	客 户	物料编码	物料名称	实发数量	仓 库	仓 管 员
2021/1/16	东方机械	1.01.学号	轴承	50PCS	成品仓	李佳+学号

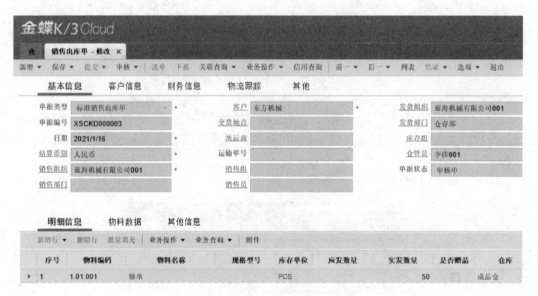

图 14-11 销售出库单新增页面

（2）由销售订单生成销售出库单 使用仓管员"李佳+学号"账号登录金蝶 K/3 Cloud 系统，打开功能菜单，执行【供应链】—【库存管理】—【销售出入库】—【销售出库单】命令，进入销售出库单新增页面，单击工具栏【选单】按钮，选择销售订单，单击【确定】，进入销售订单列表界面，勾选销售轴承数量为 1000 个的销售订单，单击选单页面工具栏的【返回数据】按钮返回单据相关信息，即由销售订单生成销售出库单。根据实验数据表 14-7 的内容修改相关信息，信息录入完成后，依次单击【保存】【提交】按钮。销售订单生成销售如图 14-12 所示。

表 14-7　销售订单生成销售出库单

日　期	客　户	仓管员	物料编码	物料名称	实发数量	仓　库
2021/1/26	大宇机械	李佳+学号	1.01.学号	轴承	1000PCS	成品仓

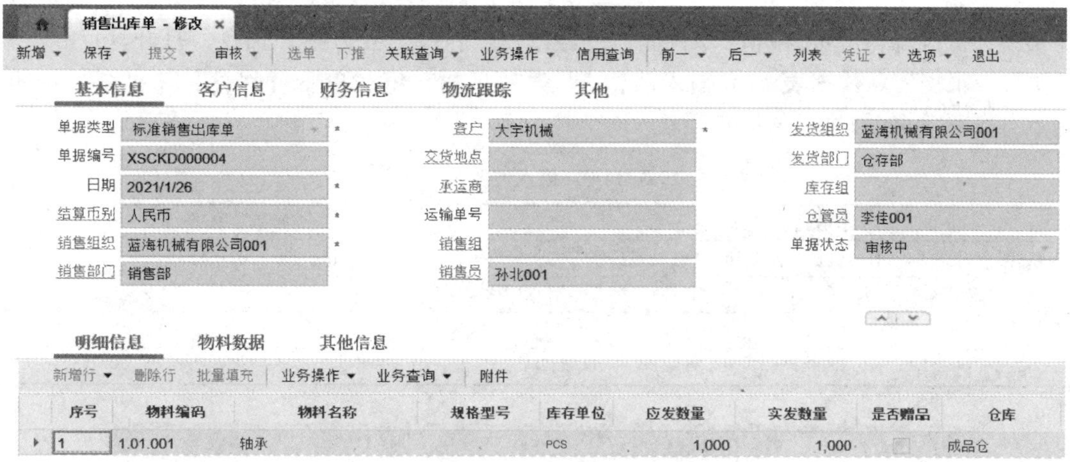

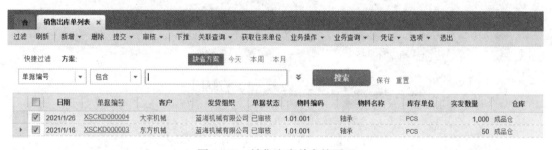

图 14-12　销售订单生成销售出库单页面

（3）销售出库单审核　切换仓管经理"季成+学号"账号登录金蝶 K/3 Cloud 系统，打开功能菜单，执行【供应链】—【库存管理】—【销售出入库】—【销售出库单列表】命令，进入查询销售出库单列表页面，勾选之前仓管员提交的两张销售出库单，单击【审核】按钮审核单据。销售出库单审核页面如图 14-13 所示。

图 14-13　销售出库单审核页面

实验五、盘点业务流程

（一）应用场景

月末，仓存部对公司的所有仓库、所有物料进行盘点。

（二）实验步骤

- 盘点方案设置
- 盘点数据录入
- 生成盘盈盘亏

（三）操作部门及人员

盘点业务主要由公司仓存部负责，仓管员用户名：李佳+学号。仓管经理用户名：季成+学号，默认登录密码均为"888888"。

（四）实验具体步骤

（1）盘点方案设置　使用仓管员"李佳+学号"账号登录金蝶 K/3 Cloud 系统，打开功能菜单，执行【供应链】—【库存管理】—【定期盘点】—【盘点方案】命令，打开盘点方案新增页面。根据实验数据表 14-8 输入信息。填写完成后，依次单击【保存】【提交】按钮。盘点方案新增页面如图 14-14 所示。

表 14-8　盘点方案信息

"基本信息"页签		"盘点参数"页签	
盘点方案名称：蓝海机械有限公司+学号盘点方案		截止日期：2021/1/31	
"盘点范围_常规"页签			
仓库编码	至	物料编码	至
1+学号	3+学号	1.01.学号	3.04.学号

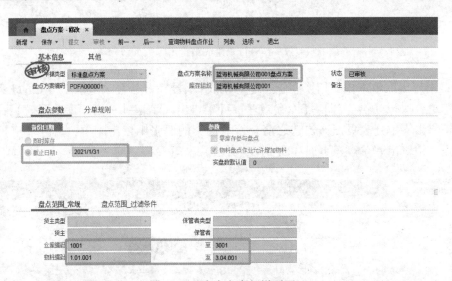

图 14-14　盘点方案新增页面

切换仓管经理"季成+学号"账号登录金蝶 K/3 Cloud 系统，打开功能菜单，执行【供应链】—【库存管理】—【定期盘点】—【盘点方案列表】命令，进入查询盘点方案列表页面，勾选之前仓管员"李佳+学号"提交的盘点方案，单击【审核】按钮审核此方案。盘点方案审核页面如图 14-15 所示。

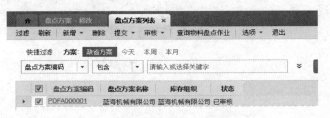

图 14-15　盘点方案审核页面

注意：

1）审核盘点方案之前需要检查库存管理是否已经结束初始化。

2）盘点方案审核系统会自动生成物料盘点作业；盘点方案反审核会删除物料盘点作业；一旦完成盘点（物料盘点作业审核），则盘点方案会自动关闭。

（2）盘点数据录入　仓存部根据系统自动生成的物料盘点表进行盘点。仓管经理"季成+学号"审核盘点方案完毕后，单击工具栏【查询物料盘点作业】按钮，可联查物料盘点作业。也可以打开功能菜单，执行【供应链】—【库存管理】—【定期盘点】—【物料盘点作业列表】命令。打开之前生成的物料盘点作业单，根据实验数据表 14-9 录入实际盘点数量，填写完成后依次单击【保存】【提交】【审核】按钮。如图 14-16 所示。

表 14-9　盘点数据信息

物 料 编 码	物 料 名 称	仓 库	盘 点 数 量
2. 01. 学号	外圈	半成品仓	290PCS
3. 01. 学号	轴承钢 D = 45	原材料仓库	276 千克
3. 02. 学号	轴承钢 D = 40	原材料仓库	102 千克
3. 04. 学号	滚珠	原材料仓库	382PCS

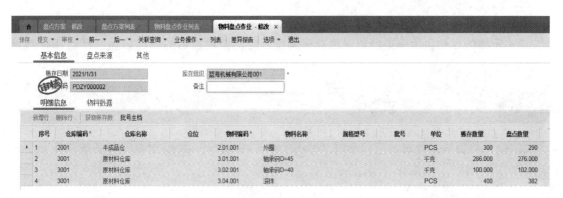

图 14-16　物料盘点作业页面

（3）生成盘盈盘亏　物料盘点作业审核完毕后系统会自动生成盘盈盘亏单，单击工具栏【关联查询】按钮可选择联查相应单据。联查盘盈盘亏单如图 14-17 所示。

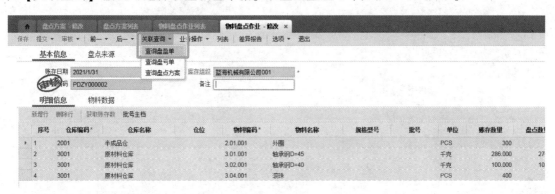

图 14-17　联查盘盈盘亏单页面

还可以在系统主界面打开功能菜单，执行【供应链】—【库存管理】—【定期盘点】—【盘盈单列表】命令，找到相应的盘盈单打开查看，如图 14-18 所示。

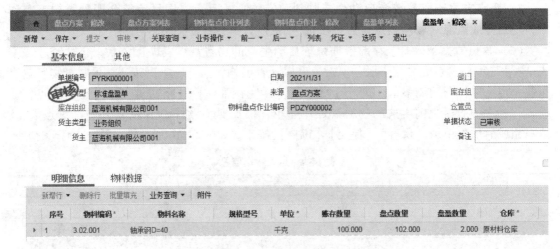

图 14-18　查询盘盈单页面

注意：

1） 由物料盘点作业生成的盘盈盘亏单自动审核，且不能反审核。

2） 审核的盘盈盘亏单更新即时库存来调整账存，使调整后的账存数量和实际库存数量一致。

14.6　实验报告要求

1. 交上机报告，要求每位同学以"学号+姓名+班级"形式提交实验电子版，并上交实验报告书

2. 实验报告提交要点

1）绘制库存管理系统的流程图。

2）简述库存管理系统的主要子功能。

3）简单描述库存盘点的操作流程。

第 15 章　成本管理模块

15.1 成本管理系统概述

存货核算

存货核算是指企业存货价值（即成本）的计量，用于工商业企业存货出入库核算，存货出入库凭证处理，核算报表查询，期初期末库存余额处理及相关资料的维护。存货核算流程图如图 15-1 所示。

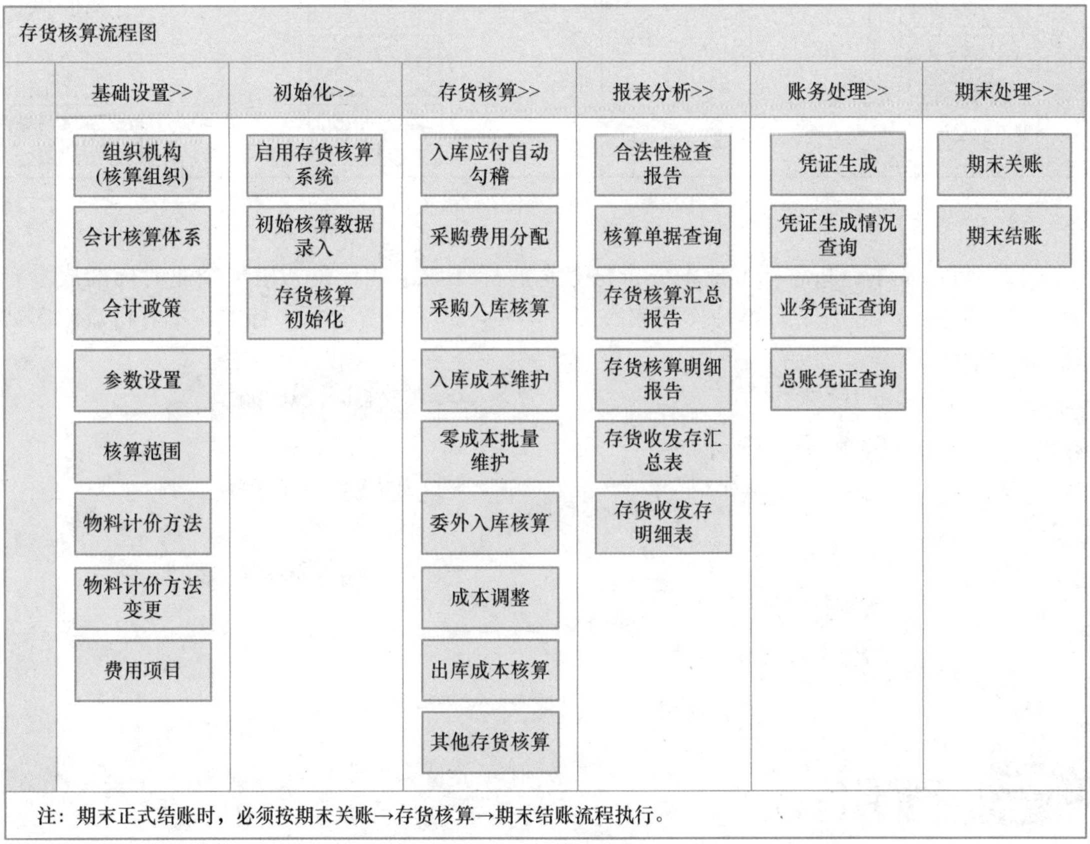

存货核算流程图
基础设置>>
初始化>>
存货核算>>
报表分析>>
账务处理>>
期末处理>>
组织机构（核算组织）
会计核算体系
会计政策
参数设置
核算范围
物料计价方法
物料计价方法变更
费用项目
启用存货核算系统
初始核算数据录入
存货核算初始化
入库应付自动勾稽
采购费用分配
采购入库核算
入库成本维护
零成本批量维护
委外入库核算
成本调整
出库成本核算
其他存货核算
合法性检查报告
核算单据查询
存货核算汇总报告
存货核算明细报告
存货收发存汇总表
存货收发存明细表
凭证生成
凭证生成情况查询
业务凭证查询
总账凭证查询
期末关账
期末结账
注：期末正式结账时，必须按期末关账→存货核算→期末结账流程执行。

图 15-1　存货核算流程图

（1）产品成本核算　产品成本核算属于成本管理的内容之一，产品成本核算是指企业产品成本的计量，用于制造企业的费用分配、产品成本核算、核算报表查询以及相关资料的维护。产品成本核算系统以支持多工厂、多组织、多会计政策灵活准确地核算产品成本为目标，通过与供应链、生产制造、应收应付、资产管理、总账等系统的无缝集成，为企业成本管理提供精确的成本分析数据。产品成本核算流程图如图 15-2 所示。

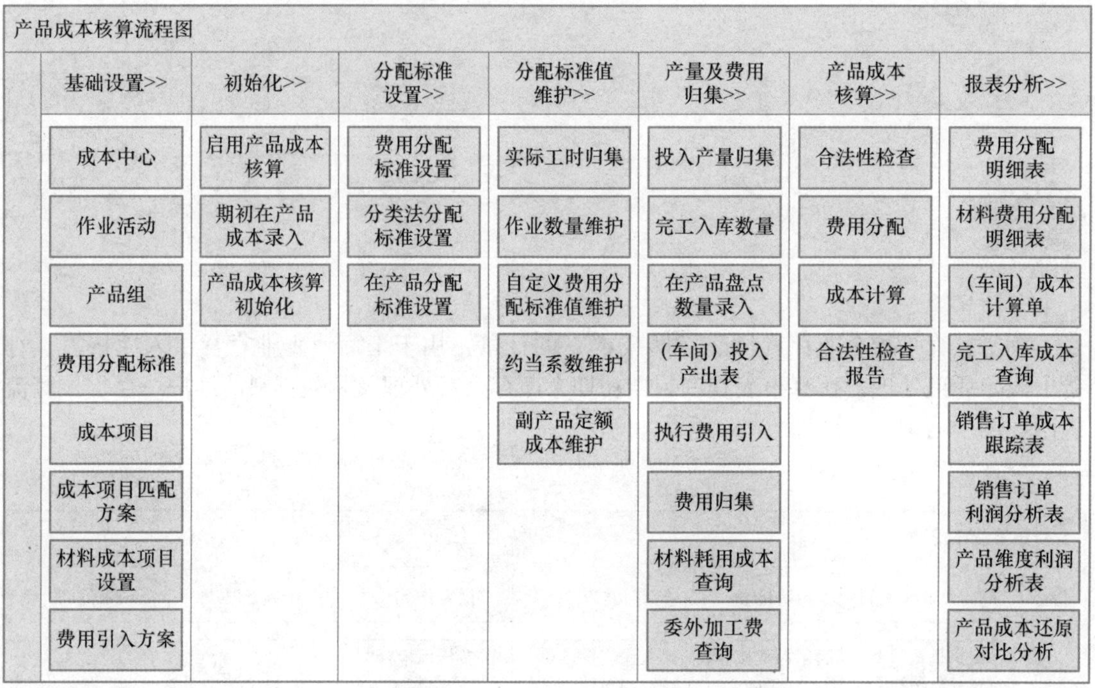

产品成本核算流程图
基础设置>>
初始化>>
分配标准设置>>
分配标准值维护>>
产量及费用归集>>
产品成本核算>>
报表分析>>
成本中心
作业活动
产品组
费用分配标准
成本项目
成本项目匹配方案
材料成本项目设置
费用引入方案
启用产品成本核算
期初在产品成本录入
产品成本核算初始化
费用分配标准设置
分类法分配标准设置
在产品分配标准设置
实际工时归集
作业数量维护
自定义费用分配标准值维护
约当系数维护
副产品定额成本维护
投入产量归集
完工入库数量
在产品盘点数量录入
（车间）投入产出表
执行费用引入
费用归集
材料耗用成本查询
委外加工费查询
合法性检查
费用分配
成本计算
合法性检查报告
费用分配明细表
材料费用分配明细表
（车间）成本计算单
完工入库成本查询
销售订单成本跟踪表
销售订单利润分析表
产品维度利润分析表
产品成本还原对比分析

图 15-2　产品成本核算流程图

（2）标准成本分析　标准成本分析是对企业标准成本的计量，用于企业的标准成本资料维护、标准成本核算、标准成本报表查询、与实际成本差异分析。标准成本分析流程图如图 15-3 所示。

标准成本版本
外购物料标准价目表
成本.BOM设置
标准工时维护
标准费率维护
产品委外加工价目表
产品标准成本
产品实际成本
产品标准成本查询
产品标准成本多级查询
产品单位标准成本差异分析

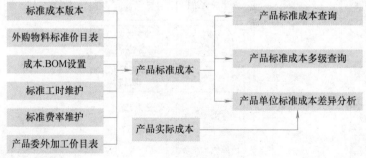

图 15-3　标准成本分析流程图

15.2 实验目的

- 理解存货核算、产品成本核算、标准成本分析的概念与作用

- 掌握成本管理的基础资料设置及初始化操作
- 掌握成本管理的日常业务操作，进行成本计算与分析

15.3　实验要求

按照本书所示步骤进行上机操作，完成实验内容，对金蝶 K/3 Cloud 系统的成本管理模块有一定的认知与理解，录入相应的模拟数据，并撰写相应实验报告。

1）理解成本管理模块流程。

2）按照成本管理操作手册熟悉模块和功能。

3）按照成本管理实验数据手册进行操作和数据录入。

15.4　实验内容

1）成本管理的基础资料设置。

2）存货核算系统、产品成本核算系统的初始化操作。

3）成本管理系统的日常业务操作。

4）费用分配与成本计算的方法。

15.5　实验具体步骤

实验一、成本管理的基础资料设置

（一）应用场景

企业在使用成本管理系统进行成本核算和计算之前，需要先设置基础资料，为后续业务做准备。

（二）实验步骤

- 费用项目设置
- 成本项目设置
- 成本中心设置

（三）操作部门及人员

产品成本核算系统的基础资料设置由财务部的成本会计负责，用户名张彬彬+学号，初始密码默认为"888888"。

（四）实验具体步骤

（1）费用项目设置　使用公司财务部"张彬彬+学号"账号登录金蝶 K/3 Cloud 系统，打开功能菜单，执行【基础管理】—【基础资料】—【公共资料】—【费用项目】命令，单击工具栏【新增】按钮新增费用项目，根据实验数据表 15-1 的内容填写，填写完成后依次单击【保存】【提交】【审核】按钮，如图 15-4 所示。

表 15-1　费用项目信息

编　码	名　称
FYXM+学号	其他费用+学号

图 15-4　费用项目页面

（2）成本项目设置　打开功能菜单，执行【成本管理】—【产品成本核算】—【基础资料】—【成本项目】命令，单击【新增】按钮，根据实验数据表 15-2 的内容填写，填写完成后依次单击【保存】【提交】【审核】按钮，如图 15-5 所示。

表 15-2　成本项目信息

名　称	成本性态
修理费+学号	变动成本

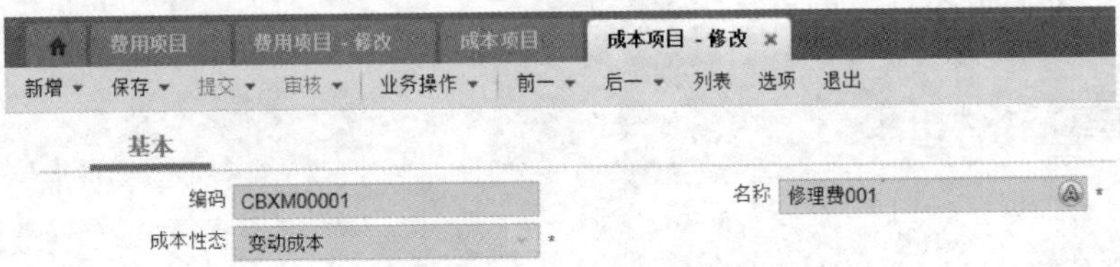

图 15-5　成本项目

（3）成本中心设置　打开功能菜单，执行【成本管理】—【产品成本核算】—【基础资料】—【成本中心】命令，单击【新增】按钮，根据实验数据表 15-3 的内容填写，填写完成后依次单击【保存】【提交】【审核】按钮，如图 15-6 所示。

表 15-3　成本中心信息

名　称	属　性	关联对象
机加车间	基本生产	机加车间
装配车间	基本生产	装配车间

图 15-6　成本中心

实验二、存货核算

（一）应用场景

在产品成本核算系统进行业务处理之前，先要完成对企业出入库的存货核算操作。存货核算系统主要用于企业存货出入库核算，存货出入库凭证处理，核算报表查询，期初期末库存余额处理以及相关资料的维护。

（二）实验步骤

- 核算范围设置
- 存货核算系统初始化
- 采购入库核算
- 入库成本维护
- 出库成本核算

（三）操作部门及人员

1）存货核算系统的初始化设置由信息系统部负责，用户名：信息管理员+学号，密码"888888"。

2）存货核算系统的日常业务由财务部成本会计负责，用户名：张彬彬+学号，密码"888888"。

（四）实验具体步骤

（1）核算范围设置 存货核算系统启用之前需要先对核算范围进行设置。使用"信息管理员+学号"账号登录金蝶 K/3 Cloud 系统，打开功能菜单，执行【成本管理】—【存货核算】—【基础资料】—【核算范围】命令，单击【新增】按钮，输入核算范围名称"蓝海机械有限公司+学号核算范围"，划分依据选择"货主+库存组织"。在核算范围页签下，货主和库存组织选择自己的组织，完成后依次单击【保存】【提交】【审核】按钮，如图 15-7 所示。

核算范围信息见表 15-4。

表 15-4 核算范围信息

核 算 组 织	核算范围名称	划 分 依 据	货 主 编 码	库存组织编码
蓝海机械有限公司+学号	蓝海机械有限公司+学号核算范围	货主+库存组织	学号	学号

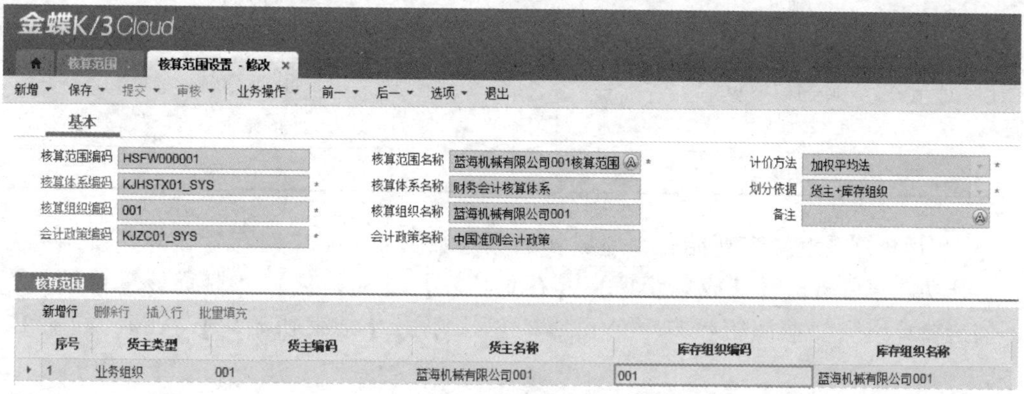

图 15-7　核算范围设置页面

（2）存货核算系统初始化

1）启用存货核算系统。在启用产品成本核算系统之前，需要先启用存货核算系统。使用"信息管理员+学号"账号打开功能菜单，执行【成本管理】—【存货核算】—【初始化】—【启用存货核算系统】命令，勾选核算组织"蓝海机械有限公司+学号"，启用会计年度输入"2021"，启用会计期间输入"1"，单击启用按钮，完成公司存货核算系统的启用，如图 15-8 所示。

序号	边并	核算体系	核算组织	会计政策	核算币别	会计日历	启用会计年度	启用会计期间
1	☐	财务会计核算体系	蓝海机械公司	中国准则会计政	人民币	系统预设会计	0	
2	☑	财务会计核算体系	蓝海机械有限公司001	中国准则会计政	人民币	系统预设会计	2021	1

序号	检查项	状态	操作结果
1	核算范围	成功	核算范围覆盖了对应核算组织会计政策KJZC01_SYS的所有货主！
2	启用	成功	第2行会计政策启用成功！

图 15-8　启用存货核算页面

2）初始核算数据录入。使用"信息管理员+学号"账号打开功能菜单，执行【成本管理】—【存货核算】—【初始化】—【初始核算数据录入】命令，单击【新增】按钮，选择核算组织"蓝海机械有限公司+学号"，单击工具栏【业务操作】按钮下【获取库存期初数据】，如图 15-9 所示，系统自动获取初始库存数据。根据实验数据表 15-5 的内容输入对应的期初单价，之后单击【保存】按钮保存数据，显示如图 15-10 所示。

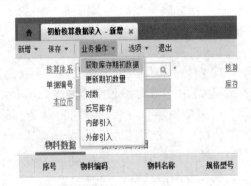

图 15-9　获取库存期初数据页面

表 15-5　初始核算数据信息

物 料 名 称	期 初 单 价
轴承	280 元/PCS
轴承钢 D=45	20 元/千克
轴承钢 D=40	18 元/千克
保持架	45 元/PCS
滚珠	8 元/PCS

3）存货核算系统结束初始化。完成初始核算数据录入后，对存货核算系统结束初始化。打开功能菜单，执行【成本管理】—【存货核算】—【初始化】—【存货核算初始化】命令，勾选核算组织"蓝海机械有限公司+学号"，单击【结束初始化】按钮，如图 15-11 所示。

（3）采购入库核算　使用成本会计"张彬彬+学号"账号打开功能菜单，执行【成本管理】—【存货核算】—【存货核算】—【采购入库核算】命令，在采购入库核算界面中，核算体系选择"财务会计核算体系"，核算组织选择"蓝海机械有限公司+学号"，单击【下一步】按钮，核算完成后，可以单击【核算列表查询】查看入库核算相关信息。采购入库核算页面和入库核算列表查询页面分别如图 15-12 和图 15-13 所示。

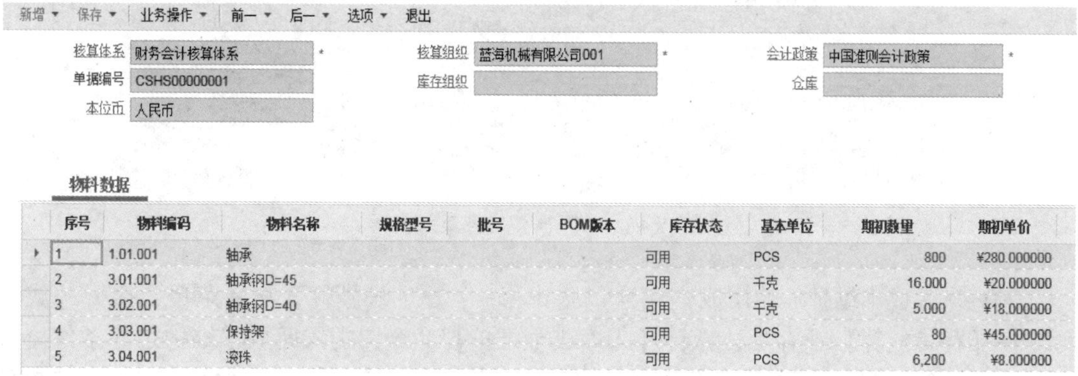

图 15-10　初始核算数据录入页面

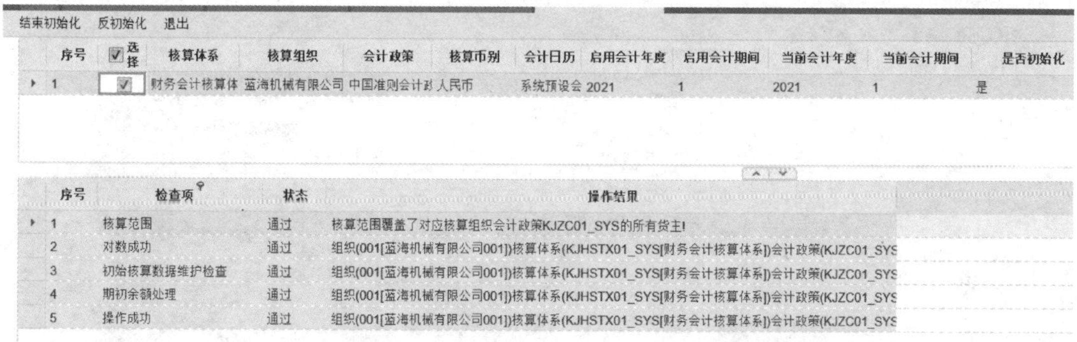

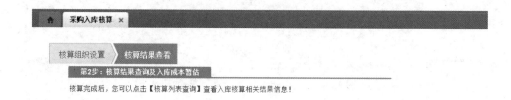

图 15-11　存货核算系统结束初始化页面

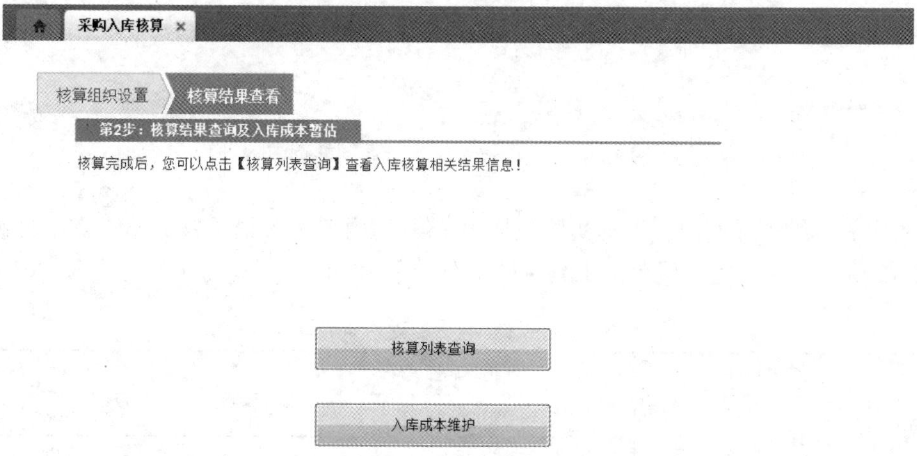

图 15-12　采购入库核算页面

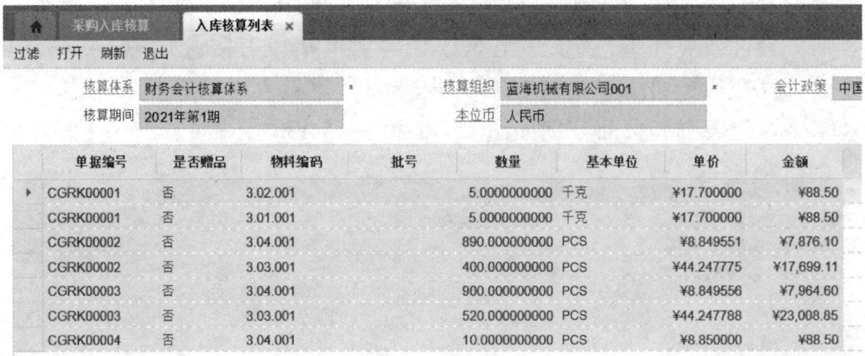

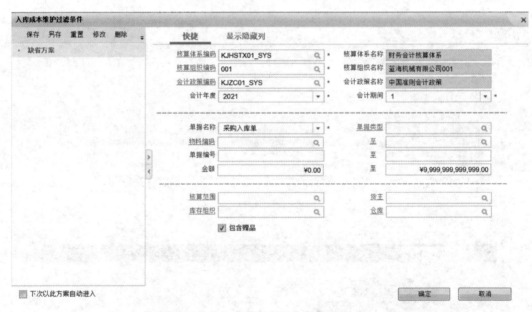

图 15-13　入库核算列表查询页面

（4）入库成本维护　使用成本会计"张彬彬+学号"账号打开功能菜单，执行【成本管理】—【存货核算】—【存货核算】—【入库成本维护】命令，在入库成本维护过滤条件窗口中，核算组织为"蓝海机械有限公司+学号"，会计年度为"2021"，会计期间为"1"，单据名称是采购入库单，之后单击【确定】按钮。入库成本维护过滤条件页面如图 15-14 所示。

图 15-14　入库成本维护过滤条件页面

在入库成本维护界面中，根据实验数据表 15-6 的内容录入轴承钢 D=45 和滚珠的单价，如图 15-15 所示，录入完毕后单击工具栏的【保存】按钮。

表 15-6　入库成本维护数据信息

单 据 名 称	物 料 名 称	单 价
采购入库单	轴承钢 D=45	15 元/千克
	滚珠	8 元/PCS

（续）

单 据 名 称	物 料 名 称	单 价
生产入库单	内圈	0.2 元/PCS
	外圈	0.4 元/PCS
	轴承	110 元/PCS
简单生产入库单	轴承	110 元/PCS
	外圈	0.4 元/PCS

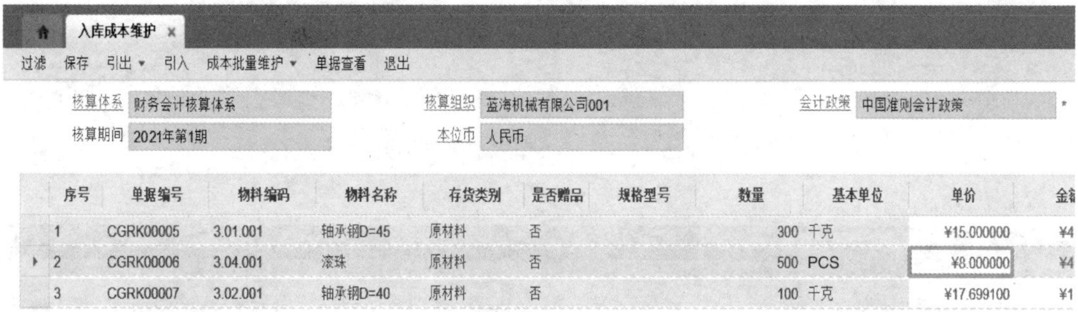

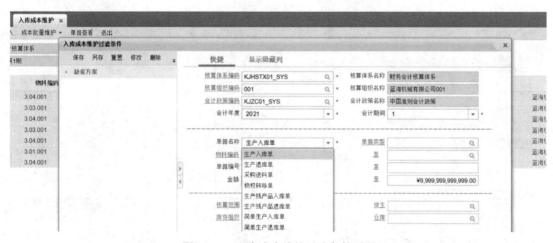

图 15-15　采购入库成本维护页面

在入库成本维护界面中，单击工具栏【过滤】按钮，选择单据名称为"生产入库单"，如图 15-16 所示，单击【确定】按钮。之后根据实验数据表 15-6 的内容录入内圈、外圈和轴承的单价，如图 15-17 所示，录入完毕之后单击工具栏【保存】按钮。

图 15-16　入库成本维护过滤条件页面

在入库成本维护页面中，单击工具栏【过滤】按钮，选择单据名称为"简单生产入库单"，单击【确定】按钮。之后根据实验数据表 15-6 的内容录入轴承和外圈的单价，录入完毕后单击工具栏【保存】按钮。简单产入库成本维护如图 15-18 所示。

（5）出库成本核算　使用成本会计"张彬彬+学号"账号打开功能菜单，执行【成本管理】—【存货核算】—【存货核算】—【出库成本核算】命令，在出库成本核算界面中，核算体系为"财务会计核算体系",核算组织为"蓝海机械有限公司+学号",会计政策为"中国准则会计政策",会计年度为"2021",会计期间为"1",然后单击【下一步】按钮,再单击【下一步】按钮。(如果【下一步】按钮无法出现,建议换 IE 浏览器。)出库成本核算页面如图 15-19 所示。

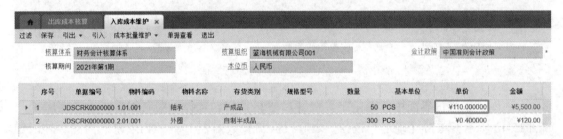

图 15-17 生产入库成本维护页面

图 15-18 简单产入库成本维护页面

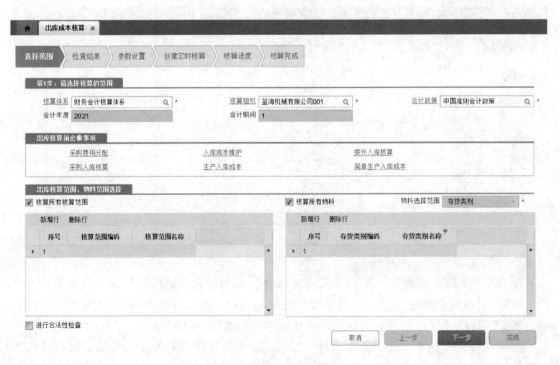

图 15-19 出库成本核算页面

待核算完成后，可以单击【核算单据查询】【存货核算汇总报告】【存货核算明细报告】等按钮进行查看。出库成本核算完成页面如图 15-20 所示。

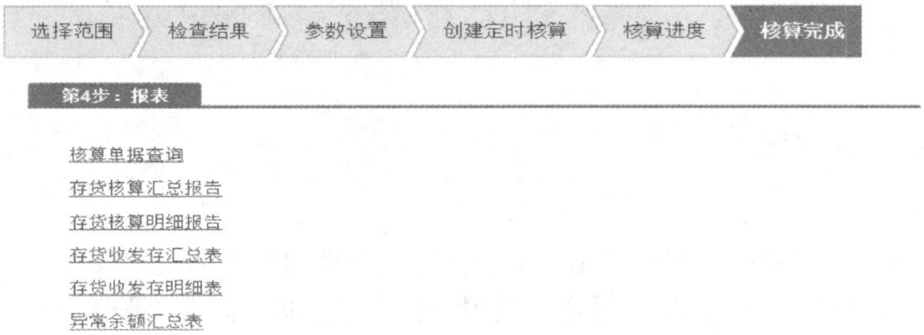

图 15-20　出库成本核算完成页面

实验三、产品成本核算

（一）应用场景

公司通过归集产量和费用等，根据分配标准进行费用分配，最终计算出产品成本，为公司成本管理提供精确的成本分析数据。

（二）实验步骤

- 产品成本核算系统初始化
- 实际工时归集
- 产量归集
- 费用归集
- 费用分配与成本计算

（三）操作部门及人员

1）产品成本核算系统的初始化设置由信息系统部负责，用户名：信息管理员+学号，密码"888888"。

2）产品成本核算系统的日常业务由财务部成本会计负责，用户名：张彬彬+学号，密码"888888"。

（四）实验具体步骤

（1）产品成本核算系统初始化

1）产品成本核算系统初始化。使用"信息管理员+学号"账号登录金蝶 K/3 Cloud 系统，打开功能菜单，执行【成本管理】—【产品成本核算】—【初始化】—【启用产品成本核算】命令，勾选核算组织"蓝海机械有限公司+学号"，单击【启用】按钮，启用成功如图 15-21 所示。

产品成本核算系统启用设置信息见表 15-7。

表 15-7　产品成本核算系统启用设置信息

核 算 组 织	启用会计年度	启用会计期间
蓝海机械有限公司+学号	2021	1

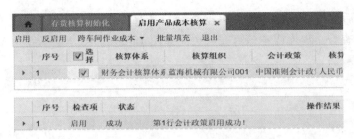

图 15-21 启用产品成本核算系统页面

2）产品成本核算系统结束初始化。由于公司没有期初在产品的数据需要录入，因此对产品成本核算系统进行结束初始化操作，使用"信息管理员+学号"账号打开功能菜单，执行【成本管理】—【产品成本核算】—【初始化】—【产品成本核算初始化】命令，勾选核算组织"蓝海机械有限公司+学号"，单击【结束初始化】按钮，如图 15-22 所示。

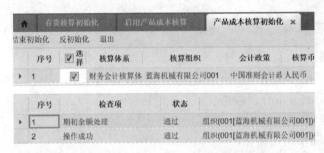

图 15-22 产品成本核算系统结束初始化页面

（2）实际工时归集 使用成本会计"张彬彬+学号"账号登录金蝶 K/3 Cloud 系统，打开功能菜单，执行【成本管理】—【产品成本核算】—【分配标准值维护】—【实际工时归集】命令，系统已自动根据前面的业务生成数据。实际工时归集页面如图 15-23 所示。

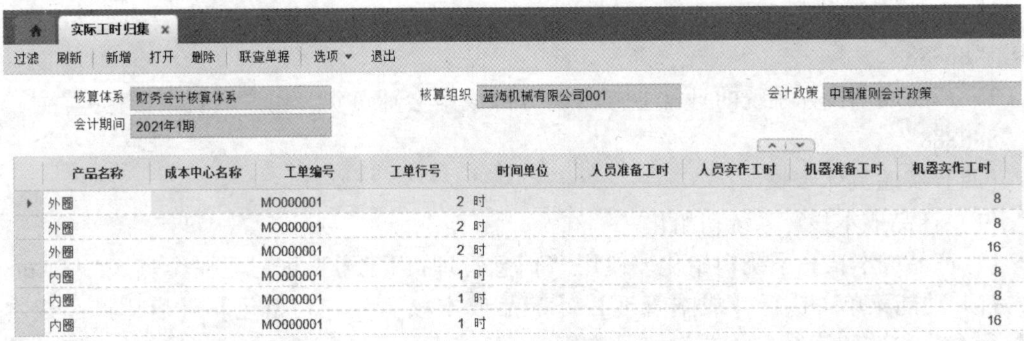

产品名称	成本中心名称	工单编号	工单行号	时间单位	人员准备工时	人员实作工时	机器准备工时	机器实作工时
外圈		MO000001	2	时				8
外圈		MO000001	2	时				8
外圈		MO000001	2	时				16
内圈		MO000001	1	时				8
内圈		MO000001	1	时				8
内圈		MO000001	1	时				16

图 15-23 实际工时归集页面

（3）产量归集

1）投入产量归集。使用成本会计"张彬彬+学号"账号打开功能菜单，执行【成本管理】—【产品成本核算】—【产量归集】—【投入产量归集】命令，系统自动获取数据，如图 15-24 所示。

注意：

① 普通生产的投入产量是在生产订单下达的时候按下达日期自动归集。

图 15-24 投入产量归集页面

② 简单生产的投入产量分为自动归集和手工归集，其中自动归集即简单生产入库单审核时自动归集。

2）完工入库数量查询。使用成本会计"张彬彬+学号"账号打开功能菜单，执行【成本管理】—【产品成本核算】—【产量归集】—【完工入库数量查询】命令，系统已自动统计数量，用户可进行查看，如图 15-25 所示。

图 15-25 完工入库数量查询页面

（4）费用归集

1）材料耗用成本查询。使用成本会计"张彬彬+学号"账号打开功能菜单，执行【成本管理】—【产品成本核算】—【费用归集】—【材料耗用成本查询】命令，系统已自动生成数据，用户可直接查看材料耗用成本，如图 15-26 所示。

图 15-26 材料耗用成本查询页面

2）费用归集。使用成本会计"张彬彬+学号"账号打开功能菜单，执行【成本管理】—【产品成本核算】—【费用归集】—【费用归集】命令，费用归集支持费用方案引入和手工录入，此处选择手工录入信息，单击【新增】按钮，根据实验数据表 15-8 的内容输入信息，单击【新增行】可新增分录，输入完毕单击【保存】按钮，如图 15-27 所示。

表 15-8 费用归集信息

业 务 组 织	费用项目名称	日 期	成本中心名称	金额（元）
	工资	2021/1/31	机加车间	15 000
	工资	2021/1/31	装配车间	12 000
蓝海机械有限公司+学号	折旧费用	2021/1/31	机加车间	2375
	水电费	2021/1/31	机加车间	1300
	水电费	2021/1/31	装配车间	1200

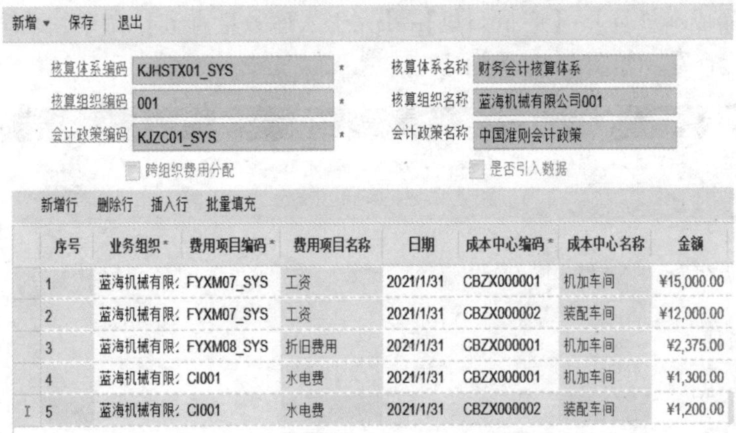

图 15-27 费用归集页面

（5）费用分配与成本计算 费用分配之前需要先进行相关的基础设置。使用成本会计"张彬彬+学号"账号打开功能菜单，执行【成本管理】—【产品成本核算】—【分配标准设置】—【费用分配标准设置】命令，在费用分配标准设置界面单击【新增】按钮，之后根据实验数据表 15-9 的内容输入信息，输入完毕后单击【保存】按钮，如图 15-28 所示。

表 15-9 费用分配标准设置信息

核 算 组 织	分 配 类 型	费 用 类 型	费 用 项 目	统一设置分配标准	分 配 标 准
蓝海机械有限公司+学号	基本生产成本中心费用分配	费用项目	工资、折旧费用、水电费	勾选	完工入库数量
蓝海机械有限公司+学号	基本生产成本中心费用分配	共耗材料	—	勾选	完工入库数量

执行【成本管理】—【产品成本核算】—【分配标准设置】—【在产品分配标准设置】命令，打开在产品分配标准设置页面，在工具栏单击【新增】按钮，根据实验数据表 15-10 的内容输入信息，输入完毕后单击【保存】按钮，如图 15-29 所示。

图 15-28　费用分配标准设置

表 15-10　在产品分配标准设置信息

核 算 组 织	成本中心名称	综合分配标准
蓝海机械有限公司+学号	装配车间	完工数量
蓝海机械有限公司+学号	机加车间	完工数量

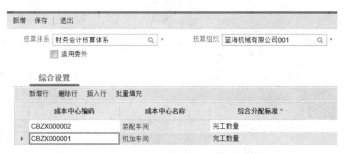

图 15-29　在产品分配标准设置页面

打开功能菜单，执行【成本管理】—【产品成本核算】—【产品成本核算】—【成本计算】命令，勾选"合法性检查""费用分配""成本计算"，单击【执行】按钮进行费用分配与成本计算。执行成功，可单击【合法性检查报告】【材料费用分配明细表】【成本计算单】等进行查看。成本计算页面如图 15-30 所示。

图 15-30　成本计算页面

15.6 实验报告要求

1. 交上机报告，要求每位同学以"学号+姓名+班级"形式提交实验电子版，并上交实验报告书

2. 实验报告提交要点

1）简述成本管理的流程及在系统中是如何实现的。

2）如何实现从费用归集到费用分配？

3）请对成本计算过程进行详细描述。

第16章 财务管理模块

1. 应收款管理

系统将应收款管理分为四个基本业务环节。这四个基本业务环节构成了应收款管理完整的业务循环，包括应收确认、开票、收款、财务处理，基本涵盖了应收款管理日常业务处理流程。应收款管理主要处理两方面的业务：销售应收和其他应收。应收款系统业务流程图如图 16-1 所示。

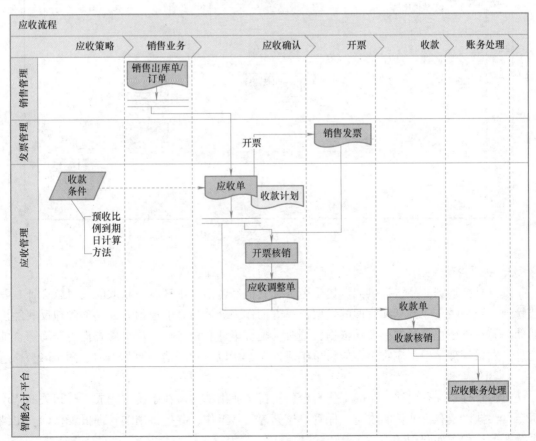

图 16-1　应收款系统业务流程图

2. 应付款管理

系统将应付款管理分为四个基本业务环节，构成应付款管理完整的业务循环，包括应付确认、开票、付款、账务处理。这四个业务环节基本涵盖了应付款管理日常业务处理流程。应付款管理主要处理两方面的业务：采购应付和其他应付。应付款系统业务流程图如图 16-2 所示。

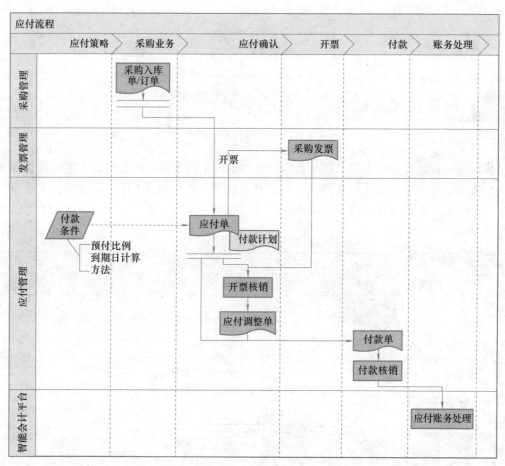

图 16-2　应付款系统业务流程图

3. 发票管理

发票是指购销商品、提供或者接受劳务和其他经营活动中开具、收取的收付款凭证。发票管理系统记录企业开具和收取的发票，一方面作为会计核算的原始凭证，准确地反映经济活动；另一方面也是缴纳税款的依据，同时为配合审计和税务机关执法检查提供全面综合的信息。发票管理是根据应收单、应付单生成发票，所以流程图请参照图 16-1、图 16-2。

4. 出纳管理

出纳管理系统是出纳人员的工作平台，支持企业出纳人员在系统中完成所有相关的货币资金、票据以及有价证券的收付、保管、核算等日常工作，并提供出纳管理报表查询。出纳系统业务流程图如图 16-3 所示。

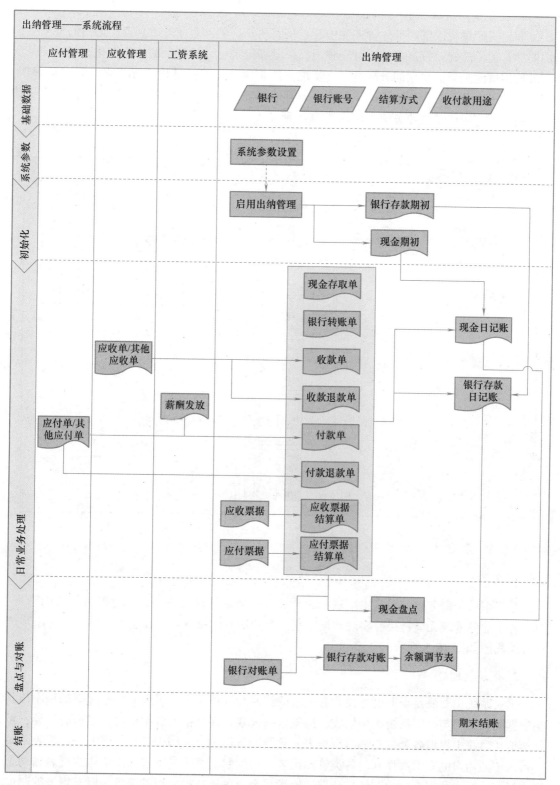

图 16-3　出纳系统业务流程图

5. 固定资产管理

固定资产系统以资产卡片管理为中心，是对从资产购入企业开始到资产退出的整个生命周期的管理，能针对资产实物进行全程跟踪，能够记录、计量资产的价值变化，能够记录资产的使用情况和折旧费用的分配情况。实现资产管理工作的信息化、规范化与标准化管理，全面提升了企业资产管理工作的工作效率与管理水平，使资产的管理变得轻松、准确，快捷和全面。固定资产系统业务流程图如图 16-4 所示。

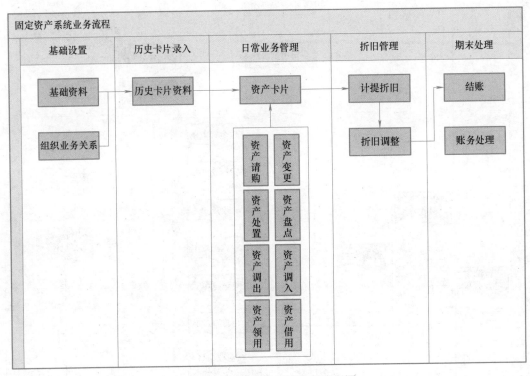

图 16-4　固定资产系统业务流程图

6. 总账

总账系统是财务会计系统中最核心的系统，以凭证处理为中心，进行账簿报表的管理。可与各个业务系统无缝链接，实现数据共享。企业所有的核算最终在总账中体现。总账系统业务流程图如图 16-5 所示。

7. 报表管理

报表系统主要满足企业财务及业务报表的编制和管理需求。报表系统通过驱动程序与其他数据源相接，与总账系统无缝集成，内置取数公式，保证报表数据及时和准确的传导；可便捷地从总账中提取各种数据来编制报表。除资产负债表、利润表等常用报表外，报表系统还可以按照用户的需求制作其他各类管理报表，可编制的报表类型包括固定样式报表和动态罗列报表。报表数据格式化存储，能够快速满足企业各种数据分析的需求。财务报表编制流程图如图 16-6 所示。

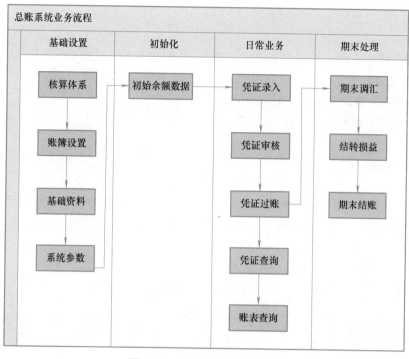

图 16-5 总账系统业务流程图

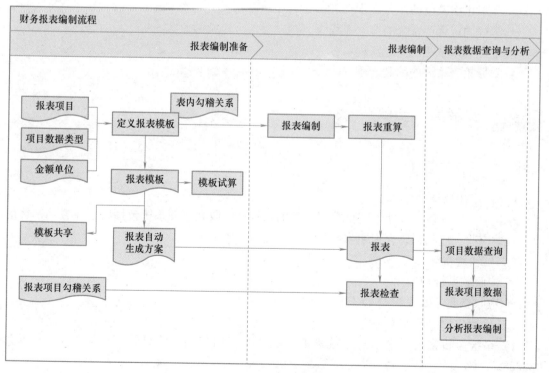

图 16-6 财务报表编制流程图

16.2　实验目的

1）理解金蝶 K/3 Cloud 系统的应收款管理、应付款管理、发票管理、出纳管理、固定资产管理、总账及报表管理的知识内容。

2）掌握财务系统管理的初始化操作及日常业务操作。

3）能使用报表和期末结转。

16.3　实验要求

按照本书所示步骤进行上机操作，完成实验内容，对金蝶 K/3 Cloud 系统财务管理模块有一定的认知与理解，并撰写相应实验报告。

1）理解财务管理模块。

2）按照财务管理操作手册熟悉模块和功能。

3）按照财务管理实验数据手册进行操作和数据录入。

16.4　实验内容

- 掌握应收款系统的业务流程
- 掌握应付款系统的业务流程
- 掌握出纳系统的业务流程
- 掌握固定资产系统的业务流程
- 掌握总账系统的业务流程
- 掌握报表系统的编制步骤

16.5　实验具体步骤

实验一、应收款管理

（一）应用场景

应收业务的处理通常处于完整销售业务的末端。应收款管理系统包括以下业务：销售应收、其他应收、应收开票、到期收款等。

（二）实验步骤

- 应收款系统初始化
- 应收款业务处理

（三）操作部门及人员

1）系统初始化设置由信息系统部的人员进行，用户名：信息管理员+学号，密码为"888888"。

2）业务处理由财务部应收会计负责，用户名：肖观海+学号负责，密码为"888888"。

（四）实验具体步骤

（1）应收款系统初始化　在使用应收系统做业务处理之前，需要对系统进行初始化操作。应收款管理系统的初始化操作在销售管理章节中有描述，此处不再赘述。

启用应收款系统后，需要使用"信息管理员+学号"账号录入期初数据。登录金蝶 K/3 Cloud 系统后，打开功能菜单，执行【财务会计】—【应收款管理】—【初始化】—【期初其他应收单】命令，进入期初应收单列表页面，单击【新增】按钮，根据实验数据表 16-1 的内容录入正确数据，信息录入完毕后单击【保存】【提交】【审核】按钮，如图 16-7 所示。

表 16-1　期初其他应收单信息

往来单位类型	往来单位	费用项目名称	费用承担部门	发票类型	不含税金额（元）	税额（元）
客户	东方机械	运费	销售部	增值税发票	45 000	4950
客户	大宇机械	委外加工费	生产部	普通发票	215 560	34 489.6

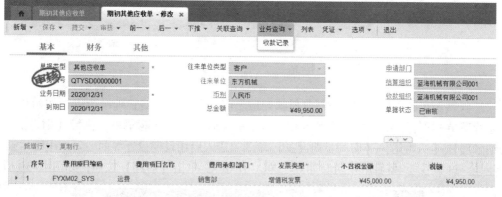

图 16-7　期初其他应收单页面

录完期初数据后，要对系统进行结束初始化操作。使用"信息管理员+学号"账号登录金蝶 K/3 Cloud 系统，打开功能菜单，执行【财务会计】—【应收款管理】—【初始化】—【应收款结束初始化】命令，勾选"蓝海机械有限公司+学号"组织，单击工具栏【结束初始化】按钮，如图 16-8 所示。

图 16-8　应收款结束初始化页面

（2）应收款业务处理

1）其他应收。使用应收会计"肖观海+学号"账号打开功能菜单，执行【财务会计】—【应收款管理】—【其他应收】—【其他应收单】命令，进入其他应收单新增界面，按照实验数据表 16-2 的内容填写单据信息，如图 16-9 所示，填写完毕后依次单击【保存】【提交】【审核】按钮。在其他应收单列表中，可以对所有单据进行维护。

表 16-2 其他应收单信息

业 务 日 期	往来单位类型	往 来 单 位	费用承担部门	发 票 类 型	不含税金额（元）
2021/1/13	员工	肖飞飞+学号	采购部	普通发票	19 000
2021/1/18	员工	李倩+学号	销售部	普通发票	40 000

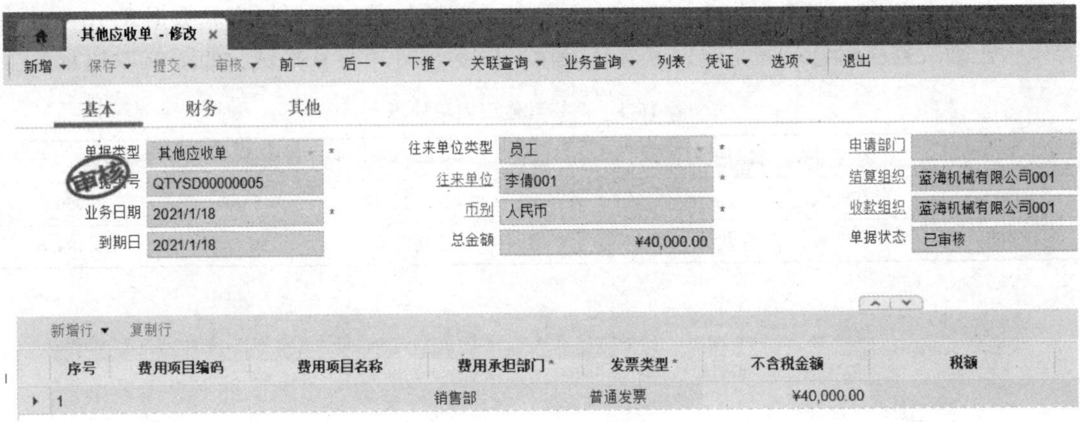

图 16-9 其他应收单页面

2) 收款。在进行日常业务对外收付款处理之前，需要对出纳管理系统进行初始化。使用"信息管理员+学号"账号登录金蝶 K/3 Cloud 系统后，打开功能菜单，执行【财务会计】—【出纳管理】—【初始化】—【启用日期设置】命令，进入启用日期设置界面。勾选组织"蓝海机械有限公司+学号"，将启用日期设置为"2021-01-01"，单击【启用】按钮，如图 16-10 所示。

图 16-10 出纳系统启用页面

使用"信息管理员+学号"账号登录金蝶 K/3 Cloud 系统后，打开功能菜单，执行【基础管理】—【基础资料】—【财务会计】—【银行账号】命令，打开银行账号页面，单击【新增】按钮，进入银行账号新增页面。根据银行账号的信息进行录入，银行账号为"47397543957"，开户银行为"招商银行深圳分行"，账户名称为"蓝海机械有限公司"，账户收支属性为"收支"。信息录入完成后，依次单击【保存】【提交】【审核】按钮即可，如图 16-11 所示。

银行账号信息如表 16-3 所示。

表 16-3 银行账号信息

银 行 账 号	开 户 银 行	账 户 名 称	账户收支属性
47397543957	招商银行深圳分行	蓝海机械有限公司	收支

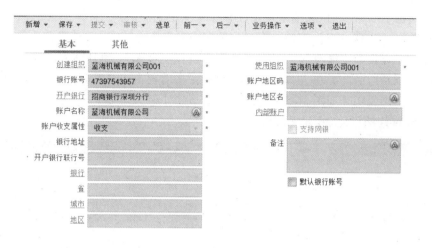

图 16-11　银行账号新增页面

使用应收会计"肖观海+学号"账号打开功能菜单，执行【财务会计】—【应收款管理】—【收款】—【收款单列表】命令，进入收款单列表界面，单击工具栏上的【新增】按钮，进入收款单新增界面，根据实验数据表 16-4 的内容填写单据信息，业务日期为"2021/1/9"，往来单位类型为"客户"，往来单位为"东方机械"，在【明细】页签下，结算方式为"电汇"，收款用途为"销售收款"，应收金额为"30,000.00"，我方银行账号为"47397543957"。填写完毕后依次单击【保存】【提交】【审核】按钮，如图 16-12 所示。返回收款单列表界面，可以对单据进行维护。

表 16-4　收款单信息

业 务 日 期	往来单位类型	往 来 单 位	结 算 方 式	收 款 用 途	应收金额（元）	我方银行账号
2021/1/9	客户	东方机械	电汇	销售收款	30 000	47397543957

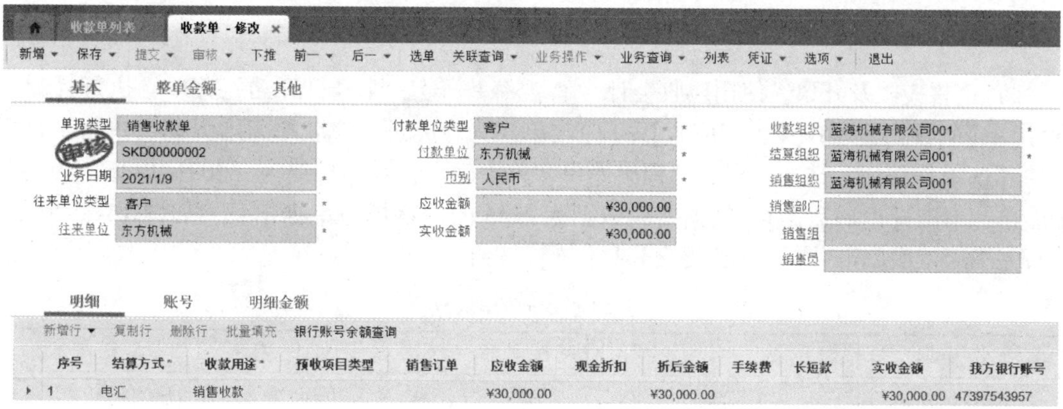

图 16-12　收款单新增页面

3）应收款核销。使用应收会计"肖观海+学号"账号登录金蝶 K/3 Cloud 系统，打开功能菜单，执行【财务会计】—【应收款管理】—【应收收款】—【应收收款手工核销】命令，进入应收收款手工核销界面，先将生成应收核销单的业务日期修改为"2021/1/9"，单击工具栏【应收过滤】按钮，在弹出的窗口中单击【确定】，在应收页签下会返回一些应收单据。之后再单击【收款过滤】按钮，在弹出的窗口中单击【确定】，在收款页签下会返回一些收款单据。在应收页签里勾选一张客户是东方机械、金额是 30 000 元的应收单，在收款页签里勾选刚刚新增的收款单，如图 16-13 所示，之后单击工具栏上【手工匹配核销】即可。之后显示核销成功，如图 16-14 所示，可以通过【财务会计】—【应收款管理】—【应收收款】—【应收收款核销记录】进行查看。

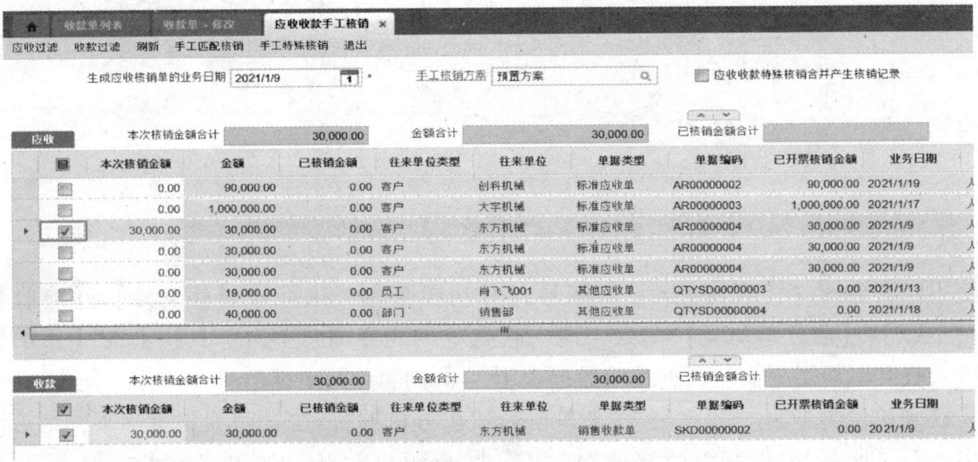

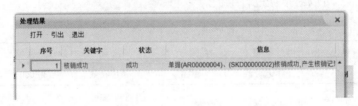

图 16-13　应收收款手工核销页面

图 16-14　核销成功页面

4）销售应收及开票。使用应收会计"肖观海+学号"账号打开功能菜单，执行【财务会计】—【应收款管理】—【销售应收】—【应收单】命令，进入应收单新增界面，单击工具栏上的【选单】按钮，选择单据为销售出库单，单击确定，勾选日期为"2021/1/26"的销售出库单，单击【返回数据】，根据实验数据表 16-5 的内容填写单据信息，如图 16-15 所示，填写完毕后依次单击【保存】【提交】【审核】按钮。

表 16-5　应收单信息

业务日期	客户	物料名称	计价数量	含税单价
2021/1/26	大宇机械	轴承	1000PCS	300 元/PCS

在应收单页面，使用应收会计"肖观海+学号"账号单击工具栏【下推】按钮，选择单据为销售增值税专用发票，单击确定，按照实验数据表 16-6 的内容填写单据信息，如图 16-16 所示，填写完毕后依次单击【保存】【提交】【审核】按钮。在销售增值税专用发票列表中，可以对所有单据进行维护。

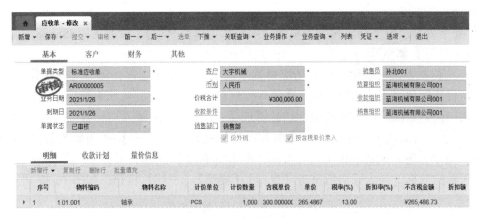

图 16-15　应收单页面

销售增值税专用发票信息见表 16-6。

表 16-6　销售增值税专用发票信息

业务日期	发票日期	客户	物料名称	计价数量	含税单价
2021/1/26	2021/1/26	大宇机械	轴承	1000PCS	300 元/PCS

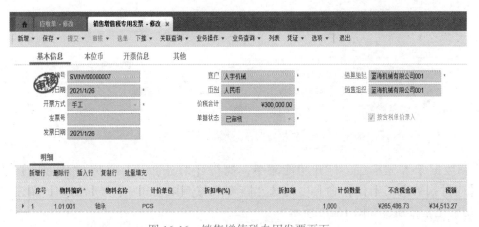

图 16-16　销售增值税专用发票页面

实验二、应付款管理

（一）应用场景

应付业务的处理通常处于完整采购业务的末端。应付款管理主要处理的业务有采购应付、其他应付、应付开票、到期付款等。

（二）实验步骤

- 应付款系统初始化
- 应付款业务处理

（三）操作部门及人员

1）系统初始化设置由信息系统部的人员进行，用户名：信息管理员+学号，密码为

"888888"。

2）业务处理由财务部应付会计负责，用户名：肖奈+学号，密码为"888888"。

（四）实验具体步骤

（1）应付款系统初始化　在使用应付款系统做业务处理之前，需要对系统进行初始化操作。应付款管理系统的初始化操作在销售管理章节中有描述，此处不赘述。

启用应付款系统后，需要使用"信息管理员+学号"账号录入期初数据，登录金蝶 K/3 Cloud 系统后，打开功能菜单，执行【财务会计】—【应付款管理】—【初始化】—【期初其他应付单】命令，进入期初应付单列表页面，单击【新增】按钮，根据实验数据表 16-7 的内容录入正确的数据，录入完毕后单击【保存】【提交】【审核】按钮，如图 16-17 所示。

表 16-7　期初其他应付单信息

往来单位类型	往 来 单 位	费用项目名称	费用承担部门	发 票 类 型	不含税金额（元）
员工	李倩+学号	业务招待费	销售部	普通发票	100 000

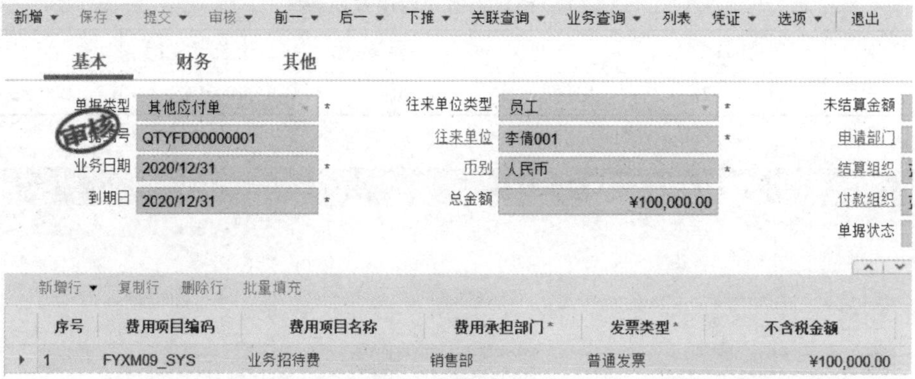

图 16-17　期初其他应付单页面

期初数据录入完毕后，打开功能菜单，执行【财务会计】—【应付款管理】—【初始化】—【应付款结束初始化】命令，勾选"蓝海机械有限公司+学号"组织，单击工具栏【结束初始化】按钮，如图 16-18 所示。

图 16-18　应付款结束初始化页面

（2）应付款业务处理

1）采购应付。使用应付会计"肖奈+学号"账号打开功能菜单，执行【财务会计】—【应付款管理】—【采购应付】—【应付单】命令，进入应付单新增界面，单击工具栏【选单】按钮，选择单据为采购入库单，单击确定，勾选入库日期为"2021/1/8"的采购入库单，单击【返回数据】。之后按照实验数据表 16-8 的内容填写单据信息，如图 16-19 所示，填写完毕后依次单击【保存】【提交】【审核】按钮。在应付单列表中，可以对所有单据进行维护。

表 16-8　应付单信息

业务日期	供应商	物料编码	物料名称	计价数量	含税单价
2021/1/8	明瑞五金	3.02.学号	轴承钢 D＝40	100 千克	20 元/千克

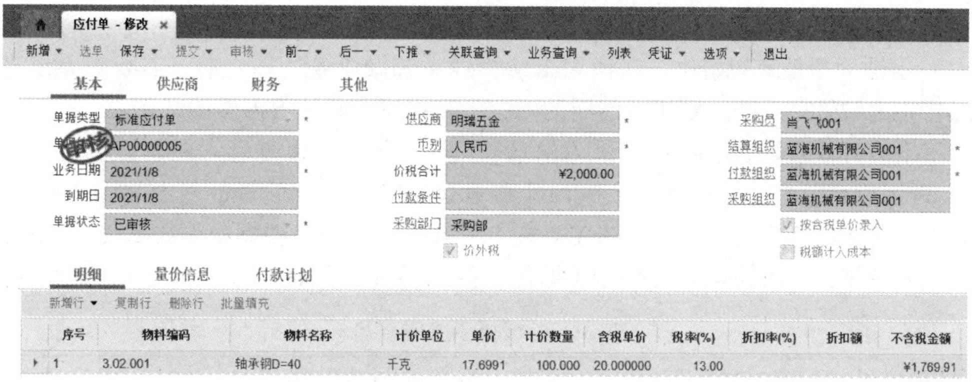

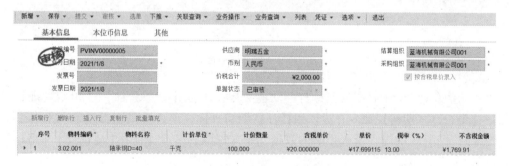

图 16-19　应付单新增页面

2）采购发票。在应付单页面，使用应付会计"肖奈+学号"账号单击工具栏【下推】按钮，选择单据为采购增值税专用发票，单击确定，按照实验数据表 16-9 的内容填写单据信息，如图 16-20 所示，填写完毕后依次单击【保存】【提交】【审核】按钮。在采购增值税专用发票列表中，可以对所有单据进行维护。

表 16-9　采购增值税专用发票信息

业务日期	发票日期	供应商	物料名称	计价数量	含税单价
2021/1/8	2021/1/8	明瑞五金	轴承钢 D＝40	100 千克	20 元/千克

图 16-20　采购增值税专用发票页面

实验三、出纳管理

（一）应用场景

公司发生了几笔销售和采购业务，需进行收付款处理。

（二）实验步骤

● 出纳管理系统初始化

- 出纳管理业务处理

（三）操作部门及人员

1）系统初始化设置由信息系统部的人员进行，用户名：信息管理员+学号，密码为"888888"。

2）业务处理由财务部出纳负责，用户名：李欣然+学号，密码为"888888"。

（四）实验具体步骤

（1）出纳管理系统初始化 在使用出纳管理系统做业务处理之前，需要对系统进行初始化操作。出纳管理系统的启用在前面的内容中有描述，此处不再赘述。

启用出纳管理系统后，需要使用"信息管理员+学号"账号录入期初数据，登录金蝶 K/3 Cloud 系统后，打开功能菜单，执行【财务会计】—【出纳管理】—【初始化】—【现金期初】命令，进入现金期初页面，单击工具栏上【新增】按钮，根据实验数据表 16-10 的内容录入正确的数据，录入完毕完后单击【保存】【提交】【审核】按钮，如图 16-21 所示。

表 16-10　现金期初单信息

收 款 组 织	币　　别	本年收入累计（元）	本年支出累计（元）	期初余额（元）
蓝海机械有限公司+学号	人民币	100 000	100 000	200 000

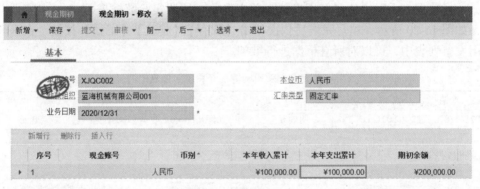

图 16-21　现金期初页面

使用"信息管理员+学号"账号打开功能菜单，执行【财务会计】—【出纳管理】—【初始化】—【银行存款期初】命令，进入银行存款期初页面，单击工具栏上【新增】按钮，根据实验数据表 16-11 的内容录入正确的数据，录入完毕后单击【保存】【提交】【审核】按钮，如图 16-22 所示。

表 16-11　银行存款期初单信息

收 款 组 织	银 行 账 号	币　　别	企业方期初余额（元）	银行方期初余额（元）
蓝海机械有限公司+学号	47397543957	人民币	1 600 000	1 600 000

期初数据录入完毕后，打开功能菜单，执行【财务会计】—【出纳管理】—【初始化】—【出纳管理结束初始化】命令，勾选"蓝海机械有限公司+学号"组织，单击工具栏【结束初始化】按钮成功结束初始化，如图 16-23 所示。

图 16-22　银行存款期初页面

图 16-23　出纳管理系统结束初始化页面

（2）出纳管理业务处理

1）销售收款。使用出纳"李欣然+学号"账号登录金蝶 K/3 Cloud 系统后，打开功能菜单，执行【财务会计】—【出纳管理】—【日常处理】—【收款单】命令，进入收款单界面，单击工具栏【新增】按钮，进入收款单新增界面，单击工具栏【选单】按钮，选择应收单，单击确定，根据实验表 16-12 提供的业务日期、客户和应收金额等信息勾选信息一致的应收单，之后单击【返回数据】。再根据实验数据表 16-12 的内容修改业务日期，填写结算方式和我方银行账号，如图 16-24 所示。填写完毕后依次单击【保存】【提交】【审核】按钮。返回收款单界面，可以对单据进行维护。

表 16-12　销售收款单信息

业务日期	客户	结算方式	收款用途	应收金额（元）	我方银行账号
2021/1/17	大宇机械	电汇	销售收款	1 000 000	47397543957
2021/1/19	创科机械	转账支票	销售收款	90 000	47397543957
2021/1/26	大宇机械	电汇	销售收款	300 000	47397543957

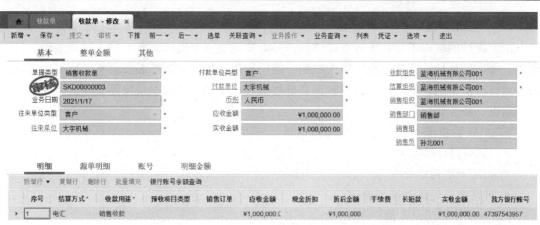

图 16-24　销售收款单页面

2) 采购付款。使用出纳"李欣然+学号"账号登录金蝶 K/3 Cloud 系统后,打开功能菜单,执行【财务会计】—【出纳管理】—【日常处理】—【付款单】命令,进入付款单界面,单击工具栏【新增】按钮,进入付款单新增界面,单击工具栏【选单】按钮,选择应付单,单击确定,根据实验表 16-13 提供的业务日期、供应商和应付金额等信息勾选信息一致的应付单,单击【返回数据】。之后再根据实验数据表 16-13 的内容修改业务日期,填写结算方式和我方银行账号,如图 16-25 所示,填写完毕后依次单击【保存】【提交】【审核】按钮。返回付款单界面,可以对单据进行维护。

表 16-13 采购业务付款单信息

业 务 日 期	供 应 商	结 算 方 式	付 款 用 途	应付金额(元)	我方银行账号
2021/1/8	明瑞五金	电汇	采购付款	2000	47397543957
2021/1/17	雅俊实业	现金	采购付款	200	—
2021/1/18	雅俊实业	转账支票	采购付款	800 000	47397543957
2021/1/21	明瑞五金	电汇	采购付款	64 000	47397543957

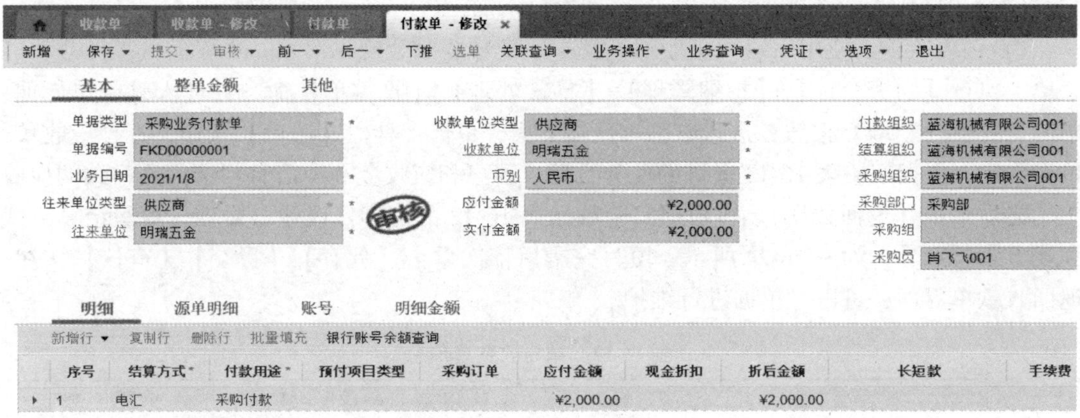

图 16-25 采购业务付款单页面

实验四、固定资产管理

(一)应用场景

固定资产的取得不管其来源方式如何,都需要建立固定资产档案,输入卡片编码、资产编码、规格、型号、存放地点、资产类别、使用年限、折旧方法等必要资料。取得后,每月需要计提折旧费用,使用一段时间后,会进行出售、交换、调拨、报废等处理,期末会进行资产盘点、账务核对等。

(二)实验步骤

- 基础资料设置
- 固定资产初始化
- 日常业务处理及期末处理

(三)操作部门及人员

1)系统初始化设置由信息系统部的人员进行,用户名:信息管理员+学号,密码为

"888888"。

2）业务处理由财务部资产费用会计负责，用户名：张天天+学号，密码为"888888"。

（四）实验具体步骤

（1）基础资料设置 使用"信息管理员+学号"账号登录金蝶 K/3 Cloud 系统，打开功能菜单，执行【资产管理】—【固定资产】—【基础资料】—【资产位置】命令，单击【新增】按钮，根据实验数据表 16-14 录入位置信息，如图 16-26 所示，信息录入完成后依次单击【保存】【提交】【审核】按钮。

表 16-14 资产位置信息

创 建 组 织	地 址
蓝海机械有限公司+学号	公司+学号办公大楼

（2）固定资产初始化 使用"信息管理员+学号"账号打开功能菜单，执行【资产管理】—【固定资产】—【启用期间设置】—【启用固定资产系统】命令，勾选"蓝海机械有限公司+学号"，启用年度为"2021"，启用期间为"1"，之后单击【启用】按钮，如图 16-27 所示。

图 16-26 资产位置新增页面

图 16-27 启用固定资产系统页面

（3）日常业务处理及期末处理

1）录入初始化卡片。切换资产费用会计"张天天+学号"账号登录金蝶 K/3 Cloud 系统，打开功能菜单，执行【资产管理】—【固定资产】—【日常管理】—【资产卡片】命令，单击【新增】按钮，先把入账日期修改为"2021-01-01"，才能勾选"初始化"，之后再根据实验数据表 16-15 录入资产卡片信息，资产类别为"机器设备"，资产名称为"机床"，计量单位为"台"，资产数量为"3"，资产状态为"正常使用"，变动方式为"购入"，开始使用日期为"2020-08-03"，未税成本为 300 000 元。在【实物信息】页签下，资产位置为"公司+学号办公大楼"，资产数量为"3"。在【使用分配】页签下，使用部门为"机加车间"，分配比例为 100%，费用项目为"折旧费用"。信息录入完毕后单击【保存】【提交】【审核】，具体如图 16-28 所示。

表 16-15 资产卡片信息

资 产 类 别	资 产 名 称	计 量 单 位	资 产 数 量	资 产 状 态	变 动 方 式	初 始 化
机器设备	机床	台	3	正常使用	购入	勾选
开始使用日期	入账日期	未税成本	资 产 位 置	使 用 部 门	分 配 比 例	费 用 项 目
2020-08-03	2021-01-01	300 000 元	公司+学号办公大楼	机加车间	100%	折旧费用

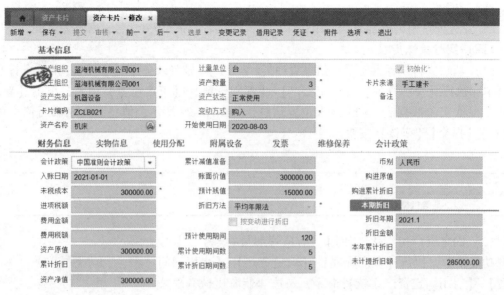

图 16-28　初始化卡片页面

2）计提折旧。使用"张天天+学号"账号打开功能菜单，执行【资产管理】—【固定资产】—【折旧管理】—【计提折旧】命令，勾选自己的组织后，单击【计提折旧】按钮，最后单击完成即可，如图 16-29 所示。之后对生成的折旧调整单进行审核，打开功能菜单，执行【资产管理】—【固定资产】—【折旧管理】—【折旧调整单】命令，进入折旧调整单页面，勾选创建的折旧调整单，单击【提交】【审核】按钮，如图 16-30 所示。

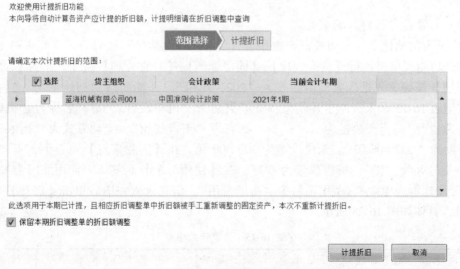

图 16-29　计提折旧页面

3）期末结账。使用"张天天+学号"账号打开功能菜单，执行【资产管理】—【固定资产】—【期末处理】—【结账】命令，勾选自己的组织，单击【开始】按钮进行结账处理。结账成功如图 16-31 所示，即可开始进行 2021 年 2 期的数据录入。

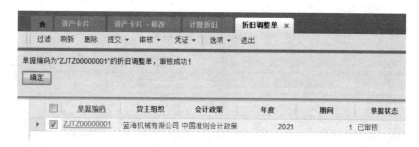

图 16-30　折旧调整单审核页面

图 16-31　结账成功页面

4）资产变更。使用"张天天+学号"账号打开功能菜单，执行【资产管理】—【固定资产】—【日常管理】—【资产变更】命令，打开资产变更界面，单击【新增】按钮，打开资产变更单新增界面，选择卡片为"机床"，业务日期修改为"2021/2/5"，单击【使用分配信息】页签，在【变动后】页签下，使用部门为"装配车间"，分配比例为"100.00"，开始日期为"2021/2/5"，费用项目为折旧费用。填写完毕依次单击【保存】【提交】【审核】按钮，如图 16-32 所示。

图 16-32　资产变更单页面

资产变更信息见表 16-16。

表 16-16　资产变更信息

资 产 组 织	货 主 组 织	资 产 名 称	业 务 日 期
蓝海机械有限公司+学号	蓝海机械有限公司+学号	机床	2021/2/5
变动后：			
使 用 部 门	分 配 比 例	开 始 日 期	费 用 项 目
装配车间	100%	2021/2/5	折旧费用

也可以直接在资产卡片列表的工具栏的【变更】按钮下选择【使用分配】，进行资产卡片的变更，如图 16-33 所示。

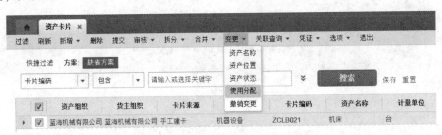

图 16-33　资产变更页面

注意：资产变更不能变更当期新增的资产卡片，只能变更当前期间以前的资产卡片。同一资产卡片在同一期间只能变更一次。

实验五、总账管理

（一）应用场景

总账系统主要是进行凭证账簿管理的系统，需先对总账进行初始化操作，便可进行总账的日常业务处理，如凭证的录入等，最后进行期末结账。

（二）实验步骤

- 总账初始化
- 总账日常业务处理
- 期末处理

（三）操作部门及人员

1）系统初始化及基础资料设置主要由公司信息系统部的人员负责，用户名：信息管理员+学号，密码为"888888"。

2）总账业务处理由公司总账会计负责，用户名：吴小美+学号，密码为"888888"。

（四）实验数据步骤

（1）总账初始化　使用"信息管理员+学号"账号登录金蝶 K/3 Cloud 系统后，打开功能菜单，执行【财务会计】—【总账】—【基础资料】—【账簿】命令，进入账簿页面。根据实验数据表 16-17 的内容，单击【新增】按钮，打开账簿新增页面，选择核算体系为"财务会计核算体系"，核算组织为"蓝海机械有限公司+学号"，账簿名称为"蓝海机械有限公司账簿+学号"，账簿类型为"主账簿"，启用期间为"2021.1"。填写完成后，依次单击【保存】【提交】【审核】按钮，完成账簿的建立，如图 16-34 所示。

表 16-17　账簿信息

核算体系	核算组织	账簿名称	账簿类型	启用期间
财务会计核算体系	蓝海机械有限公司+学号	蓝海机械有限公司账簿+学号	主账簿	2021.1

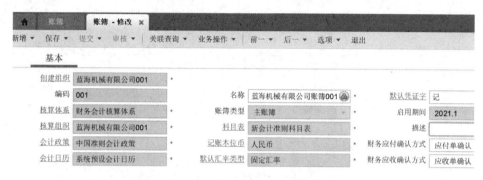

图 16-34　公司账簿的建立页面

使用"信息管理员+学号"账号打开功能菜单，执行【财务会计】—【总账】—【参数设置】—【总账管理参数】命令，打开总账管理参数页面，根据实验数据表 16-18 的内容设置"蓝海机械有限公司+学号"的总账系统参数，在账簿参数页签基本选项中的利润分配科目选择"利润分配"，本年利润科目选择"本年利润"，在结账选项页签中勾选"业务系统结账可与总账结账期间不一致"，如图 16-35 所示，单击【保存】按钮完成设置。

表 16-18　总账系统参数设置

组织机构	账簿	利润分配科目	本年利润科目	勾选
蓝海机械有限公司+学号	蓝海机械有限公司账簿+学号	4104 利润分配	4103 本年利润	业务系统结账可与总账结账期间不一致

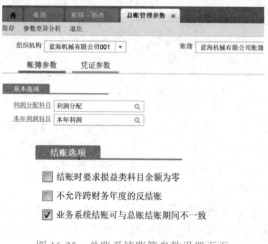

图 16-35　总账系统账簿参数设置页面

使用"信息管理员+学号"账号打开功能菜单，执行【财务会计】—【总账】—【初始化】—【科目初始数据录入】命令，打开科目初始数据录入界面，根据实验数据表 16-19 的内容录入科目期初余额，录入完毕后单击【试算平衡】按钮，显示试算借贷平衡，如图 16-36 所示。

表 16-19　科目初始数据信息

科目编码	科目名称	余额方向	期初余额（元）
1001	库存现金	借方	200 000
1002	银行存款	借方	1 600 000
1221.01	客户往来	借方	300 000
1601	固定资产	借方	1 200 000
1403	原材料	借方	100 000
1405	库存商品	借方	400 000
2241.03	员工往来 （核算维度：李倩+学号）	贷方	100 000
4101	盈余公积	贷方	500 000
4002	资本公积	贷方	1 200 000
4001	实收资本（或股本）	贷方	2 000 000

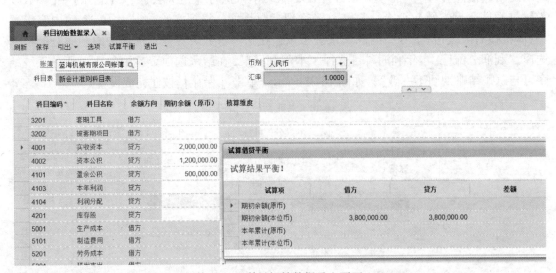

图 16-36　科目初始数据录入页面

使用"信息管理员+学号"账号打开功能菜单，执行【财务会计】—【总账】—【初始化】—【总账初始化】命令，打开总账初始化页面。勾选账簿名称为"蓝海机械有限公司账簿+学号"，单击【结束初始化】按钮，完成总账系统初始化操作，如图 16-37 所示。

（2）总账日常业务处理

1）录入记账凭证。使用公司总账会计"吴小美+学号"账号登录金蝶 K/3 Cloud 系统，打开功能菜单，执行【财务会计】—【总账】—【凭证管理】—【凭证录入】命令，打开凭证新增页面。根据实验数据业务信息"①提现类"录入记账凭证，输入日期"2021/1/1"，摘要可写为"向工行提取现金备用",选择科目、结算方式和结算号等,如图 16-38 所示,输入完成后单击【保存】按钮完成凭证制作。参考上述步骤,结合实验数据的业务信息录入剩余的记账凭证。

图 16-37　结束初始化页面

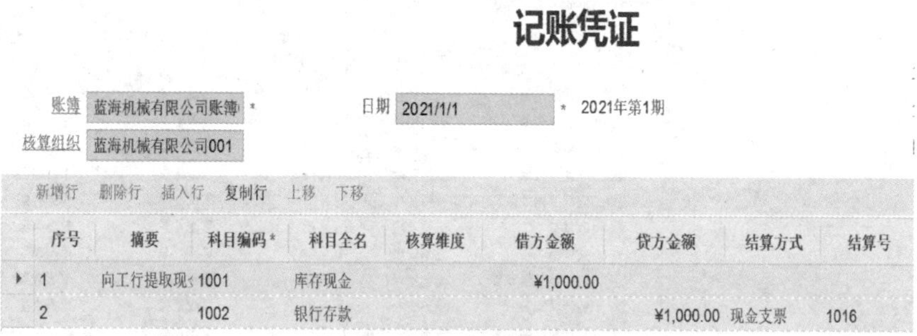

图 16-38　凭证录入页面

2021 年 1 月蓝海机械有限公司发生以下业务,按照业务信息录入凭证:

① 提现类。2021 年 1 月 1 日,签发支票一张,向银行提取现金 1000 元备用,结算方式:现金支票,结算号:1016。摘要:向工行提取现金备用。

借:库存现金　1000

　　贷:银行存款　1000

② 数量金额辅助核算类。2021 年 1 月 5 日,企业从雅俊实业外购原材料 100 个,单价 210 元/个,材料已验收入库,货款从工商银行支付。摘要:工行支付雅俊实业外购原材料。

借:原材料　21 000

　　贷:银行存款　21 000

③ 多核算项目辅助核算(费用报销类)。2021 年 1 月 6 日,财务部报销办公费,金额 350 元,以现金支付。摘要:财务部报销办公费,以现金结算。

借:管理费用　350

　　贷:库存现金　350

④ 往来核算业务类。2021 年 1 月 10 日,销售部向大宇机械公司销售产品轴承 1000 个,售价 15 元/个(不考虑税金),发票已开,货款尚未收回,计入应收账款。摘要:向大宇机械公司销售产品轴承,货款尚未收回。

借:应收账款　15 000

　　贷:主营业务收入　15 000

2)凭证生成。使用公司总账会计"吴小美+学号"账号登录金蝶 K/3 Cloud 系统,打开功能菜单,执行【财务会计】—【智能会计平台】—【财务处理】—【凭证生成】命令,打开凭证生成页面。勾选"蓝海机械有限公司账簿+学号",勾选全部单据,单击【凭证生成】按钮,如图 16-39 所示。

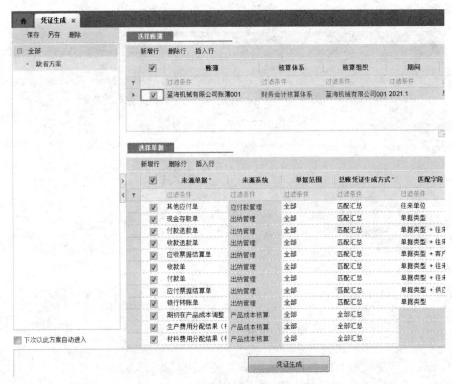

图 16-39　凭证生成页面

3)凭证查询与审核。使用总账会计"吴小美+学号"账号打开功能菜单,执行【财务会计】—【总账】—【凭证管理】—【凭证查询】命令,弹出过滤条件框,"单据头-会计年度"选择"2021","单据头-期间"为"1",如图 16-40 所示,单击确定进入凭证查询列表。

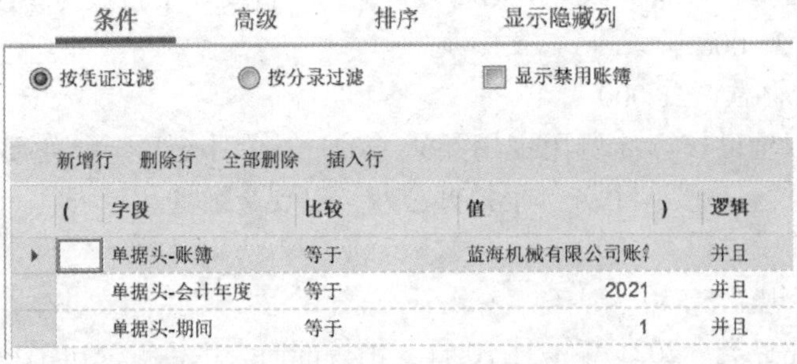

图 16-40　凭证过滤条件页面

在凭证查询列表中,勾选所有凭证,单击工具栏【提交】【审核】按钮完成凭证的审核工作,如图 16-41 所示。通过工具栏的【删除】按钮可以删除凭证,选中某一条凭证双击,即可进入该凭证的修改界面。

(3)期末处理　使用总账会计"吴小美+学号"账号打开功能菜单,执行【财务会计】—【总账】—【凭证管理】—【凭证过账】命令，进入凭证过账界面，勾选"蓝海机械有限公司账簿+学号"，单击工具栏【过账】按钮，对期间内所有凭证进行过账，显示过账完成，如图 16-42 所示。

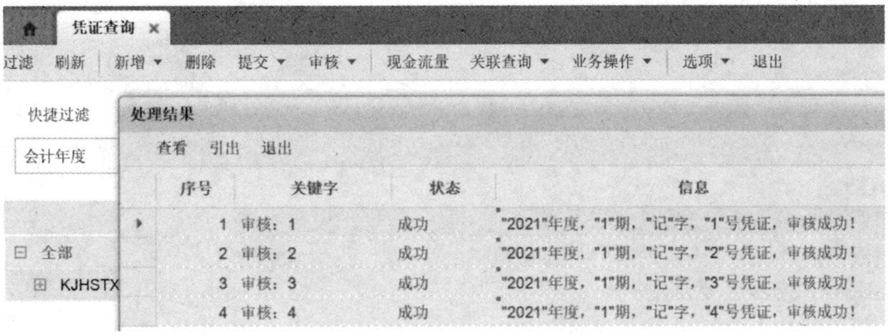

图 16-41　凭证审核页面

图 16-42　凭证过账页面

　　使用总账会计"吴小美+学号"账号打开功能菜单，执行【财务会计】—【总账】—【期末处理】—【结转损益】命令，进结转损益界面，账簿选择"蓝海机械有限公司账簿+学号"，如图 16-43 所示。一直单击【下一步】按钮，最后在凭证生成环节中，勾选【审核并过账结转损益凭证】，之后单击【执行操作】按钮，如图 16-44 所示。

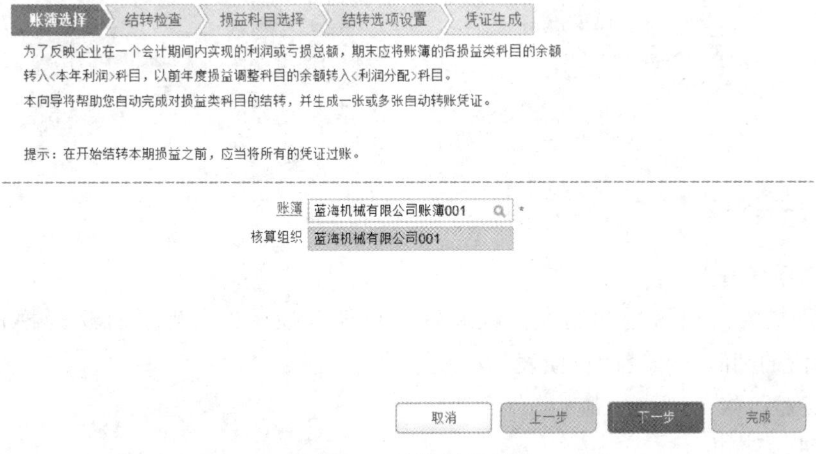

账簿选择　结转检查　损益科目选择　结转选项设置　凭证生成

为了反映企业在一个会计期间内实现的利润或亏损总额，期末应将账簿的各损益类科目的余额转入《本年利润》科目，以前年度损益调整科目的余额转入《利润分配》科目。
本向导将帮助您自动完成对损益类科目的结转，并生成一张或多张自动转账凭证。

提示：在开始结转本期损益之前，应当将所有的凭证过账。

账簿　蓝海机械有限公司账簿001

核算组织　蓝海机械有限公司001

图 16-43　结转损益页面

图 16-44　审核并过账结转损益凭证页面

使用总账会计"吴小美+学号"账号打开功能菜单，执行【财务会计】—【总账】—【期末处理】—【总账期末结账】命令，进入期末结账界面，勾选"蓝海机械有限公司账簿+学号"，单击工具栏【结账】按钮进行期末结账，最终显示结账成功，成功结账到 2021 年第 2 期，如图 16-45 所示。

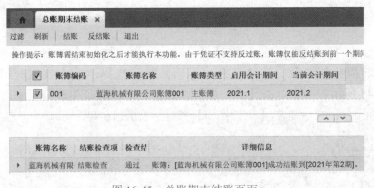

图 16-45　总账期末结账页面

实验六、报表管理

（一）应用场景

信息管理员为公司编制利润表模板和资产负债表模板，总账会计选择模板编制公司 2019 年 1 月份的利润表和资产负债表。

（二）实验步骤

- 制作报表模板

- 编制报表

（三）操作部门及人员

1）报表模板的制作由信息系统部的人员进行，用户名：信息管理员+学号，密码为"888888"。

2）报表的编制由总账会计负责，用户名：吴小美+学号，密码为"888888"。

（四）实验具体步骤

（1）制作报表模板　使用"信息管理员+学号"账号登录金蝶 K/3 Cloud 系统后，打开功能菜单，执行【财务会计】—【报表】—【报表管理】—【报表模板】命令，进入报表模板界面，单击【新增】按钮，进入新增报表模板界面，根据实验数据表 16-20 的内容新增利润表模板，如图 16-46 所示，单击【确定】按钮完成。接着按照以上步骤继续新增资产负债表模板。

表 16-20　利润表模板信息

编　码	名　　称	周　期	核算体系	所属组织	样式类型
01+学号	利润表+学号	月报	财务会计核算体系	蓝海机械有限公司+学号	固定样式

图 16-46　新增利润表模板页面

新增资产负债表模板，见表 16-21。

表 16-21　资产负债表模板

编　码	名　　称	周　期	核算体系	所属组织	样式类型
02+学号	资产负债表+学号	月报	财务会计核算体系	蓝海机械有限公司+学号	固定样式

使用"信息管理员+学号"账号双击刚才新增利润表的报表模板，进入报表编辑器选择界面。首次使用需要根据提示下载并安装引导程序，安装程序完成后选择【点击打开】，进入报表模板编辑器，如图 16-47 所示。

在报表编辑器左下方的页签处（Sheet1），右键选择插入表页，弹出插入表页界面，在【固定样式】页签下，选择"利润表"，单击【确定】按钮，在单元格中会自动填充利润表的报表项目、项目数据类型、ITEM 公式和取数公式，如图 16-48 所示。按照以上步骤，编制资产负债表模板，如图 16-49 所示。

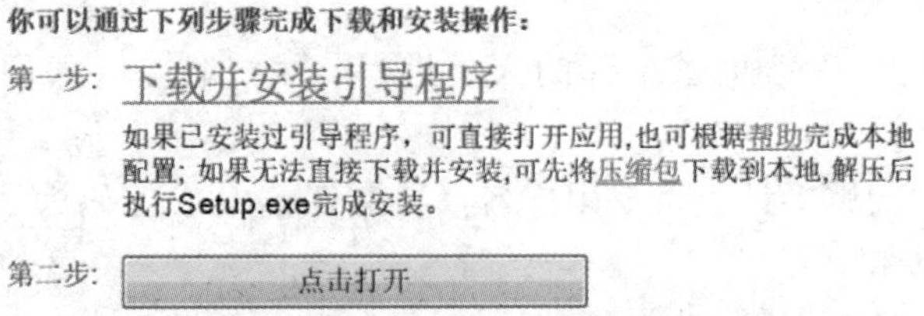

你可以通过下列步骤完成下载和安装操作：

第一步： **下载并安装引导程序**

如果已安装过引导程序，可直接打开应用，也可根据**帮助**完成本地配置；如果无法直接下载并安装，可先将**压缩包**下载到本地，解压后执行**Setup.exe**完成安装。

第二步： | 点击打开 |

图 16-47 报表编辑器选择页面

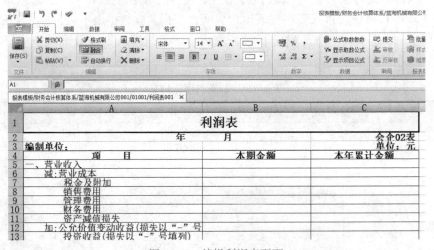

图 16-48 编辑利润表页面

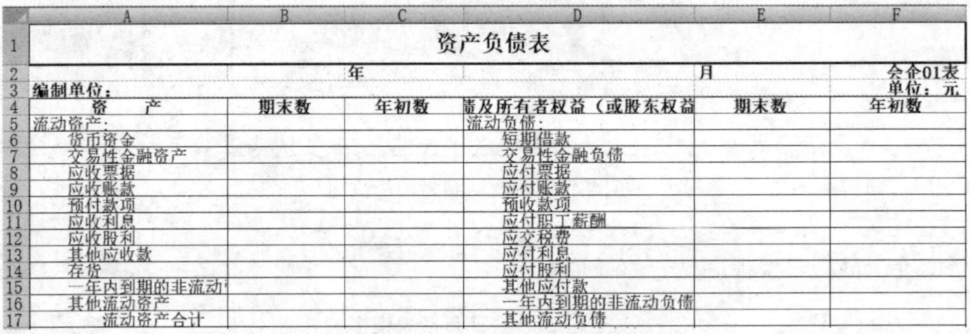

图 16-49 编制资产负债表页面

注意：系统自带资产负债表、现金流量表、所有者权益变动表以及利润表等固定样式的报表模板。在编制报表模板的时候，可以根据实际情况在原有模板的基础上进行修改。

使用"信息管理员+学号"账号编辑完成后，单击【保存】按钮保存。关闭编辑页面，返回金蝶 K/3 Cloud 系统的界面，勾选刚才完成编辑并保存好的报表模板，单击【提交】【审核】。审核报表模板页面如图 16-50 所示。

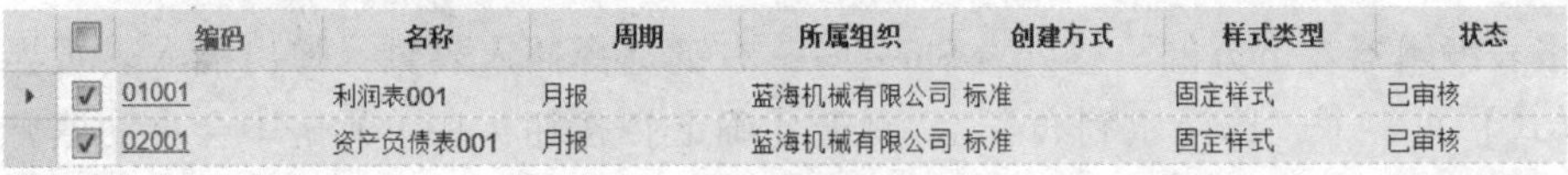

	编码	名称	周期	所属组织	创建方式	样式类型	状态
☑	01001	利润表001	月报	蓝海机械有限公司	标准	固定样式	已审核
☑	02001	资产负债表001	月报	蓝海机械有限公司	标准	固定样式	已审核

图 16-50 审核报表模板页面

（2）编制报表　切换总账会计“吴小美+学号”账号登录金蝶 K/3 Cloud 系统后，打开功能菜单，执行【财务会计】—【报表】—【报表管理】—【报表】命令，进入报表界面。单击【新增】按钮，进入新增报表界面，在报表模板中选择审核的报表模板“01+学号”，报表日期选择“2021/1/31”，年度选择“2021”，期间选择“1”，币别选择“人民币”，金额单位选择“元”，如图 16-51 所示，单击【确定】按钮完成设置。按照以上步骤继续新增资产负债表，如图 16-52 所示。

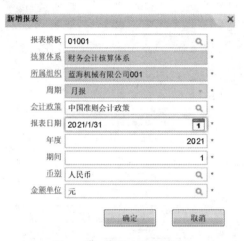

图 16-51　新增利润表页面

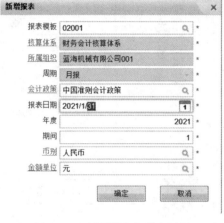

图 16-52　新增资产负债表页面

选择总账会计“吴小美+学号”账号，双击刚才新增的利润报表，进入报表编辑器选择界面，选择【点击打开】，进入报表编辑器。单击【开始】页签下的【公式取数参数】，设置取数账簿为“蓝海机械有限公司+学号”，单击【确定】。在【数据】页签下，选择【重算表页】，如图 16-53 所示，查看数据无误后，在【开始】页签下单击【保存】【提交】【审核】按钮，完成报表的编制。按照以上步骤编制出的资产负债表如图 16-54 所示。

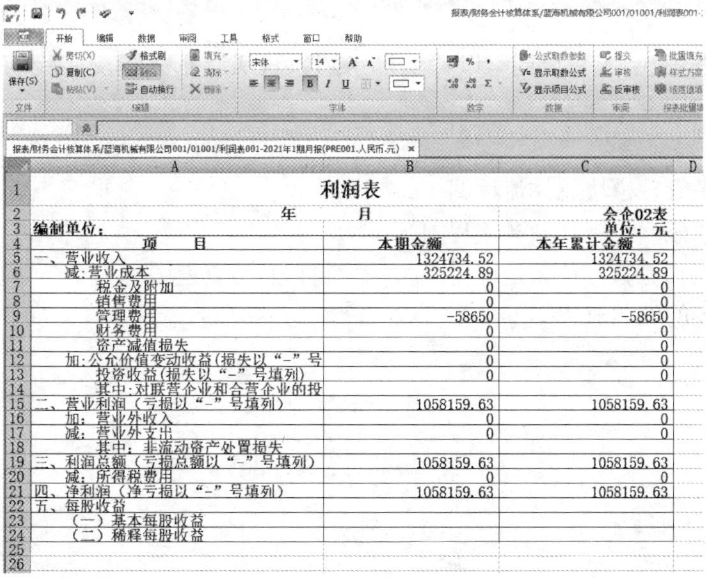

利润表

年　月　会企02表

编制单位：　单位：元

项　目	本期金额	本年累计金额
一、营业收入	1324734.52	1324734.52
减：营业成本	325224.89	325224.89
税金及附加	0	0
销售费用	0	0
管理费用	-58650	-58650
财务费用	0	0
资产减值损失	0	0
加：公允价值变动收益（损失以“-”号	0	0
投资收益（损失以“-”号填列）	0	0
其中：对联营企业和合营企业的投		
二、营业利润（亏损以“-”号填列）	1058159.63	1058159.63
加：营业外收入	0	0
减：营业外支出	0	0
其中：非流动资产处置损失		
三、利润总额（亏损总额以“-”号填列）	1058159.63	1058159.63
减：所得税费用	0	0
四、净利润（净亏损以“-”号填列）	1058159.63	1058159.63
五、每股收益		
（一）基本每股收益		
（二）稀释每股收益		

图 16-53　利润表页表

图 16-54 资产负债表页面

16.6 实验报告要求

1. 交上机报告，要求每位同学以"学号+姓名+班级"形式提交实验电子版，并上交实验报告书

2. 实验报告提交要点

1）描述财务管理模块总体流程图。

2）什么是总账？绘制其业务流程图。

3）什么是应收账款？什么是应付账款？绘制它们的流程图。

4）简述报表的编制流程。

ERP 云项目实施篇

第 3 篇主要介绍 ERP 云项目实施路径和软件选型问题，针对项目实施过程中的瓶颈问题探索可行方案。进一步结合最新的技术和应用环境，介绍金蝶在 ERP 云实施过程中的成功案例和失败案例，并分析其原因，进而总结 ERP 云项目的实施经验。

第17章 ERP的实施

西安 LB 厨房电器销售有限公司，以销售 LB 品牌的吸油烟机、燃气灶、消毒柜、电压力煲、电磁炉等厨房家电、生活小家电系列产品为主，是中国厨电领先品牌杭州 LB 电器股份有限公司下属分支机构，是 LB 电器在陕西的唯一经销商，该企业应用用友 U8+及协同办公系统，通过集成应用实现对苏宁、国美及经销渠道的订单管理，发货库存管理、费控管理，实现了企业统一的管理经营平台，提升了企业管理水平。

西安 LB 厨房电器销售有限公司通过协同系统和 U8+进销存的集成应用，搭建从门店前端到公司管理后端的一体化应用。国美、苏宁、直营店等前端销售完成后，导购登录手机端 OA 系统填报销售单并提交票据附件，财务人员就能直接看到销售单据和对应票据，一键完成审核工作。审核后的销售单由 OA 系统推送生成 U8+系统销售订单和销售发货单。销售单上按照公司数据统计的口径进行单据设计，关键字段与 U8+保持一致，并且可互相联查传递单据，为数据的追溯提供便利。

业务和流程都规范了，统计数据也就不再困难：公司快速获取门店销售数据，导购也对自己的销售业绩清清楚楚。系统中可直接按照公司管理维度出具各种销售数据分析，销售内勤、销售主管、财务人员都从手工加减核对的工作中解放出来。

LB 电器很早就开始通过信息化手段提高经营效率，但系统与系统之间的业务却是割裂的，一直无法做到统一管理与覆盖。为解决这个问题，LB 电器引入了阿里云的低代码应用搭建平台——宜搭，从关键物料质量控制、内部质量管理、供应商质量管理等方面对原有系统进行了升级。

在关键物料质量控制方面，LB 电器各片区检验员将根据当班叶轮上线检查的质量情况输入该表单当中，计划、生产和品质人员通过图表直观地反映质量波动状况，及时掌握质量信息，当出现异常时能快速响应。

在内部质量管理上，对成品终检的检验结果做记录，当市场出现质量反馈时，能追溯当时检验的检验记录、图片等信息。并且能通过该记录评估检验的工作量。

在供应商质量管理方面，可以持续收集供应商现场的质量数据，为供应商管理人员评估供应商质量提供重要且直观的依据。

代码零基础的部门业务人员也能轻松搭建应用，核心功能表单、流程、图表使用频率较高，使业务人员从产生想法到付诸实施都能很快完成，大大缩短了系统开发周期。同时宜搭灵活度高、迭代速度快，大大减少了开发成本，更方便、快捷地解决了部门品质管理上的需要。

案例思考

该企业是如何成功实施 ERP 的？需要考虑的因素有哪些？识别 ERP 成功实施的关键因素。传统 ERP 与云 ERP 的区别和特点是什么？二者分别适合什么类型的企业？

本章概要

　　本章主要介绍 ERP 的实施。首先对 ERP 实施进行了概述，包括 ERP 实施的软件选型、路径以及瓶颈问题。然后介绍对实施人员的知识要求和素质要求。最后是 ERP 的实施方法，重点介绍用友公司实施 ERP 的五个阶段，包涵了项目规划、蓝图设计、系统建设、上线切换和持续支持。

　　当一个企业购买了 ERP 软件之后，重要的问题就是如何把这套软件有效地使用起来，即 ERP 系统的实施。ERP 系统的实施是企业的大事，关系到 ERP 系统应用的成败。在 ERP 系统实施的过程中，需要解决的问题很多，会涉及企业运营的各个环节以及所有的部门和员工，特别是会涉及人的思维方式和行为方式的改变，是一项复杂的系统工程，必须精心组织。业界人士常说，ERP 的成功是"三分软件、七分实施"。这种基于实践经验的议论反映了实施的重要性，是很有道理的。

17.1　ERP 实施的软件选型

　　每个实施 ERP 的企业都必须有一套软件系统。从 ERP 的发展过程来看，软件系统的实现有两种方法，即自行开发软件和购买现成的商品软件。

　　自行开发软件有明显的缺点，总结起来有三条，即耗时过长、未必成功且起点较低。

　　自行开发一套 ERP 软件，一般至少要用 2~3 年的时间，而且往往着眼于当前的业务环境和需求，其管理思想的体现只能取决于当前管理人员和软件开发人员。因而往往起点较低，可能经不起时间的考验。一旦业务发展突破原有框架，软件很可能不再适用。

　　鉴于此，在 20 世纪 80 年代以后，无论是国内还是国外，实施应用 ERP 的企业几乎都是购买商品软件系统。这些商品软件基本上都是按照 Oliver Wight 公司发布的"MRPI标准系统"的要求开发的，而且功能上多有扩充，都能体现 ERP 的管理思想。但是也不能由此就认为购买现成的软件就是一件简单和十全十美的事情。事实上，购买现成的软件可能出现以下问题：

　　1）由于软件的通用性，系统可能过于复杂。一般来说，购买的软件要比企业具体的需求复杂得多，这既造成使用困难，而且价格也高。

　　2）可能需要进行二次开发来修改或扩充系统的功能。

　　3）可能难以连接企业已有的程序。

　　4）可能存在安全隐患。

鉴于购买商品软件可能出现这样或那样的问题，如何选择商品软件就成了十分重要的问题。下面，我们从选择商品软件的原则、做法以及签订合同等三方面提出一些建议，供决定购买 ERP 软件的企业参考。

17.1.1　ERP 软件选型的原则

（1）选择一个实用的和适用的软件产品　选择软件产品总是某一特定企业的行为。软件选择的目标应当是针对本企业的实际情况，选择一个最为实用和适用的软件产品来满足企业的需求，而不是经过 3 年或 5 年的选择，选择一个一般意义上"最好的"软件产品。然而，在实践中有些企业却往往盲目地去追寻"最好的"软件产品，花费了很多时间和精力，而不得要领。企业的软件选择队伍往往会根据个人对软件产品的好恶形成不同意见，争来争去，难以决定，既浪费大量时间和金钱，又丧失许多机会。在这种情况下，无论哪一派意见最终赢得了决定权，企业都是输家。

（2）兼顾软件产品的功能和技术，既要满足当前的需求，又要考虑未来的发展　在选择软件产品时，既要考虑软件的功能，又要考虑软件的技术，既要考虑当前需求，又要考虑未来需求。然而，它们两两之间往往是相互矛盾的。为了解决这两对矛盾，可以参考美国 Gartner 公司提出的 ERP 软件四区域技术功能矩阵（如图 17-1 所示），综合考虑该矩阵直角坐标系中的四个区域构成，纵坐标表示功能的完备程度，横坐标表示技术水平的高低。根据各种 ERP 软件产品的功能和技术

图 17-1　Gartner 公司四区域技术功能矩阵

水平，把它们分别放置在不同的区域中。区域 I 称为保持优势（Remain）区域，该区域内的软件在功能和技术两方面都是很好的，是 ERP 软件产品的市场领导者。区域 II 称为有待加强（Reinforce）区域，该区域内的软件产品技术先进，但功能有待完善和加强，区域 III 称为重新构造（Rebuild）区域，该区域的软件产品功能比较强，但技术已显得落后，从长远来看，这些软件是没有生命力的，所以必须用新技术来重新构造。区域 IV 称为重新考虑（Review）区域，该区域的软件品在技术和功能两方面都比较差，当今的主流软件几乎没有在此区域的。已经购买了这类软件的用户要重新认真考虑，继续投资是否明智。

从这个矩阵可以看出，凡是落在区域 IV 中的软件产品是不可选择的；落在区域 III 中的软件产品是尽量不要选择的，因为这类软件虽可以满足当前需求，但从长远来看是没有生命力的；落在区域 II 中的软件产品是可供选择重点考虑对象；落在区域 I 中的软件产品一般都是价格昂贵的，中小企业往往难以承受，在选择时要根据企业的投资综合考虑。

（3）要选择有成功用户先例的软件产品，不要做"第一个吃螃蟹的人"　即使对于落在区域 I 或 II 中的软件产品，也要考察其是否有成功的用户先例。成功的用户可以验证软件产品及其相关服务的有效性。实施 ERP 是企业的大事——既要做出较大的投资，又要成为企业的重要资源。所以，不要贸然选择那些未经实践证实的软件产品。特别要注意不要被供应商"牵着鼻子走"。企业选择软件系统的过程，也正是软件供应商推销其产品的过程。在这个过程中，软件供应商将会帮助企业分析需求并给出解决方案，而这一切都是以推销其产

品为目的的。软件供应商为了扩大市场，当然希望他们的用户获得成功。但是，他们首要的目的是把当前的产品推销出去。在选择软件产品的过程中，软件供应商并不是企业的同盟者，而是生意对手，企业应当对此始终保持清醒。

（4）不要操之过急　在开始选择商品软件之前，首先应当参加关于 ERP 的初始教育，了解什么是 ERP、成本如何、效益如何、如何实施、如何管理等一系列问题。在完成初始教育之前，不能开始软件选择的过程。对于首次实施 ERP 的企业来说，错误之一就是在没有进行初始教育的情况下就去选择软件系统；而最大的错误就是在这种情况下做出了决定，因为在这种情况下做出正确的选择几乎是不可能的。

（5）不要拖延太久　应当强调的一个事实是，世上没有十全十美的软件产品。所以，不要指望找到十全十美的软件产品，不要因为过分的挑剔而延误了 ERP 的实施。因为延误 ERP 的实施本身就意味着损失。一般来说，软件产品都有自己的市场定位。企业应根据自身的实际情况（需求和资金），确定对软件产品的选择范围，在 3~4 个月内，认真考察 5~6 个软件产品，应当能够做出决定。

（6）要搞清为了补偿不足的功能要对软件做哪些修改或扩充，以及如何与现有系统相连接　如前所述，没有十全十美的软件系统，因此，不要希望原封不动地使用现成的软件产品来实现期望的所有功能。ERP 不是一个简单的计算机项目，它涉及企业运营的各个方面。这里，一方面是人们所期望的功能，另一方面是软件产品所提供的功能。二者往往不尽相同。据 ERP 的标准逻辑，调整前者是不言而喻的，但有时对后者在一定程度上进行修改或用户化开发也是不可避免的。应当确定哪些修改或扩充是必须做的，以及由谁来承担这样的工作——是自己来做，还是供应商来做，或是请第三方来做。在任何情况下，都既要计算成本和所需的时间。因此，企业必须有一个时间表，因为任何延迟都是损失。

（7）要保留原有系统中好的部分　有些企业在某一方面有很好的应用程序。例如，有的企业有很好的车间生产控制系统，而其他方面较差。如果所选择的软件系统中的车间生产控制系统不如原有的好，则应保留原有的系统，开发相应的接口与软件连接，而不应盲目地抛弃原有系统。

（8）根据性能价格比来评价软件系统　不同的商品软件往往有不同的功能、性能和可选特征，也有不同的价格，因此必须综合考虑。性能价格比是一个很好的指标。在根据企业需求确定了软件系统的性能之后，可以通过以下四项之和来计算软件的初始成本（不计维护成本）：软件系统的价格、软件修改的成本、接口成本、延迟实施的成本。选择软件产品的正确目标是使总成本最低。

（9）软件选型队伍的组织　组织一个精干、高效率的软件选型队伍，对于正确地选择 ERP 软件产品是非常重要的。这里有三点应当引起注意：

1）在软件选型队伍中应当包括有决策权的人，以便于决策。

2）软件产品的选型队伍应当和将来的实施队伍统一。这样，在软件选择的过程中，就能考虑到实施的要求，对问题的处理也能够更加全面。

3）IT 部门应参与软件的选择和评价。虽然 IT 部门的人员不对软件的选择负最终责任，但应参加软件评价的活动。他们可以从技术上对软件进行评价，对选择过程中的不同意见起到平衡作用，且能保证所选择的软件能够与已有的系统兼容。

（10）做好资金准备　购买 ERP 软件系统需要一笔较大的投资，在开始选择软件产品之前，应当先做好预算并得到上级批准，以保证选购软件的活动正常进行。

17.1.2 ERP 软件选择的方法

面对软件系统各种各样的功能和模块，应把目光集中在最本质的地方。选择 ERP 软件，主要从以下五个方面进行考察：

（1）考察软件的功能　有些企业在考察软件产品的功能时常常列出企业所需要的功能，然后一一衡量软件产品的功能。这种做法的缺点是：没有考察系统的内在逻辑，而正是这种内在的逻辑才能使系统的各项功能很好地运行起来；所列出的功能也很容易使不同的人有不同的理解；用这种方法选出的软件往往比较复杂。好的方法是把企业的实际需求和 ERP 的标准逻辑相结合，以此作为考察软件产品功能的依据。先了解系统的内在逻辑，以及为了使系统付诸使用必须要做哪些用户化工作，这些工作能否在所要求的时间内完成。

Oliver Wight 公司出版的《MRP Ⅱ 标准系统》（MRP Ⅱ Standard System）集中论述了从功能上和逻辑上为制造业普遍接受的 MRP Ⅱ 的标准。实际上，其中列出了作为 MRP Ⅱ 系统的软件应具备的最小功能集合。ERP 的概念由美国 Gartner 公司于 20 世纪 90 年代初提出。Gartner 公司是通过一系列的功能和技术标准来界定 ERP 的。所以，《MRP Ⅱ 标准系统》和 Gartner 公司关于 ERP 的定义中所强调的都可以作为 ERP 选型的依据。

另外，还应考察软件功能的合理性，如：模拟现实的能力；软件的连通性，是否具有数据接口和程序接口，以便于二次开发；软件输出报告是否满足企业的要求；软件的运行时间和响应时间；软件的兼容性；软件是否简明、易学、易用等。

（2）考察软件的技术　从系统的角度考虑，所用的技术是否具有先进性，如 Gartner 公司关于 ERP 的定义中所强调的技术，如客户机服务器体系结构、图形用户界面（GUI）、计算机辅助软件工程（CASE）、面向对象技术、关系数据库、第四代语言、数据采集和外部集成等都可作为考察的对象。

系统的开放性也是应当考虑的问题。在实施应用 ERP 的过程中，用户化的开发往往是不可避免的。可能在实施 ERP 系统之前，企业里已经有某个方面的很好的子系统，实施 ERP 时，企业希望保留这样的子系统；随着形势的发展，企业可能要开发某个子系统。在这些情况下，都需要把这些子系统与 ERP 系统连接起来，实现数据共享。还有的时候，需要把 ERP 系统中的数据成批地提取出来进行处理，或者把一批数据输入 ERP 系统内。凡此种种，都需要 ERP 系统具有在程序级或数据级上的开放性。系统开放性不好，就会给这方面的工作带来麻烦。

用户还应考察软件在使用上是否友好，如软件的质量、软件的输出报告是否满足企业的要求等。

另外，软件的文档对于软件的应用是非常重要的。软件文档包括使用手册、帮助文件和培训教材。要考察软件文档是否齐全，以及汉化的质量，还要考察文档组织的逻辑性，是否有有效的索引，是否叙述清楚、简明、易读。

（3）考察供应商的技术支持能力　一般来说，企业不但要购买供应商的 ERP 软件，还要购买服务。因为经验表明，没有 ERP 软件专家的帮助，企业几乎是不可能把 ERP 项目实施成功的。所以虽然企业最终应当依靠自己的力量去使用和维护软件系统，但是在开始阶段，供应商所提供的培训、实施咨询和技术支持对于顺利实施 ERP 项目非常重要。这样，就要考察供应商的技术支持能力，特别是供应商的实施顾问、培训教师及其他技术人员的资历和经验。从这一点考虑，最好直接从软件开发商那里购买软件和服务。

（4）考察 ERP 软件供应商的经济实力　实施应用 ERP，就要和软件供应商进行很长时间的合作。所以，在进行软件选型时，考察 ERP 软件供应商的经济实力是非常重要的。通过考察软件供应商的经济实力，可以确定该供应商是否可以长期合作。

（5）考察供应商的用户　通过考察供应商的用户群落、特别是本企业的同行业用户，可以了解用户对软件的使用情况和满意程度，可以了解供应商对用户的培训、实施指导与帮助是否得力，可以了解供应商对用户的技术支持是否及时有效，可以了解供应商的用户成功率等。如果用户的反响比较好，至少说明供应商的软件和服务不是太差。应当注意的是，这项活动不要完全听凭供应商的安排，应当请供应商提供几家用户，从中进行选择。

上述五个方面对于不同的用户可能会有不同的要求。具体的做法是：根据企业的需求，综合考虑以上五个方面，进行适当的分解，设定适当的权重，形成一份软件产品选型评价指标体系，然后进行综合评价。

17. 1. 3　签订合同

在确定了所要购买的商品软件之后，签订合同时应注意以下几个方面的问题：

1）购买商品软件的合同一般是由软件供应商来起草的。除非特别有利，一般不要签署供应商提供的现成的合同。在所签的合同中一定要反映本企业对软件产品的评价和要求。

2）要有准备，企业的谈判代表在软件评价和选择阶段应尽早阅读供应商起草的合同。

3）合同中一定要包括处理安全隐患的条款，应当尽可能详细、清楚地规定排除故障的责任、时间以及惩罚方式等。一个软件供应商，如果拒绝承担迅速排除故障的责任，则可能表明他们对于自己的产品质量或排除产品故障的能力缺乏信心，或二者兼而有之。在这种情况下，应当毫不犹豫地放弃。

4）关于供应商的义务以及相关的日期，一定要通过明确的文字在合同中表述清楚，避免使用模棱两可或含糊不清的文字。

5）购买过程中发生的任何事项都要以书面形式在合同中表达清楚，不要相信任何口头承诺。

6）要有一个合理的付款日程表。

7）如果合同中包括惩罚条款，则必须和付款日程表相结合。

8）关于软件的维护，一般一次只签订一年的合同，以便确定供应商的服务质量。

17.2　ERP 实施的路径

在过去的几十年中，已有大量的企业实施了 MRP、MRP Ⅱ 和 ERP。其中有成功的，也有不成功的。通过这些实践，积累了丰富的经验，搞清了应该做什么，不应该做什么，从而对 ERP 的实施形成一条可靠路径。图 17-2 以甘特图的形式在 18 个月的时间框架内表示了这条可靠路径。

ERP 实施的可靠路径和 ERP 本身一样，不是来自空想的理论，也不是出于灵感的迸发，而是产生于艰苦的实践，是大量经验和教训的总结。如图 17-2 所示，这条可靠的路径由 17 个基本步骤组成。

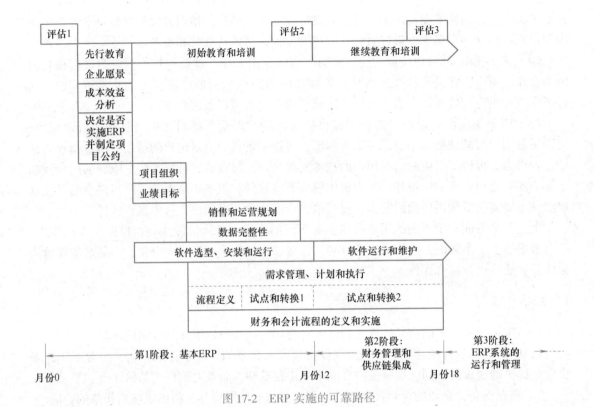

图 17-2　ERP 实施的可靠路径

大多数步骤都会在 ERP 实施的第 1 阶段开始且完成。而"需求管理、计划和执行"步骤则跨越两个实施阶段。此步骤可以分为三项活动，即流程定义、试点和转换 1 和试点和转换 2。前两项活动在第一阶段完成，第三项活动即实现供应链的集成，在第 2 阶段完成。至于"财务和会计流程的定义和实施"步骤，可以在第 1 阶段完成，也可以在第 2 阶段完成，在实践中可以有一定的灵活性。下面将详细介绍其中几个重要的步骤。

1. 初始评估（评估 1）

初始评估即对企业所处的竞争形势、存在的问题和机遇以及如何更好地满足客户需求、提高生产能力、提高财务管理的水平、优化企业流程等提高企业竞争力的重要问题进行深入分析和评估，完成企业愿景的描述和成本效益分析，从而做出在公司范围内实施 ERP 的决策。这个过程的参加者包括总经理、各职能部门经理，一般来说，还应当包括一位外聘的有经验的 ERP 专家。这项活动的持续时间不应当超过一个月。

2. 决定是否实施 ERP 并制定项目公约

至此，公司领导和主要管理人员已经通过了初始评估和先行教育，并已完成企业愿景的描述和成本效益分析。他们已经了解了什么是 ERP、它能给企业带来什么好处、成本是多少、需要多长时间来实施等重要问题。因此可以对公司是否实施应用 ERP 做出决定。如果决定在公司内部实施应用 ERP，则应检查以下问题：

1）是否做好了资金准备？

2）是否为项目小组组长确定了合适的人选？

3）是否可以在未来 1~2 年内把 ERP 项目的实施作为具有第 2 位优先级的任务？

4）企业领导和主要管理人员是否对 ERP 项目充满信心和期待？

如果对这些问题都能做出肯定的回答，则应当形成一个书面的文件，即项目公约，否则应当停下来检查存在的问题，而不应当盲目向前推进。

项目公约以成本效益分析和企业愿景陈述为基础，以书面的形式表述公司领导和各级管理人员对在整个公司范围内实施应用 ERP 的共同决定和一致的态度，并指出所期望的业绩目标。从高层领导到部门经理，所有的有关人员都要在项目公约上签字，表明要对在认可的成本范围和时间框架内成功地实施 ERP，从而实现所认可的效益共同负责，也可以此作为今后工作的指导原则和解决问题的依据。

例如，把 ERP 项目看作 IT 部门的事情是企业容易犯的错误之一。在这样的企业中，IT 人员辛辛苦苦地为各个业务部门建立应用 ERP 系统的基础数据，他们要到各个部门去收集这些数据，但是各个部门的人员都会对他们说：“我们现在很忙，等忙过了这一阵子，我们再帮助你做这件事情好吗？”项目的推进也会十分困难。

通过项目公约向整个企业明确地申明，ERP 项目绝不仅是 IT 部门的事情，还是整个企业的项目，必须由企业的高层领导、部门经理和广大员工来共同完成。

3. 初始教育和培训

作为实施过程的一部分，理想的情况是，100% 的员工，或者至少 80% 的员工应当接受关于 ERP 的教育。要保证 ERP 的成功，有许多方面应当做出改变，包括各级员工的思维方式和行为方式。员工们必须了解：实施 ERP 会引起哪些变化？是什么原因引起这些变化？这些变化会如何影响他们的工作方式？会因此得到什么效益？必须强调，忽略这一步或者其中的某一部分，后面的麻烦会很多。

4. 需求管理、计划和执行

在此之前，我们已经对销售与运营规划进行了讨论。销售与运营规划平衡了供应和需求，但是，需求管理、计划和执行等问题尚未解决。这一步骤的目的有两个：一是设计和定义需求管理、计划和执行等流程，这些流程是对企业愿景陈述的细化和体现，从而确保项目的实施和企业的愿景陈述保持一致；二是通过试点和切换的方法实现这些新的流程。

给这些流程下定义是项目小组应当尽早开始的一项任务。在初始评估、企业愿景陈述和教育与培训的基础上来做企业流程的设计和定义是自然而流畅的事情。

企业流程的定义要通过工作方针和规程来实现。工作方针是企业应当遵循的准则，规程是企业运营需要遵循的步骤。

这一步骤跨越两个实施阶段，要通过两个阶段的试点和切换来实现。

（1）试点和切换 1——实现基本 ERP　实现基本 ERP，包括实现销售与运营规划、需求管理、主生产计划、粗能力计划、MRP 等功能，对于流程制造业来说，还包括车间排产功能。

试点的方法是大多数成功的 ERP 用户在实施过程中使用的方法。这种方法是通过一系列步骤验证 ERP 软件系统能正常地工作而用户人员也真正理解了 ERP 的基本逻辑之后，再切换到 ERP 系统。

试点分为三个层次，即计算机试点、会议室试点和现场试点。

（2）试点和切换 2——供应链集成　至此，项目进入第二阶段的实施过程。要把 ERP 的功能拓展到整个供应链，包括在工厂内部实现生产管理的闭环、向后延伸至供应商、向前延伸至分销中心和客户。

5. 第 1 阶段末的评估（评估 2）

这一步骤是对第 1 阶段实施现状的分析和评估，也是决定是否可以进入第 2 阶段的依据。评估过程如下：

1）检查迄今为止项目的进展情况。

2）确信业绩目标可以实现且正在实现。

3）根据项目的进展和企业实现的业绩状况回顾和检查企业愿景的陈述对项目进一步实施的指导作用是否仍然有效，如有需要，则修改企业的愿景陈述。

4）检查并确定第 1 阶段的活动是否有需要修改或重做之处。

5）检查对第 2 阶段实施的准备情况，做出是否进入第 2 阶段的决定。

6. 第 2 阶段末的评估（评估 3）

经过近两年的努力，ERP 终于可以投入运行了。此时，企业往往会松一口气。所以，这次的评估是极容易被忽略的，这是 ERP 实施的大忌。这次的评估是企业将 ERP 作为运营企业的工具而应用，提升企业竞争力的开始，是不应当被忽略的。

这次评估关注的问题是：在新阶段应当做什么？以下问题都应当在此次评估中考虑：

1）ERP 模拟功能的应用。

2）ERP 功能在整个（也许是全球性的）企业组织内的应用和延伸，包括人力资源管理。

3）把 ERP 应用于产品的设计和开发。

4）设备的预防性维修计划。

5）有效的客户关系管理。

6）电子商务。

7）有效的采购分析。

……

这一阶段评估的参加者仍然是企业的高层领导、部门经理以及有经验的外聘专家。所花费的时间会根据企业的规模和软件产品复杂程度而有所不同，可能是几天或几周不等，不会花费太多的时间。

7. ERP 系统的运行和管理

在第 2 阶段末的评估结束之后，ERP 项目就进入了第 3 阶段，即运行管理阶段。这是一个没有终点的过程，正如一位 ERP 的先驱者所说：ERP 不是目的地，而是一个长途征程。在这个过程中，企业要把实施 ERP 成功作为一个新起点，持续改进，不断提高，去争取更大的成功，使企业的运营情况越来越好。

这条实施 ERP 的可靠的路径逻辑清晰、通俗易懂，各企业可以以这条可靠路径为依据，根据自己企业的实际情况做适当的调整。提高 ERP 项目实施成功的概率。

17.3 基于 BPR 的 ERP 实施过程

ERP 是现代管理思想的产物，它将许多先进的管理知识体现在 ERP 软件系统中，成为最先进的现代制造企业的管理手段，是现代管理思想、现代化组织管理方法和手段的结合体。企业流程重组（BPR）是针对企业上下游业务流程进行重组的理念，它不是企业在原有生产模式基础上的改善，而是一种脱胎换骨的革新。因此，ERP 这种反映现代管理思想的软件系统的实施，必然要求有相应的管理组织和方法与之相适应。

BPR 强调以业务流程为改造对象和中心，以关心客户的需求和满意度为目标，对现有的业务流程进行根本的再思考和彻底的再设计，利用先进的制造技术、信息技术以及现代的管理手段、最大程度地实现技术上的功能集成和管理上的职能集成，以打破传统的职能型组织结构，建立全新的过程型组织结构，从而实现企业经营在成本、质量、服务和速度等方面的突破性改善。

企业应用 ERP 必须要开展管理创新和实行 BPR。这个阶段的工作是不可逾越的，而企业实行 BPR 是应用 ERP 和推进信息化建设的基础，对推动企业管理现代化必将起到明显和积极的作用。在 ERP 系统导入之前进行 BPR 改造，由公司管理层事先确定企业的经营策略及改革目标，通过流程改善和相应的组织优化，再选择并导入适合公司使用的 ERP 系统，使 ERP 系统的实施事半功倍，最终获得成功。

用友公司为 ERP-U8 系统制定的标准实施步骤共有五个阶段，即 ERP 项目规划、蓝图设计、系统建设、上线切换、持续支持。对于每一个阶段，定义了要完成的目标以及要做的主要任务、工作策略及说明、角色和职责、交付成果、风险提示、使用模板等。

17.3.1　ERP 实施前的企业流程重组

ERP 所体现的是一种先进的管理思想，应该是企业先进管理方式的一种结晶，ERP 系统中的流程也应该是非常科学的。而对于任何企业来说，在它现有的业务流程中都多少存在一些不合理的地方，如果不首先对这些不合理的流程进行彻底改造，而仅仅是盲目地将原有的业务流程通过 ERP 软件的实施进行自动化转变，则 ERP 实施的效果可能会不太理想。因为利用 ERP 系统使复杂或者不产生价值的流程自动化并不能提高生产力或提高业绩，只会导致低效的流程和浪费。为了适应 ERP 系统的需要（通常不是 ERP 适应企业），必须对内部流程进行优化甚至重组。由此可见，业务流程优化是促进企业成功应用 ERP 的一个重要的因素。

从提升企业工作效率的角度分析，推行 BPR 是必要的。绝大多数企业选择 ERP 系统，就是为了提高企业工作与经营效率。传统的人工作业与 ERP 系统作业流程的差异极大，选择使用信息系统来执行日常作业，必须抛弃在人工环境时代下的流程观念，取而代之的是整合环境下组织的调整及信息流程的更新。

从加强内部控制的角度分析，推行 BPR 也是有必要的。在人工环境下，内部控制的设计被认为是刻板且耗费成本的，但通过开展 BPR，构建一种整合性的企业流程新环境，可以增强企业内部控制的有效性。换言之，建立在 BPR 基础上的 ERP 系统，是依靠信息手段来代替过去耗费人力的方式控制成本，从而显著提高企业的内控效率。

17.3.2　ERP 项目规划

ERP 项目实施的第一个阶段是对项目进行整体规划，主要任务包括组建顾问团队、内部交接、首次拜访、组建客户实施小组、确定项目管理机制及系统的建立、确定实施策略与计划、启动与宣传并贯彻实行项目等，这是一个打基础的阶段，将影响以后软件实施的进度。该阶段的主要目的就是启动项目，建立一个良好的开端。

1. 组建顾问团队，建立实施小组

首先建立实施小组，包括建立软件供应商项目实施小组和客户项目小组。软件供应商的产品项目经理应具备相关实施管理能力，能与客户进行良好沟通，取得对方高层的信任和认可。根据项目规模组建实施小组时要充分考虑人员的业务背景、实施经验等因素，可以考虑让开发人员、技术人员参与项目的形式。客户项目组负责人一定要全面了解企业业务，最好要精通企业的整个成本核算过程，同时有一定的部门协调能力，能保证在以后的工作中及时并且高质量地完成数据的提供和录入工作。

2. 制订实施策略与计划

在项目实施主计划中要明确实施目标，严格控制实施范围，按照相关合同中规定的项目实施目标和范围与企业项目负责人进行沟通。如果还存在模糊的地方，要经双方协商一致后在计划中进行补充说明。对关键业务环节和重点需求，必须向客户项目经理进行补充调查。在整个计划编制过程中，不能以客户要求的完工时间作为计划执行周期，如果为了赶进度而经常加班，ERP 实施的质量将难以保证，客户方的工作人员也不会很好地配合。

3. 召开项目启动会

在项目启动会前，应确定项目组的工作环境，包括明确办公地点、准备网络平台、准备工作设备等，保证项目组的顺畅沟通。要求有专门的文档及打印共享服务器，该服务器也可以作为项目沟通的系统平台。

配合项目启动会，可在公司范围内进行一些必要的宣传活动，比如建立公司 ERP 宣传墙和设计项目进度看板等，形成广泛的影响，使所有参与本次实施的人员都认识到实施工作对企业的重要性，提升员工使命感和责任感。项目启动会标志企业正式进入 ERP 实施阶段。

17.3.3 蓝图设计

第 2 阶段是项目现状调研、流程梳理及方案设计，主要任务包括理念培训系统运行环境规划与部署、产品安装及培训、基层访谈、业务调研、基础数据编码规则讨论、基础静态数据准备、业务解决方案设计、客户二次开发需求与设计方案验证与评审等，为下一阶段系统建设奠定基础。

1. 系统运行环境规划与部署

（1）建立硬件应用环境　软件提供方的技术顾问应检查客户的硬件设备，注意客户是否存在不合格的硬件环境，同时排除硬件设备性能太低而导致软件无法运行的情况。

（2）建立软件应用环境　软件实施顾问负责产品的首次安装和调试，安装后应对产品进行相关测试，以保证软件可以正常运行。在这一过程中，软件实施顾问还要负责对企业方的系统管理员就软、硬件环境建立过程中涉及的相关知识点进行有针对性的培训，包括软件安装、软件网络环境参数设定等实施知识，让企业方的系统管理人员有能力参与以后的软件运行环境维护工作。

2. 业务需求调研

ERP 系统的应用与企业的具体业务流程应该一致，所以必须对企业的每个业务环节进行具体调研，了解和掌握企业的业务特点和相应的流程。

（1）制订调研计划　确定参加调研的顾问人员，安排好调研时间。在人员安排时，要考虑其资历和经验，有相关行业经验的顾问能更好地理解客户的需求。

（2）准备调研问卷　针对客户行业的特点准备调研提纲和调研问卷。调研过程中应使用客户常用的术语，这样可以让客户产生信任感，有了信任感客户才会认真地完成问卷。调研应采取灵活的方式，避免一问一答，不能单纯地记录客户需求，应当以产品可实现的功能为基础，控制和引导客户的需求，避免造成客户需求太多软件无法适用的局面产生。

（3）分析调研结果　初步调研完成后要及时对调研结果进行确认，即针对企业需求的合理性进行分析。一是验证需求是否有自相矛盾的现象存在，对于有争议的问题需要反复沟通，找到问题根源；二是验证企业的需求能否在软件中实现，那些无法在软件中实现的客户需求，要及时引导客户采用其他方法来解决，或者让其放弃这些无法实现的需求。

（4）确认业务需求　需要确认的主要内容包括：关键环节的描述是否清晰、正确，需求建议是否合理，是否需要客户二次开发等。

3. 业务解决方案设计

在详细业务调研的基础上帮助企业分析业务流程和业务管理中存在的优点、问题、不足和解决思路，并确定各领域的管理模式，设计业务解决方案。

业务解决方案应该符合企业业务发展的需要，不能过于理想化，否则容易导致方案无法实施；应综合考虑客户的相关业务和数据接口，不能从单个模块的角度出发去设计方案，要考虑全面一些，但是不要面面俱到，大而全的想法也不现实，重点解决企业的关键问题以及企业关注的问题；同时也要考虑实际工作效率，人力成本是否增加，增加的量是否超过客户的可容忍程度等。

实施顾问设计方案时，不要轻易屈服于客户不合理的需求，要防止被客户"牵着鼻子走"，应该站在专家的角度和高度看待问题，说服客户按照方案设计的思路实施。

方案设计应充分利用行业最佳实践方案，使实施过程细化，体现过程成果，让客户不断地感受到实施带来的管理变化。

17.3.4 系统建设

第 3 阶段是根据确定的实施方案，进行权限分配、数据准备、培训演练，主要任务包括业务权限规划和分配、业务静态数据准备、客户二次开发验收、方案培训、岗位操作手册制定与发布、最终用户培训、模拟演练等，为系统切换上线做准备。

1. 静态数据准备

静态数据是指在系统应用过程中在一段时期内相对稳定的数据，如会计科目编码、客户档案、供应商档案等。在整个项目实施过程中，静态数据准备工作需要花费较长的时间和耗费较大的精力，静态数据准备进度和质量直接影响到后期项目的进度和质量。静态数据存在于企业的多个部门，例如会计科目是由财务部提供的，客户与供应商档案由业务部门提供的，因此，需要各部门的配合。

静态数据准备要严格按照标准表单进行，并同时保证数据准备人员对所有表单内容都能理解。静态数据检查应由双方项目经理负责，对关键数据需要进行完全性检查。例如，会计科目设置是否符合行业特性、存货名称是否唯一等。对大量次要的数据，可以视情况采用抽查的方式进行。检查的内容还包括数据的准确性和数据间的逻辑关系，例如，存货档案是否与存货分类一致、客户档案是否与所处的客户分类一致等。数据检查一般采用手工核对，对大量数据也可以利用工具进行检查。为了确保数据的准确性，要求数据准备人员和校验人员的职责分开，双方没有确认的静态数据不允许导入系统。

在静态数据准备阶段，要避免客户提供太多的静态数据，这样会拖延整个项目实施的周期。同时，要做到分工明确，杜绝不负责任的现象产生，还要避免急于求成的心态产生。

2. 系统测试

系统测试是对业务解决方案验证的过程，通过模拟客户真实的业务环境，对软件今后的使用情况进行预测。测试的内容主要包括软件的正确性、可操作性和工作效率。在这个实施阶段，要尽可能全面地模拟真实的业务环境，发现可能存在的问题并及时解决，同时，对业务解决方案中的不妥之处做出及时调整，对手工环境下数据流程的重组进行测试和完善。目的就是保证一套合理的业务解决方案能在软件上正确地、高效率地运行，使软件应用满足客户需求。

测试环境准备阶段，客户要根据自身实际业务流程来确定测试用数据。测试数据应该覆盖业务解决方案中的所有业务流程，测试过程也应循序渐进，由易到难，由简到繁。

测试方法分为单模块测试和多模块测试。

单模块测试是指在一个软件模块中进行数据测试，如总账模块测试，应该从制单开始，然后依次为审核、记账、结转定义、转账生成和结账等单模块流程测试，有些操作会因公司相应的业务要求而异。

多模块测试是指在多个模块中进行数据测试，即根据待测业务流程在多个模块中的数据流程来测试软件。例如，以存货成本构成及结转为目标进行测试，要涉及采购管理、库存管理、销售管理和存货管理等模块。参加测试的人员包括采购人员、库管人员销售人员和财务人员等。这些人员要协同工作。当采购的物料到达单位后，采购人员就要在相应的模块中录入采购入库单，库管人员则对所采购的货物进行验收，如果验收合格，则进行相应采购入库单的审核工作。如果存货进入销售，销售人员应在相应的模块中录入发货单，库管人员随后进行发货工作，填制相应的销售出库单并进行审核，然后财务人员根据相应的成本计算方法确定出库成本。总之，多模块测试以模块间数据正确性、流程完整性、流程连贯性作为测试的重点。

在测试过程中，如果存在流程不清晰、方案不完善之处，双方项目经理要及时协商，及时弥补，最终完成测试过程。

3. 客户培训

在完成系统测试之后，企业的整个业务流程也大致确定，在此基础上就可以对所有软件操作人员进行系统培训。

首先，制订培训计划。培训计划要根据不同的角色以及不同的使用对象来制订。然后，双方协商，共同落实培训资料、培训场地和培训设备。

对客户方系统管理员的培训，主要是让其掌握软件运行环境和网络环境的设置，以及软件的安装与维护，基本不涉及具体的软件操作。

对软件操作人员的培训，是整个系统培训的重点。通过培训，可以让操作人员了解企业所有的静态数据内容，以避免手工状态下的静态数据因各部门各自为政而产生不一致的情况，从而保证今后软件运行的准确性。通过培训，还可以让各部门人员了解软件的整体流程，尤其是了解各部门人员所处的数据流程点，搞清楚自己所负责的部门是从哪个部门接收数据，又为哪个部门提供数据，这样就可以使操作人员从整体角度看清数据流向，明确各自的责任。通过培训，操作人员应熟悉软件操作，了解软件各个模块的功能，为今后软件的成功上线打好基础。

培训可以采取理论讲解和上机操作相结合的方式，上机操作的业务数据要以系统测试数据为主，为了提高培训的成效还应进行培训考核。

17.3.5　上线切换

第 4 阶段是上线前的一系列准备工作以及上线切换。上线切换的主要任务包括系统切换方案、系统运行制度制定和发布、系统上线环境建立、系统切换检查、动态数据导入等。

系统上线前期，需要导入静态数据和动态数据。静态数据和动态数据都需要提前按照一定的规则进行整理，整理完毕后，将按照系统上线时间来规划数据的导入时间，以便顺利完成导入工作。静态数据准备内容如前所述。动态数据是一种处于变动中的数据，如客户的各种单据和发票、库存盘点数、财务期初余额数等。

财务动态数据包括科目期初余额数，银行对账期初数等。这些动态数据应以软件的使用时间为基准做相应的准备。例如企业决定于 7 月 1 日启用软件，那么这些财务动态数据应以 6 月 30 日的数据为准备数据。

业务动态数据包括库存动态数据、采购期初动态数据、销售期初动态数据等。库存动态数据应该按照现有库存账的实时数据进行归类整理，建议在库存数据导入系统之前对库存进行盘点，得到真实的库存数据后再导入软件系统，如果库存数据不准确，就会导致整个系统的物料信息毫无意义。

采购期初动态数据是指期初采购入库单和期初采购发票。这两种动态数据也要以软件的启用时间为基准来进行准备。例如，企业在 8 月 1 日启用采购管理系统，那么企业在 8 月 1 日以前已经进行采购入库但没有进行发票结算的存货，就要根据期初采购入库单这种动态数据来进行导入，这样才能保证企业采购业务数据的完整性，避免在今后的使用中出现无法结算的现象。同样，期初采购发票是指企业在 8 月 1 日以前票到货未到的动态数据，这些动态数据的准确性直接影响到企业的后期运行。准确提供采购期初动态数据需要采购部门人员和财务部门人员协同工作。

销售期初动态数据是指期初销售出库单。销售动态数据也要按照软件的启用时间为基准来进行数据准备。例如，企业于 9 月 1 日启用销售管理系统，那么企业在 9 月 1 日以前已经销售出库但没进行销售开票的数据，就要通过期初销售出库单这种动态数据来进行导入，以保证销售数据的完整性。

另外，为了不影响软件系统的正常上线，所有的动态数据必须集中时间快速整理完毕。一般动态数据的整理在会计期末进行，动态数据的导入在会计期初进行。

完成上述静态数据和动态数据准备以后，要进行初始化设置和基础数据导入工作。系统数据的导入一般遵循以下的流程进行：首先是系统参数的设置，如会计期间、公司产品目录等；然后是静态数据导入，如存货信息、科目信息、仓库信息等。在静态数据录入系统之后，可以在系统启用月的月初将动态数据，如采购销售的期初单据以及库存、财务等数据的期初值导入系统。

在整个初始化过程中，要求操作人员一定要尽可能保证数据的准确性和及时性。在静态数据和动态数据没有准备充分的情况下，不要为了赶时间而盲目导入数据。

17.3.6 持续支持

上线切换完成之后，系统开始运行，进入后续支持阶段，主要任务包括运行支持、月结、项目收尾与总结、持续优化诊断报告、项目验收、内部服务交接等。

持续支持是指在系统切换上线之后，软件供应商的项目人员对上线运行的新系统进行现场支持，以便及时解决系统运行初期出现的各种问题，保证系统的顺利运行。系统上线运行初期，由于企业操作人员刚刚改变手工环境下的业务操作习惯，对新系统的操作要领还来不及掌握，可能会发生一些问题，容易造成数据错误。为了保证上线成功，避免重复工作，项目顾问必须提供一段时间的现场支持，帮助客户熟悉软件，提高他们解决问题的能力。

持续支持的活动包括制定现场支持时间表。项目顾问执行现场支持时，对发生的问题及原因进行分析，并做好相应的记录，比如向企业内部支持人员说明后续维护事宜和注意事项等。

系统上线后，问题解决和跟踪非常重要。项目顾问应将运行过程中发生的问题进行分析和记录，并归类整理，通知相关客户，使客户明白如何避免出现相同的问题，若出现相同问题时应该如何处理等。

持续支持的方式有现场支持、电话支持、通过互联网进行远程支持等。

17.4 ERP 实施的瓶颈问题及解决实施忠告

17.4.1 ERP 实施的瓶颈问题

ERP 在实施过程会遇到很多关键性的问题，比如：

（1）目标不明确 多数企业错误地认为 ERP 实施是一项简单的企业信息化建设工程或企业管理信息系统工程。目标设得过高或过低，就很容易模糊不清。目标一旦模糊，就很难落实到具体的实施工作中，不顾重点，"胡子眉毛一把抓"，导致投资过大、收效甚微、实施乏力。明确的实施目标对实施 ERP 项目而言，就好像大海彼岸的港湾，如果没有具体、明确的航行目标和方向，很容易受到各种不同环境因素的影响而迷失方向。

（2）认识不明确 只将 ERP 项目视为计算机项目，对管理思想、管理软件、管理信息系统三个概念缺乏深刻的理解和认识。计算机系统不是管理目的，而是管理工具；ERP 项目不是计算机项目，而是管理工程，是企业管理模式的全面创新，是一场深刻的管理革命，工作量大，涉及面广，实施周期长，是一项非常复杂的管理系统工程。

（3）企业基础管理薄弱 我国企业基础管理较为薄弱，部分企业存在有法不依的现象，并缺乏战略观念、系统观念；他们对业务流程、财务核算等简单流程都理不顺；客户数据在销售部和财务部都不统一，更不要说销售和分销的业务流程；这些先天不足因为对手也薄弱而被掩盖，但随着拥有战略优势和综合资源优势的跨国公司的进入，这些薄弱环节已经凸显。由于管理基础薄弱，企业根本不具备实施 ERP 的前提条件，甚至不存在业务流程再造的问题，而是业务流程新建的问题。缺乏先进理念始终如一的贯彻，势必无法实施与运用奠定在一定管理哲学指导下的 ERP 系统，即使是素质优良的企业也会因外部市场环境的不规范而难以规范运作。

（4）人才匮乏　企业自行开发软件费时、费钱，究其原因是人才匮乏；软件供应商各有长短，客户难以辨别其优劣及适用性。新知识面广、量大，更新速度快，企业难以全面掌握；企业个性与行业个性差异大，企业管理基础与侧重点各有不同，导致企业难以自行开发出既先进又经济实用且能具有市场推广价值的软件。

（5）实施矛盾多　存在 ERP 系统的集成性与实施中部门间协调困难的矛盾，ERP 系统的先进性与企业人员素质不高的矛盾，应用范围广与数据准备工作量浩大的矛盾，计划的精确性与 IT 系统基础数据差的矛盾，较长的实施周期与 IT 技术快速更新的矛盾，企业需求与系统工作重心偏差的矛盾，高投入与慢收益的矛盾，较长的实施周期与企业"一把手"重视程度及心理承受力的矛盾等。

（6）不可控因素多　ERP 系统涉及企业管理理念的变革、流程的新建、重组与再造以及企业资源的整合，因此被称为"一把手"工程。但"一把手"工程本身就不可控；对基础数据的唯一性、完整性、准确性要求不可控；因实施人员的素质因素使实施质量不可控；因不同层次需求不一致，使需求与验收标准不可控；因各方存在职能与观念的错位，常导致实施主体缺位。这些因素最终导致实施周期和成本不可控。

17.4.2　ERP 实施的忠告

（1）领导全面支持，始终如一　ERP 系统统筹安排企业的物料、资金和人力，与生产和经营息息相关。它涉及企业的每一个人。因此，企业领导必须理解 ERP，全面支持，始终如一，并期待利用 ERP 系统的成果。

（2）高度重视数据的准确性，建立必要的责任制度　无论手工系统或自动系统都不能在谎言中生存。不准确的数据对于计算机来说其实就是谎言。它们只能被计算机用来高速地产生错误的答案。因此，必须建立明确的责任制度，各个环节数据操作的准确性都需要有专人负责。否则，数据的准确性没有保证。

（3）目标明确，不断检测，不断改进　建立 ERP 系统必须确定明确的目标，并据以衡量系统的性能，不断改进。世界级制造企业，其管理工作也需要改进，否则就不知处于何处、走向何方，最终招致失败。

（4）不要将没有经验的人放到关键岗位上　在大多数企业里，能干的、经验丰富的人总是忙得不可开交。为了顺利地规划和实施 ERP 系统，一定要千方百计地发挥这些骨干力量的聪明才智。切莫让有时间、无经验的人独立负责 ERP 项目的关键工作。

（5）不要压缩人员培训的费用　要让各级人员学会使用新工具完成自己的本职工作，因此不要压缩培训费用。事实上，培训费用要比忽视培训将要付出的代价小得多。

（6）寻求专家的帮助　事实上，一切自己做将比聘请有经验的专家花费更大。因为自己做可能出错的地方更多、出错的概率更大。因此，做出错误决定的机会实在太多了，其代价将数倍或数十倍于聘请专家的费用。

（7）不要把手工系统的工作方式照搬到计算机系统　企业应该按 ERP 系统的逻辑改变现行工作方式或工作中的某些环节，不可以修改 ERP 系统去适应现行的不适当的手工方式。如果对现行方式颇为满意而不愿改变它，那么实施 ERP 系统将是浪费资金。

（8）既要从容，又要紧迫　实施 ERP 系统的工作可以分解为一系列具体的工作。有些工作枯燥烦琐，却必不可少。对此要从容计划，不要急于求成，欲速不达。但为避免 ERP 系统实施过程拖长，紧迫感也是十分必要的。

（9）树立全员参与意识　ERP 系统的运行需要计算机，但这绝不意味着 ERP 只是数据处理部门的事情。ERP 系统属于使用它进行有效工作的每一个员工。只有全员参与，才能充分发挥 ERP 系统的效益。

（10）ERP 系统不能医治百病　ERP 系统可以为企业带来多方面的效益，但它不能"包医百病"，例如不能消除产品质量退货的问题。当然，训练有素的 ERP 使用者可以迅速查出问题的症结所在并予以解决。

思 考 题

1. 什么是 ERP 实施？简述其具体内容。
2. ERP 实施的软件选型遵循什么原则？有哪些方法？
3. 简述 ERP 实施的可靠路径。
4. ERP 实施的难点在哪些方面？
5. 企业实施 ERP 的最终目的是什么？
6. 简述 ERP 实施人员的知识要求和素质要求。
7. ERP 实施步骤是什么？

第18章 金蝶K/3 Cloud系统在Z公司的实施案例

18.1.1 公司概况

Z公司属于化工企业，主要生产钛白粉，据统计每年年产 50 000t 高档钛白粉和 20 000t 聚合硫酸铁。公司主要投入市场的是钛白粉和一些附属产品，例如硫酸铁、硫酸和硫酸亚铁等。经过多年的生产和销售，公司在钛白粉行业已经小有名气，其"环球"牌产品远销海外，在市场上有一定的占有率。公司创始于 1978 年，是一所规模较小、年限较长的中小企业，目前总资产超 6.5 亿元，且拥有了许多子公司。随着公司钛白粉产量和质量的不断提高，在 1999 年就领先行业其他企业率先通过了 ISO 9002 认证，2000 年荣获了 J 省质量管理奖，2002 年通过了 ISO 9001:2000 质量管理体系认证，在 2003 年 Z 公司被授予"国家重点高新技术企业"，2006 年通过了 ISO 14000:2004 和 GB/T 28001-2001 的管理体系。近年来，Z 公司致力于研发高新技术，开发拳头产品，希望发挥自己的优势，在生产管理方面进一步加强投入，不断地开发新市场，生产更高质量的钛白粉产品，扩大公司的规模。

18.1.2 组织结构图

公司业务和管理活动都是由总经理进行全局把控，上层设置了董事会和监事会对公司管理活动进行监察，下层组织主要有四个生产工厂，主要负责产品的生产，还有对生产进行管理的生产部，以及同时进行监管的环境安全部和质检部。Z 公司主要的日常工作集中在储运部、采供部、销售部、财务部和审计监察室，这也是本次 ERP 项目涉及的部分部门；另外总经办分管公司的信息中心，又对公司整体的生产业务和管理情况较为了解，于是成为本次与 ERP 实施人员对接的项目负责部门；另设人力资源部和党委办分别负责企业的人员管理和党建工作；最后，研发中心和工程部在本次项目中暂时不做涉及。该公司的组织结构如图 18-1 所示。

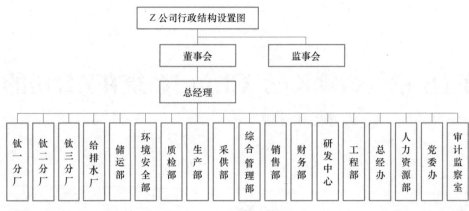

图 18-1　Z 公司组织结构图

18.2　Z 公司信息系统存在的主要问题及其分析

18.2.1　信息系统应用现状

Z 公司在几十年的发展过程中，先后针对自己的业务要求和管理要求使用了一些管理系统，但一是局限于独立部门，二是由于使用时间较长，系统软件较为陈旧，也没有及时地更新维护，导致使用效果一般，多个信息化软件平台和开发报表对日常业务进行管理和核算，虽然实现了财务供应链一体化，但业务流程和单据均滞后，严重影响库存报表和财务核算的准确性。各部门信息系统应用情况见表 18-1。

表 18-1　各部门信息系统应用情况

应用层面	软件	现有功能
销售部 采供部 储运部	国外的 Macola 系统，是较为落后的传统 ERP 系统	用于简单的数据录入和查询，是月底补录数据，应用效果不明显；且软件购入年限较长，但一直没有做相应的维护和升级，功能相对落后
人力资源部	金蝶 HR 系统	与考勤机连接，用于每月工资奖金计算发放，但是复杂的奖金计算需要手工完成
财务部	金蝶财务系统	目前使用效果较好
质检部	信息部门自己开发的简单录入查询系统	简单查询和数据录入，无其他功能；与其他部门无法连接，需打印单据，人工输送
生产部	—	—

18.2.2　信息系统存在的主要问题

随着公司业务的拓展，Z 公司在生产、销售、采供、库存、质检和财务等部门使用的信息系统并不能适应公司的需求和发展，较大地限制了该公司的运营和管理水平，各部门之间存在"信息孤岛"现象，根据需求调研，各部门的问题主要表现在以下方面：

（1）销售部　销售部的"临时发货单"格式不统一，产品出库方式烦琐，定价还需手工绘制价格表；应收款查询受限，产生重复核销问题；无法随时查看产品库存数量、批号、质量检验结果情况；使用系统时间地点受限，没有移动端集成功能；无法固定客户产品的销售平均价格；退换货业务不走系统，操作太随意。

（2）采供部　采供部的临时采购情况较多，缺乏严谨性；物料编码规则混乱，无法采购到对应的物料。

（3）储运部　储运部的单据录入系统不及时，大多数是手工账记录；所有出入库单据都是根据采购发票和销售发票收到的时间点进行相关的 Macola 系统补录；新建物料编码仓库无法确定，主要是非标采购的物料无法明确分类；大量的临时单都是手工进行管理，周期长、工作量大且容易丢失；机物料的编码号段不够用。

（4）财务部　财务部的财务会计准则重新选择；财务部分业务处理因为单据滞后的原因记账不及时；进口货物的入账成本和关税、运输费用不在同一期间，成本无法准确分摊；旧系统中物料不支持个别计价法，不能分开处理批次成本；采购前仓库需要确认固定资产编码和类别。

（5）质检部　质检部中各环节的化验单和检验报告单均是手工填写，工作量大，不够规范。

（6）生产部　生产部中没有相应的系统对其进行把控，所有信息的传递全靠人工在进行，计划管理活动全靠计划员上传下达，随着企业生产量逐渐增加，计划员的工作变得繁忙而又混乱。

通过项目调研后，发现 Z 公司的供应链和生产业务流程与公司现有管理规定存在系列问题。相关岗位工作没有发挥以软件系统作为工作平台的作用，造成了大量电子表只以统计工作为主的工作方式，数据不够精确，工作量大，业务流程不严谨，改革工作迫在眉睫，需要更换新型的 ERP 系统对公司的管理理念和管理方式进行改造。

18.3　ERP 云前期筹划

18.3.1　需求分析

公司为了迎合"两化融合"政策，并提高自己的管理水平，在与软件公司接洽时，会提出自己的需求，Z 公司对新系统的具体需求如下：

1）新系统使用成本尽可能低，功能要求全面；后期维护方便，且更新要实时。

2）可以解决"信息孤岛"问题，实现企业内部数据和资源共享。

3）可以实现各部门管理者和公司管理者实时掌握企业运行的数据，从而辅助决策，使决策管理更合理有效。

4）财务上尽可能满足整个企业的资金运行，实现预算管理和财务分析，加强成本管理；对销售和采购的应收应付账款实现流程自动化，不需要手工输入。

5）库存具有时效性，要在一定时间限制内，对库存进行准确查询、盘点；且物料分类要准确对应，使库存管理透明化。

6）对销售和采购流程要规范化，且价格限制要明确，减少人为干预的因素。

7）加强对生产过程的流程化控制，对生产计划的下达、进度的追踪要及时并且准确，对物料的管理要准确细致，与仓库进行准确的对接。

8）质检信息的采集和数据的分析，物料等基础数据编码规则固定且准确。

18.3.2 软件选型

在了解了自己的运作困难点及需求后，企业需要根据自己的需求和市场情况选择具体的软件供应商。经初步选择后，Z 公司决定在金蝶和用友这两家国内较大的 ERP 品牌供应商中进行选择，企业项目组对软件成本，功能和实施风险分别进行了评估，最后选择金蝶的 K/3 Cloud 系统作为最终的实施软件。新系统的实施应尽可能满足企业的需求，解决其在系统实施前所面临的问题，使企业离开管理运营的困境，重新开拓管理新局面，使员工可以更有效地分配工作任务，从而提高产能和产值，并使管理层可以更好地决策。

金蝶 K/3 Cloud 系统可以将软件安装部署在云平台上，每年支付相应的租金即可。相比较于购买庞大而复杂的系统，节省了许多资金，而且部署在云平台的系统由供应商自动帮软件进行更新和后期维护，无须企业后期再支付高额的费用。

在实施风险上，金蝶实施团都有较长的工作经验，对相应的化工行业也有涉及，且该公司在当地实施口碑较好；而产品也已推出较长一段时间，进行过不断的优化和升级。综合看来，金蝶 K/3 Cloud 系统的实施风险相对较小。

而在功能上，更是可以解决 Z 公司之前面临的困境，满足其对应的需求。具体的功能满足分析见表 18-2。

表 18-2　K/3 Cloud 的功能满足表

功　能	需求满足	解决问题
云平台部署	通过云平台部署，大大减少了新系统的使用成本，且在系统后期的运行过程中，有效地降低了 Z 企业进行系统维护的人力物力	软件成本
动态流程设计	满足 Z 公司流程再造的需求，除了系统标准流程外，还可以针对 Z 公司特殊的业务进行流程设计	企业流程管理
BOS 平台	统一开放的二次开发平台，可以满足 Z 公司个性化的单据和报表的设置，便于支持后续信息化范围的扩大	个性化的定制开发
移动云之家集成	满足了领导随时随地查看企业数据的需求	移动查询
ERP 标准功能	消除"信息孤岛"现象，使 Z 公司的供应链、生产和财务实现流程一体化管理，实现资源共享	基本满足公司管理要求

18.4　ERP 项目实施

18.4.1　实施计划

由于 Z 公司的企业性质和行业要求，选择的是金蝶 K/3 Cloud 软件，对于 ERP 系统这样的复杂项目来说，要想项目完整顺利，在实施前，项目组必须根据企业实际情况，制订一个科学有效的实施计划，供企业方签字确认，并在以后的实施过程中严格按照计划实施。

在制订计划时，需要注意进度计划要切实可行，不能盲目压缩时间，讲究项目进度；计划既要详细，又要逻辑清晰，不管是分工还是任务，都要合理且符合实际实施情况。由于项目通常实施的周期都较长，所以要有效地划分时间段，并且设置关键节点，在节点处需要格外谨慎和细心投入。Z 公司项目实施周期预计为 5 个月，项目组将总体进度计划分为了 8 个阶段：项目启动、业务流程分析与调研、业务蓝图设计、系统功能测试、设置权限、集成运行及二次开发、项目上线、上线后的优化与改善。项目实施计划见表 18-3。

表 18-3　项目实施计划

任务名称	步骤	工期
项目启动	—	0.5 个工作日
业务调研	部门领导访谈，工作现场查看	5 个工作日
调研报告整理	调研结果整理成文档	3 个工作日
调研结果汇报	领导对调研文档进行核对和签字确认	0.5 个工作日
业务蓝图设计	新旧业务流程替换，软件功能分析	10 个工作日
整理基础数据	确定物料编码规则，基础数据导入新系统	3 个工作日
系统功能测试	新业务流程测试，系统功能测试	10 个工作日
设置权限	确定企业员工岗位职责，系统内进行权限划分，确定使用站点数	10 个工作日
二次开发	质检模块单据和表单插入，其他单据的字段增加，审批流的设置，移动云之家集成	10 个工作日
套打设置	制作打印单据模板	5 个工作日
凭证模板设计	—	5 个工作日
员工培训	工作流程讲解，系统操作演示	10 个工作日
操作手册	制作操作步骤对应文档	5 个工作日
上线前系统初始化工作	库存和财务初始化	3 个工作日
系统上线	公司正式启用新系统	1 个工作日
上线后优化	对具体操作及前期未解决好的问题做出改善	20 个工作日

18.4.2　业务流程优化

企业流程的设置会直接影响企业的运行效率。在实施过程中对一些旧操作流程只能进行筛选，抛弃一些低效率的和与系统流程不符合的业务流程。这样，系统里的流程虽然是相对科学的，但是可能这些标准流程并不能满足客户的现有流程和操作，所以还需要根据企业特点对系统流程进行修改。在业务流程重组过程中会在企业原有流程和系统设定的标准流程之间反复设计和修改，因为每一个企业在实施系统前都有带着行业特点的业务模式和员工熟悉的操作习惯，他们也有自己的单据和信息的流通方式。

（1）旧流程及其存在的问题　Z 公司年限较长，且员工年龄普遍偏大，在流程运作方面一直延续之前的模式，都是领导口头或者书面协商，不规范。随着企业规模的逐渐扩大，涉及的业务逐渐变多变杂，仅仅是领导口头协商并不能很好地解决问题，反而还影响了企业整体的运行效率。其中，Z 公司的旧业务流程主要涉及五个部门，生产部门的生产计划主要通过两种方式进行管理。每月会根据临时性的销售订单下达生产计划，根据销售订单安排生产任务，有时根据全年销售计划分解月度销售计划，以产定销，每半个月进行一次销售生产调整，没有一个统一的管理模式。并且生产流程并不在旧系统中体现，旧系统只发挥数据录入的作用，最后整合到财务部门以便月底结账，所有的销售、出入库和采购都是线下流程化操作，所有的单据都是手工进行填写。且采购任务都是在急需生产的情况下临时下达，这样使得整个采购过程十分仓促，而且缺少有效的监管和控制。Z 公司优化前业务流程图如图 18-2 所示。

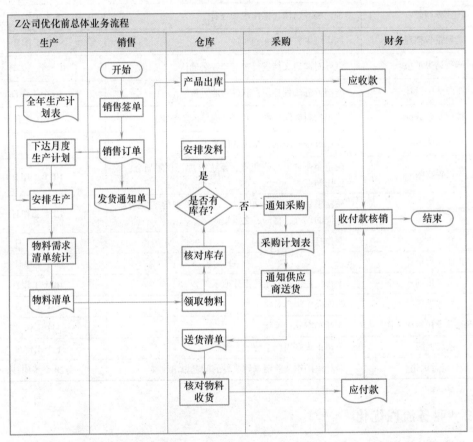

图 18-2　Z 公司优化前业务流程图

首先，销售员系统外完成销售合同签订和审批，填写"开票通知书"后交由销售内勤人员办理出库业务；销售内勤在 Macola 系统中录入销售订单，但不打印单据，而是手工填写"发货通知单"通知仓库进行发货。仓管部收到销售内勤人员填写审批通过后的"发货通知单"再进行产品出库。销售内勤根据财务出纳提供的到款明细做收款录入 Macola，定期和财务部门核对客户应收款明细和金额。其次，生产活动不进行系统管理，生产部门根据以往的生产情况，确定有年度生产计划，然后结合销售订单的签单量进行生产，年度计划形同虚设。在进行生产时，当物料缺失，需要临时采购，由于生产计划没有管理到位，可能造成一系列连锁问题。最后，财务月底的结账是根据仓库的收发货单据进行手工统计和记账，因此仓库除了安排收发货，还需要对每个月的进出入产品和物料进行记账管理，造成仓库职责不明确。

（2）优化后的流程及问题改善　对于化工制造型企业，生产是所有工作活动的源头，针对之前没有将生产放入系统管理的问题，在本次流程优化时，将它放入了管理范围。Z 公司优化后业务流程图如图 18-3 所示。

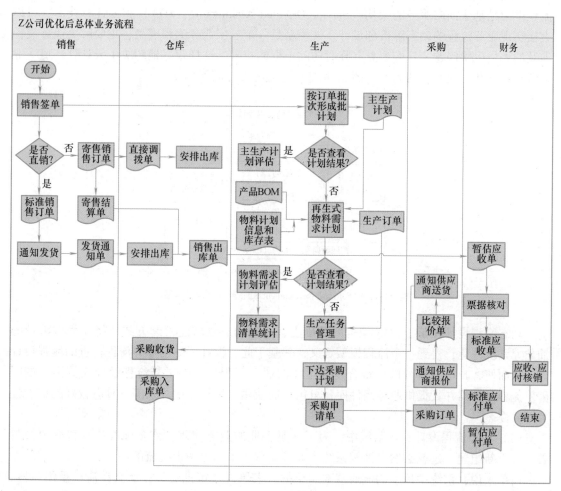

图 18-3　Z 公司优化后总体业务流程图

优化后的生产流程，在制订物料需求计划时，是系统通过安全库存，采购提前期和再订购点自动生成的，省去了以往人工计算、不断复核的过程。而且结合由标准销售和寄售订单生成的主生产计划再次生成物料需求计划的功能，这样的物料计划管理功能是既面向订单又面向库存。

从流程对比中不难发现，之前的流程错综复杂，且许多工作需要回头确认，部门之间的职责也不清晰，很容易造成信息的错乱；而在优化后的流程中，所有的信息可以通过单据自动流转到下级部门，所有的工作只需在系统中得到明确的指令后再开展，这样便降低了工作的出错概率，而且也极大地提高了部门间的信息沟通效率。

18.4.3 动态的流程设计和二次开发

由于金蝶 K/3 Cloud 软件是基于在云平台的，传统的基于云计算的 ERP 软件针对众多的业务流程是不易管理的，但是本次实施的系统应用的是动态业务流程框架，可以实现业务流程的动态设计和解析。随着企业的业务流程发生变化，系统的业务流程必然要有相应的变化，因此在系统运行过程中可以直接进行流程修改的功能就十分必要。金蝶公司设计的业务流程框架是基于面向服务的架构（Service Oriented Architecture，SOA）和云计算技术，可以直接实现业务流程的动态解析和设计。该模型是一个三层业务流程模型，主要解决业务流程涉及的人员权限问题，让客户具有临时访问单据的权限。这样很好地解决了云计算环境下业务流程设计和二次开发的问题，图 18-4 是动态流程设计的架构图。

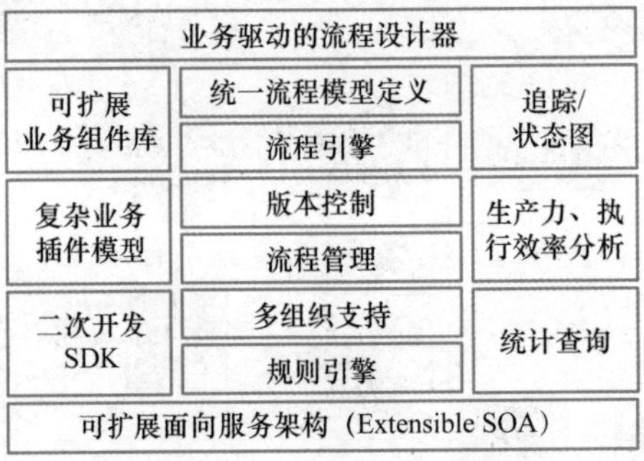

业务驱动的流程设计器		
可扩展 业务组件库	统一流程模型定义	追踪/ 状态图
	流程引擎	
复杂业务 插件模型	版本控制	生产力、执 行效率分析
	流程管理	
二次开发 SDK	多组织支持	统计查询
	规则引擎	
可扩展面向服务架构（Extensible SOA）		

图 18-4　动态流程设计架构图

注：SDK，即 Software Development Kit，软件开发工具包。

动态流程设计在基于 SOA 架构的基础上，通过动态领域建模的方式，将流程中涉及的抽象元素统一化，得到一个流程模型定义，并基于此，设计了驱动业务流程行进的流程设计器。从而使客户可以自行构建符合企业运作的业务流程，消除了与流程设计人员沟通的阻碍。流程设计器并且提供业务组件库，可供扩展使用、进行二次开发等，具有较好的扩展性和开放性。

（1）动态流程设计　在系统中，为了满足企业的业务流程，许多标准流程势必要被打破，并重新组建，这就必然会涉及系统中业务流程、工作流和审批流的搭建。

简单来说，系统中信息的流通基本靠单据、表单以及审批流程，那么在流程重组阶段，企业设计出的许多新的流程走向与系统的流程走向是不符的，为了满足客户的功能需求，人们就需要为其搭建新的流程走向线路。另外，流程的走向，概括来说就是单据的流转和对单据的动作流转。流程的整个运作和衔接过程如图 18-5 所示。

而审批流是在工作流的基础上对操作业务进行审批的流程，流程本身具有一定的运行逻辑，包括无连线驳回、撤销等。以 Z 公司的采购申请审批流为例，开始时，生产部员工根据缺少的物料填写采购申请单，此时，申请单需要生产部领导进行审批才能继续往下流转，若是审核通过就结束流程，单据正常往下级部门流转；若是审核不通过，还需要打回发起人进行修改，然后再重新提交审核，具体流程示意如图 18-6 所示。

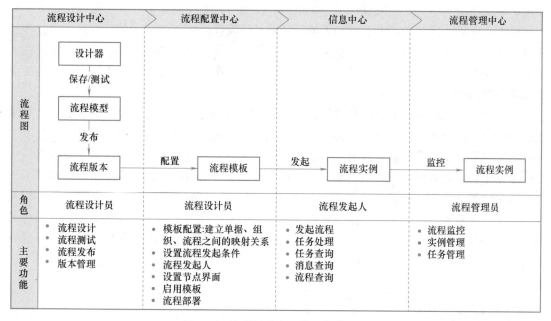

图 18-5　流程的整个运作和衔接过程

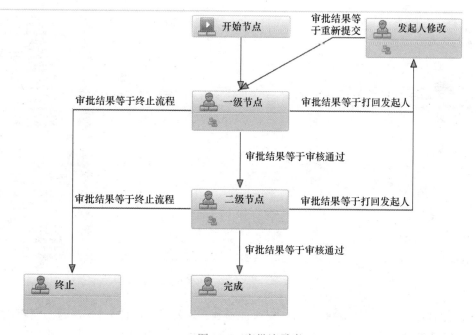

图 18-6　审批流示意

（2）二次开发　在金蝶 K/3 Cloud 实施过程中，标准的功能必然不能满足企业的需求，但是在进行二次开发时，如果各业务模块都是连接在一起的，一旦操作产生失误，就很容易造成连锁效应，产生严重的后果。但是如果单独对涉及的模块进行开发设计，就可以大大减少失误风险，降低开发成本。金蝶公司设计出的 ERP 动态领域模型综合了 ERP 系统特点，细化了模块对象实体。它抽象设计了三层结构：模型—元素—属性，并基于此设计出了一套开发系统。在需要修改功能模块时，无须触碰原始开发代码。在 Z 公司的日常运行中，涉及许多复杂业务，例如工程类项目、质量检验、委外维修等，那么系统中标准的单据格式并不能满足其需求，这就需要开发人员对表单和单据进行二次开发，有的是进行修改，有的是重新新建表单，然后再构建关联。

在二次开发平台中，主要的开发创建业务对象有三种方式：新建、复制和继承。新建是创造一个全新的业务对象，需要定义所有业务逻辑及界面的属性，实现按需设计，自由度十分高；复制是复制现有的业务对象，创建出新的业务对象，这种不用重新设计业务逻辑，可以快速使用；而继承是在原对象的基础上，创建新的业务对象，在此过程中，对原对象不进行属性变化等活动，且对新对象进行字段的增加等一系列新活动，不会影响原对象一切属性，而如果原对象变化、增加字段，新对象会体现出来。在 Z 公司中，使用较多的方式是通过继承来修改单据，满足企业个性化需求。以采购为例，Z 公司采购订单的 BOS 开发界面如图 18-7 所示。

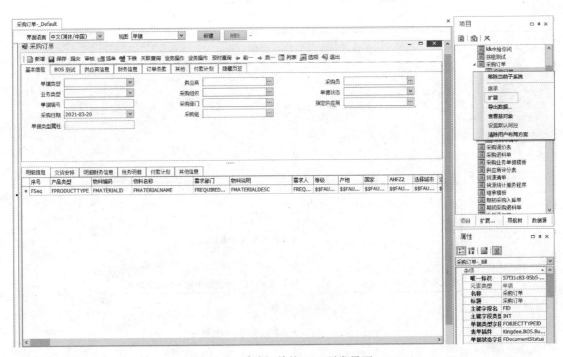

图 18-7　采购订单的 BOS 开发界面

另外，针对 Z 公司的产品检验工作，对于原材料，Z 公司采取样品检验，通过供应商送货在货物中定期抽样检查；对于半成品以及成品，也会做出对应的批次检验，相关部门会对质量不合格的产品进行二次加工或者其他处理，而不合格的原材料也要通知采购员进行退换货处理。于是质检部的工作与采购、仓库部的工作相关联，需要有一个相衔接的模块来负责数据的收集，且相关的功能必须得到系统的支持。Z 公司在实施过程中通过新建业务对象，完成了对质量检验模块的二次开发。开发完成的质检模块如图 18-8 所示。

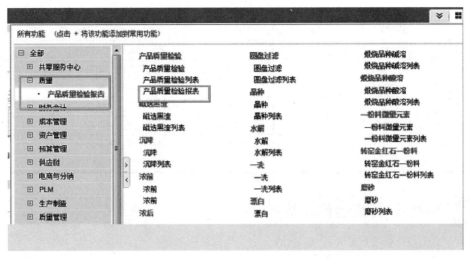

图 18-8　开发完成的质检模块

18.5　上线前测试和人员培训

测试环节主要是在流程和基础数据完成后，项目组成员自己在系统中模拟运行系统流程。此时就需要赋予不同客户不同的权限，再以不同客户的身份使用系统，查看流程是否可行，审批消息能否被准确查收。测试环节仍然是一个不断改进的过程，也是一个工作量浩大的环节。在 Z 公司的测试过程中出现了较多问题，但综合起来就是基层员工不愿意配合测试，对新系统持抵触心理，造成了许多时间和精力的浪费。所以，对员工进行知识培训和操作培训是十分必要的，所有的工作都必须在企业员工积极配合的情况下才能高效完成。

在培训测试阶段，需要教给员工的是关于新系统的一些基础知识、优化后的业务流程和最具体的功能操作。虽然不同岗位的员工只享有一定的权限，但是在培训过程中，还是需要告知他整个业务的流转情况，以及他所在岗位在流程中扮演的角色，最后才是具体的操作。在这一阶段，需要在系统原有账套的基础上备份一个新的测试账套，供企业员工在培训过程中操作使用。测试账套中的基础数据与正式账套完全一致，因为一些流程的进行和操作测试必须要有真实的数据环境才能进行。培训的目的主要是让员工先熟悉操作界面和流程，避免在日后实际操作中造成重大错误，同样也是改变老员工落后的工作方式，为新的工作和管理方式预热。

在实际的培训过程中，存在极少的部门和领导对培训不重视情况，以及在接受新的工作模式和操作系统时，或多或少存在不适应和排斥情况。所以，在培训过程中，需要管理层领导和企业方项目小组从企业内部灌输 ERP 思想，并采取一定的措施（例如建立奖惩制度），使培训能够有效进行。另外，虽然参与培训的是基层员工，但也只是选取几个关键客户进行培训，不可能每个员工都参与进来。而未参与培训的员工则由关键客户进行内部培训。这样承接式的培训可以极大地减少培训成本和培训精力，而且也能检验关键客户的培训效果，使企业内部可以相互交流相互学习。针对具体操作，项目实施小组会制定详细的操作手册供员工参考。对应的员工培训时间表见表 18-4。

表 18-4　员工培训时间表

内　容	时　间	人　员
采购流程和操作培训	1 天	采购部经理、采购员
销售流程和操作培训	1 天	销售部经理、销售员
仓库收发存流程介绍和操作培训	1 天	储运部经理、和仓库主管
财务出纳培训	0.5 天	财务经理、出纳员
财务固定资产培训	0.5 天	财务经理、财务员
财务应收应付培训	0.5 天	财务经理、财务员
整体流程介绍及操作演示	2 天	公司高管及各部门经理

18.6　系统实施的运行与维护

18.6.1　金蝶 K/3 Cloud 系统上线运行

（1）上线准备工作　面对系统的上线要求，企业从硬件、软件和员工层面都要积极开展准备工作。首先在硬件层面，由于 Z 公司信息化建设不足，各部门的计算机、打印机、考勤机等一些硬件设备都比较陈旧，无法支持系统的运行。而且生产部与仓库处于厂区，无法使用企业内部网络，需要通过外网来支持系统运行。于是，这就涉及计算机设备、网络搭建和防火墙的配置。在软件层面，系统是使用网页端 IP 地址登录，从使用便捷性考虑，在每台计算机端装上了客户端，供员工选择使用。另外，对系统内的初始数据在核对无误后，应结束仓库和财务的初始化工作。而对于员工而言，即将面对新工作方式和学习新操作的业务混乱期，更是需要对公司提前展开动员会，在心理和技术上给予支持。

（2）系统正式运行　结束准备工作后，月初系统正式上线。销售订单，生产采购申请，各部门按流程逐步进行数据输入。但是为了数据的准确性和优化数据，各部门需要在新老系统中都输入数据，经历新旧系统的一个月并行阶段，待月末账务结算出来进行对比后才完全摒弃老系统。在系统正式运行阶段需要注意以下几点：

首先，实施人员需要在场对员工操作和业务方面做出相应的指导，且流程源头处要格外严格监察，避免出错，影响后续的使用。

其次，部门领导需要制定相应的考核制度，鼓励和鞭策员工接受和使用新系统。

最后，信息部门需要定期对数据做审查，避免基础数据的错乱。

18.6.2　系统的维护

云 ERP 系统的上线既是一个阶段工作的结束，也是另一阶段工作的开始。正式运行是暴露问题的前提，许多基础数据、流程、员工权限等都需要不断地优化。ERP 运行维护一般分为三个阶段：系统保障、系统优化、系统扩充，每个阶段都不是单独的，都需要承接上一阶段，然后才能继续完成接下来的任务。

（1）系统保障阶段　由于系统刚上线，本阶段的主要目的是保障系统的运行稳定，然后再解决系统漏洞、员工角色分配和人员权限等大的失误性问题。在系统经过一段时间的稳定运行后，系统本身存在的错误和用户的操作错误问题会越来越少。由于之前培训时间较紧张，且员工也并没有实际操作系统，所以在此阶段，员工操作上的问题较多。且在实际操作中，仓库计算机较少，而每天业务量较多，需要再增加员工进行操作，并需要增加账号。销售员不仅需要看到自己的销售业务，还需要看到质检部门的产品检验再安排批次销售等，这些额外的权限开发都需要在具体运行中才能被发现。

（2）系统优化阶段　在系统运行一段时间逐步稳定下来以后，会对流程做一些优化处理，使系统完全符合蓝图设计要求。一些细小的操作流程在具体操作中才能被发现，后期对审批流程又做了新的调整，并且加入了新的角色。

（3）系统扩充阶段　在本阶段操作问题，权限问题和流程问题基本得到解决。管理者此时会提出更多的功能需求，需要对系统功能进行扩充，也可能是开展系统的二期实施工作。Z 公司的维护阶段主要是对权限、工作流等一些小细节的优化调整，并没有推翻上线前的业务蓝图，整体优化效果较好。

18.7　Z 公司实施金蝶 K/3 Cloud 系统的效果分析

Z 公司的金蝶 K/3 Cloud 系统经过 5 个月的实施，系统总框架基本搭建成功，各个业务模块也顺利运行，且随着运行时间加长，许多细节性的流程和操作问题也得到了优化改善。企业的生产、采购、销售、库存和财务都在系统中合理有序地相互配合、完成工作，极大地减少了员工的工作量，增强了企业数据的准确实时性，且给领导很好的监察权限，实现了 ERP 实施前的绝大多数预想效果。而且，通过本次实施金蝶 K/3 Cloud 系统，企业内部员工都对信息化系统有了一定的认识，在心理上逐渐接受了新型的管理模式和管理方法，同时也培养了大批优秀的信息化人才。

通过简单的问卷调查，大致概括本次 ERP 项目的实施效益主要体现在四个方面：系统信息集成化、业务流程规范化、绩效监控动态化、优化管理持续化。

（1）系统信息集成化　本次金蝶 K/3 Cloud 系统是 Z 公司进行的第二个信息管理系统，它将销售、生产、采购、库存、财务业务模块进行了资源整合，使基础信息从头贯穿至尾，各部门的业务即实现了集成化也实现了自动化。业务所涉及的数据，报表等在整个企业中实现了信息共享，提高了公司数据的准确性和业务管理的效率。

（2）业务流程规范化　与其他 ERP 项目实施相同，金蝶 K/3 Cloud 系统的实施也必然会经历业务流程重组，这是一个必经之路。在 Z 公司金蝶 K/3 Cloud 实施过程中，对各模块的业务都进行了或多或少的优化改善，从上至下，大到管理权限，小到员工职责。实现了业务流程的最优化处理，从销售、采购、生产、仓库到财务，整个流程实现串联，各个单据也是以最有效的方式进行流通。

（3）绩效监控动态化　所有员工在系统中的操作都可以通过操作日志查询，对员工建立了相关的奖惩机制，且领导对公司的销售业绩、生产额度以及各部门运营成本都能进行实施监控，确保所有信息在领导面前公开化、实时化。

（4）优化管理持续化　虽然业务流程和一些基础权限人员设置在最初都设置好了，但是公司运作是一个动态化工程，伴随着商业环境和公司内部环境的改变，没有任何设置可以一成不变地一直使用。在实施培训过程中，培养了许多公司内部的优秀信息化人才，除了在本次项目中完成本职工作，更应该在以后根据公司现状不断地调整系统的基础设置等，不断地对系统进行优化改善，使系统最适合本企业运行，并不断适应新需求。

18.8 实施过程中的难点

Z 公司的金蝶 K/3 Cloud 项目实施虽然取得了成功，但实施过程中存在的问题也不容忽视，主要有以下几点问题：

（1）企业基础信息不完备　企业基础管理工作，特别是基础数据，如果前期不准备充分，在后期运行中会产生许多不必要的麻烦，影响进度和效率。由于 Z 公司之前常年管理落后，其基础数据十分冗杂，并不完备有效，这使项目组在后期使用数据时发生了一些问题，在完善基础数据上花费了较多的人力。

（2）员工配合度不齐　此次项目实施虽然是从上至下的，得到了公司领导的支持，但是在实际操作中，员工的积极性并不高，反而有些还持抵触态度。由于之前长期处于国企经营模式，大家的上下级关系并不明显，中层干部以下就不再分级，导致大家工作不太谨慎，部门领导权威性不够。

（3）用户培训不到位　用户培训虽然消耗了一定的时间，但是实际效果并不好，企业并没有通过关键用户培训达到预期的效果。由于培训不充分，导致员工对新的业务流程不了解，在应用时出现了流程混乱，操作失误，需要不断地反审核，重新进行订单的录入，极大地挫伤了员工使用新系统的信心，业务人员抱怨不断，工作效率低下，且产生了许多垃圾数据，造成系统使用的连锁反应。

18.9 实施体会

Z 公司 ERP 项目的实施队伍对于 ERP 的实施有以下深刻而实际的体会。

1. "一把手"工程和广大员工的积极性

Z 公司 ERP 项目小组的成员们说："'一把手'对于项目的实施太重要了。"

Z 公司的"一把手"说："'一把手'工程不是'一把手'一个人的工程，没有大家的积极参与，就干不成工程。"

人们常说，实施 ERP 是"一把手"工程。企业的"一把手"并非圣贤，但是他必须具有致力于使企业达到优秀的追求、责任感和坚韧不拔的决心，这样，ERP 项目才不会半途而废。就目前来说，部分企业的"一把手"对于 ERP 还是不够了解的，他如何下决心？人们又说，要让员工接受教育，企业领导先要接受教育。这就要求企业的"一把手"必须拥有开放的胸怀，知道自己不知道什么、愿意学习、接受培训。只有肯于学习并且学习了，才能把决心指向正确的方向。

Z 公司的"一把手"在 ERP 项目的实施过程中，不但应该给予关注和支持，而且应该亲身参与。特别是参与培训后，他理解了 ERP，然后发挥他的职责，把 ERP 的理念推向全公司。

Z 公司把他们对"一把手"工程的理解推广到了项目实施的每一部分，于是，"一把手"就不仅仅是董事长、总经理了，每个部门的经理对于 ERP 涉及该部门的流程也都要按"一把手"工程来负责。

Z 公司在注重领导的作用的同时，也非常注重广大员工的参与。他们认为，实施 ERP 涉及许许多多的人和事，头绪多、问题多，只有领导的积极性是远远不够的，必须把领导的决心和项目组成员、关键用户和广大员工的积极性结合起来，把事情才能办好。Z 公司为了调动广大员工的积极性，在宣传教育的同时也采取了许多措施。就拿项目组来说，为了调动大家的积极性，既采用鼓励和奖励措施，又有严格要求，使项目组始终保持高度的热情和旺盛的斗志：

1）创造良好的具有激励气氛的工作环境。Z 公司为 ERP 项目实施小组设立了专门的办公室，宽敞明亮，设备齐全。

2）定期召开项目组全体成员的会议、充分交流、分工清晰、职责明确。

3）严格人员考勤制度，每天点名，项目经理随时都了解每个人在做什么。

4）对工作业绩进行评估，根据评估结果进行奖励。奖励既有精神方面的，又有物质方面的。

2. 正确认识计算机技术、数据和人的关系

Z 公司的员工通过他们的实践认识到，计算机是工具，计算机技术是重要的，但是和数据与人比较起来却不是最重要的。

他们说："实施 ERP 是一项非常繁杂的工作，要做大量的数据准备工作，这些工作都是非常细致的，工作量也很大，但是这些工作是值得的。因为数据是 ERP 系统运行的基础，数据中能挖出金子。"

Z 公司的员工认为，在计算机技术、数据和人三者中，人是最重要的，只有大家对 ERP 有了正确的理解和领悟，对项目实施工作高度负责，并认真按照系统的要求和标准准备数据，ERP 系统才能正常运行，并真正发挥实效。

他们说："实施过程中遇到的困难很多，但回想起来都可以归结为人的问题。"事实也的确如此。例如，在 ERP 项目实施刚开始时，各部门业务骨干不理解 ERP 系统，对项目实施工作有抵触情绪，但由于企业领导决心大，又经过长时间的教育、培训以及项目经理和项目小组成员的共同努力，大家逐渐领悟到 ERP 理念的先进性，越来越认同 ERP 系统功能的强大和细致，实施工作也逐渐变得顺利。

3. 选好项目经理

Z 公司 ERP 项目小组的经理说："真的很累…但是值得！"

Z 公司的领导说："这个经理选对了。"

Z 公司 ERP 项目经理是总经理助理，对企业、员工和产品都很熟悉，他在公司的职务和多年的工作经验使他适合承担 ERP 项目经理的工作。

从个人性格来说，这位经理处事温和，但是有见地、有决心、有韧性，在公司里很有人缘。所以，不论是从职务，还是从个性来说，这位经理都是适合的。但是，事情真正具体做起来，仍然不是轻而易举的。在整个实施过程中，这位经理进行方方面面的协调，推进项目向前发展，身心都承受了很大压力。在系统投入运行后，谈起实施的过程，他说："真的很累，一言难尽，几次想打退堂鼓，只是没有说出来。现在总算挺过来了。可是说来也奇怪，每逢回忆那些日子，还总是很留恋。付出的不少，但是值得！"

项目小组的副经理是副主任，这是一位技术好、办事认真负责、勤奋好学的年轻人。在 ERP 项目实施过程中，他协助项目经理做了许多实实在在的工作。

4. 项目公约不是可有可无的

制定项目公约是 ERP 项目实施开始阶段要做的事情，它的作用是把 ERP 项目有关人员对于项目的共识和承诺以书面的形式明确地表述出来，以减少以后实施过程中的分歧和矛盾。在实施项目开始的时候，Z 公司项目小组的成员对于项目公约的重要性体会不深，只是根据实施顾问的意见进行了制定。但是，后来当关于项目的时间、范围、职责发生分歧的时候，援引项目公约，都得到了解决。于是，项目公约的重要性体现出来了。他们说："项目公约还真有用，不是可有可无的。"

5. 工作方针和工作规程要规范和详细

建立工作方针和工作规程无疑都是非常重要的工作。但是，经验表明，它的重要性往往容易被忽视。Z 公司情况也是如此。在项目开始的时候，这项工作做得不够细致，但是在会议室试点过程中就发现了问题。由于工作方针和工作规程不细致，参加试点的用户在很多情况下只能按各自的理解和处理方式来处理问题。于是出现了许多错误信息，系统的可靠性很差。项目小组对这些情况进行了分析，发现出现错误信息的原因在于人的处理方式不规范，或者说工作方针和工作规程没有充分地发挥规范人的行为方式的作用。于是重新修订了工作方针和工作规程。项目小组的成员对这件事情深有体会，他们说："幸亏是试点。如果是实际运行，损失就大了。工作方针和工作规程还是详细点好。"后来，在系统的实际运行过程中，按照严格、细致、可操作性好的原则，又对工作方针和规程进行了多次修订，使得工作方针和工作规程成为 ERP 系统正常运行的保证，成为企业运营管理过程中人和人之间、人和计算机之间进行精确通信的保证。

6. 实施应用 ERP 的过程，就是优化业务流程的过程

Z 公司从他们的实践经验中体会到，在 ERP 实施阶段，必须以分析和优化业务流程为主导，这是绝对必要和绝对有好处的。他们认为，实施应用 ERP 的过程，就是优化业务流程的过程。企业的所有目标，都是通过一个个业务流程来实现的，没有业务流程的优化，不可能从根本上做好 ERP 的实施和应用。

7. 与实施顾问的合作——相互尊重，充分交流，既不固执，也不盲从

Z 公司认为，实施顾问对 ERP 的理念有深刻理解，也有丰富的实施经验，所以他们很尊重实施顾问的意见。他们也认识到，实施顾问毕竟是企业的外部人员，他们是会离开的。ERP 系统在 Z 公司的实施和应用毕竟要通过企业自己的人员来实现。所以，他们在与实施顾问合作问题上的态度是相互尊重，充分交流，既不固执，也不盲从的。他们在向其他公司介绍实施 ERP 系统的体会时谈到了这一点："在实施过程中，实施顾问并不是代替 Z 公司的人员去做具体的实施工作，而是将做事的方法教给我们的业务骨干，由业务骨干自己去做，然后实施顾问再检查大家的工作质量，并根据情况，指出问题，让大家进一步优化和提高。通过这种配合方式，完成了 Z 公司 ERP 项目的所有工作。回顾实施过程，总体来说，是按照实施顾问的建议来做的，但是也有些地方根据 Z 公司 ERP 项目实施小组的意见进行了调整。"

Z 公司项目实施小组认为双方的合作是愉快的，虽然中间也出现了一些分歧，但通过沟通，都得到了解决。Z 公司 ERP 项目能实施并取得成功，和双方人员的共同努力、精诚合作是分不开的。

思 考 题

1. ERP 系统的应用为 Z 公司带来了哪些帮助?

2. ERP 系统的实施应用为 Z 公司带来了哪些变化?

3. 在实施 ERP 系统前,需要进行哪些准备工作?

4. 从 Z 公司实施 ERP 的理念和他们的做法中,我们可以得到哪些启发?

参 考 文 献

[1] 闪四清.ERP 系统原理和实施 [M]. 4 版.北京：清华大学出版社，2013.

[2] 周玉清，刘伯莹，周强.ERP 原理与应用教程 [M]. 3 版.北京：清华大学出版社，2018.

[3] 刘金安.ERP 原理及应用教程 [M]. 3 版.北京：清华大学出版社，2020.

[4] 哈伍德.ERP 实施流程：企业如何实施 ERP [M].吴昌秀，译.北京：清华大学出版社，2005.

[5] 刘秋生.ERP 系统原理与应用 [M].南京：东南大学出版社，2020.

[6] VAN DER HOEVEN H. ERP and business processes：illustrated with Microsoft Dynamics NAV 2009 [M].
Coral Springs：Llumina Press, 2009.

[7] 罗鸿.ERP 原理·设计·实施 [M]. 5 版.北京：电子工业出版社，2020.

[8] 胡凌.ERP 生产供应链管理实践教程：金蝶 K/3 版 [M].北京：人民邮电出版社，2014.

[9] 魏玲.ERP 原理及应用 [M]. 2 版.北京：科学出版社，2020.

[10] 张涛.企业资源计划（ERP）原理与实践 [M]. 3 版.北京：机械工业出版社，2020.

[11] 王平.ERP 原理与实训：基于金蝶 K/3 WISE 平台的应用 [M].北京：机械工业出版社，2018.

[12] 程国卿.MRPⅡ/ERP 原理与应用 [M]. 4 版.北京：清华大学出版社，2021.

[13] 陈光会，康虹.ERP 原理与应用 [M].西安：西北工业大学出版社，2009.

[14] 杨龀青，吴数园.ERP 系统分析与设计实验 [M].北京：经济科学出版社，2008.

[15] 韩景倜.ERPⅡ综合实验 [M].上海：上海财经大学出版社，2014.

[16] 唐中林，刘琴.ERP 原理及应用实验教程 [M].北京：石油工业出版社，2019.

[17] 康莉.用友 ERP 供应链管理：U8.72 版 [M].北京：清华大学出版社，2018.

[18] 刘宁.ERP 原理与应用 [M].北京：北京理工大学出版社，2016.

[19] 萨姆纳.ERP：企业资源计划 [M].张玉亭，杨晓云，译.北京：中国人民大学出版社，2005.

[20] 修桂华，李玉敏.ERP 原理与实践 [M].北京：清华大学出版社，2013.